CU00663342

Appiano Alessandrino Delle Guerre Esterne De' Romani

Appianus (of Alexandria.), Lodovico Dolce

Nabu Public Domain Reprints:

You are holding a reproduction of an original work published before 1923 that is in the public domain in the United States of America, and possibly other countries. You may freely copy and distribute this work as no entity (individual or corporate) has a copyright on the body of the work. This book may contain prior copyright references, and library stamps (as most of these works were scanned from library copies). These have been scanned and retained as part of the historical artifact.

This book may have occasional imperfections such as missing or blurred pages, poor pictures, errant marks, etc. that were either part of the original artifact, or were introduced by the scanning process. We believe this work is culturally important, and despite the imperfections, have elected to bring it back into print as part of our continuing commitment to the preservation of printed works worldwide. We appreciate your understanding of the imperfections in the preservation process, and hope you enjoy this valuable book.

APPIANO
ALESSANDRINO DELLE GUERRE
CIVILI DE' ROMANI.

Tradotto in lingua Toscana

DA M. ALESSANDRO BRACCIO SECRETARIO FIORENTINO.

Riveduto e corretto da M. LODOVICO DOLCE VENEZIANO,
e di nuovo diligentemente co' testi
Greci riscontrato.

ALL' ILLUSTRISSIMO SIGNOR

ANDREA GAZOLA

Co: e Giurisdicente del Vicariato di CA' di
CAMPAGNA etc.

PARTE SECONDA.

IN VERONA APPRESSO DIONIGI RAMANZINI.
MDCCXXX.

88 Ap 8
IN
v. 2

TAVOLA

Di tutte le cofe notabili, comprefe nelli cinque Libri
dell' Iftoria delle Guerre Civili
de' Romani

DI APPIANO
ALESSANDRINO.

Cc-

L

M

L.

P

T.

Ter-

PROEMIO
DI APPIANO
ALESSANDRINO
DELLE GUERRE
CIVILI DE' ROMANI.

 IL Senato e Popolo Romano spesso contesero ò nel porre nuoue leggi, ò nel solleuar debitori, ò nel diuider le possessioni del pubblico, ò nel creare i magistrati; però non usauano uiolenza d'armi, ma trascorreuano in certe contese non fuori al tutto della modestia e quiete ciuile. Per il che se la plebe qualche uolta si uniua per opporsi alle terminationi del Senato, non però pigliaua l'armi: & così andò la cosa infino che riducendosi il popolo nel monte Sacro creò i Tribuni della plebe, & creolli per resistere all'autorità de' Consoli, che erano eletti dal solo Senato; & ciò fece il popolo perche i Consoli non hauessero intera potestà nella Repubblica. Per il che nacque da queste due dignità principio di maggior scandalo, e discordia: conciosiache il Senato, & la plebe separatamente creasse il suo Magistrato, & l'uno si sforzasse supe-

PROEMIO

superar l'altro. In queste contese dunque M. Coriolano cacciato ingiustamente di Roma rifuggì a i Volsi & mosse guerra alla Patria, & si può dire che fu il primo che nelle ciuili discordie, essendo esule, aperse la uia all'armi, perche fino allora non fu mai fatta alcuna uccisione. Questo morbo crebbe tanto, che al fine Tiberio Gracco fu tagliato a pezzi, & con lui presi molti cittadini in Campidoglio, & dipoi spesse uolte e Senatori e plebei andauano armati fino nel Consiglio; e così senza freno moltiplicarono a tempo molte scelerate contentioni, e dopo successe il dispreggio delle leggi & de' giuditj, e fu dato manifesto principio al far impeto contra la Romana Repubblica, e cominciato da diuersi cittadini a raunare eserciti potenti per la maggior parte di condannati, e di serui fuggitiui per superar l'un l'altro nella creatione de' Magistrati. E già eran scoperti piu autori delle discordie leuati in tanta superbia che alcuni arrogantemente ricusauano obbedire al Senato. E si può affermare che non fossero cittadini ma capitalissimi nimici alla Patria loro, e a se medesimi bauendo con l'armi assaltata la Repubblica, & esercitando tra loro crudelissime morti, esilj, intolerabili grauezze, & diuersi supplicj, ne rimanendo da alcuna opera scelerata. Ma innanzi ogn' altro fu Cornelio Silla Principe, e Capitano degli huomini piu seditiosi cinquant' anni dopo il Tribunato di Gracco. Costui fu il primo che scacciati i Re se professione di tiranno pe'l mezzo della Ditta tur ch' era un magistrato di somma autorità, ne mai si creaua che in pericolosissimi casi, e grandissimi bisogni, e pericoli della Repubblica, & per soli sei mesi, e già era stato lungo tempo tralasciato. Ma Silla per forza e non per necessità ne per decreto pubblico o uolontario fu eletto perpetuo Dittatore, & uenuto già in grandissimo potere fu il primo che uolontariamente deponesse la Dittatura già riuolta in tirannide dicendo contentarsi sopportar ogni pena, e supplicio, al quale fosse per i suoi errori condannato. Ma quello che pare piu marauiglioso è, che andando per la città non fu mai ingiuriato; tanta era la riuerenza, e timore della grandezza sua, o la marauiglia della deposta Dittatura, o la uergogna di punirlo come se la tirannide sua fosse stata judicata utile e grata

alla

PROEMIO

alla Rep. Dapoi cessate le discordie nate ne' tempi di Silla,
la vendetta delle colpe da lui commesse riprese nuove forze
infino che Giulio Cesare occupò il Principato Romano: il quale hauendo già acquistata in Francia somma gloria, e riputatione, & essendoli comandato dal Senato che deponesse l'esercito, recaua la colpa di tal comandamento a Pompeo come se da
lui e non dal Senato fosse perseguitato: ma al fine introdusse
alcune conditioni di concordia, tra le quali fu, o che l'uno,
e l'altro ritenesse l'esercito per assicurarsi del sospetto dell'
inimicitia, o che uiuessero come priuati, & obbedienti alle leggi; ma non gli essendo consentita ne l'una cosa ne l'altra si
partì di Francia con l'esercito, & uenne contra Pompeo, e
contra la patria, e finalmente lo uinse con memorabile rotta,
e dipoi andato in Egitto per hauer Pompeo nelle mani, e
inteso ch'era stato morto, ritornò a Roma; oue dimorò tanto
che assettate le cose d'Egitto ordinò il gouerno regio di quella prouincia. Fu questa cosa fuori d'ogni conuenienza e piena di seditione, che Cesare hauesse tanta audatia, di estinguer un cittadino, il qual per l'eccellenza delle cose da lui fatte era cognominato Magno. Il che fu fatto da lui solo perche
desideraua essere il secondo perpetuo Dittatore dopo Silla; &
conoscea molto bene che non li riuscirebbe il disegno mentre
che Pompeo uiuese. Costui dipoi fu morto per opera di Bruto,
& di Cassio o per inuidia, & timor del suo potere, o per carità, & amor della patria ueggendola posta in seruitu benche
Cesare fosse di natura cittadino molto humano, onde il popolo molto lo amaua, e desideraua; per la qual affettione la plebe perseguitò in ogni modu gli autori della morte sua, & gli
fece la pompa del mortorio in mezzo la piazza, e li rizzò il tempio presso al suo sepolcro ordinandogli i sacrifici come a spirito deificato. Alfine poi tra cittadini si diuisero il Rom. Imp. come suol farsi d'una priuata possessione, cioè M. Antonio, M. Lepido; & Ottauiano Augusto adottato per testamento da Giulio
Cesare, & fatto suo herede. Dopo tal partitione questi tre dis-
cordarono insieme, & uoltarono l'armi l'un contra l'altro
come suol auuenire. Percioche Ottauiano essendo d'ingegno,
& di esperienza molto piu eccellente di Lepido, lo priuò della
dignità, e portione sua essendoli toccata l'Affrica per sorte,

PROEMIO

dapoi superò M. Antonio presso al promontorio in *Albania*.
Perilche fu detto Augusto & fu Imperadore di tutto l'uniuerso, & in ogni cosa felice e tremendo. Ma, come tutte
queste cose breuemente narrate da me fossero amministrate,
ho descritto per ordine, acciò con l'industria mia fosse noto il
fine che reca seco la sfrenata cupidiggia del dominare,
e fosse considerata la pacienza somma de' Romani
per superar l'un l'altro, & l'infinite forme,
e qualità de' mali, e pericoli delle
guerre ciuili facessero piu cauti i cittadini e li spa-
uentassero dalle
discordie.

A P-

APPIANO
ALESSANDRINO
DELLE GUERRE
CIVILI DE' ROMANI.

LIBRO PRIMO.

L popolo Romano, mentre andaua ac-
quiftando, & foggiogando l'Italia, diuidea tra fe con egual parte i terreni
de' paefi, & luoghi acquiftati, doue,
o edificauano i Romani nuoue città, e
caftella, o mandauano de' loro cittadini ad habitare nelle prefe terre, ritenendo le poffefioni per fe, o uendendole
a prezzo. E s'alcuno terreno foffe reftato incolto, & folo per le guerre, of-
feruauano l'infrafcritto ordine per ridurlo a cultura, & per
riempierlo d'habitatori. Dauano adunque del pubblico la decima parte de' femi a chi uoleffe coltiuare tali beni, & la
quinta parte poi de' frutti, & da chi tenea beftiame groffo o
minuto, rifcuoteuano una certa picciola gabella. Tutto quefto faceano per domefticare, & per riempiere i luoghi, come
habbia-

A

habbiamo detto, & non meno per auuezzare gl'Italiani alla
fatica, accioche hauendoli poi ad esercitar nell'arme, e fossero piu robusti, & hauessero i soldati domestici, & del paese,
& non forestieri; ma auuenne loro tutto il contrario. Perciocche i cittadini piu ricchi, appropriando a se la maggior parte delle possessioni predette, & confidati nella potenza loro,
andauano a poco a poco usurpando etiandio de i beni delle persone piu deboli, parte con promesse & con lusinghe, parte
con prezzo benche minore, & parte con la forza: nel qual
modo haueano già compreso immenso spatio di terreni, facendogli coltiuare da' uillani, & da' serui condotti a salario. Così riceueano grandissima utilità mediante l'industria, & fatica de' uillani, & serui predetti: i quali erano moltiplicati in infinito, non hauendo altro guadagno, &
la moltitudine loro per questa cagione hauea riempiuta già
Italia in ogni luogo, & gl'Italiani erano impoueriti, &
per forza dati all'otio, & alla pigritia, & nondimeno le
grauezze gli opprimeano in modo, che la maggior parte hauea aggiunta alla pouertà un'estrema disperatione, uedeo-
dosi fuori de'proprj beni. Il qual disordine & inconueniente il
popolo Romano incominciò a sopportare con graue molestia,
accorgendosi non riceuer piu alcun comodo o utilità dagl'Italiani nelle occorrenti guerre, & finalmente hauendo pensato al rimedio, fu fatta da' Tribuni della plebe una legge,
& un editto, che niun potesse tenere, o possedere piu che
cento bestie grosse, & cinquecento minute, ne piu che
jugeri cinquecento, & era un jugero tanto terreno, quanto
un pajo di buoi potea arare in un giorno, la cui misura era
piedi dugentoquaranta di lunghezza, di larghezza centouenti, la misura d'un piede era quattro palmi, e uno palmo era
quattro dita, & la misura d'uno dito, secondo i geome-
tri, faceano tre grani d'orzo. Et accioche la soprascritta legge fosse piu osseruata, la confermarono col giuramento, & a chi contrafacesse imposero una certa pena,
sperando per questo modo, che i beni, i quali soprauanza-
uano dalla legge, fossero a poco a poco per uenire a quelli,
che ne possedeuano meno, ma ne de' poueri, ne del giuramento, ne della pena fu fatta da' potenti alcuna stima.

Concio-

Conciosiache molti, i quali erano compresi dalla legge, faceuano uendite & donationi finte del sorauanzo de' beni a diuersi loro amici, parenti, & famigliari, & alcuni ancora
stauano duri & pertinaci, inuitando gli altri all' inosseruanza
della legge, onde auuenne, che Tiberio Gracco, cittadino illustre & eloquente, spinto specialmente da desiderio di gloria,
essendo ne' tempi suoi hauuto in sommo prezzo, fece per gratificare a' Tribuni, & alla plebe, una grauissima & ornatissima oratione in laude & commendatione de gl' Italiani, come d' huomini bellicosissimi, & quasi come per una parentela
congiunti al popolo Romano, dolendosi della auuersa fortuna
& sorte loro, che da pochi ricchi & potenti fossero sterminá-
ti, & ridotti ad una somma pusillanimità & inopia, senza speranza alcuna di salute. Et di piu biasmando la moltitudine de' serui, come inutili alla militia, & infedeli a' padroni, raccontaua quello, che poco auanti era stato fatto da
loro contra i padroni in Sicilia, con dire, ch'era da considerare,
crescendo ogni dì piu il numero de' serui, quanto fosse da temere, che non pigliassero l'arme contra il popolo Romano, cosa
non manco pericolosa, che difficile, e da non poter durare lungamente per le uarie mutationi della uolubile fortuna, la
qual suole piu dimostrar la sua temerità e dispreggio nelle guerre, che in alcun' altra cosa. Dopo il fine delle parole sue,
pronuntiò di nuouo la legge, per la qual uietaua, che fosse
lecito tener piu che tanto spatio di terreno, quanto in trecento giorni potesse arare un pajo di buoi, aggiugnendo, che chi
hauea figliuoli potesse tener la metà piu per ciascuno figliuolo, & alla diuisione de' beni, i quali auuanzassero a i compresi dalla legge, deputò un magistrato di tre cittadini, da
eleggersi anno per anno, i quali hauessero la cura, & la facoltà di consegnare a' poueri il sorauanzo de' ricchi, a' quali
fu questa legge oltremodo molesta; massimamente perche non
poteano così facilmente difendersi come dalla prima, per l'autorità & poter di quelli, che per uirtù della legge predetta
haueano a partire i beni, ne poteano uendere o donare la parte ch' auuanzaua, essendo uietato dalla legge. Perilche raunati i ricchi insieme, si doleano esser costretti douer dare a
gli strani le loro antiche opere, la spesa & diligenza del coltiuare,

tiuare, il prezzo delle cose comperate, gli edificj delle case
& palazzi edificati da loro, & le sepolture paterne, & finalmente, che bisognasse, che lasciassero le diuise de' beni riceuuti da' padri loro, & le doti delle donne conuertite nella
compra di simili terreni, & le consegnationi fatte a' proprj figliuoli. Gli usuraj ancora & creditori si lamentauano, ch' hauessero a perder le ragioni & attioni, le quali haueano in su
beni de' loro debitori. Era adunque in tutta la città una
certa confusione & ramarico di quei, ch' erano sforzati, & offesi dalla legge. Dall' altra parte i poueri faceano grandissimo romore, che di ricchi & abbondanti fossero caduti in grandissima pouertà & miseria, & fatti impotenti a nutrire i figliuoli, & nondimeno esser costretti tutto il giorno andare alla ispeditione de gli eserciti, come s'hauessero molte possessioni,
e però apertamente si doleano esser priuati de' beni, i quali
secondo l' antiche leggi & costumi si apparteneano loro in comune. Dannauano oltre a ciò i ricchi, che in luogo de' figliuoli, de' cittadini, & de' soldati Romani Italiani, eleggessero
i serui, gente senza alcuna fede, & temeraria, & infrut-
tuosa a' bisogni pubblici. In queste querele & in questa confusione, si raunò insieme gran moltitudine, & delle città, &
delle terre, & luoghi uicini, confortando & animando l' un
l' altro, & separatamente ciascuno andaua a trouar gli amici della parte sua: & confidatisi nel numero grande, affrettauano a fare nouità senza ordine alcuno. Aspettauasi adunque
la approuatione della legge, a cui i ricchi erano in proposito
di contraporsi per non lasciarla ottenere, ma i poueri & popo-
luri deliberauano usare ogni forza, accioche essa hauesse luogo, così uedeasi grandissima contentione tra queste parti. Il
Senato prestaua fauore a Gracco, non tanto per sostener la causa, quanto per uedere il fine della cosa, come se in Italia per
la difficoltà del fatto non si potesse trattare cosa maggiore,
o d'importanza. Gracco non gli parendo da differire, deliberò
fare esperienza della legge. Laonde di nuouo fece una splendida oratione, & accomodata molto alla materia, affermam-
do marauigliarsi, che alcuno fosse tanto audace, che ardisse
impedire la diuisione delle cose comuni, & dimandando se altri
dubitasse, che il cittadino non fosse piu nobile, che il seruo,

o che

o che il soldato non fosse piu utile alla Repubblica, che l'huomo
debole di forze, o nelle pubbliche grauezze non fosse piu accetto alla patria chi quelle pagaua, che chi ne era esente, pose
innanzi a gli occhi de gli auditori la speranza, & timore in
che si trouaua tutta la città per colpa di quelli, i quali uoleuano
essere superiori alla legge, & disse che giudicaua cosa molto inconueniente, arrogante, & degna di somma riprensione, che si trouassero molti cittadini Romani, i quali per auaritia fossero osti-
nati nella ruina della città, & per ritenere contra la legge
maggiore copia di beni, che non bisognaua loro, disprezzasse-
ro la pubblica utilità, & ponessero da parte la cura & speranza di acquistare il dominio delle nationi & genti esterne, &
di ampliare lo Imperio, mettendo in pericolo ogni cosa. Ramen-
taua etiandio la gloria & le uirtù de' buoni, & la infamia &
uitio de' cattiui, & confortaua i ricchi, che uolessero riuolgere
negli animi loro tutte queste cose, & disporsi per loro medesimi
a souuenire a'pubblici bisogni, acciochè per combattere per una
parte delle sostanze, non perdessero il tutto, ma considerass-
sero piu tosto, che della liberalità loro riporterebbono merito
premio di gratitudine, douendo massimamente esser loro a sufficienza il possedere il terreno concesso dalla legge, il quale poteuano esser certi douer tenere senza alcuna controuersia, o
molestia. Hauendo Gracco parlato in questa sentenza, & infiammati i poueri, & tutta la parte sua, comandò al notajo,
che proponesse la legge. Ma Marco Ottauio, il quale era anco
esso Tribuno della plebe, & del numero de'possessori, disposto a
fare iscandalo, & aspro di natura, impose al notajo silentio. Con-
contra il quale Gracco si ramaricò molto: e ueduta la cosa confusa, comandò il consiglio pel giorno seguente. Essendo l'altro
dì raunata di nuouo la moltitudine, Gracco fattosi forte con
gli amici e partigiani per isforzare Ottauio bisognando, impose
al notajo, che recitasse la legge al popolo, il che uolendo fare
il notajo, fu da Ottauio impedito un'altra uolta. Nata adunque grandissima contentione tra i Tribuni, & essendo confusa & impedita la deliberatione della legge dal tumulto,
quelli, che erano piu gagliardi persuasero a'Tribuni, che
rimettessero al Senato la differenza loro. Per la qual cosa, Gracco tolta con ira la legge di mano del notajo andò nel
                                                    Senato,

Senato, doue essendo ributtato e ripreso da'piu ricchi, fu costretto ritornare in piazza, & ordinò il configlio pel giorno seguente, & essendo di nuouo raunato il popolo propose di nuouo la legge, e che si deponesse ancora Ottauio dal Tribunato, affermando esser contra la dignità pubblica, che il Tribuno nelle deliberationi utili & necessarie si contraponesse. Essendo già uinto il partito nella prima Tribù, Gracco uoltandosi contra ad Ottauio, il qual si opponeua con maggior pertinacia che mai, lo pregaua che uolesse essergli fauoreuole: ma perseuerando nella sua durezza, Gracco andaua seguitando di ottenere la liberatione nelle altre Tribù, le quali erano trentacinque, e già diecisette erano concorse alla priuatione di Ottauio, e la decimaottaua affermaua il medesimo, quando Gracco di nuouo benignamente confortaua & ammoniua Ottauio che non uolesse impedire una opera tanto buona, santa, & utile a tutta la Italia, ne disprezzare il popolo Romano, acciochè per forza, & con tanta sua ignominia & carico non fosse spogliato della dignità del Tribunato. Mentre parlaua in questo modo, chiamaua gli Dei in testimonio, che contra sua uoglia il suo collega era priuato del suo ufficio. Ma non giouando, continuò di proporre il partito nelle altre Tribù, dalle quali Ottauio unitamente fu deposto del magistrato, & in suo luogo fu eletto Quinto Mumio. Ottauio fuggendo la presenza del popolo, si nascose, & così la legge fu subitamente pubblicata, & chiamata legge Agraria, essendo fatta per diuidere le possessioni, & di comune concordia di tutto il popolo, che temeua, che la esecutione della legge non fosse impedita, se Gracco & i suoi aderenti non fossero aministratori, & difensori di essa, furono deputati tre cittadini, Tiberio Gracco autore della legge, Gajo Gracco suo fratello, & Appio Claudio suocero di Tiberio: il quale oltremodo lieto per hauere ottenuta la legge, come se fosse stato faccitore, e liberatore non di una città solamente o d'un popolo, ma di tutte le nationi che erano in Italia, uenne a casa accompagnato da tutta la moltitudine. Onde i potenti per paura si ridussero alle uille, e come se fossero stati priuati d'ogni possanza, si doleuano insieme, sopportando iniquamente, & con molestia quello ch'era stato fatto da

Gracco,

Gracco, dandogli carico che aspirasse alla tirannide, & tentasse di fare la città di Roma uno ricetto di ladroni, di seditiosi, & scelerati, & di mettere Italia tutta sottosopra, & empirla di sceleratissime contentioni & discordie. Già era uicina la state, & i Tribuni haueuano incominciato a mandare i bandi per tutti i luoghi, comandando, & prouedendo la osseruanza della legge Agraria, quando i ricchi & potenti, essendo uenuto il tempo della esecutione della legge, incominciarono palesemente a cercare odi & minaccie contra la dignità di Gracco. Per il che esso accorgendosi del pericolo, & dubitando, per essere già al fine del suo magistrato, che ogni sua industria, & opera non riuscisse inuano, deliberò fare esperienza se potea farsi di nuouo eleggere Tribuno. Chiamati adunque tutti gli amici suoi, pregaua separatamente ciascuno, che gli uolessero prestare fauore a tale impresa: il che gli pareua meritare dal popolo, essendo per amore che gli portaua & per fargli beneficio condotto in manifesto pericolo. Venuto il giorno, nel quale si douea fare la elettione de' Magistrati, due Tribuni subito & unitissimamente concorsero a prorogare il Tribunato a Gracco, ma contraponendosi poi gli auuersarj, con allegare, che non era lecito, secondo le leggi, che uno fosse Tribuno della plebe piu d'uno anno intiero, Rubrio uno de' Tribuni disse non uolere interuenire a tale deliberatione. Quinto Mumio, il quale era stato eletto Tribuno in luogo d'Ottauio per opera di Gracco (come dicemmo di sopra) offerse uolere essere Presidente alla prorogatione soprascritta. Gli altri Tribuni allora proposero, che si douesse prima statuire, chi di loro douesse essere Presidente del Consiglio. Onde nata graue discordia tra loro, Gracco uedendosi mancare il fauore, chiese che la cosa si differisse al giorno seguente: ma conoscendo la impresa sua quasi essere impossibile, & disperata, non si astenne d'alcuna spetie d'humiltà & di mansuetudine, benche fosse ancora Tribuno, consumando tutto quel dì in piazza accompagnato dal figliuolo, raccomandandolo a tutti, quasi indouinando, che tosto doueua perire per le mani de' nemici, onde molti si mossero a compassione. I poueri ancora dubitaua-

bitauano di se medesimi, non parendo loro bauere piu alcuna parte nella Repubblica, ma essere al tutto serui,
& essendo posti in tal timore, accompagnarono Gracco infino a casa, non senza molte lagrime, bauendo compassione di lui, & confortandolo che 'l giorno seguente uolesse ritornare in consiglio. Per questi conforti Gracco riprese animo, & però la notte raunò gli amici insieme, & con loro
prese il Campidoglio, imponendo a ciascuno che bisognando
usare la forza, stasse preparato con le armi, & deliberando fare ultima isperienza della sua elettione, si dolea grandemente, che da' Tribuni suoi compagni, & da ricchi,
& potenti fosse tanto iniquamente perseguitato, dapoi
dato il segno, & leuato il romore da suoi partigiani,
subito si uenne alle mani. Una parte adunque degli amici di Gracco per saluarlo gli fecero cerchio intorno: un'
altra parte togliendo le uerghe di mano a' ministri de'
Consoli, chiamati Littori, cacciarono gli auuersarj fuori
del Senato, con tanto strepito e tumulto, che ne ferirono alcuni; & gli altri Tribuni impauriti fuggirono, &
da' sacerdoti fu serrato il tempio. Fuggirono ancora molti
altri, & molti discorreuano per la città confusi, & senza ordine alcuno. Essendo la cosa in questo disordine, il
Senato si ridusse nel tempio della Fede, doue bauendo ordinato quello, che pareua necessario, subito andò in Campidoglio. Cornelio Scipione Nasica, essendo in quel tempo Pontefice Massimo, fu il primo, che uscito fuori con
ueloce passo disse ad alta uoce; chi uuole che la patria
sia salua, mi seguiti. Et così detto alzò la ueste da piè,
& posesela in capo, o per inanimare la brigata, o per essere
piu ispedito a correre, o per fare segno di combattere a
chi lo seguiua, o per cellare alli Dei quello, che fare uoleua, perche entrato nel tempio subito fece impeto contra
i Gracchiani, & non li essendo fatta resistenza per la
sua riputatione, & perche era giudicato ottimo cittadino,
molti abbandonato Gracco, si accostarono al Senato. Già
erano i Gracchiani inferiori, & percossi, & lacerati dagli
auuersarj, & essendone già feriti & presi la maggior parte, furono gittati giù per la ripa del monte Tarpeo.

Gracco

Gracco fu preſo, & ucciſo tra primi dinnanzi alla porta del tempio al coſpetto delle ſtatue de i Re. Tutti gli altri, che reſtarono prigioni, furono la notte ſeguente morti, & gittati nel Teuere. In queſto modo Tiberio Gracco, figliuolo di quel Gracco, il quale fu due uolte Conſolo, & di Cornelia ſorella di quel Scipione, che tolſe lo Imperio a' Cartagineſi, per uolere ottimamente aiutare la patria, fu da' potenti ucciſo in Campidoglio, eſſendo ancora Tribuno, il quale odio non prima bebbe fine, che produſſe un' altro ſimile inconueniente. La città dopo la morte di Gracco, parte, cioè gli auuerſarij ſuoi, ne preſero allegrezza & contento grandiſſimo, & parte, cioè gli amici, pianto & triſtitia: alcuni piangeuano loro medeſimi, & Gracco ancora inſieme col preſente ſtato della città, come ſe al tutto foſſe ſtata ſpenta ogni forma di Republica, & ridotta ogni coſa ſotto il fauore della potenza, & della forza delle arme. Queſte coſe furono fatte nel tempo, che Ariſtonico in Aſia combattea co' Romani. Dopo la ucciſione di Gracco, eſſendo ancora già mancato per morte naturale Appio Claudio grauiſſimo & ottimo cittadino ſuocero di Gracco, di nuouo Fuluio Flacco, e Papirio Carbone inſieme con Gajo Gracco fratello di Tiberio Gracco, deliberarono fare ancora eſſi la impreſa in fauore della legge Agraria, per la diuiſione de' beni, ma eſſendo ſprezzati da quelli, che poſſedeuano, fecero citare dal trombetta gli accuſatori de' traſgreſſori della legge, proponendo loro certo premio, onde interuenne, che ſubito furono poſte molte accuſe molto difficili & pericoloſe. Erano con diligentiſſima inquiſitione ricercati tutti quelli, che baueſſero comprati beni da' uicini, o che per fuggire la pena, & per fraude della legge baueſſero diuiſo il ſoprauanzo de' beni a gli amici & congiunti. Per il quale modo eſſendo ſcoperta la fraude di molti, finalmente alcuni furono dal magiſtrato de' tre cittadini ſpogliati delle poſſeſſioni, che baueuano coltiuate & fatte dimeſtiche non ſenza molta ſpeſa, & in cambio furono aſſegnati loro beni ſterili, ſoli, & paludoſi, & ad alcuni altri furono uenduti i beni allo incanto. Nel ricercare adunque i beni fraudati, ſi generaua grandiſſima confuſione: perche in proceſſo di tempo alcuni baueuano occupato ſi grande ſpatio di terreno, che difficilmente ſi

B   potea

potea hauer notitia de' possessori & padroni di tutti, la qual
cosa dimostraua la insatiabilità, & auaritia grande de' ricchi. Di quì nascea, che ueggendo alcuni eserui molti beni,
de' quali non si sapeuano i Signori, ui entrauano dentro con
autorità propria, & di potenza assoluta. Essendo la cosa
adunque condotta fino a quel termine, ne potendo piu oltre
sopportarla quelli, che ne riceueuano l'offesa, uoltarono il pensiero a confortare Cornelio Scipione, dal quale fu disfatta Cartagine, che uolesse farsi Capo, difensore, e padrone loro in di-
fenderli dalla ingiuria: & di questi la maggior parte erano Italiani, perche gli fautori della legge Agraria haueano rispetto
non manomettere i cittadini Romani, massimamente quelli,
i quali erano di qualche autorità; onde Scipione ricordandosi della uirtù & fede de gl'Italiani esercitati da lui nelle
guerre, non li parea cosa conueniente abbandonarli. Entrato
adunque nel Senato non biasimò la legge di Gracco temendo del
popolo, ma solamente allegando la difficoltà & pericolo di
quella, disse parergli giusto & honesto, che la cognitione delle cause di quelli, che erano accusati come preuaricatori della legge, non fosse commessa a chi meritamente doueuano
essere giudicati sospetti, ma a giudici spogliati d'ogni passione. La qual cosa fu da Scipione facilmente persuasa, parendo a ciascuno che'l configlio suo fosse maturo & ragioneuole. Per questa cagione, Tuditano allora Consolo, fu eletto
Giudice di dette cause, ma entrando nell'opera, & trouan-
dola molto difficile, non hauendo migliore occasione di fuggire
un tal peso di giudicio, essendoli prima stata commessa la cura della guerra contra la Corsica e Schiauonia, andò a quella impresa, perilche furono eletti in suo luogo alcuni, i quali
con molta pigritia & lentezza lasciarono passare il tempo della
diuisione de' beni. Di quì si crede, ch'hauesse origine l'odio tra
Scipione & la plebe, perche essendo prima amato cordialmen-
te dal popolo, per beneficio del quale spesse uolte fu fatto
Consolo contra la dispositione delle leggi, in questo tempo lo
uedeano hauere mutato animo, & fatto suo auuersario. La
qual cosa ueggendo i concorrenti di Scipione, cominciarono alla scoperta a farli carico, & imputarlo, come se al tutto hauesse deliberato farsi Capo di annular la legge di Gracco, &

porre

porre la città in confusione, & in ruina. Stando il popolo
in tal sospitione & gelosia, Scipione essendo tornato la sera
a casa, chiese da scriuere, con animo, come si crede, di notare la notte quello, che li pareua si douesse proporre al popolo
il giorno seguente: la mattina fu trouato morto nel letto senza alcuna ferita, o offesa di corpo. Di questa sua improuisa
morte furono fatti molti discorsi; alcuni giudicarono, ch'egli
morisse per insidie di Cornelia sua sorella, madre de'due Gracchi, accioche la legge Agraria non fosse riuocata per opera del
fratello; che alla morte sua consentisse ancora Sempronia sua
donna, la quale per la sua bruttezza & pazza natura,
era sprezzata da lui, ne essa amaua punto il marito. Sono
alcun'altri, che affermano Scipione essersi uolontariamente priuato della uita, per conoscere di non potere mandare ad effetto quello, ch'hauea promesso a gli amici & partigiani, ma
sia come si uuole, la morte sua è incerta: questo nondimeno
è ben certo, che essendo presi alcuni de'serui suoi, & posti
al tormento, confessarono, che Scipione fu strangolato da alcuni trauestiti, & ascosi in camera sua, li quali i Giudici
non ardirono nominare, temendo la ira del popolo, come consapeuole, & forse autore della morte sua. Tale adunque fu
il fine di Scipione, il quale benche hauesse tanto accresciuto
& honorato l'Imperio del popolo Romano, fu nondimeno giudicato indegno di pubblica sepoltura & pompa funebre, in tal
modo la subita ira & indignatione spense ogni carità, la memoria, & i meriti di tanto cittadino; ma come se non fosse
stato di prezzo alcuno, diuentò uile sotto la seditione di Gracco.
In questo mezzo essendo prorogata la diuisione de'terreni da'
possessori di quelli, molti per non essere forzati erano preparati alla difesa, & alcuni de'sudditi domandauano d'esser fatti cittadini Romani per potere interuenir alla diuisione de'
beni, il che affermauano di fare tra loro con maggior carità: la qual cosa gl'Italiani consentirono uolontieri, stimando riceuerne maggior utilità. In questa cosa parue che Fuluio Flacco si adoperasse piu che tutti gli altri: perche essendo Consolo, attendea con molta industria di continuo alla diuisione de'beni, ma il Senato sopportaua molestamente, che, chi
era suddito hauesse ad esser uguale al Signore. Per questa cagio-

ne ogni sforzo della legge Agraria ueniua mancando, e dif-
foluendosi, massimamente perche il popolo priuo della speranza conceputa della diuisione, cominciò di nuouo a temere.
Sendo le cose in questi termini, Gajo Gracco minore di età
cheil morto fratello, come piu accetto al popolo, che alcun'altro, il quale potesse ottenere il Tribunato della plebe, deliberò chiedere di esser creato Tribuno: & benche bauesse molti
auuersarj nel Senato, nondimeno con suo grandissimo onore
& riputatione fu eletto a tale magistrato, & subito si dimostrò contrario al Senato. Principalmente adunque fece un
decreto, che a ciascuno plebeo alle spese del pubblico fosse
dato grano per un mese, non essendo prima costume di fare una tale distributione; onde solleuò molto gli animi del popolo nella Repubblica, essendo fauorito ancora da Fuluio Flacco. Et bauendo in questo fatto beneuolo il popolo, fu creato
un'altra uolta di subito Tribuno, bauendo in fauore ancor l'
ordine de'caualieri, i quali teneano il secondo grado di dignità fra il Senato, & la plebe. A questi era stata attribuita
la cognitione delle cause, & accuse delle corruttioni fatte de'
cittadini mediante i doni, & presenti riceuuti da loro ne'magistrati, & de gli altri errori opposti loro, della qual cosa erano prima Giudici i Senatori, & questo bebbe origine, quando
Aurelio Cotta Salinatore, & Marco Attilio bauendo superata
l'Asia furono accusati, che baueuano riceuuti molti & diuersi doni, & da'giudici erano stati assoluti contra ragione.
Dicesi, che quando tale autorità fu data a'caualieri, Gracco, padre di Tiberio & Gajo Gracco, affermò, che il Senato
se ne pentirebbe: la qual cosa bauendo dapoi uerificato la esperienza, fu data ne gli altri casi maggior fede alle parole
sue. Perciocbe bauendosi a trattar le cause o de' Romani, o
de gl'Italiani, così ciuili, come criminali, i caualieri,
come Principi de'giudicj, uoleano conoscere & sententiare d'
ogni cosa: & nella creatione de'magistrati facendo spalle a'
Tribuni, faceuano eleggere cbi pareua loro, & intendendosi
insieme, dauano al Senato non mediocre spauento. Pareua
adunque, che mancasse poco a mutarsi lo stato della Repubblica: conciosiacbe il Senato riceuesse la dignità solamente
del nome, & la podestà, & arbitrio della città fosse ne'ca-
ualie-

ualieri. Oltre a ciò nel precedere, non solo erano primi, masfimamente quando si agitauano le cause, ma ancora apertamente disprezzauano il Senato. Et riceuendo d'ogni parte doni, & corrotti da presenti, & da premj, faceano nel giudicar infinite ingiustitie. Oltre di questo assoldauano gli accusatori contra i ricchi, & nelle cause delle corruttele de' cittadini procedeuano con mille sceleratezze, intanto ch'haueuano causata nuoua discordia & seditione nelle leggi giudiciarie non punto inferiore alla prima. Stando le cose in questi termini, Gajo Gracco mandò per tutta l'Italia per diuersi & lunghi cammini, chiamando & inuitando in fauore suo grande quantità di operarj & artefici, per hauerli disposti & apparecchiati ad ogni suo bisogno. Richiamò ancora dalle città molte Colonie, tra le quali furono i Latini, per hauer nelle deliberationi tanto numero di partigiani, che bastasse ad impedire la uolontà del Senato. A quelli, che non poteuano interuenire alla creatione de' magistrati, concesse, che pagando le grauezze della città potessero godere il priuilegio de' cittadini, accioche per questa uia fosse loro lecito ritrouarsi alla elettione degli uffici, & delle leggi. Da questo spauentati i Senatori confortarono i Consoli, che non lasciassero partire dalla città quelli, che non poteuano rendere il partito; & a quelli, che secondo l'ordine di Gajo Gracco erano dispensati col pagare le grauezze, come habbiamo detto, comandasse, che non potessero accostarsi a Roma per ispatio di miglia otto, mentre soprastaua la creatione della legge. Et oltre a ciò persuaderono a Liuio Druso collega di Gracco, che se li uolesse opporre, promettendoli, che se uolesse fare alcuna prouisione in fauore del popolo, sarebbono contenti. Onde chiedendo Liuio di potere richiamare in Roma dieci Colonie, il Senato lo consentì. Liuio per questa cagione acquistò tanta gratia nel popolo, che l'indusse a dispreggiare la legge di Gracco; il quale uedendosi hauere perduto il fauore popolare, insieme con Fuluio Flacco nauigò in Africa, accioche per la partita & asenza loro le contentioni ciuili uenissero a posare, & distribuirono alcune Colonie, doue fu già Cartagine, non hauendo rispetto, che fosse stata spianata da Scipione, il qual pensò che in quel luogo hauessero ad essere del continuo stalle di pecore,

&

& ricetto di bestie. Dopo questo ritornati a Roma chiese-
rò, che seimila Italiani fossero mandati in Africa per
Colonia, & così fu fatto, i quali essendo condotti al luogo disegnato, & ordinato da Gracco & Fuluio predetti, &
uolendo diseg are il circuito della nuoua città, la notte seguente i Lupi guastarono il disegno, dichiarando adunque
gl'indouini, che questa città per tale augurio sarebbe infelice, il Senato fece chiamare il consiglio per probibire l'ordine di tale Colonia, & richiamarla in Italia. Allora
Gracco & Fuluio come infuriati diceuano, che il Senato
mentiua, che i Lupi bauessero guasti i termini disegnati, & in loro fauore erano i plebei piu insolenti, & con
le arme coperte si sforzauano entrare in Campidoglio,
doue si bauea à consultare della nuoua Colonia d' Africa
ordinata da Gracco, & Fuluio, come di sopra. Essendo
adunque raunato il popolo, & cominciando Fuluio a parlare, Gracco entrò in Campidoglio accompagnato da molti armati. Stando le cose in questi termini, Attilio buomo popolare, uoltando gli occhi uerso Gracco, andò subito a lui, & abbracciatolo, il pregaua, che uolesse perdonare alla patria, & bauere compassione di lei. Gracco
turbato si riuoltò ad Attilio con spauentoso sguardo senza fargli altra risposta. Veggendo tale atto uno de' partigiani di Gracco, accennato però da Gracco, desiderando satisfargli, trasse fuori la spada, & assaltò Attilio.
Allora fu subito leuato il romore, e ueduto che Attilio era
già morto in terra, dubitando ciascuno di se medesimo,
fuggirono per la maggior parte. Gracco arriuato in piazza, incominciò a parlare per iscusarsi dell' omicidio commesso nella persona d' Attilio, ma non gli essendo pre-
state orecchie da persona, uinto da disperatione si rifuggì a casa insieme con Fuluio Flacco, il simile fecero tutti
gli altri suoi amici, & partigiani. La moltitudine incerta, spauentata, circa la mezza notte prese la piazza.
Opimio uno de' Consoli, come suole auuennire ne' tumulti
popolari, comandò a certi ministri, che con l'arme andassero in Campidoglio, & chiamato il Senato nel tempio di
Castore & Polluce, fece cittare Gracco, & Fuluio alle
case

case loro, che uenissero a purgare la colpa opposta loro. Perilche essi con quelli piu armati, che poterono hauere in compagnia, si ridussero in su'l monte Auentino, persuadendosi, che essendo forti in quel luogo potessero hauere migliori conditioni & patti col Senato, & per essere ancora piu forti tentarono insignorirsi del tempio di Diana. Mandarono oltre a ciò al Senato Quinto figliuolo di Flacco a chiedere supplicheuolmente pace & riconciliatione. Il Senato comandò, che poste giù l'arme, uenissero in consiglio personalmente. Ma rimandando un'altra uolta il figliuolo Quinto, Opimio Consolo il fece ritenere, & mandò subito alcuni armati a quelli, ch'erano in compagnia di Gracco per torli quel fauore, & ajuto. Gracco perduta ogni speranza, passata l'altra riua del Teuere, accompagnato solamente da un seruo, & entrato nella selua, comandò al seruo che li dasse la morte. Flacco nascoso in una bottega era cercato dagli auuersarj, i quali non lo potendo trouare, comandarono sotto pena del fuoco, che chi lo sapeua, lo manifestasse, & in questo modo scoperto, fu preso, & morto; i Capi loro furono portati al Consolo, il quale con molta ira, & superbia li fece buttare per terra; le case loro farono spianate, & saccheggiate dal popolo, & li seguaci loro misero in prigione, & per comandamento d'Opimio furono decapitati. A Quinto figliuolo di Flacco fu concesso, che eleggesse quella maniera di morte che li piacesse. Le quali cose poi che furono così gouernate, il Consolo fece purgare la città dalla macchia della uccisone. In questo tempo il Senato fece edificare nel foro il tempio della Concordia, & non molto dopo fu fatta una legge, che a ciascuno fosse lecito uendere i suoi beni come li pareua, contro alla legge di Tiberio Gracco; onde subito i ricchi incominciarono a comperare da' poueri, & a chi ricusaua la uendita togliuano i beni per forza. A confirmatione di queste cose Spurio Borio Tribuno della plebe riuocò, & annullò totalmente la legge della diuisione de' beni, disponendo che a ciascuno fosse lecito possedere quello, ch'era suo in qualunque modo: con questo però, che si douesse pagarne le grauezze al popolo Romano.

mano, & che la moneta, la quale si riscoteua di tale
assegnamento, si distribuisse al popolo in luogo de' beni,
secondo la forma della legge Agraria, la quale s' intendesse in ogni altra sua parte riuocata. La qual cosa come diede in principio consolatione al popolo per cagione
della distributione predetta, così poi non fu grata, perche si uide poi ch' ella non recaua alcun utile, per la
troppa moltitudine di quelli, che particìpauano della distributione. Con tale astutia adunque fu riuocata la legge
di Gracco, & non molto da poi fu leuato lo assegnamento delle grauezze ordinate da Spurio, e così il popolo uenne a restare del tutto ingannato. Per la qual cosa crebbe
la speranza de' cittadini, & de' caualieri, & le entrate
delle possessioni diuennero molto maggiori. Essendo già cessate le leggi della diuisione de' beni, per spatio di quindeci anni dopo la morte de' due Gracchi, dalle controuer-
sie & affanni ciuili, si peruenne all' otio, nel qual tempo Scipione Consolo disfece il Teatro, ch' hauea incominciato a fabbricar Lucio Cassio. Già pareua, che fosse uenuto il fine delle discordie; quando Quinto Cecilio Metelo
essendo Censore, fece grande sforzo per priuare Glaucia
della dignità Senatoria, & Apulejo Saturnino del Tribunato, per la loro disbonesta uita, ma fù impedito dal collega suo. Per il che Apulejo non molto dapoi, per uendicare la ingiuria, dimandò la seconda uolta il Tribunato,
& perche alla elettione de' Tribuni era Presidente Glaucia Pretore, ei si mise a corteggiarlo; ma Nonio cittadino illustre accusando Apulejo, & Glaucia, ottenne essere
eletto Tribuno. Temendo adunque Apulejo, & Glaucia
la persecutione di Nonio, raunati occultamente certi loro
amici & partigiani, & postigli in aguato, il fecero assaltare tornando dal consiglio, & lo tagliarono a pezzi; il
quale accidente fu giudicato da ciascuno sceleratissimo, miserabile, & crudele. I fautori di Glaucia, prima che il
popolo si raunasse, crearono subitamente Apulejo Tribuno:
per la quale elettione fu posto silentio alla uccisione di Nonio, non si trouando chi ardisse accusare o riprendere Apulejo, essendo fatto Tribuno. Fu oltre a ciò cacciato di

Roma

Roma Metelo dagli amici di Gajo Mario allora Consolo la sesta uolta, perche si mostraua nemico di Mario. Apulejo etiandio creò una legge, per la quale dispose, che tutto il paese de' popoli Galati, applicato al fisco del popolo Romano, si douesse uendere: il qual paese de' Galati baueano prima occupato i Fiamenghi: & essendone poi cacciati da Mario, fu dato al fisco di Roma tutto il territorio, come se i Galati nulla ui bauessero a fare. Il popolo faceua istanza grande, che la legge si pubblicasse, acciò ch' hauesse esecutione, & però assegnò termine al Senato, che in cinque dì approuasse la legge col giuramento: & a chi ricusasse giurare, pose pena di essere priuato della dignità Senatoria, & di pagare al popolo uenti talenti; & così fatto, Apulejo ordinò il termine della approuatione della legge. Nata adunque nel Consiglio graue discordia, quelli ch' erano contrarj alla legge, tutti si ridussero dinnanzi al tribunale di Apulejo: doue fu tanto grande il romore per il grido de' cittadini, che parue, che il cielo tonasse; la qual cosa quando interueniua, era probibito a' Romani fare alcuna pubblica deliberatione. Usando finalmente la forza gli amici di Apulejo accompagnati col fauore del popolo, la legge fu messa, per il che Mario, come Consolo, ricercò subito il giuramento, & essendo uenuto il quinto dì, il quale era l'ultimo termine del giuramento, comandò, che ciascuno de' Senatori fosse in Consiglio a bore dieci: & essendo uenuto il tempo, Mario si ridusse nel tempio di Saturno accompagnato dal Senato, dou'egli fu il primo a giurare la osseruanza della legge; il simile fecero tutti gli amici; ma quelli, a'quali dispiaceua la legge, giurarono per paura. Metelo solamente con animo inuitto & costante ricusò il giuramento. Per la qual cosa Glaucia & Apulejo per commouere il popolo contra Metelo, dissero, che ne la legge, ne la diuisione de' beni de' Galati haurebbe luogo, se Metelo non fosse confinato; per il che subito fu accusato, & i Consoli gli assegnarono solo un giorno di termine alla difesa: ma non comparendo, fu condannato in esilio, dolendosi acerbamente gli altri cittadini di tanta ingiuria fatta a Metelo; fu accompagnato da molti fuori della città per difenderlo,

C
lo,

lo, dall'offesa. Metelo abbracciando, & baciando ciascuno, & commendando il decreto de' Consoli, disse, che andaua in esilio uolontieri, perche non uoleua ricusando mettere in discordia, & pericolo la patria, & così uolle essere
obbediente. Apulejo confermò lo esilio suo, & Mario lo
pubblicò. In questo modo Metelo cittadino preclarissimo fu
confinato. Essendo uenuto il fine dell'anno del Tribunato
d'Apulejo, fu creato la terza uolta, & per compagno li
fu dato uno il quale affermaua essere figliuolo del primo
Gracco; & douendosi fare la elettione de' Consoli, & essendo concorrenti Marc' Antonio, Glaucia, & Mumio, il
quale era ottimo & riputato cittadino: Glaucia & Apulejo dubitando che egli non fosse preposto, come piu degno,
il fecero occultamente tagliare a pezzi; ma essendo la cosa uenuta a luce, il popolo preso da ira & sdegno, deliberò uccidere Apulejo; di che hauendo notitia Glaucia
& Gajo Safino, per sicurtà loro, & per ajutare Apulejo,
presero il Campidoglio; pel quale accidente il Senato li
condannò alla morte. Mario adunque preparaua gente armata: ma procedendo lentamente, alcuni tagliarono i ca-
nali & condotti dall'acqua, che ueniua in Campidoglio.
Onde Safino attaccò il fuoco nel tempio, uedendo che doueua morire di sete. Glaucia, & Apulejo confidandosi nel
fauore di Mario, ritorsero a lui. Mario mentre che ciascuno gridaua, che fossero morti, disse al Senato, che a
lui s'apparteneua come a Consolo dare la sentenza, se erano degni o nò della morte; mà dubitando il Senato, che
Mario non li uolesse saluare, non restò mai fino a tanto
che tutti tre furono morti, essendo l'uno Censore, l'altro Tribuno, & l'altro Pretore. Dopo la morte loro il
Senato & popolo Romano tutti ad una uoce incominciarono a chiedere, che Metelo fosse richiamato a Roma.
Publio Furio allora Tribuno della plebe, nato di padre li-
bertino, con molta audacia si sforzaua resistere, ne poteano piegarlo i prieghi, & le lagrime del figliuol di Metelo, il qual se gl'inginocchiò fino a' piedi, & per questa
cagion fu poi chiamato costui Metelo Pio. L'altro anno
dapoi fu eletto Tribuno Gajo Cornelio, il qual fece citare

re in giudicio Publio Furio per la repugnanza, che haue a fatta al ritorno di Quinto Metelo; il popolo non aspettando la difesa di Publio, li corse addosso con furore, & uccifelo, & Metelo con grandissimo fauore di tutta la città fu restituito dall'esilio. Fu tanto grande il concorso & la moltitudine de' cittadini, i quali infino alla porta gli uennero incontra, che non li bastò un dì intero a toccar la mano a tutti. Questo fu il fine della terza discordia & tumulto ciuile causato da Apulejo dopo la prima, & la seconda de' due Gracchi. Successe dapoi la guerra, detta Sociale, mossa contra al popolo Romano da molte città d'Italia confederate insieme, & però fu chiamata Sociale, la quale nata da debole principio, crebbe in modo, che recò grandissimo pericolo & terrore a' Romani: & fu cagione di spegnere le contentioni ciuili, mentre durò: benche spenta dapoi partorì molto maggiore trauaglio nella Romana Repubblica, & fece potentissimi capi & autori delle discordie: i quali non contesero, come prima soleano, della creatione delle leggi, o de' magistrati, ma l'uno si uppose all'altro con potentissimi e formidabili eserciti: & però ho giudicato essere a proposito della presente historia di scriuere la guerra Sociale, la cui origine fu questa. Fuluio Flacco ritrouandosi allora Consolo, fu il primo che incitò gl' Italiani a chieder d'essere fatti cittadini Romani, accioche di sudditi diuentassero partecipi degli honori, & delle dignità del popolo Romano, nella quale impresa prestando Flacco a gl' Italiani predetti ogni suo fauore, il Senato per leuarlo da questa pazzìa, gli diede la cura della guerra: nella quale hauendo già consumato il tempo del Consolato, ottenne la creatione del Tribunato insieme con Gajo Gracco; ma essendo ambedue stati morti nel modo ch'habiamo detto, gl' Italiani presero maggiore animo; perche hauendo grandissimo dispiacere, che Fuluio & Gracco loro amici & fautori fossero stati priuati della uita, diceuano hauere deliberato non uolere essere più trattati come sudditi, sopportando insieme col popolo Romano il peso delle grauezze & delle guerre. Venne loro molto a proposito Liuio Druso Tribuno della plebe, il quale a richiesta loro deliberò creare una legge della ciuiltà in loro fauore: & uolendo recarsi beneuolo il popo-

lo,

lo, introdusse, che si riuocassero alcune Colonie mandate da'
Romani in alcune città d'Italia, & di Sicilia. Dopo queste tentò per uia d'una legge unire insieme il Senato, & l'ordine de' Caualieri, i quali erano in discordia per cagione
de' giudicj, ch'erano stati tolti al Senato, & dati a' Caualieri. Onde ordinò, che la cognitione & giudicio delle
cause, s'appartenesse all'uno ordine & all'altro. Ma essendo per le discordie passate cresciuto il numero de' Senatori circa trecento, persuase a' Caualieri, che eleggessero
altrettanti dell'ordine loro, accioche il numero de' Giudici
fosse uguale, & probibì, che niuno di loro potesse trametter-
si nelle accuse de' doni, & presenti riceuuti da' magistrati
contra la forma della legge; massimamente perche già non si
teneua piu conto di questo, cercando guadagno senza uergogna.
Credendo Liuio Druso con questo mezzo riconciliare insieme i
Senatori, & i Caualieri, fece contrario effetto: perche il Senato dimostrando sopportare mal uolentieri, che cosi subito
fossero mescolati seco tanti buominj, e che molti del numero
de' Caualieri fossero uenuti in somma riputatione, giudicaua
meritamente, che quando fossero fatti Senatori non tentasse-
ro qualche nuoua seditione. All'incontro i Caualieri erano presi
da non mediocre sospitione, che nell'auuenire i giudicj non
fossero tolti loro, e renduti al Senato. Conosceuano oltre a
ciò, douere al tutto uenire in discordia tra loro medesimi,
& in inuidia con quelli, i quali fossero giudicati piu degni
d'essere computati nel numero de' Senatori secondo l'ordine di
Druso. Ma sopra tutto doleua loro, che circa i doni & presenti fosse nata nuoua legge; per tale cagione adunque i Senatori, & i Caualieri, benche tra loro fossero discordi, nondimeno parendo all'una parte, & all'altra essere offesi parimente da Druso, erano uenuti alla uendetta contro lui; il popolo
solamente era contento per la riuocatione delle Colonie, per la
qual cosa i Consoli deliberarono leuarsi Druso dinnanzi; di che
accorgendosi egli, temeua andare in luoghi pubblici, & nascosamente rendeua ragione, accompagnato sempre da buon numero d'amici; nondimeno hauendo una sera al tardi licentiato ogn'uno, gridò, io sono stato ferito; & appena haueua finite le parole, che cadè in terra, & correndo i suoi per

aju-

ajutarlo gli trouarono fitte nel pettignone uno pajo di cesoje da
sarto. In questo modo Liuio Druso ancora egli Tribuno della plebe fu morto. I Caualieri, pensando di quì bauere occasione di accusare il Senato, come consapeuole di tal morte,
confortarono Quinto Valerio, che addimandasse il Tribunato
in suo luogo; il che poiche hebbe ottenuto, fece accusare gl'Italiani, perche apertamente prestauano ajuto contra la Repubblica, & ordinò una legge, per la quale restituiua a' caualieri l'autorità, & potestà de' giudicj. Ricusando gli altri
Tribuni proporre la legge, i Caualieri con le spade in mano
la proposero, & la fecero approuare, & subito fecero accusare alcuni Senatori de' piu nobili, & di ualore: tra' quali
Vestio essendo citato, non uolle comparire, ma elesse uolontaria fuga. Cotta un'altro del numero de' citati, comparì in giudicio: & raccontando con alta uoce & sicura le cose fatte da
lui in beneficio della Repubblica, riprese apertamente i Caualieri: & senza aspettar d'essere condannato, si partì di Roma. Mumio ancora, il quale baueua soggiogata la Grecia,
essendo citato, fu costretto fuggir nell'isola di Delo. Crescendo in questo modo il male ogni dì piu contra tutti i migliori
cittadini, il popolo incominciò a contristarsene, dolendosi perdere tanti degni Senatori. Gl'Italiani ancora intesa la morte di Druso, & lo esilio, & la fuga de' cittadini, incominciarono a dubitare, che tale persecutione non estendesse le forze
contra loro: & al fine uedendosi priui d'ogni speranza di potere piu bauere alcuna parte della Repubblica deliberarono ribellarsi, & muouere guerra contra i Romani. Et in prima
tutti occultamente si collegarono insieme, & per assicurarsi
piu della fede, le città confederate diedero ostaggi l'una all'
altra. Fu questa cosa piu tempo ascosa a' Romani, massimamente per le discordie loro. Ma cominciando poi a uenire in
luce, mandarono alcune spie per inuestigare la cosa: delle
quali una ueduto, che un nobile giouane della città de' Marsi
andaua per statico a gli Ascolani, subito il notificò a Seruilio
Proconsole della Marca. Erano i Proconsoli mandati da' Romani come Gouernatori, & Superiori delle reggioni, & luoghi sudditi al popolo Romano: la qual consuetudine molto
tempo dapoi rinouò Adriano Imperadore, restituendo tale

magi-

magistrato essendo già spento, benche dopo lui durasse poco : Servilio adunque acceso da ira, congrandissima prestezza andò ad Ascoli, & trovando i cittadini, i quali facevano pubblici & solenni sacrificj, li rispose con tanta acerbità, che fu tagliato a pezzi. Il popolo Romano per tal cagione vi mandò Fontejo per gastigargli : & costui ancora fu morto da loro : & dopo questo posero le mani addosso a tutti i Romani, che erano in Ascoli, & li fecero morire, & le loro robbe misero a sacco. Scoprendosi alla giornata la ribellione di molte città, i primi, che presero le arme contra i Romani, furono Marsi, Ascolani, Malini, Vestini, Marruceni, Marchigiani, Ferentani, Irpini, Pompeani, Venusini, Japigni, Lucani, & Santini, il quale popolo era sempre stato nemico al popolo Romano. Tutte queste città mandarono ambasciadori a' Romani a dolersi, che attendendo a fare ogni cosa per mantenersi ricchi & potenti, erano fatti indegni del governo della Republica, & di tutti i sudditi, & dell' amicitia de' loro collegati : & che per i loro tristi modi haveano deliberato separarsi da loro, con animo di vendicar l'ingiuria, & con le arme bisognando. Il Senato rispose con minaccievoli & morduci parole, conchiudendo, che se volevano correggere lo errore commesso, mandassero nuovi ambasciadori a chiedere humilmente perdono, altrimenti aspettassero merita punitione. Gl' Italiani adunque congiurati, ponendo da parte ogni altro rispetto, subito ch' hebbero intesa la risposta del Senato, si prepararono alla guerra, facendo due eserciti, l'uno di fanti, l'altro di soldati a cavallo, insino al numero di centomila. I Romani dall' altra parte armarono un campo di pari numero di soldati, parte di loro cittadini & popolari, parte di alcune città Italiane, le quali restavano ancora nella fede. Erano in quel tempo Consoli Sesto Giulio Cesare, & Publio Rutilio Lupo, i quali presero la cura & amministratione della guerra : & perche fu reputata tanto maggiore & pericolosa, quanto era piu vicina, & nelle viscere de' Romani, furono dati a ciascuno de' Consoli per ajutatori della guerra de' primi & piu valorosi & gravi cittadini; a Rutilio fu dato Gneo Pompeo padre di Pompeo Magno, Quinto Scipione, Gajo Perperna, Gajo Mario, & Valerio Messalla; a Sesto Cesare fu dato

il

il fratello, Publio Lentulo, Tito Didio, Licinio Craſſo, Cornelio Silla, & Marcello; nello eſercito degl' Italiani era uno Capo per ciaſcuna delle città confederate : ma il gouerno della guerra haueano Tito Afranio, Gajo Pontilio, Mario Ignatio, Qninto Popedio, Gajo Papio, Marco Lamponio, Gajo Judacilio, Erio Aſinio, & Vettio Catone; i quali diuidendo lo eſercito tra loro, ſi fermarono allo incontro de' Romani, dando & riceuendo molti danni in queſto modo. Vettio Catone ruppe la ſquadra di Seſto Ceſare, della quale furono morti circa duemila ſoldati. Dapoi poſe campo ad Eſernia, doue furono rinchiuſi Lucio Scipione, & Lucio Acilio, i quali ueſtiti come ſerui, ne fuggirono; la città uinta dalla fame ſi accordò con Vettio. Mario Ignatio preſe per tradimento la città di Veneframo, & trouandoui dentro due ſquadre di Romani, le fece tagliare a pezzi. Publio Preſenteio miſe in fuga Gajo Perpena con circa diecimila perſone; delle quali ammazzò quattromila, & agli altri tolſe le arme. Per il quale errore Ruttilio Conſolo rimoſſe Perpena dalla cura dello eſercito, & i ſoldati che gli erano reſtati, diede al gouerno di Gajo Mario. Marco Lamponio uccise circa ottocento di quelli di Licinio Craſſo, & il reſto ſeguitò inſino alla mura di Adrumeto. Gajo Papio preſe Nola per trattato, doue eſſendo circa duemila Romani, perdonò a tutti quelli, che promiſero uolere eſſere con lui: quelli, i quali ricuſarono, fece morire in diuerſe prigioni. Preſe ancora Caſtabilia, Minterno, & Salerno, la quale città fu già Colonia de' Romani. Poi arſe, & guaſtò i luogbi uicini a Nocera, & per mettere ſpauento alle città, chieſe che ciaſcuna gli deſſe certo ſouuenimento di ſoldati, nel quale modo li furono ſomminiſtrati circa diecimila fanti, & mille buomini d'arme, co' quali ſi accampò alla città d'Acherra. Auuicinandoſi alla terra Seſto Ceſare con diecimila fanti, & con molti buomini d'arme di Barberìa, & di Mauriſia, Papio cauò di Venoſa Oſenta figliuolo di Jugurta Re di Barberìa, il quale da' Romani era guardato in Venoſa, & lo ueſtì di porpora con habito regale moſtrandolo a' Barbari ſopradetti. Per la qual

coſa

cofa molti di loro fuggirono dal campo di Cefare per effere con Ofenta, come loro Re. Onde Cefare licentiò gli
altri come fofpetti, & rimandogli in Barberìa. Papio
dopo quefto uenne alle mani con Cefare, & ruppe una
parte dello fteccato. Cefare con impeto grandiffimo mandò
fuori gli buomini d' arme, & appiccata la zuffa ammazzò circa feimila de' foldati di Papio, & dapoi s' accoftò
ad Acherra. A Judacilio, effendo egli in Japigia, fi diedero Venofa, Canofa, & alcune altre città, & a quelle,
che faceano refiftenza, pofe affedio, & quanti Romani di
qualche conditione li capitauano alle mani, faceua morire, & i ferui riferbò all' ufo della guerra. Rutilio & Mario fabbricarono due ponti in fu'l Gariglìano, non molto
diftanti l' uno dall' altro, per poter paffar dall' oppofta
ripa. Vettio Catone fi pofe all' incontro uicino al ponte,
che guardaua Mario, & la notte feguente mife lo aguato al ponte di Rutilio nella ualle. La mattina dapoi,
come Rutilio fu paffato, Vettio ufcito dall' aguato affaltò i Romani, de' quali furono morti affai, & molti s'annegarono nel fiume. In quefta battaglia Rutilio ferito nel
capo da una faetta poco dapoi fi morì. Mario ftando alla
guardia dell' altro ponte, & ueggendo alcuni corpi fom-
merfi nel fiume, imaginando, che Rutilio foffe ftato rotto, con grandiffima celerità paffò il fiume, & ueduto gli
alloggiamenti di Vettio effere guardati da pochi, gli prefe; onde Vettio fu coftretto alloggiare la notte, doue baueua acquiftata la uittoria, & mancandogli il bifogno
della uettouaglia, li fu forza, per fuggire il pericolo, dif-
coftarfi da Mario, il quale per quefto bebbe facoltà d'
bauere i corpi de' Romani morti nella zuffa predetta, &
li mandò a Roma, acciocbe poteffero effere fepeliti. Fra
quefti fu il corpo di Rutilio, & di molti altri piu illuftri. La qual cofa diede al popolo Romano miferabile &
lagrimofo fpettacolo, ueggendo morto il Confolo, & tanti
altri degni cittadini. Durò il pianto molti giorni in modo, che il Senato uietò, che i morti foffero fepolti ne' luoghi confueti, ma ne' piu lontani dalla città, per torre uia la
ragione del dolore in qualcbe parte; il che intendendo i
nemici

nemici fecero il simile de' morti loro. A Rutilio non fu dato
successore per il resto dell'anno. Sesto Cesare, essendo uicino
il tempo della creatione de' magistrati, desiderando essere a
Roma per interuenire all'elettioni, perche di natura era ambitioso, & per questo rispetto amministrando la guerra inutil-
mente, fu richiamato dal Senato, & la cura dell'esercito fu
data a Gajo Mario & a Quinto Scipione. Per la qual cosa
Quinto Popedio già buon tempo nemico a Scipione, finse partirsi di campo, come fuggitiuo, menando seco due giouani
senza barba, uestiti di porpora, dando ad intendere, che
fossero suoi figliuoli, i quali consegnò per istatichi a Scipione
insieme con certe piastre di piombo coperte d'una foglia d'oro:
& cosi fatto, persuase a Scipione essendo ferito, che con prestezza lo seguisse con l'esercito, promettendogli, che unirebbe l'eserito suo con quello di Scipione. Preso adunque Scipione da crudeltà lo seguiua. Popedio auuicinatosi al luogo,
doue erano ascose le insidie, salì sopra un colle, oue subito
diede il cenno, & allora i soldati, che erano in aguato, con
terribile impeto & furore assaltarono Scipione, & con poca
fatica lo ruppero, & lo presero con molti de' suoi, i quali uccisero. Il Senato adunque inteso il fatto, rimandò Sesto Cesare in campo con uentimila fanti, & cinquemila caualli:
il quale incautamente peruenne in una ualle stretta & difficile; della qual cosa hauendo notitia Ignatio, subito gli uenne incontro. Cesare in quel medesimo tempo s'ammalò di febbre, e però si fece portare alla riua del fiume in luogo, al
quale non si poteua passare, se non per uno ponte solo: doue
circondato da' nemici, perdè la maggior parte dell'esercito: &
a quelli, che restarono uiui, furono tolte l'arme. & egli appena si ridusse saluo a Tiano: nel qual luogo uenne a lui grande
moltitudine delle terre uicine: & in questo modo hauendo rifat-
to l'esercito, si accampò presso ad Acherra, la quale era ancora assediata da Gajo Papio: & essendo questi due eserciti propinqui, temeuano uenire alle mani. In questo tempo Cornelio Silla, e
Gajo Mario cacciauano continuamente i Marsi, seguitandoli tanto, che li condussero in certi legami di uiti fatti da' Romani
a studio per ingannar i nemici; ma superando i Marsi,
benche con difficoltà i nodi delle uiti, non però i Roma-

ni reſtarono di ſeguitarli, inſino che li miſero in fuga, &
ne uciſero tanti, che paſſaron il numero di ſeimila, &
a molt' altri tolſero l'arme. I Marſi ſopportando moleſtamente eſſere ſtati ingannati come beſtie, di nuouo ripreſero le forze per affrontarſi un' altra uolta con i Romani,
i quali ricuſarono la pugna, dubitando non perdere quello
che haueuano acquiſtato: perche queſti popoli certamente
furono genti bellicoſiſſime, & queſta uolta, come ſi crede,
furono ſuperati da Silla, & da Mario piu toſto con inganno, che con la forza; conciofiacoſache inſino a queſto
tempo i Romani non haueſſero mai acquiſtato alcun trionfo ſenza l'arme, & fauore de' Marſi. Nel medeſimo tempo Iudacilio, Tito Afranio, & Publio Ventidio appiccata la zuffa preſſo al monte Falerno in campagna con Gneo
Pompeo, lo miſero in fuga, & gli dierono la caccia inſino a Fermo, & dapoi ſi uoltarono contra gl'altri eſerciti de' Romani, & Afranio preſe la cura d'aſſediar Pompejo rinchiuſo nella città di Fermo, bench' egli tenendo i
ſuoi armati, & ben prouiſti, non uſciua fuori a combattere. Ma ſoprauenendo dapoi il ſoccorſo, Pompeo fece aſſaltare Afranio da Sulpitio, & egli dalla fronte uſcì fuori, & mentre che ſi combatteua con grandiſſima ferocità,
& che l'una parte, & l'altra era in dubio della uittoria,
Sulpitio miſe fuoco negli alloggiamenti de' nemici, onde
furono coſtretti rifuggire in Aſcoli, camminando ſenza alcun' ordine militare. Afranio fu morto combattendo. Pompeo condottoſi con l'eſercito ad Aſcoli, aſſediaua la città.
Era Aſcoli terra del padre di Iudacilio. Per il che ſubito
Iudacilio corſe con otto ſquadre per ſoccorerla, & mandando meſſi innanzi agli Aſcolani, comandò loro, ſubito, che lo
uedeſſero approſſimare, uſciſſero fuori, & aſſaltaſſero il
campo de' nemici, accioche in un medeſimo tempo i Romani
foſſero combattuti d'ogni parte, la qual coſa fu ſprezzata
dagli Aſcolani. Iudacilio adunque ſi miſe a paſſare per
forza con quelli, che potè, per mezzo degli auuerſarj, & entrato nella città, ripreſe grauemente la timidezza & infedeltà degli Aſcolani, che foſſero diſperati di non poterſi piu
oltre difendere. Dapoi fece morir tutti gli emuli ſuoi, &

quelli,

quelli, che haueuano disuasa la moltitudine da' suoi precetti.
Dopo questo, rizzando nel tempio una stipa, ui fece porre
di sopra una mensa, & hauendo preso il cibo con gli amici,
fece uenire il ueneno, & presolo, si gittò in su la stipa, pregando gli amici che ui mettessero fuoco. In questo modo Judacilio combattendo egregiamente per la patria finì la uita. Sesto
Cesare essendo uenuto il fine del suo magistrato, fu eletto Proconsolo dal Senato, & con le genti sue si fece incontro a uentimila persone de' nemici, de' quali uccise circa ottomila, & a
molt'altri tolse l'arme. Essendo poi accampato presso ad Ascoli
si ammalò, & in breue tempo morì, lasciando in suo luogo Gajo
Bebio Pretore. Queste cose furono fatte in Italia intorno alla
Marca. Hauendo notitia del tutto quelli, ch'habitano dall'
altra opposta parte di Roma, cioè i Toscani, & quelli del Pa-
trimonio, & l'altre nationi uicine a queste, consentirono insieme alla ribellione. Temendo adunque il Senato non poter difendere la città di Roma moltiplicando nemici tanto d'ogni parte, pose le guardie a tutto il mare, che è da Cuma insino a
Roma, eleggendo a questa cura i Liberti (che così si chiamano
quelli, che sono nati da serui) allora primamente chiamati
alla militia per carestìa d'huomini; oltre a ciò fecero cittadini Romani tutti gli Italiani, i quali perseueruano ancora nella fede. Il medesimo concedettero a' Toscani per ritrarli dal fauore degli altri, i quali auidissimamente accettarono la cittadinanza. Con questa benignità adunque il Senato si fece piu
beneuoli quelli, che prima erano amici, & quelli, ch'erano
dubbj, confermò nella fede. Gli altri, che durauano nella infedeltà & ribellione, per la speranza della ciuiltà diuennero
piu mansueti. I Romani adunque tutti questi, i quali erano
stati fatti nuoui cittadini, non mescolarono così subitamente
nelle Tribù, le quali erano trentacinque, come habbiamo detto,
acciò ch'essendo superiori per numero a' uecchj cittadini, non
fossero anteposti qualche uolta nelle creationi de' magistrati:
ma diuidendoli in dieci parti, ne fecero altre nuoue Tribù,
disponendo che questi fossero gli ultimi al rendere il partito,
in modo, che il piu delle uolte il partito loro non era di momento alcuno, conciosiacosache le prime Tribù fossero sempre le
trentacinque antiche, le quali trapassauano le nuoue sopra la

metà:

metà: la qual cofa da principio non fu conofciuta da gl'Italiani: ma quando poi fu fcoperta, & manifefta, diede cagione & principio d'un'altra piu graue difcordia: perciocbe quei
popoli, cb'erano intorno alla Marca, hauendo notitia della
mutation de'Tofcani, mandarono in loro ajuto quindecimila perfone; a' quali facendofi incontro Gneo Pompeo, fatto già Confolo, ne uccife piu cbe la terza parte; gli altri uolendo ritornare alle proprie loro habitationi camminando per luogbi fte-
rili nel tempo del uerno, & pafcendofi di gbiande per uincere
la fame, quafi tutti perirono per la careftìa del uiuere. Nel
medefimo uerno Lucio Porcio Catone collega di Pompeo combattendo con Marco fu morto. Lucio Cluentio faceua la
guerra con fomma diligenza contra Silla, cbe era accampato preffo a' monti Pompeani; & hauendo il campo lontano
circa un mezzo miglio; Silla parendogli cofa biafimeuole, non
afpettò i fuoi, cbe erano iti a faccomanno & per la uettouaglia, ma affaltò Cluentio, & cacciollo dal fuo allogiamento.
Per il cbe Cluentio fu coftretto mutar luogo, & porfi molto piu
difcofto: ma hauendo poi crefciuto lo efercito, fi approffimò a
Silla; & effendo l'una parte & l'altra conuenuta di combattere infieme, un certo Francefe, huomo grande, cbiefe, cbe
cbi de' Romani uoleua combattere con lui a corpo a corpo, fi
facefse innanzi; al quale fi offerfe Marufio di breue ftatura,
& uenendo col Francefe alle mani, lo uinfe & uccife. Da
quefto fpettacolo impauriti gli altri Francefi; cb'erano con
Cluentio, fi mifero in fuga, & furono cagione di rompere &
diffoluere l'ordine in modo, cbe niuna fquadra rimafe a Cluentio, cbe non fi partifse, ma tutte con ueloce corfo fuggirono a Nola: nella qual fuga furono morti da Silla circa trentamila perfone, & Cluentio infieme combattendo uirilmente.
Silla dapoi fi uoltò contra i Nolani, i quali afpettauano,
cbe la mattina feguente i Lucani ueniffero in loro ajuto: &
però cbiefero tempo a Silla a confultare: ma egli intefa la fraude, affegnò loro un'hora fola, dopo il quale fpatio pofe le fcale alle mura per fare forza d'entrare nella terra. I Nolani
impauriti fi diedero a' patti: ma Silla conofcendo, cbe fi erano dati piu per neceffità, cbe per uolontà, o per beneuolonza,
gli fece mettere a facco, bencbe perdonafse a tutti gli altri po-
                                                                    poli,

popoli, i quali se gli diedero dopo i Nolani, & hauendo soggiogate tutte le nationi Irpine, andò contra i Sanniti, non per la uia, ch'era guardata da Emotilo Duca loro, ma tenendo altro cammino gli assaltò quasi improuisamente: de' quali ammazzò buon numero, & gli altri si misero in fuga. Emotilo essendo ferito, fuggì con pochi in Arsenia. Silla mutando luogo mosse l'arme contra i Buani, la qual gente era stata un comune ricettacolo delle città ribellate. Era la città molto bella, & guardata da tre fortezze. Onde Silla mandò alcuni soldati innanzi, & comandò che s' ingegnassero insignorirsi d'una delle tre Rocche, & poi gli facessero il cenno del fuoco; ueggendo Silla il fumo assaltò i nemici, & combattendo per spatio di tre hore continue, prese la città. Et queste cose furono fatte da Silla in quella state con una somma felicità. Soprastando poi il uerno, tornò a Roma per addimandare il Consolato. Per la qual cosa Gneo Pompeo andò col campo contra i Mauriceni, Marsi, & Vestini. Gajo Cosconio, l'altro Pretore de' Romani, prese & abbracciò la città di Salpia, & occupò Canni, & dapoi si accampò u Cannuso, doue se li fecero allo incontro i Sanniti, & appiccata la zuffa, fu fatta grande uccisione d'ogni parte. Cosconio essendo indebolito di soldati, fu costretto ritornare a Canni. Trebatio Capitano de' Sanniti uedendo, che l'uno & l'altro esercito era diuiso dal fiume, desideroso di uenire di nuouo alle mani, inuitò Cosconio, o che passasse il fiume, o che lo lasciasse passare a lui. Il che fu consentito da Cosconio, & appiccato il fatto d'arme, Cosconio fu superiore: & ritornando Trebatio alla uolta del fiume per ripassarlo, gli furono morti de' suoi oltre a quindecimila, & con quelli, ch'erano restati salui, rifuggì a Cannuso. Cosconio dopo la uittoria diede il guasto a' Larniesi, a i Venusini, & Ascolani. Andò poi a campo a' Policei, & in due giorni uinse quella natione; ma essendo uenuto il fine del suo ufficio, hebbe Cecilio Metelo per successore: il quale hauendo presa la cura della guerra, andò alla città di Japiga, & presela per forza. Gajo Pontilio uno de' Capitani delle città ribellate, in questo mezzo finì il corso della uita. Questo fu il fine della guerra sociale, nella quale tutti i popoli Italiani diuennero obbedienti a' Romani, & furono compresi

nella

nella ciuiltà di Roma, da' Lucani & Sanniti in fuori, benche ancora essi dapoi conseguissero il medesimo premio. Dopo
la guerra de gl' Italiani, i Gouernatori della Repubblica Romana incominciarono a contendere tra loro; la qual discordia
hebbe principio, perche alcuni comprarono le ragioni & attioni di molti usuraj contra i loro debitori, così del capitale,
come della usura, essendo per una antica legge probibito
porre usura sopra usura, & a chi contrafaceua, s' intendeua
essere incorso nella pena del doppio da pagarsi al pubblico.
Per questo si dimostra chiaramente i Romani hauuto in odio
l' usure, come hebbero ancora i Greci, stimando questo guadagno disbonesto, non altrimenti, che quello delle tauerne,
parendo loro, che fosse graue & intolerabile a' poueri, & cagione di inimicitie. Onde i Persiani giud'cauano, che'l prestare ad usura fosse una spetie d'inganno, & di falsità; ma
era già in Roma tanto sparso questo errore della usura, che
parea che la consuetudine lo hauesse approuato: perche era
la cosa uenuta in luogo, che a ciascuno era lecito prestare,
& riscuotere a suo modo: tanto, che finalmente il popolo ueggendosi oppresso da intolerabili usure, uinto da una certa disperatione, incominciò a chiedere, che gli usuraj fossero puniti secondo la legge, & hebbe principalmente ricorso ad Aselio in quel tempo Pretore Romano, al quale si apparteneua
fare osseruare la legge, & riscuotere la pena. Costui non potendo in alcun modo dissoluere l'usure, si riuoltò a riceuere le
accuse fatte contra gli usurarj, condannandone molti, la qual
cosa sopportando iniquamente quelli, che esercitauano le usure, ammazzarono Aselio in questo modo. Essendo Aselio
un giorno a fare sacrificio a Castore & a Polluce, accompagnato da molti, si come si suol fare in simili sacrificj, fu git-
tato un sasso nel uaso del sacrificio, il quale essendo di ue-
tro, si ruppe; chi gittò il sasso, fuggì subito nel Tempio
della Dea Vesta. Alcuni seguitandolo il trassero dal Tempio,
& uoler dosi nascondere in un albergo, fu preso & morto. Molti altri, i quali lo andauano cercando, entrarono in quel
luogo del Tempio di Vesta, oue non è lecito a maschj entrare.
Per questo tumulto Aselio rimasto solo nel Tempio, fu morto, essendo occupato intorno al sacrificio, & uestito con para-

mento

mento d'oro , come Sacerdote . il Senato subitamente fece
bandire , & comandare , che a chi manifestasse lo uccisore di
Asellio , sarebbe dato , essendo libero , un peso d'argento , essendo seruo la libertà , & a chi fosse colpeuole perdonanza ;
nondimeno non fu trouato il reo , perche era stato nascosto da
gli usuraj . Da questa morte di Asellio bebbero origine molte
altre uccisioni , & sette ciuili , le quali uennero in tanto
grande accrescimento , che i Capi delle parti con grandissimi
eserciti combatterono insieme in questo modo . Essendo Mitridate Re di Ponto & di molte altre nationi d'Asia entrato in
Bitinia , & in Frigia , & ne' luoghi uicini , come nella sua
historia babbiamo scritto , a Silla eletto Consolo toccò la parte
di andare alla ispeditione d'Asia contro a Mitridate ; ma
considerando Mario la gloria & utilità di quella guerra , &
desiderando esserne egli Capitano , tentò Publio Sulpitio Tribuno della plebe con molte promesse , che uolesse prestarli fauore : & a' cittadini nuoui Italiani , de' quali babbiamo detto
di sopra , ch' baueuano la minore parte nelle elettioni de' magistrati , persuase , senza scoprire alcuna cosa del proposito
& interesse suo , ma con intentione di farli discordare dal Senato , che chiedessero di uolere interuenire ne' partiti per uguale portione . Sulpitio adunque per compiacere alla uoglia di Mario propose la legge di questa cosa ; la quale , quando fosse stata ottenuta , era necessario , che ciò che Mario & Suplitio
desiderauano , bauesse effetto , tanto era maggiore il numero
de' nuoui cittadini , che quello degli antichi : ma quelli , che
erano originali cittadini accorgendosi della astutia , con acerbissimo animo contradiceuano , perche tale legge non bauesse
luogo ; & crescendo il male ogni dì piu , & dubitando i Consoli , che la legge non fosse approuata , fecero uacatione di
molti giorni , come si soleua fare ne' dì festiui & solenni ,
acciò che in quel mezzo il tumulto mancasse , & si facesse
qualche altra mutatione ; ma Sulpitio senza aspettare il termine della intera uacatione , comandò che tutti quelli della
parte sua , & gli amici di Mario uenissero in piazza con l'
arme coperte , & facessero ogni cosa per uincere gli auuersarj , non perdonando ancora a' Consoli , se fosse di bisogno . Essendo comparito ciascuno all'ora ordinata , cominciò a ri-
pren-

prendere la uocatione, come iniqua, & contraria alla legge, & comandò che Cornelio Silla, & Quinto Pompeo Consoli subito riuocassero la uocatione, acciocche si potesse fare la approuatione della legge. Leuato il romore, i congiurati trassero fuori l'arme, & minacciarono di ammazzare i Consoli, se faceuano resistenza. Pompeo impaurito fuggì. Silla ancora ritrahendosi a poco a poco si leuò dinnanzi alla furia. I seguaci medesimi di Sulpitio ammazzarono uno figliuolo di Pompeo, parendo che parlasse con troppa insolenza & superbia. Silla entrato nel Consiglio riuocò la uocatione, dapoi andò a Capua con molta prestezza, doue si mise in ordine per ire alla guerra contra Mitridate, il che fece con tanta prudenza & cautela, che appena fu conosciuto. Riuocata in questo modo la uocatione, & allontanato Silla da Roma, Sulpitio pubblicò, & ottenne la legge, & Mario, per la cagione del quale si faceuano queste cose, fu sostituito in luogo di Silla nell'impresa di Mitridate. Silla hauuta la notitia del tutto, non però si ritrasse dall'impresa, ma deliberò cominciar la guerra. Chiamò adunque dinnanzi a se tutti i soldati, che hauea seco, & significò loro, come Mario per auaritia, & cupidità del guadagno, si era fatto sostituire amministratore della guerra contra Mitridate, con proponimento di adoperare altri soldati a quella impresa, dicendo esserne stato cagione Sulpitio, & non hauendo ardire di lamentarsi piu apertamente, confortò la brigata, che uolesse esserli obbediente, senza aprire loro altrimenti quale animo fosse il suo di quella guerra. I soldati pensando nella mente quello che Silla hauesse deliberato di fare, & stando con gli animi sospesi, acciocche non fosse tolta loro la occasione di tanta guerra, della quale aspettauano utile & honore, persuaderono a Silla, che gli conducesse seco a Roma, promettendo di fare per lui ogni cosa. Silla rallegratosi oltremodo per tale risposta & offerta, subito si mosse con sei legioni di soldati; ma i primi dello esercito, da uno Questore in fuori, non bastando loro lo animo di andare come nemici contra la patria, con ueloce animo s'affrettauano uerso Roma, da' quali il

Senato

Senato intesa la uenuta di Silla, li mandò ambasciadori incontro, i quali trouandolo pel cammino, li domandarono per quale cagione egli mouesse l'arme contra la patria. Silla rispose, per liberarla da' Tiranni: & così detto impose a gli ambasciadori, che dicessero al Senato, che mandasse Mario, & Sulpitio in campo Martio, perche uolea trattar con loro quello, che era da fare in beneficio della Repubblica. Dapoi auuicinandosi a Roma, Pompeo suo collega bauendo commendate le cose fatte da Silla, gli andò incontro per unirsi con lui. Mario & Sulpitio, i quali baueuano bisogno di qualche spatio piu per metterfi meglio ad ordine, mandarono a Silla nuoui ambasciadori in nome del Senato a significarli, che non si accosti alla città piu che otto miglia, infino a tanto che non li sia fatta nota la uolontà de' Senatori. Silla rispose esser contento, & con questo licentiò gli ambasciadori; ma dapoi con una marauigliosa prestezza occupò le ualli uicine alla città, doue pose una leggione. Pompeo s'accampò in sù i colli con un'altra leggione, una fu collocata da loro a Pontemolle, & la quarta prese gli alloggiamenti a lato alle mura di Roma. Silla col resto dell'esercito entrò in Roma; nell' entrata sua alcuni gli cominciarono a gittare de' sassi, & Silla minacciò che andarebbe loro in casa. Mario & Sulpitio bauendo raunato nel foro Esquilio quel piu numero d'armati che poterono, uennero incontro a Silla, & appiccata la zuffa in un subito fu incominciata aspra & crudele battaglia; & fu questa la prima uolta, che in Roma tra' cittadini proprj fu combattuto non sotto specie di bene, & per fauore della patria, ma con aperta battaglia, & senza alcuno rispetto, con le trombe & con gli stendardi spiegati secondo l' uso delle guerre; a tanta sceleratezza furono condotti dalle priuate passioni & discordie. I soldati di Silla nel primo assalto uoltarono le spalle. Onde egli preso lo stendardo in mano, non senza pericolo si mise innanzi per richiamare i soldati dalla fuga, & con molti conforti, & con singolare uirtù militare, ridusse la moltitudine alla battaglia, & mandata una parte de' soldati per la uia chiamata Suburra, comandò, che assaltassero gli auuersarj dalla parte di dietro. Quelli, che erano con Mario, resisteuano assai debolmente allo im-

E   peto,

peto, dubitando non essere messi in mezzo ne' passi delle uie, & per essere piu forti chiamauano i cittadini dalle case, confortandoli & pregandoli, che uolessero essere in loro fauore, con fare loro amplissime offerte, & con promettere a' serui la libertà; ma non uscendo fuori alcuno, uinti da disperatione, fuggirono di Roma, & con loro tutti quelli, che erano congiurati. Allora Silla entrato nella uia, che si chiama Sacra, andaua ponendo le mani addosso a quelli, che andauano a predare, & tutti gli faceua morire, & poste le guardie per molti luoghi della città, egli & Pompeo discorrendo per Roma tutta la notte stettero armati, & senza dormire, per assicurarsi da quelli, de' quali temeuano, & per uedere ancora, che da' suoi soldati non fosse fatta alcuna cosa crudelmente. La mattina seguente chiamarono il popolo al consiglio, al cospetto del quale si dolsero del gouerno disordinato della Repubblica, che fosse ridotta sotto il potere per la maggior parte di certi ambitiosi, & autori di tutti gli scandali, scusandosi ch'erano stati costretti da necessità di far quello, che haueuano fatto contra Mario, & suoi congiurati: soggiungendo, che per lo auuenire non si doueua proporre alcuna deliberatione pubblica dinanzi al popolo, la quale prima non fosse stata bene consultata, il che era stato tralasciato già fa buon tempo, benche prima fosse consueto, le creationi ancora de' magistrati, & delle dignità non douersi fare dalle Tribù, ma secondo che dal Re Tullo era stato concesso & ordinato; pensando che per queste due cose, quando fossero osseruate, non si potesse proporre dinanzi alla inconsiderata moltitudine alcuna legge, se prima non era approuata dal Senato, acciocche l'elettioni degli uffici, fatte nelle persone piu abjette & audaci, in luogo de' nobili patriti, & di quelli ch' haueuano migliore consiglio, & prudenza maggiore, non bauessero a causare le discordie. Con le quali persuasioni, quietato che bebbero il popolo, riuocarono molte leggi, & decreti fatti da' Tribuni tirannicamente; & nel Senato, il quale per il poco numero de' Senatori era uenuto già in poca riputatione, elessero trecento cittadini scelti, & fi-

nalmente

nalmente annullarono, come inualide, tutte le cose fatte
da Sulpitio dopo la uacatione introdotta da' Consoli. In
questo modo adunque le discordie da contese uennero ad
homicidj, & da homicidj saltarono à guerre ciuili, &
gli eserciti de' cittadini furono uolti contra la patria come nemici, & fatti continui impeti contra l'infelice &
misera città, insino a combattere le mura, & fare tutte
l'altre opere, le quali si sogliono, & possono fare nella
guerra, non essendo restata alcuna riuerenza, o di leggi,
o di cittadini, o della patria, che potesse resistere alla
loro uiolenza: & finalmente furono fatti nemici & ribelli
del popolo Romano, Sulpitio essendo ancora Tribuno, &
con lui Mario Suto già sei uolte Consolo, & il suo figliuolo, Publio Cetego, Giunio Bruto, Gneo, & Quinto
Granio, Publio Albinouano, & Marco Lettorio, & gl'
altri fautori di Mario insino in dodeci, come causatori
delle discordie, mouitori della guerra contro a' Consoli, &
come inuitatori de' serui alla libertà. Pubblicarono oltre
a ciò i loro beni, & fecero, che a ciascuno fosse lecito
ammazzarli, o menarli prigioni a'Consoli. Per il che Sulpitio fu preso & morto. Mario non essendo pure accompagnato da un seruo, fuggì a Minturna. I primi della
città spauentati dal pubblico grido, & presi da ambitione
ch' hauessero in potere uno cittadino Romano stato Consolo sei uolte, & ch' hauea fatte tante nobilissime opere,
cominciarono a tenerlo guardato, perche non si fuggisse,
essendoue nascoso in luogo molto secreto d'una casa, &
al fine mandarono a lui uno Francese carnefice, chiamato Publico, perche gli togliesse la uita; dicono, che essendo di nòtte, & andando il Francese cercando di Mario al bujo, uide gli occhi suoi risplendere come fuoco,
pel quale tremendo aspetto si spauentò in tal modo, che
non gli bastò l'animo di toccarlo. Mario sentendo lo strepito del carnefice, & dubitando delle insidie, si leuò del letto, & poiche hebbe ueduto il percussore, con horrenda uoce
gridò, Sei tu tanto arrogante, che tu ardisca di uolere
uccidere Mario? il Francese allora saltò fuori dell'uscio
simile ad un furioso & pazzo, gridando io non posso uc-

cider

cider Mario. Per tal cagione adunque i Minturnesi furono
presi da un certo timore di superstitione, & cominciarono
molto maggiormente a dubitare di porgli le mani addosso,
commossi ancora dalla fama piu tempo già diuulgata. Perciocbe essendo Mario ancora in fascia, si troua scritto, cbe
sette figliuoli d'un' Aquila gli caddero nella culla: & lo indouino predisse, cbe sette uolte baurebbe uno grandissimo magistrato. Riuoltandosi adunque nello animo i cittadini di Minturna queste cose, & stimando cbe il Francese fosse stato
impaurito dallo aspetto di qualcbe Demonio, lasciarono andare Mario saluo, confortandolo, cbe andasse in altro luogo, doue gli paresse potere stare piu sicuro; egli conoscendo
assai bene essere cercato per ordine di Silla da'suoi ministri &
soldati, prese il cammino uerso il mare, andando sempre per
tragetti, & fuori di strada, & arriuato a Calibi uestito
di foglie per non essere conosciuto, si riposò alquanto: ma
udito certo strepito, si nascose sotto le foglie, & crescendo il
sospetto tolse per forza una barcbetta ad uno ueccbiarello, in
su la quale montò subitamente: ma essendo appena partito,
si leuò una fortuna tale, cbe il timone si ruppe, onde fu costretto lasciarsi condurre doue la sorte lo menaua. Fu adunque trasportato in una Isola, nella quale trouò alcuni de'suoi
domestici, cbe frescamente erano arriuati, co'quali passò in
Barberìa: doue gli fu uietato l'entrarui, come a ribello del popolo Romano, da Sesto Pretore. Laonde gli fu necessario di
far quella uernata in su'l mare presso a'monti di Barberìa.
Stando Mario in detto luogo, alcuni de' seguaci suoi l'andarono a trouare; tra' quali furono Cetego, & Granio, Albinouano, & Lettorio insieme col figliuolo di Mario, i quali erano fuggiti al Re di Barberìa, & dubitando della fede sua,
erano uenuti a Mario. Costoro adunque fatto proponimento
di muouer guerra contra alla patria, come baueua fatto
Silla, non bauendo esercito, aspettauano attentamente se
qualcbe sorte si porgesse loro amica. In questo tempo essendo
Silla in Roma, il quale era stato il primo, cbe con l'arme
baueua occupata la Repubblica, & era fatto potentissimo
ad ottenere la monarcbìa, baueua posto termine spontaneamente alla uiolenza, parendogli essere uendicato de'suoi nemici;

ci; & però mandato innanzi l'esercito a Capua, usaua la
dignità del Consolato; ma gli fautori de' ribelli, & gli altri
seditiosi per la assenza di Silla incominciarono a tener pratiche con quelli, ch'erano così buomini, come donne, esor-
tandoli, che essendo Roma sfornita di soldati, con tale occasione richiamassero i cittadini fuorusciti, non lasciando indietro alcuna sollecitudine o spesa per condurre la cosa al fine
desiderato; trattauano etiandio di torre la uita a' Consoli,
dubitando, che mentre fossero uiui, niuno di quelli potesse ritornare. Poi che Silla bebbe fornito il Consolato, fu di nuouo
confermato Capitano della guerra contra Mitridate, come
guardiano della salute pubblica: & Quinto Pompeo, ch'era
l'altro Consolo, il popolo uolle ch'hauesse la custodia, & fosse
Presidente d'Italia, & pigliasse il gouerno dell'esercito, il
quale era prima alla cura di Gneo Pompeo; la quale cosa intendendo Gneo, ne prese grandissimo sdegno, & dispiacere, &
uenendo Quinto per riceuer da lui l'esercito, Gneo simulando l'
odio, riceuè Quinto con lieto aspetto. Il giorno seguente sedendo Quinto nel luogo del tribunale, Gneo uenne al cospetto
suo come priuato, & dopo lui uennero molt'altri alla sfilata,
tanto che in un subito lo misero in mezzo, & ammazzaron-
lo. Et essendo la maggior parte messa in fuga, Gneo come
hauesse a male che Quinto fosse stato morto ingiustamente, essendo ancora Consolo si fece loro incontro con turbata faccia,
& riprese in questo modo la cura di quello esercito. Silla intesa la morte di Quinto Pompeo, temendo della salute propria, chiamò d'ogni parte gli amici, & teneuali appresso per
sicurtà sua: & affrettando il cammino si partì di Capua, &
con l'esercito si condusse in Asia. Gli amici adunque de' fuorusciti, essendo Cinna stato creato Consolo dopo Silla, haueuano in lui singolar fede, & di nuouo con molte persuasioni ridussero molti cittadini alla uolontà loro, per finire quello che Mario haueua già disegnato & proposto di fare; & principalmente chiederono, che i Romani fossero di nuouo mescolati, come
erano prima che Silla gli separasse, acciocbe le deliberationi,
che si doueuano mettere a partito, si ottenessero piu facilmente, la qual cosa si conosceua essere il principio della ritornata di Mario, & de gli altri fuggiti, & cacciati con lui,

oppo-

opponendosi gli amici di Silla, & la parte piu nobile de'cittadini, Cinna deliberando condurre a prezzo i nuoui cittadini, per corromperli fece donare dal pubblico trecento talenti. L'altro Confolo era Ottauio fautore della parte di Silla. Quelli, ch'erano con Cinna, occupata la piazza, fecero iftanza, tenendo l'arme coperte, che le Tribù foffero mefcolate. Ma l'altra moltitudine, la quale pareua ch'haueffe migliore configlio, era intorno ad Ottauio con l'arme ancora effa coperte. Afpettando Ottauio il fine della cofa, li fu fignificato la maggior parte de' Tribuni probibir quello, che era ftato fatto, & effere leuato gran tumulto de' nuoui cittadini, & con le fpade ignude fare impeto contro a' Tribuni. Onde Ottauio circondato dalla moltitudine d'ogni forte, pigliò la uolta della uia Sacra, & come un torrente fi fpinfe in piazza, & caccionne quelli, i quali l'haueuano prima occupata; & uedendo gli auuefarj fpauentati, entrarono nel tempio di Caftore & di Polluce. Cinna uoltò le fpalle, & fuggì, & de' fuoi furono uccifi molti, & gli altri feguitati infino alla porta; ma Cinna confidandofi poter uincere mediante la forza, ueduto il marauigliofo ardire di pochi, che refifteuano, incominciò a difcorrere per la città, & inuitare i ferui in libertà, ma non facendo alcun frutto ufcì di Roma, & trasferitofi a Tigoli, & a Prenefte, alle quali città era ftato poco innanzi da' Romani donata la cittadinanza, inuitaua i cittadini alla ribellione, & ancora con fomma induftria raunaua il danajo necefsario per la guerra. Mentre che Cinna faceua quefti prouedimenti, alcuni fuggirono dal Senato, & accoftaronfi con lui, tra' quali fu Gajo Melonio, Quinto Sertorio, & l'altro Gajo Mario. Il Senato ueggendo la perfidia di Cinna, che effendo Confolo haueua mefsa la città in pericolo, & folleuati i ferui in libertà, lo priuò del nome di cittadino Romano, & della dignità del Confolato, & in fuo luogo eleffe Lucio Marula Sacerdote allora di Gioue, chiamato Flamendiale: il quale, fi dice, che portaua il cappello in capo, & il uelo in doffo del continuo, & gli altri Sacerdoti ufauano tale habito folamente ne' facrificj. Cinna fi riuoltò a Capua, doue era un'altro efercito de' Romani, offeruando i primi & tutti gli altri partiti del Senato.

Et

Et ueſtito con babito Conſolare, ſpezzò le uerghe, & come
ſpogliato della dignità, coſi parlò lagrimando. Da uoi, o
cittadini, fui ornato di queſta dignità, il popolo me ne ueſtì,
& il Senato ſenza uoi me l'ba tolta, & queſta ingiuria ſop-
porto per amor uoſtro; perche adunque ci biſognano le Tribù,
& li ſquittini? quale ſarà per lo auuenire la uoſtra autorità
ne' conſigli, & nell' elettioni, o nelle dignità Conſolari, ſe
non potete conſeruare & mantenere le deliberationi fatte da
uoi, & riuocarle quando uị parrà? & parlato ch' bebbe,
per commouere & incitar piu gli uditori, ſtracciò la ueſte,
& ſceſo dal tribunale ſi gittò in terra, & iſtette tanto di-
ſteſo, che i ſoldati moſſi a compaſſione lagrimando lo rizza-
rono: e ripoſtolo nel tribunale gli poſero in mano lo uerghe,
come a uero Conſolo, confortandolo a ſperare bene, e promettendoli andare con lui in tutti i luoghi, & i primi obbligarono la fede loro a Cinna col giuramento. La quale coſa fu fatta poi da tutto il reſto di quello eſercito. Fatte
ch' bebbe Cinna queſte prouiſioni, cominciò piu ſicuramente a
diſcorrere per le città confederate al popolo Romano, le quali
ſi ſforzaua concitare alla guerra contra gli auuerſarj. Riceuuta dunque da ciaſcuna città certa ſomma di danari,
incominciò ad eſſere ogni dì piu in maggiore ſtima in modo, che molti cittadini ſi partirono da Roma, & andarono
per unirſi con lui, come quelli, ch' baueuano a noja la tranquillità & ripoſo della Republica. Mentre che Cinna era
occupato in queſte coſe, Ottauio & Merula Conſoli attendeano a fortificarſi dentro in Roma, facendo ripari alle mura,
& i foſſi intorno, & in alcuni luoghi piu deboli fecero le ba-
ſtie. Oltre a queſto, accreſceuano l' eſercito con ſoldati chiamati dalle città obbedienti al Senato, & ſpetialmente di Lombardia. Mandarono ancora a Gneo Pompeo Proconſolo, che ueniſſe con ogni ſforzo al ſoccorſo della patria con l' eſercito, ch'
bauea ſeco: il quale accoſtato a Roma, ſi poſe innanzi alla porta Cellina, & preſſo a lui nel medeſimo luogo ſi fermò ancora
Cinna. Mario bauuta la notitia di queſti mouimenti, uenne
in Toſcana con quelli, che l' baueuano ſeguitato, a quali
uennero da Roma i ſerui loro, che furono piu che cinquecento. Mario con la barba lunga, & con la chioma ſcom-
                                                          piglia-

pigliata a ſimilitudine di buomo addolorato, andaua per le
città commemorando le guerre amminiſtrate da lui, i trofei acquiſtati de' Fiammingbi, & ſei ſuoi Conſolati, &
promettendo a tutti quei popoli, i quali deſiderauano interuenire come cittadini Romani a gli ſquittini, di preſtare loro ogni fauore, fece uno eſercito da circa ſeimila Toſ-
cani; co' quali andato a ritrouare Cinna, fu da lui gra-
tamente riceuuto per compagno della guerra: & eſſendoſi
congregati tutti inſieme alla riua del Teuere, diuiſero lo
eſercito in tre parti. Cinna & Carbone ſi accamparono co'
ſuoi dalla oppoſta parte di Roma, Sertorio dalla parte di
ſopra, & Mario di uerſo la Marina, & fecero di nuouo
un ponte ſopra il Teuere per potere impedire, cbe in Roma non entraſſe uettouaglia. Mario ſubito occupò Oſtia.
Cinna mandò una parte de' ſuoi ad Arminio, i quali s'
inſignorirono di quella città, acciocbe da quella banda non
poteſſero uenire alcune genti in fauor del Senato. I Conſoli ſpauentati, parendo loro hauer biſogno di maggior forza, ne potendo ricbiamare Silla a tempo dall' impreſa d'
Aſia, confortarono Cecilio Metelo, il quale attendeua a
ſpegnere le reliquie della guerra Sociale intorno a' Sanniti, cbe piu boneſtamente, cbe foſſe poſſibile, ſi leuaſſe
dall' impreſa, & ueniſſe a ſoccorrere la patria aſſediata
da' nemici. Mario inteſa la coſa, ſi conuenne co' Sanniti, i quali ſi congiunſero con lui. Dapoi intendendo, cbe
Appio Claudio Tribuno de' ſoldati era alla guardia delle
mura di Roma, & del monte, cbe ſi cbiama Gianicolo,
ricordatogli il beneficio, cb' hauea riceuuto da lui, col fauore ſuo entrò in Roma per la porta aperta, & inſieme
con lui entrò ancora Cinna; ma l' uno & l' altro ne fu
ributtato da Ottauio & da Pompeo, & in quel punto
caddero dal Cielo molte ſaette ſopra l' eſercito di Pompeo:
le quali ammazzarono & Pompeo, & molti de' piu illuſtri.
Mario hauendo preſa la uettouaglia, la quale ueniua per
la uia di mare & pel fiume, andaua diſcorrendo pe' luogbi uicini alla città, ne' quali era la monitione del grano poſtaui da' Romani. Aſſalite adunque fuori della opinione di ciaſcuno le guardie, preſe Antino, Aritla, Laui-
no,

no, & alcune altre città uicine. Hauendo in questo modo chiuso il passo della uettouaglia a' Romani per la uia
di terra, di nuouo prese il cammino con sicuro animo alla uolta di Roma per la uia, che si chiama Appia, &
con Cinna, Carbone, & Sertorio, pose gli alloggiamenti
presso a Roma dodici miglia. Ottauio, Crasso, & Metelo
erano con l'esercito dallo opposto in su'l monte Albano,
doue aspettauano il successo della cosa, & benche & per
uirtù, & per numero di gente fossero superiori, temeuano
nondimeno porre la salute della patria a discrettione della
fortuna in una sola battaglia. Cinna fece mandare un
bando sotto le mura della città di Roma, che sarebbe libero qualunque seruo ueniße nel campo suo. Onde molti
fuggirono a lui. Il Senato ueggendo le forze degli auuersarj ogni dì crescere, e considerando, che la carestìa mol-
tiplicaua nella città del continuo, & dubitando per questo della instabilità, & mutatione del popolo, incominciò
a temere assai, & a mancarli l'animo; onde prese partito mandare ambasciadori a Cinna per trattar la reconciliatione. Cinna domandò prima agli ambasciadori, se ueniuano a lui, come a Consolo, o più tosto, come a Priuato. Non sapendo gli ambasciadori che rispondere, ritornarono in Roma, & già molti andauano a Cinna,
alcuni per timore della fame, altri per essere piu incli-
nati alla parte di Cinna, & alcuni per uedere il fine
della cosa. Cinna già sicuro s'accostò alle mura presso a
un tratto di balestra. Quelli, i quali erano con Ottauio, dubitauano pigliar la zuffa per lo numero de' fuggiti nel campo di Cinna. Al Senato crebbe molto piu la
paura, & parendoli cosa empia spogliare della dignità del
Consolato Lucio Merula creato Consolo in luogo di Cinna, massimamente non hauendo errato, & ueggendo nondimeno ogni dì crescere il male, deliberò mandar nuoui
ambasciadori a Cinna, come a Consolo: non credendo però fare alcun frutto, ma solamente per chiedere a Cinna, che permetteße con giuramento, che entrando in Roma, non permetterebbe, che si faceße alcuno homicidio;
ma egli non uolse giurare, & promise uolontariamente,

F
che

che non farebbe cagion di uccifione alcuna ; & chiefe , che
Ottauio foffe fatto partire , accioche non gli interueniffe alcuno incomodo contra fua voglia . Et quefte cofe rifpofe agli
ambafciadori fedendo nel tribunale , come Confolo . Mario , il
quale fedea appreffo , non parlò alcuna cofa , ma con la ferocità del volto affai dimoftrò quello , che haueffe in animo operare crudelmente contra gli auuerfarj . Al Senato fu neceffario accettare le conditioni propofte da Cinna : & chiamato dentro Mario , & Cinna , Mario forridendo , & con fimu-
latione diffe non effere lecito a' ribelli entrare in cafa loro ,
fe prima non erano richiamati dall'efilio ; allora i Tribuni
riuocarono l'efilio loro , & di tutti quelli , ch' erano ftati
cacciati da Silla : & effendo riceuuti dentro con timore &
ifpauento di tutta la città , non prima furono fcaualcati ,
che incominciarono a mettere in preda le cafe di quelli , i quali ftimauano effere nel numero de' nemici loro . Cinna & Mario per afficurare Ottauio chiefero loro il giuramento , che
non lo offenderebbono . Ma gl'indouinatori il confortarono ,
che non credeffe loro , & gli amici ancora l'efortauano a
fuggire . Ma effo promettendo di non abbandonar mai la città ,
mentre foffe Confolo , ftando nel mezzo di Gianicolo , fi fece
innanzi co' piu eletti dello efercito . Dapoi effendo falito nel
tribunale con la uefte Confolare , & con le uerghe , & fcure ,
fecondo il coftume del Confolo , fi pofe a federe , correndo Cenforino contra lui con alcuni foldati : & per quefto di nuouo ftimolato dagli amici , che fi ritiraffe con l'efercito al ficuro , &
ufciffe di Roma , con menarli il cauallo , non però uolfe rizzar-
fi , non hauendo , come coftante , alcuna paura della morte .
Allora Cenforino gli pofe le mani addoffo , & fbattutolo dal
feggio , li partì la tefta dal bufto , & prefentolla a Cinna , il
quale la fece ficcare in una lancia , & porre in piazza . In fimile modo fu fatto delle tefte de' primi , che furono morti . Ne
però fu pofto fine all'odio . Percioche incominciando da Ottauio , non faceuano alcuna differenza piu da' Senatori , & Caualieri che dall'altra moltitudine ; & tutte le tefte de' Senatori appiccauano in piazza . Niuna riuerenza era hauuta
uerfo gli Dei , niuno timore di pena ne dello fdegno degli huomini ritenea le fcelerate mani : ma aggiugnendo crudeltà a

cru-

crudeltà, commetteuano ogni sceleratissimo eccesso. Percioche
tagliando a pezzi gli huomini crudelissimamente, segauano il
collo a'morti, per fare l'aspetto della rouina & uccisione tanto più miserabile & scelerata, & per dare agli auuersarj tanto
maggiore spauento & timore. Gajo, & Lucio Giulio, & Attilio Eranio insieme fratelli, & Publio Lentulo, Gajo Ne-
mistorio, & Marco Bebio, tutti Senatori, furono morti nella uia. Crasso fuggendo insieme col figliuolo, & ueggendosi seguitare da' nemici, uccise prima il figliuolo: ma egli non potè scappare dalle mani loro, perche fu preso, & morto crudelmente. Marco Antonio Prisco Oratore eccellente, fuggendo tra uilla & uilla, fu nascoso da uno lauoratore, il
quale il riceuè benignamente, & mandò un suo seruo a com-
prare del uino: & domandato dall' oste, perche egli ricercaua il uino con tanta diligenza & sollecitudine, li disse la
cagione all' orecchio. Partito il famiglio col uino, l'oste corse a Mario, & gli riuelò il fatto. Onde Mario hauendone
gran letitia prese la cura di fargli tor la uita; ma ritenen-
dolo gli amici, fu deputato alla indegna morte di tanto &
sì graue & eccellente cittadino Romano il Tribunato de' Caualieri, il quale mandò innanzi a se gli altri, perche gli ponessero le mani addosso. I quali Antonio, essendo eloquentissimo & marauiglioso nell' arte del dire, conteneua dalla uiolenza con soauissime & ornatissime parole, fauellando pretiosamen-
te, infino che il Tribuno entrato in casa, & marauigliandosi, che i suoi soldati stessero così attenti in ascoltare Antonio,
fu tanto inhumano & crudele, che gli pose le mani addosso,
& ammazzollo mentre che oraua con marauigliosa eloquenza,
& il capo suo portò al cospetto di Mario: & così fu morto il Principe della elloquenza Romana. Cornuto fu saluato da' serui
con questa singolare industria: Tolsero un corpo morto, & riz-
zarono una stipa, & messoui dentro fuoco a quelli, che cercauano il padrone, mostrauano lo arrostito busto, la qual cosa facilmente fu creduta da' cercatori. Quinto Anchario osseruando il tempo, nel quale Mario doueua sacrificare, entrò
nel tempio, & postosegli ginocchioni a' piedi, li chiese perdono, sperando poter facilmente nel sacrificio impetrar perdono.
Mario hauendo già cominiciato a sacrificare, come heb-

be ueduto Ancbario entrato nel tempio comandò cbe foſſe morto; il capo ſuo, & di Marco Antonio, & di alcuni altri Senatori, & Pretori, furono ſimilmente ſoſpeſi in piazza: & quello, cbe fu da eſſere ſtimato & crudele & ſcelerato piu cbe niun' altro, fu cbe a niuno fu conceduta la ſepoltura, ma furono i corpi di ſi eccellenti, & bonorati cittadini laſciati ſtratiare a' cani, & a gli uccelli. Sarebbe troppo lungo narrar tutte le ucciſioni, & ruine, le quali furono fatte d'infiniti miſeri, & innocenti cittadini, gli eſilj, & confiſcationi de' beni, le priuationi degli uffici, & le riuocationi delle leggi fatte maſſimamente da Silla; tutti i principali amici & parenti di Silla furono morti; la caſa ſua fu ſpianata inſino a' fondamenti; tutti i ſuoi beni confiſcati, & egli fu per decreto pubblico dicbiarato nemico & rubello del popolo Romano; la donna & i figliuoli ſi ſaluarono appena col fuggire. La moltitudine oltre a ciò non laſciaua alcun male indietro, ma per gratificare a' grandi, commetteua ogni materia di crudeltà. Merula fu accuſato, cb' era ſtato eletto Conſolo indegnamente in luogo di Cinna, & Catulo Luttatio fu ancora egli accuſato, il quale era ſtato già collega di Mario nella guerra de' Fiammingbi: dal quale, benche foſſe ſtato ſaluato, nondimeno poi, quando Mario fu cacciato di Roma, come ingrato, gli fu acerbiſſimo auuerſario. Coſtoro adunque eſſendo naſcoſamente guardati, furono un dì ſolenne cbiamati in giudicio. Era neceſſario, cbe per la trombetta foſſero cittati li rei quattro uolte in certi luogbi diſtanti l' uno dall' altro prima cbe poteſſero eſſer preſi. Merula conoſcendo non potere iſcampare, ſi tagliò le uene, & prima ſi traſſe il capello di teſta, perche non era lecito cbe il Sacerdote moriſſe con eſſo in capo. Catulo ſi rincbiuſe in una cameretta murata di freſco, & bagnata per tutto, & miſerui dentro i carboni acceſi, nel quale modo fu affogato dalla bumidità. Tutti i ſerui, i quali citati con la trombetta erano rifuggiti a Cinna, furono liberati, & queſti diſcorrendo per le caſe non ſolamente le rubbauano, ma tagliauano a pezzi qualunque' ſi paraua loro innanzi, non perdonando a' proprj padroni. Cinna bauendoli ripreſi piu uolte, & non giouando, mandò loro una notte addoſſo due ſquadroni di ſoldati Franceſi, eſſendo la maggior

parte

parte a dormire, & tutti infino a uno fece morire, & così questi serui sceleratissimi sopportarono merita pena del
peccato loro, massimamente commesso contro a' loro padroni. Nel seguente anno furono creati Consoli Cinna, &
Mario, sette uolte già ornato della dignità Consolare, il
quale essendo uolto con ogni studio in pensare tutti i modi
crudeli contro Silla, morì nel primo mese del suo Consolato, & in suo luogo fu eletto da Cinna Valerio Flacco, & mandato in Asia; ma morendo ancora Flacco,
prese Cinna Carbone per suo collega nel Consolato. Silla hauendo intera notitia delle crudeltà fatte dagli auuersarj contra se, & contra gli amici suoi, affrettando il ritorno
suo, deliberò porre fine alla guerra con Mitridate. Onde fece pace con lui, hauendo, come habbiamo scritto nella historia Mitridatica, in tre anni morti in guerre cen-
tosessantamila soldati di Mitridate, & uinta la Grecia,
& Macedonia, & Jonia, & Asia, & molte altre nationi, le quali soleuano ubbidire a Mitridate, & tolte le naui
al Re, & rinchiusolo ne' confini del regno paterno. Partì
adunque d'Asia con uno esercito grande, & tremendo, &
espertissimo nelle guerre, & insuperbito molto per la gloria delle imprese fatte, & delle uittorie acquistate: il qual nondimeno era molto obbediente a Silla. Menaua seco ancora copia
di naui non picciola, & gran somma di danari, & di tutte le altre prouisioni accommodate & necessarie alla guerra.
Venuta a Roma la noua di tanto apparecchio, gli auuersarj
di Silla incominciarono a temere grandemente: & principalmente impauriti Cinna & Carbone Consoli. Per il che mandarono per tutta Italia per raunare gente, danari, & uettouaglia, & per fare noto a tutte le città, in quanto pericolo si trouassero le cose d'Italia per lo ritorno di Silla,
acciocche ognuno si preparasse alla diffesa. Mandarono oltre a ciò con somma prestezza un'armata di piu naui in
Sicilia, per guardare quella marina, & finalmente non fu
da loro tralasciata alcuna prouisione per essere forti & in ordine a resistere, benche temessero del continuo. Silla mandò
ambasciadori al Senato, commemorando le cose fatte da lui
in beneficio della Repubblica prima in Barberìa contra Jugurta

Re di Numidia essendo ancora Questore, & contra a' popoli di Fiandra, essendo commessario del campo, & in Sicilia quando fu mandato con lo esercito, & poi della guerra d' Italia chiamata Sociale, & ultimamente contra Mitridate, innalzando magnificamente questa ultima impresa, & raccontando le nationi quasi innumerabili, le quali essendo sotto l' Imperio di Mitridate, egli haueua sottoposte, & fatte obbedienti al popolo Romano, & che ultimamente hauendo per compassione dato ricetto a' cittadini cacciati da Mario & da Cinna, & fatto in beneficio della patria tante gran cose, per rimuneratione delle fatiche sue, & de' pericoli sopportati era stato pubblicato ribello, la casa sua ruinata, morti gli amici, & la donna co' figliuoli fuggiti essersi a pena potuti ridurre salui ad cospetto suo. Et però lo aspettassero, perche tosto uerrebbe uendicatore di tante ingiurie, non solamente contra i cittadini, ma contra le mura della città; ma a' cittadini nuoui & alle altre città faceua intendere, che non temessero, perche non haueua alcuna giusta ira contra loro. Grandissimo terrore adunque hebbe tutta la città di Roma per l'ambasciata di Silla. Onde parue al Senato massimamente necessario mandare ambasciadori a Silla per quietarlo, & farli qualunque promessa, & obbligo per la satisfattione del riceuuto danno, & ingiuria, & comandò a' Consoli Cinna, & Carbone, che non facessero alcuno apparecchio contra Silla, & essendo partiti gli ambasciadori, Cinna & Carbone per non essere astretti ad interuenire alle nuoue elettioni de' Magistrati, i quali si doueuano creare da uicino, si partirono di Roma, & andauano per tutta Italia raunando esercito per farsi innanzi contra Silla in Liburnia, doue per la uia di mare indrizzauano tutte le genti loro, delle quali una parte hebbe prospera nauigatione; ma quelli, che seguirono dapoi, furono in modo sbattuti dalla tempesta del mare, che non potendo afferrare il porto, si ritornarono a casa, come se contra la uolontà loro fossero mandati alla guerra ciuile; per questa cagione gli altri ricusauano andare in Liburnia. Cinna riceuendone grandissimo dispiacere.

cere, fece chiamare a se tutti gli ambasciadori de' luoghi, che ricusauano obbedirli, i quali presi da ira vennero a lui con intentione di prestare ajuto l' uno all' altro, se Cinna gli volesse sforzare; uno de duoi Littori andando per una certa via, & comandando, che uno viandante fosse preso, uno soldato tolse al Littore la verga di mano, & lo battè grauemente. Cinna comandò, che 'l soldato fosse preso, & subito fu leuato il remore, & nel tumulto alcuni incominciarono a lapidare Cinna, onde quelli, che gli erano piu dappresso, trassero fuori l' arme, & assaltarono Cinna, & tagliaronle a pezzi, essendo ancora Consolo. Carbone andaua costeggiando intorno a Libarnia posta in grandissima paura, & confusione. I Tribuni intesa la morte di Cinna, richiamarono Carbone alla città, acciocbe fosse presente alla creatione del suo nuouo collega, minacciando, che se non comparìua, lo priuerebbono dell' ufficio. Onde egli finalmente tornò à Roma, & propose la creatione del nuouo Consolo; ma essendo quel dì riputato infame, differì la cosa nel giorno seguente, & ancora fu opposto, che in quel dì non si doueua fare elettione, perche in su 'l tempio di Venere, & della Luna, era caduta la saetta. Onde quelli indouini pronunciarono, che la creatione de' Magistrati nuoui si douesse differire al principio della state, & in questo modo Carbone sedeua solo nel Consolato. Essendo in questo mezzo gli ambasciadori del Senato uenuti alla presenza di Silla, & hauendo esposta la loro commissione, fu risposto loro nello infrascritto tenore, non potere in alcun modo essere amico a chi in tanti modi lo hauea ingiuriato; ma nondimeno essere contento perdonare a quelli, che voleuano uolontariamente rimetterfi nelle braccia sue, ne voler fare alcun' altra conuentione d' accordo, se prima non entraua con lo esercito in Roma. Per la qual risposta si comprese chiaramente la pessima dispositione di Silla contra gli auuersarj, & l' animo suo uolto alla tirannide: la qual sospitione accrebbe molto piu la richiesta sua, perche domandò al Senato, che facesse restituire nel primiero grado tutti quelli, a' quali era subito tolto a

la.

la dignità, o le foftanze, o il facerdotio, o alcuna cofa d'importanza ; ma quelli, che erano mandati da
Silla al Senato, effendo fermi a Brindifi, & hauendo
intefo Cinna effere morto, & che in Roma fi poteua entrare difficilmente, fi tornarono indietro. Silla accompagnato da cinque legioni d'Italiani, & da feimila Caualieri, & da alcuni altri foldati di Macedonia, & della
Morea, menaua feco uno efercito di circa quarantamila
perfone, & prefe la uolta di Patraffo, & da Patraffo
fi conduffe a Brindifi con feicento naui, & effendo riceuuto da'Brindifini gratiofamente, gli fece efenti, la quale
efentione dura infino al prefente tempo. In quefto mezzo
Cecilio Metelo, il quale fu poi chiamato Pio, & era ftato lafciato per comporre & finire le reliquie della guerra
Sociale, & da Cinna & da Mario era ftato confinato,
& per quefto afpettaua nella riuiera di Genoua il fine
della cofa, chiamato & inuitato da Silla per collega della guerra, fubito andò ad unirfi con lui in compagnìa di
quella imprefa. Dopo Metelo uenne a Silla Gneo Pompeo, il quale non molto dapoi fu cognominato Magno, figliuolo di quel Pompeo, il quale habbiam detto di fopra,
che morì di faetta celefte. Coftui effendo riputato poco beneuolo a Silla, uenne a lui per leuargli ogni fofpitione,
menando feco una legione di Marchigiani in memoria della gloria del padre, il quale haue a grandiffima riputatione & credito, & poteua affai in tutta la Marca, &
poco dapoi ne aggiunfe alla prima due altre, & fu Pompeo in molte cofe molto utile & fruttuofo a Silla. Per la
qual cagione, effendo ancora giouanetto, fu da Silla molto honorato, & tra l'altre cofe non fi rizzaua mai a chi
ueniua dinanzi a lui, fe non a Pompeo, il quale mandò in Barberìa a difciogliere la compagnìa di Carbone,
& perch' egli reftituiffe Jempfale fcacciato dal regno da'
Numidi ; & fulli conceffo da Silla il trionfo di Numidia, benche Pompeo foffe ancora nel fiore della giouinez-
za, & dall'ordine de'Caualieri tirato a maggior grado,
fu mandato in Spagna contra Sertorio, & in ultimo dopo Silla finì la guerra di Mitridate. Venne etiandio a
Silla

Silla Cetego, il quale con Mario & con Cinna era stato acerbissimo suo nemico, & cacciato con loro di Roma, & presen-
tossi a Silla supplicheuolmente, offerendosi apparecchiato a
tutto quello, che Silla li comandasse. In questo modo Silla
stipato & da moltitudine di esercito, & da molti cittadini
illustri, si faceua del continuo piu innanzi con Metelo uerso
la città. I nemici adunque di Silla ricordandosi della natura sua, & delle cose, le quali erano state fatte pubblicamente contra lui; & considerando, che la casa gli era stata
disfatta, & le robbe & sostanze confiscate, gli amici suoi
morti crudelmente, & la donna co' figliuoli esser appena potuta
fuggire, erano certamente presi da grandissimo timore: &
giudicando non essere alcun mezzo in trà la uittoria & perdita, si sforzauano concitare & commouere i Consoli ad ira
& odio contra Silla; & distribuendo eserciti per tutti i luoghi d'Italia piu importanti, raunauano insieme & danari,
& uettouaglia, quanto era loro possibile; & benche paresse
loro esser uenuti ad uno estremo pericolo, non però lasciauano
indietro alcuna prouisione, diligenza, studio, o prontezza.
Similmente Gajo Norbano & Lucio Scipione ambidue Consoli,
& con loro Carbone, il quale parimente esercitaua l'ufficio
di Consolo, infiammati con pari odio contra Silla, & sti-
molati dalla coscienza & dal timore delle cose, le quali haueuano commesse contra di lui, con molta maggiore sollecitudine & uigilanza, che gli altri, raunauano dentro piu numero di gente, ch'era loro possibile, & apparecchiauansi &
dentro, & di fuori opporsi all'impeto di Silla. Dal principio
la beneuolenza di tutti era inclinata uerso i Consoli: percioche ueggendo Silla uoltare l'arme contra la patria, si accosta-
uano a' Consoli come ad una certa immagine della Repubblica, essendo molto ben certi, Silla non solamente hauere in
animo la uendetta, & punitione delle riceuute ingiurie, ma
douere mettere tutta la misera città a ferro, fuoco, & fame;
la qual opinione certamente non fu uana. Et benche le guerre passate hauessero quasi consumata ogni cosa, & che in una
battaglia spesse uolte fossero morti & dieci & uentimila huomini, & intorno a Roma piu che cinquantamila, nondimeno pensauano, che Silla contra questi, che restauano non

G   hauessbauesse à lasciare indietro alcuna crudeltà, insino a tanto, che satiata l'ira sua & il suo furore, diuenisse Monarca di tutto il principato Romano, & sottomettesse al suo arbitrio & uolontà ogni cosa, & questo certamente si conobbe essere stato loro annuntiato da un certo Demonio; percioche molti erano spauentati & in pubblico, & in priuato, per tutta Italia, senza alcuna ragione, & ogni dì usciuano fuori molti prodigj, & segni di futura calamità; tra' quali fu una mula, che partorì, & una donna, che partorì una uipera. Furono oltre a ciò alcuni tremuoti, i quali scossono tutta la città di Roma. Il Campidoglio arse a caso, ne si potè intendere la cagione, il quale era stato intero già anni piu che quattrocento. Tutti questi pronostichi signifitauano, come l'esperienza dimostrò poi, la moltitudine de' cittadini tagliati a pezzi, la distruttione d'Italia, la rouina della città, & la morte & rouina della Repubblica & libertà Romana. Il principio di tanti mali fu, quando Silla fece scala a Brindisi nella centesima settuagesimaquarta Olimpiade. Conuiene, che la lunghezza di questa guerra sia riferita alla grandezza de.l' opere fatte, non come da' cittadini a' cittadini, ma come da nemici a' nemici, la quale fu tanto fastidiosa, quanto grande, combattendosi per odio & per uendetta, si che in breue furono commesse cose inaudite & crudeli; durò tre anni in Italia, insino a tanto che Silla ottenne il principato, nel qual tempo furono fatte molte battaglie, espugnate molte fortezze, & fatti molti assedj: si che Italia uide in poco tempo tutte le sorta di miseria, & di repentine guerre; le quali, acciò che siano piu manifeste, ho descritte per ordine nel modo, che segue. La prima battaglia fu a Cannusio, commessa da' Proconsoli di Silla contra Norbano Consolo, nella quale furono morti circa seimila soldati dall'esercito di Norbano; de' Sillani perirono solo circa settanta, benche molti ne fossero feriti. Norbano rifuggì a Capua, essendo Metelo & Silla presso a Tiano, a' quali uenne Lucio Scipione con le genti sue molto in disordine per chiedere la pace, non perche hauesse speranza d'ottenerla, ma perche uedeua i suoi soldati hauere incominciato a mancare della fede. Scipione hauendo dati & riceuuti gli statichi secondo la conuentione entrò in campo, &

tre

tre solamente d'ogni parte uennero insieme a parlamento. Stando adunque con silentio l'esercito dall'una parte & dall'altra; & aspettando d'intendere le conditioni dell'accordo, Sertorio nel passare dal canto di là s'insignorì di Sessa, la quale ubbidiua a Silla in quel tempo. Silla sdegnato & acceso d'ira se ne dolse grauemente con Scipione. Egli o perche fosse consapeuole del fatto, o perche non sapesse che rispondere, come cosa non aspettata da Sertorio, rimandò gli statichi a Silla. L'esercito del Consolo marauigliandosi non poco della presa fatta da Sertorio durante la triegua, & della liberatione de gli statichi fatta da Scipione senza esserne richiesto, dandone tutta la colpa a' Consoli, nascosamente fece intendere a Silla, che auuicinandosi, si unirebbono con lui. Silla adunque subitamente si fece innanzi: il che ueggendo i soldati de' Consoli, tutti andarono dal canto di Silla in modo che restati Scipione Consolo, & Lucio suo figliuolo soli nel padiglione, furono presi & menati a Silla, benche a me non paja uerisimile, ne cosa degna di Capitano, che Scipione non hauesse notitia d'una congiura di questa sorta trattata da tutto lo esercito: anco mi persuado che fosse di suo consentimento & ordine per fuggire l'infamia di traditore, la qual cosa poi si dimostrò, che Silla, senza dolersi di Scipione in alcuna parte, lasciò andare lui e'l figliuolo liberamente. Dopo questo, mandò a Capua ambasciadori a Norbano, o per ritrarlo in sua compagnia, o perche temeua l'impeto d'Italia, la quale pareua che tutta fosse uolta al fauore de' Consoli, ouuero per ingannar Norbano; ma non gli essendo fatta alcuna risposta (perche Norbano temeua la fraude di Silla, & dall'altra parte molto riuerito dallo esercito, & però si confidaua assai nelle sue forze) Silla se li fece appresso, come suo nemico. Norbano fece il simile, ma per diuersa uia. Carbone in questo mezzo ritornò a Roma, & comandò, che Metelo, & gli altri, i quali abbandonato il Senato erano fuggiti a Silla, fossero fatti ribelli del popolo Romano. In questi medesimi giorni il Campidoglio arse un'altra uolta, alcuni dicono per opera di Carbone, alcuni per ordine de' Consoli, alcuni per comandamento di Silla; nientedimeno la uerità è incerta. Sertorio, il quale era stato già eletto Pretore di Spagna, parendogli stare con qualche

pericolo, hauendo prefo Sefsa, & dubitando dell'odio di Silla, andò in quella Prouincia; ma non efsendo riceuuto da'
primi Pretori, diede molte fatiche, & danni a' Romani, i
quali erano in quel luogo. L'efercito & le forze de'Confoli ogni
dì crefceuano, efsendo la maggior parte d'Italia, come habbiamo detto, in loro ajuto, & quella parte mafsimamente di Lombardìa, la quale è uicina al Pò. Silla ancora non ftaua otio-
fo, ma per tutti i luoghi d'Italia mandaua de'fuoi, tiran-
do molti al fauore fuo o per amicitia, o per timore, o per danari, & in questo modo fi confumò il refto di quella ftate.
L'anno feguente furono creati Confoli Papirio Carbone un'altra uolta, & Mario parente di quel Mario illuftre non paffando ancora la età di anni uentifette. Il uerno dapoi & i
freddi grandi, i quali durarono lungamente, fu cagione che
non fi potefse fare alcuna cofa degna di notitia. Efsendo già
uenuta la primauera, un giorno in fu 'l mezzo dì fu fatta
in fu'l fiume Tefino una grandifsima battaglia tra Metelo &
Carinna, uno de'Pretori di Carbone. Carinna hauendone morti afsai, fu il primo a fuggire, & Carbone incominciò afse-
diare Metelo; ma intendendo poi, che Mario l'altro Confolo era ftato uinto a Preneftina, fi accampò ad Armenio,
doue afsalito da Pompeo, riceuè non mediocre rouina. Mario, efsendogli ftata tolta la uettouaglia da Silla, fi ritrahe-
ua a poco a poco, tanto che arriuato al Sacriporto fece armare il campo, & uenendo alle mani, fi combattè ferocifsi-
mamente, tanto che finalmente incominciando ad inchinare
la finiftra fchiera, cinque Colonnelli di fanti, & due fquadre
di caualli, fenza afpettare altro, con gli ftendardi innanzi,
fuggirono a Silla: onde hebbe principio la rouina di Mario
perche molti di quelli, che gli reftarono, furono morti, & gli
altri fuggirono alla uolta di Prenefte. Silla con grandifsima
preftezza andò loro dietro per porre le mani addofso a Mario.
I Preneftini mifero dentro quelli, ch'erano arriuati prima: &
uedendo che Silla era già uicino alla città, chiufero le porre, & tirarono Mario dentro dalle mura con le funi. Di quelli, che reftarono di fuori, fu da Silla fatta grande uccifione,
& molti rimafero prigioni, de'quali fece morire tutti quelli
ch'erano Sanniti, come popoli nemici continui de'Romani

In

In questi medesimi giorni il resto dell'esercito di Carbone fu superato da Metelo, & nel combattere fuggirono a Metelo cinque squadre di Carbone. Pompeo ancora egli ruppe Mario intorno a Siena, & entrato nella città la saccheggiò tutta. Silla hauendo rinchiuso Mario in Preneste, circondò la città con un fosso, della quale opera diede la cura a Lucretio Ofella, come se hauesse deliberato uincere Mario non col ferro, ma con la fame. Per il che Mario uinto da disperatione, deliberò far morir quelli, i quali si riputauano proprj nemici; per la qual cosa comandò a Bruto suo Pretore, che facesse raunare il Consiglio sotto spetie di uolere consultare alcune cose, doue ordinò che ancora interuenissero, & fossero tagliati a pezzi Publio Antistio, & l'altro Papirio Carbone, Lucio Domitio, & Mutio Ceuola Pontefice de' Romani. Questi due furono morti nel Consiglio, come Mario haueua comandato: & i corpi furono sommersi nel fiume, accioche non hauessero altra sepoltura. Silla in questo mezzo mandò la maggior parte del suo esercito alla uolta di Roma, & comandò a' Capi che pigliassero le porte della città, & non potendo, si riducessero ad Ostia. Nel cammino erano riceuuti dalle città con grande timore & sospetto, & erano aperte loro le porte in ogni luogo. Poi che le genti di Silla furono accostate a Roma, egli comparse all'ultimo, & accampossi con tutto l'esercito in Campo Martio, dinnanzi alle porte della città: & poi che hebbe ordinate le squadre per entrare dentro per forza, uedendo che niuno se gli faceua incontro, entrò in Roma senza alcuna difficoltà. Allora tutti gli auuersarj furono dispersi, & abbandonarono la città. Silla principalmente confiscò tutte le loro sostanze, & dapoi le fece uendere allo incanto. Secondariamente fatto raunare il popolo nel Consiglio, si condolse del presente stato della Repubblica, & confortò ciascuno a stare di buono animo, perche in breue darebbe ottimo rimedio ad ogni cosa, & ridurrebbe tutta la città in miglior essere, che fosse stata mai ne' tempi passati. Dopo questo lasciati de' suoi una parte alla guardia della città, egli andò a Chiusi, nel qual luogo i suoi emuli haueuano fatto campo grosso. In questo tempo erano uenuti in fauore de'Consoli alcuni huomini d'arme

Spa-

Spagnuoli, mandati da' loro Signori. Appiccata adunque la zuffa in su la riua del fiume Glanio, Silla ne ammazzò di questi circa cinquecento, & dugentocinquanta fuggirono nel campo suo; tutti gli altri ammazzò Carbone, o per isdegno della subita mutatione di queste genti, o per sospetto, che gli uenne della perfidia loro. Nel medesimo tempo Silla ruppe un' altra parte dell' esercito nemico presso a Saturnia, & Metelo per la uia di mare trasferitosi a Rauenna, ridusse alla sua diuotione la regione degli Ubritani, paese molto fertile & abbondante, & piu oltre alcuni de' soldati di Silla entrati di notte in Napoli per trattato, tagliarono a pezzi la maggior parte di quelli, che u' erano dentro da pochi in fuori, i quali hebbero spatio di fuggire, & presero le galee, che u' erano in porto. Tra Silla & Carbone fu fatto a Chiusi un terribile fatto d' arme, il quale durò da mezzo dì insino al tramontar del Sole, perche combattendo l' uno & l' altro con incredibil ferocità d' animo, & essendo la pugna pari, la notte si spiccò la zuffa. Nel medesimo tempo, Pompeo & Crasso Pretori di Silla, nel territorio di Spoleto amazzarono circa tremila soldati di Carbone, & assediarono in modo Carinna, il quale haueua gli alloggiamenti dalla opposta parte, che fu necessario a Carbone mandarli un' altro esercito col soccorso. Della qual cosa hauendo Silla notitia, posto l' aguato, ne ammazzò pel cammino circa duemila. La notte seguente Carinna ueduto il tempo esser molto oscuro per la pioggia, & per il uento, & pensando, che per questo i nemici non douessero star molto attenti alla guardia, fuggì per uscire del pericolo. Carbone hauendo già inteso, che Mario suo collega era assediato dalla fame, mandò Mario a Preneste con otto legioni; alle quali Pompeo, posto in aguato facendosi incontro in un passo stretto, tagliò la uia, & morto buon numero di soldati, assediò i resto rinchiusi in un certo colle; per la qual cosa Mario nascosamente si fuggì. Lo esercito dando a lui tutta la colpa dell' aguato di Pompeo, preso d' ira & isdegno, & tolte le bandiere, si ridusse ad Arimino, & tutti i soldati si tornarono alle loro patrie in modo, che col Capitano

pitano non restarono altro, che sette squadre. Hauendo adunque Mario hauuta infelice sorte, andò a ritrouare Carbone. In questo tempo medesimo conducenano seco Marco Lamponio di Lucania, & Pontio Telesino, & Capineo Gutta di Sanniti circa settantamila soldati per liberar Mario dall' assedio. Silla aspettandoli ad un passo stretto, al quale bisognaua che costoro arriuassero, serrò loro la uia in modo, che Mario al tutto disperato d'ogn' altro soccorso, incominciò a fabbricare una Rocca a lato alla città nel mezzo d'un campo spatioso & ampio, con intentione di metterui dentro tante munitioni, & soldati, che potessero leuar Lucretio dall' assedio; ma hauendo già fatto la maggior parte, & prouate uarie cose, uedendo non fare alcun frutto, si ritornò dentro con l'esercito. In questi giorni medesimi Carbone & Norbano si condussero con un' altro esercito a Faenza, essendo in su 'l tramontar del Sole, si che del Sole appena restaua un' hora: & con poca prudenza, essendo impediti da molti uignali, i quali erano intorno alla terra, commossi d'ira contra la loro auuersa fortuna, fecero armare il campo, & ordinaronsi per appiccare il fatto d'arme con Metelo, sperando poterlo facilmente superare, come assaltato improuisamente. Onde dato con grandissimo strepito & tumulto il segno della battaglia, uennero alle mani. Metelo in tanto dal subito caso non inuilito, ma usando la sua singolar fortezza & uirtù d'animo, con incredibil prestezza ordinò i suoi, & appiccatosi co' nemici, nel primo assalto incominciò ad esser superiore, & in un poco spatio fu uittorioso: perche in uerità gli auuersarj combatteuano con disauantaggio, impediti massimamente dalle uigne, & dalla incommodità del luogo, & del tempo. Furonne morti tanti, che si dice, che passarono di diecimila, & seimila fuggirono nel campo di Metelo: il resto si uoltò in fuga. Un' altra legione di Lucani sotto Albinouano, intesa la rotta di Carbone, si accostò con Metelo. Albinouano poco dapoi secretamente congiurò con Silla, & assicuratosi con lui, & impetrato perdono, senza scoprirsi altrimenti, essendo ancora nel campo di Carbone, inuitò a cena come amico Norbano, & gli altri Capi, i quali erano con lui. Cajo Antipestro, & Fuluio Fimbria suo fratello, & tutti gli altri Pretori di Carbone, es-

sendo

sendo a mensa, eccetto Norbano, che non ui si uolse ritrouare, di ordine & commissione di Albinouano furono
tagliati a pezzi nel padiglione, & di subito poi fuggì a
Silla. Norbano intesa ad Arimino questa crudeltà, & che
molti de' propinqui eserciti erano fuggiti a Silla, dubitando, come suole interuenire ne' casi auuersi, che niuno
degli amici bauesse a perseuerare nella fede, montò in
su una priuata nauicella, & nascosamente si fè portare
a Rodi. Doue essendo chiesto da Silla, uedendo che i
Rodiani consentiuano a Silla nel mezzo della piazza si
percosse d'uno coltello, & così ammazzò se stesso. Carbone con animo inuitto comandò a Damasippo, che con
due legioni si conducesse a Preneste, per tentar di nuouo
liberar Mario dall'assedio; ma ne queste genti ancora
poterono passare per l'angustie de' luoghi, i quali erano
guardati da Silla. I Francesi in questo tempo essendo restati senza Norbano lor Capo, nelle Alpi di sopra con
una folta schiera si unirono con Metelo, & Lucullo rinchiuse il resto dell'esercito di Carbone, il quale era presso
a Piacenza. La qual cosa intendendo Carbone, bauendo ancora insieme circa trentamila soldati a Chiusi a sua
obbedienza, & due legioni di Damasippo, & molti altri soldati sotto Mario, & Carinna, & grande copia di
Sanniti, conoscendo la fortuna essergli al tutto contraria,
si fuggì con alcuni amici in Barberia mal contento, &
disperato, confidandosi, che i Barbari per suoi conforti,
& a sua instanza facilmente bauessero a pigliare l'arme
contra l'Italia. Quelli, che erano restati a Chiusi, uennero alle mani con Pompeo presso alle mura della città,
& poi che bebbero combattuto per buono spatio uirilmente, nel fine furono rotti, & ne perirono circa uentimila.
Gli altri, che camparono, tutti si ritornarono alle proprie case. Carinna, & Mario, & Damasippo, parendo
loro essere condotti in manifestissimo pericolo, si ridussero
tutti insieme in certi passi stretti, & accompagnati da'
Sanniti deliberarono per uscire dal pericolo aprirsi la uia
per forza; la qual cosa non potendo conseguire, uoltarono le genti uerso Roma, come uacua & d'buomini, & d'

arme,

'arme, per impedire il paſſo delle uettouaglie, & eſſendo già preſſo a Roma circa uenti miglia, preſero gli alloggiamenti ad Albano. Silla inteſo il diſegno di coſtoro, dubitando che per la uenuta loro la città non faceſſe mutatione, mandò innanzi una parte de' ſuoi con ſomma preſtezza, accioche ſi opponeſſero agli auuerſarj nel cammino, & impediſſero loro il paſſo; egli con grandiſſimo sforzo di gente i ſeguiua appreſſo tanto, che ſi conduſſe alla porta Collina eſſendo mezzo dì, & col campo ſi poſe uicino al tempio di Venere. Eſſendo adunque già gli eſerciti nemici accampati in ſu le porte di Roma, uennero alle mani, & appiccatoſi terribile fatto d'arme, Silla fu nel deſtro corno ſuperiore, ma il ſiniſtro fu sbaragliato da' nemici in modo, che biſognò, che ſi rifuggiſſe alle porte della città. Quelli, i quali erano alla guardia, uedendo i nemici correre per entrare dentro, laſciarono nello entrare andare giù le Saracineſche, & ammazzarono tra gl'altri molti Senatori, & Caualieri; molti & per timore & per neceſſità uoltandoſi contra i nemici, combatterono tutta quella notte, & da ogni parte fu fatta grande ucciſione; perirono in quella pugna, de' Pretori, Teleſino, & Albino, & lo eſercito loro ſi unì con Lucano, con Marcello & Carinna. Gli altri Capi Carboniani ſi uoltarono in fuga. Dicono, che dell'una parte & dell'altra furono morti più che cinquantamila, & i prigioni furono ottomila. Silla di quelli, che uennero in ſua podeſtà, fè ſaettare tutti i Sanniti. Il giorno ſeguente furono preſi Mario & Carinna, & menati a Silla, il quale fece tagliare loro le teſte, & mandolle a Lucretio, accioche le faceſſe appiccare alle mura di Preneſte. I Preneſtini uedute le teſte di Mario & di Carinna, & inteſo che tutto lo eſercito di Carbone era quaſi ſpento, & che Norbano era fuggito in Grecia, & che quaſi tutta l'Italia era riuolta in fauore di Silla, & la città di Roma a ſua diuotione, diedero la città a Lucretio: Metelo, poi che ſi fu aſcoſo, temendo di uenire in podeſtà di Silla, ammazzò ſe ſteſſo: Lucretio trouatolo morto li ſpiccò il capo dal buſto & mandollo a Silla: il quale lo fè ſoſpendere in piazza, & biaſimando la giouanezza del Conſolo

H   diſſe

diſse per motto, prima è neceſſario ſapere bene uſare il remo, che porre le mani a gouernar la naue. Lucretio preſe la poſſeſſione di Preneſte; di quelli, i quali erano ſtati in fauore di Mario alla guerra, parte fece morire, parte miſe in prigione, i quali Silla poi tutti comandò, che foſſero decapitati, & uolle che tutti gli altri, ch'erano nella terra, ueniſſero in campo, & ſcelti alcuni piu utili, benche pochi, gli altri diuiſe in tre parti, cioè i Romani da una parte, i Preneſtini da un' altra, & dall' altra i Sanniti, & à Romani fece ſignificare, che benche meritaſſero la morte, nondimeno era contento perdonar loro; gli altri fè ſaettare; & le loro donne co'figliuoli laſciò andar liberamente, & miſe a ſacco la terra, eſſendo in quel tempo ricchiſſima. In tal modo Preneſte fu preſa. Norba un'altra città li reſiſteua ancora ualoroſamente, tanto, che finalmente Emilio Lepido fu meſſo dentro una notte per tradimento con alcuni fanti & caualli; i cittadini ueggendoſi ingannati, diſperati della propria ſalute, alcuni ammazzarono loro medeſimi, & alcuni ſpontaneamente & d'accordo tolſero la uita l'uno all'altro, alcuni altri s'impiccarono, gli altri ſi ſerrarono in caſa, & ſecondo l'ordine dato a ciaſcuno attaccò il fuoco in caſa ſua, & ſoffiando grandiſſimo uento arſe in modo ogni coſa, che i ſoldati di Silla non poterono predare pure una ſtringa, & coſi i Norbani perirono nobilmente. Eſſendo in queſto modo l'Italia piena di arme & di guerra. Silla mandaua de'ſuoi Pretori a tutte le città, & aſſicurauaſi di tutti i luoghi piu ſoſpetti. In queſto mezzo Pompeo fu mandato in Barberìa da Silla contra Carbone, & in Sicilia contra i parenti, & amici di Carbone, Silla chiamati i Romani in conſiglio, parlò in ſua commendatione, & gloria molte coſe magnifiche; dapoi ſi uoltò a minacciare, riprendendo le coſe fatte dagli auuerſarj, ſoggiugnendo ch'era diſpoſto non perdonare ad alcuno de'nemici inſino all'eſtremo ſupplitio, non hauendo riſpetto ne à Pretori, ne à Queſtori, ne à Tribuni, che gli foſſero ſtati contrarj. & coſi detto condannò alla morte quaranta Senatori, & milleſeicento Caualieri. Coſtui ſi trouaua

eſſer

asser stato il primo de' cittadini Romani, che condannò a morte, & agli ucciditori assegnò il premio, & a chi fosse accusatore de' rei & incolpati promesse premio, & a chi gli occultasse pena, & supplicio di morte. Poco dapoi aggiunse altri Senatori a' primi: de' quali alcuni furono morti in quel luogo, dou' erano stati presi, o nelle case, o ne' portichi, o ne' luoghi sacri; alcuni furono impiccati, & posti poi così morti dinanzi a' piedi di Silla; alcuni altri erano strascinati, & battuti per le strade, non essendo alcuno di quelli che li uedeano, il quale ardisse di dire pure una parola in tante calamità. Molti furono mandati in esilio, a molti confiscati i beni; erano oltre a ciò mandati cercatori, i quali ricercando in ogni parte i miseri condannati, quanti ne poteano trouare, tanti ne ammazzauano crudelmente. Contra gl' Italiani ancora furono fatte molte uccisioni, esilj, & pubblicationi di beni, massimamente contro a quelli, ch' erano stati in fauore o di Carbone, o di Norbano, o di Mario, o ch' hauessero obbedito a' comandamenti de' loro Pretori, & finalmente contro a tutta l' Italia erano adoperate graui & crudeli condennagioni, ne si trouaua alcuno, il quale per qualche modo fosse stato non che in fatto contra Silla, ma consapeuole d' alcuno consiglio, che non fosse punito, o in danari, o ne' beni, o nella uita, & nel numero de' commessi falli erano computate le amicitie, i commertj delle mercantie, & i benefirj dati & riceuuti ne' tempi passati. Le quali tutte cose erano fatte molto piu aspramente contra i ricchi. Et poi che furono mancate le punitioni contra i priuati, Silla si uoltò contra le città, le quali puniua uariamente, facendo a chi spianare le fortezze, a chi sfasciare le mura, imponendo a ciascuna o pubbliche condennagioni, o affligendole con intollerabili tributi, & di molte altre città trasse i proprj habitatori, & in loro luogo mandò ad habitare Colonie de' suoi soldati, per tenere detti luoghi per l' Italia in luogo di propugnacoli, & di fortezze, assegnando particolarmente a ciascun soldato secondo i meriti, & fede loro la portione de' beni, così delle case, come delle possessioni di tali città. Con la quale gratitudine, &

libera-

liberalità si fece tutto lo esercito beneuolo & fedele insino allo
estremo della uita sua in modo, che tutti i soldati, i quali
haueano militato sotto di lui, si haueano proposto nell' animo
non poter mancar loro alcuna cosa, mentre che Silla era saluo & in istato. Mentre che queste cose erano fatte da Silla
in Italia, Pompeo hauendo notitia, come Carbone era partito
di Barberìa per uenire in Sicilia, & dapoi in Corsica, co'primi & piu nobili del suo esercito gli rinchiuse il cammino, &
preselo, comandando a chi lo menaua prigione, che, prima
che fosse presentato al cospetto suo, ammazzassero tutti quelli, che erano in sua compagnìa, & Carbone fosse menato uiuo
dinanzi a lui: & essendo arriuato alla presenza sua legato
con catene, se lo fece inginocchiare a'piedi, benche fosse stato
tre uolte Consolo, & condannatolo a morte, comandò che fosse decollato, & la testa mandò a Silla. Il quale, ueggendo
succeduta bene ogni cosa contra i nemici, & che niuno ne restaua piu, se non Sertorio, il quale era in Spagna, mandò per
superarlo Metelo: & in questo modo senza alcuno impedimento piu si sottomise tutta la città, & gouernaua ogni cosa secondo lo arbitrio & uolontà sua, ne piu haueua luogo alcuna
legge del popolo, o di elettione, o di sorte, & era tanto grande il terrore di ciascuno, che & i Consoli, & i Proconsoli,
& i Tribuni, & tutti gli altri magistrati, & finalmente tutto'l
popolo approuauano per decreto ciò, che era fatto, & ordinato
da Silla: & per adorarlo interamente fecero la statua & immagine sua d'oro massiccio in su un cauallo, come Imperadore
dell' esercito, & rizzaronla nel piu eletto & alto luogo nel
Campidoglio: & poserui a piè il titolo con queste parole. A Cornelio Silla Imperadore Fortunato. La quale adulatione ottenne nome perpetuo: perche fu sempre dapoi chiamato Silla felice, benche io mi ricordo hauer letto alcune Croniche Romane, che egli uolle per decreto esser chiamato Silla Venusto;
il quale cognome mi parue non inconueniente, dapoi che si dice egli
essere stato chiamato felice: perche felice non è molto differen-
te da Venusto. Leggesi ancora, che uolendo Silla una uolta intendere dall'oracolo quello, che doueua essere di lui, li fu risposto in questa maniera. Venere fu cagione della potenza Romana
essendo madre di Enea, dal quale nacque la stirpe de' Romani;

tu

tu adunque non ricufar di far uoto a Venere nell'ifola di Delfo,
& falire in fu'l giogo del monte Tauro candido per la neue.
Tu farai grande & potente, & uolontariamente deporrai la
potenza tua; i quali uerfi fi dice, che i Romani fcriffero
a piè della fua immagine. Per la qual cofa mandò Silla
nell'ifola di Delfo un diadema d'oro, & una fcure. In
quefto modo adunque effendo in fatto Silla diuentato Re &
tiranno della patria, non eletto o creato da alcun magiftrato, ma crefciuto per forza per la uia delle arme; nondimeno uolendo diffimulare la potenza fua, o diminuir la inuidia
per effere eletto perpetuo Dittatore, usò quefta aftutia. Roma, com'è noto, fu gouernata da principio da i Re, i quali erano eletti fecondo la uirtù loro: & quando ne mancaua
alcuno, teneua il luogo del Re uno Senatore dopo l'altro cinque dì, nel qual tempo il popolo creaua il nuouo Re, & quefto tempo di cinque dì era chiamato Inter-regno: dapoi al
tempo de' Confoli, quando il magiftrato del Confolo ueniua
preffo al fine del tempo, fi faceua lo fquittino de' fuc-
ceffori: & fe interueniua che la creatione de' nuoui Confoli fi differiffe tanto, che i Confoli uecchi finiffero l'ufficio,
quel tempo, che uacaua l'ufficio del Confolato, fi chiamaua
ancora Inter-regno, & era creato uno, il quale fteffe in luogo
di Confolo tanto, che fi ueniffe alla elettione de' ueri Confoli: & coftui era chiamato Inter-re. Silla adunque uolendo entrare in quefta confuetudine, ritrouandofi allora la città fenza Confoli, effendo ftato morto Carbone in Sicilia & Mario
a Prenefte, ufcì di Roma, & in quel mezzo il Senato creò
Inter-re Valerio Flacco, penfando ch'egli doueffe prouedere
la creatione de' nuoui Confoli; ma Silla da parte fcriffe a
Flaccò, che proponeffe al popolo, Silla effere di parere, che
foffe utile & necefario, che in quefte occorrenze graui & importanti della Repubblica, nella città foffe uno, come Principe col nome di Dittatore; fenza il quale magiftrato Roma
era già ftata anni circa quattrocento: aggiugnendo, che chi
foffe fatto Dittatore, foffe eletto non a tempo, ma duraffe
tanto, che & Roma, & Italia foffe bene libera & purgata
d'ogni feditione & guerre, & ftabilita, & pofta in ripofo, &
tranquillità. Effendo adunque propofto da Flacco al popolo
                                                    quefto

questo parere, ciascuno intese chiaramente, che Silla uoleua la Dittatura : benche egli non celasse questo suo desiderio, anzi apertamente dimostrò ch'esso era quello, che essendo eletto Dittatore, sarebbe utilissimo alla città, & a tutta Italia. I Romani, accorgendosi non potere deliberare piu alcuna cosa secondo le leggi ; & parendo a ciascuno non hauere piu alcuna parte nella Repubblica, come se a loro non appartenesse, crearono Silla Dittatore & Principe, senza prefinire alcuno termine. Et ueramente chi considera bene la uita & modo de' Tiranni, non è altro in fatto lo stato loro, & la loro potenza, che simile alla dignità della Dittatura : & così fece Silla, perche nelle sue opere manifestò una espressa Tirannide. In questo modo i Romani hauendo prima hauuto il gouerno de' Re oltre lo spatio di quattrocento anni, & dapoi essendo uiuuti altrettanto tempo o piu, sotto il magistrato di due Consoli per anno, di nuouo furono ridotti sotto il gouerno di Re nella centesima settuagesimaquinta Olimpiade : perche Silla fu fatto sotto il nome del Dittatore simile al Re, come fecero manifesto l'opere & la potenza sua in ogni cosa : & principalmente per dar qualche solazzo al popolo fece gli spettacoli & rappresentationi di tutte le guerre per ordine, le quali haueva fatte & in Asia contra Mitridate, & in Italia, trouando iscusa, che lo faceua, perche il popolo pigliasse qualche ricreatione & piacere dopo tante fatiche & affanni : & così fece ancora fare molti solenni giuochi secondo l'uso de' Romani. Dopo questo fu contento, che per dimostratione di qualche forma & spetie di Repubblica il Senato eleggesse i Consoli : & così furono creati Consoli Marco Tullio, & Cornelio. Dolabella & egli secondo il costume de' Re sedea Dittatore sopra di loro. Quando andaua fuori, dinnanzi a lui erano uentiquattro scure, come era costume degli antichi Re ; per guardia della persona sua haueua deputato buon numero de' piu fedeli, & prouati amici, & partigiani suoi. Oltre a ciò si riuoltò alle leggi, delle quali annullò molte, & molte ne fece di nuouo : & tra l'altre statuì, che niuno potesse essere prima Pretore, che Questore, ne prima Consolo, che Pretore. Et pose diuieto di dieci anni da un Consolato all'altro. La dignità & podestà del Tibuno del-

la

la plebe diminuì, & debilitò in modo, che quaſi la riduſſe
a niente, con fare un decreto, che chi foſſe ſtato Tribuno una
uolta, haueſſe diuieto in perpetuo da tutti gli altri magiſtrati. Per la qual coſa tutti i cittadini di qualche gloria &
ſplendore ricuſarono nell'auuennire d'eſſere Tribuni, ne ſo dire
per coſa certa, ſe Silla fu egli quello, che traſportò come è
al preſente il Tribunato del popolo al Senato; oltre a ciò eſſendo il Senato ridotto a poco numero de' cittadini, n' eleſſe
trecento dell' ordine de' Caualieri, & a ciaſcuno diè la uoce
ne gli ſquittini; i ſerui di quelli, ch'erano ſtati morti, cioè
i piu giouani, & robuſti inſino al numero di diecimila o piu
fece non ſolamente liberi, ma ancora cittadini Romani: &
non contento de' cognomi & titoli, ch' hauea, ſi fè ancora chiamar Cornelio. Deputò ancora per ſuoi miniſtri a fare l'eſe-
cutione de' ſuoi comandamenti circa diecimila di quelli del
popolo, & per l'Italia a fare il medeſimo effetto diſtribuì
uentitre delle leggioni ch' haueuano militato ſotto di lui; alle
quali, come habbiamo detto di ſopra, conſegnò molte poſeſ-
ſioni delle città non amiche; & finalmente fu in tutte le coſe
tremendo, & ſubito ad ira in modo, che nel mezzo della piazza paſsò da un canto all'altro Quinto Lucretio Ofella, per
opera del quale hauea acquiſtato Preneſte, aſſediatoui dentro
Mario Conſolo; il che fu cagione ueriſſima della ſua uittoria,
& ucciſelo, perche gli chieſe, eſſendo ancora dell'ordine de'
Caualieri, eſſere fatto Conſolo, benche non foſſe ancora ſtato ne Pretore, ne Queſtore, eſſendone ancora pregato da gli
amici, la qual crudeltà uſò Silla, perche hauendo già tre
uolte denegato a Lucretio il Conſolato, eſſo perſeueraua pure
nella ſua domanda. Dapoi chiamati in Conſiglio i cittadini,
parlò in queſto modo, Voi ſapete cittadini miei, anco hauete uiſto, che io ho morto Lucretio, ſolamente, perch' egli mi
è ſtato poco obbediente. Una uolta uidi un contadino, il
quale arandò co' buoi, fu morſo da' pidocchi; onde egli due
uolte laſciò l'aratro per nettare la ueſta da' pidocchi; ma eſſendo di nuouo morſo, per non hauere tante uolte a laſciare
l'opera, ſi traſſe la ueſte, & gittolla in ſu'l fuoco. Coſì conforto io uoi altri, che non uogliate la terza uolta tentare la
ira del mio fuoco. E con queſte parole miſe a ciaſcuno terri-

bile

bile spauento in modo, che usò dapoi la potenza sua senza alcun freno o riguardo. Trionfò di Mitridate secondo
la pompa consueta, & alcuni per giuoco diceuano, che la
Dittatura sua era un Regno, ma coperto d'honesto nome: perche, da celare il nome di Re in fuori, in tutte
l'altre cose si portaua come Re. Altri la chiamauano tirannide: tanta fu la rouina, la quale recò a' Romani,
& a tutta l'Italia la guerra, che fece Silla prima contro a Mitridate, & dapoi in Italia & alla patria, come
habbiamo detto, ch'ogni luogo era ripieno di latrocinj, &
d'assassinamenti, & tutte le città erano uuote, & afflitte
dalle spesse grauezze, & tributi. Niun regno, niuna natione, niun confederato popolo a' Romani, niuna città
esente dalle grauezze, o che fosse libera, & uiuesse secondo le sue leggi, restò indietro, che non fosse costretta
obbedire a Silla, & pagargli il tributo secondo che da lui
era imposto, & ordinato. Furono molte città, alle quali
il popolo Romano in premio de' loro meriti, & uirtù hauea donate & le immunità de' porti, & le Prouincie in-
tiere, & Silla ne le priuò del tutto. Ordinò ancora, che
Alessandro, figliuolo d'Alessandro Re d'Egitto, & nutrito, & alleuato a Scio, & da' cittadini di Scio dato
a Mitridate, & dapoi fuggito da Mitridate uenuto a Silla, & da lui riceuuto in amicitia, per decreto fosse Re
degli Alessandrini: il qual Regno era mancato per istirpe
uirile, & non restauano altro che femmine del sangue regale, pensando per questo mezzo di poter trarre di quel regno, essendo ricchissimo, gran quantità di danari; nondimeno hauendo regnato questo Alessandro diecinoue dì solamente, gli Alessandrini lo ammazzarono nello scrittojo.
L'anno seguente Silla, benche usasse la Dittatura, si
fè eleggere Consolo con Metelo chiamato Pio, & da questo
esempio forse gl'Imperadori Romani poi spesse uolte uolsero esercitare il Consolato. Il popolo l'altr'anno poi pregò
Silla per mostrarseli beneuolo, che uolesse continuare nel
Consolato: il che egli ricusando, fece nuoui Consoli, Seruilio Isaurico, & Claudio Pulcro, & uolontariamente de-
pose la Dittatura. Et certamente pare cosa marauigliosa,

gliofa, ch'uno huomo tanto grande, & folo potente fopra tutti gli altri cittadini, fenza efferne sforzato, poteffe difporfi
da fe medefimo a fpogliarfi d'una dignità maggiore & più nobile di tutte l'altre, non lasciandola à figliuoli, come fè Tolomeo in Egitto, & Ariobarzane in Cappadocia, & Seleuco
in Soria, ma a quelli, i quali fopportauano nel fecreto la
fua tirrannide mal uolontieri & con moleftia; & deue parere a ciafcuno cofa fuori di ragione, ch'uno, il quale con
tanti pericoli hauea per forza ottenuta la Dittatura, poi la
deponeffe uolontariamente, & contra l'opinione di tutto il mondo, hauendo maffimamente acquistati tanti nemici, & morti
in guerra più che centomigliaja d'huomini, nouanta Senatori,
quindeci Confoli, più che duemilafcicento Caualieri, cacciati tant'altri cittadini, & tolto a chi i beni, & chi lasciato fenza fepoltura, & che fenza hauere alcuna paura di
nemici di dentro o di fuori, come priuato, fi deffe a difcretione di tanto numero, quanto erano quelli, i quali da lui erano ftati offefi, & ingiuriati, & di tanti popoli & città, a'
quali haueua a chi fpianate le fortezze, a chi sfafciate le mura, a chi tolto le cafe & poffeffioni, & chi priuato delle proprie entrate. Ma tanta fu grande la felicità di quefto huomo, & tanto mirabile la grandezza dell'animo, che arditamente diceua nel mezzo della piazza hauere depofta la Dittatura, per poter rendere ragione a chi la chiedeffe delle cofe fatte & commeffe da lui. Spezzò oltre a ciò le uerghe &
i fafci, ornamenti della Dittatura: rimoffe le guardie dalla
perfona fua, & andaua folo in compagnia di pochi amici
per tutta Roma, effendo guardato da tutto il popolo con iftu-
pore & marauiglia per la nouità della cofa; folamente fu uno
giouanetto, il quale gli andò dietro infino a cafa, dicendogli
uillania per tutta la uia; & Silla il confortò con quefte parole. Quello, che non foleua fopportare una paroletta da gli
huomini grandi, hora fopporta con patienza le parole ingiu-
riofe d'un giouinetto; ma coftui farà cagione, che per l'
auuenire un' altro non uorrà far, come ho fatto io. Le
quai parole furono dette da lui o fecondo la natura dello ingegno, o indouinando le cofe future, il che interuenne poco dapoi
in Gajo Cefare, il quale non uolfe fare, come Silla. Pare a
me

I

me al tutto, come Silla fu uebemente nel defiderare la tirannide, cofi effere ftato di forte animo a poter di tiranno ritornar priuato. Et bauendofi fatiato l'animo del fuo appetito del
dominare, deliberò ridurfi a quiete & in folitudine, & menare il refto della uita fua in otio, & alla uilla: perciocbe
fi riduffe a Cuma, città in Italia, alle proprie poffeffioni,
doue dilettandofi della folitudine maritima, alcuna uolta attendeua a cacciare per mantenerfi nella fua buona natura,
la quale era in lui ancora ualida & robufta. Dicefi, cbe in
fogno gli apparue un Demonio, dal quale gli parue effer cbia-
mato: & bauendo la mattina poi raccontato a gli amici quefto fogno, fece teftamento, & la notte feguente fu affaltato
dalla febbre, & in pochi dì finì il corfo della uita, effendo
di età di feffanta anni. Dopo la morte fua furono creati Confoli Gajo Catulo della fetta di Silla, & Lepido Emilio contrario a quefta parte, & nemico di Catulo; i quali, come
dirò di fotto, cominciarono fubito a contendere infieme. Fu
Silla ueramente feliciffimo in ogni fua imprefa infino al fine:
& come fu per nome, cofi fu in fatto felice; & fu di tanta
profpera fortuna, quanto egli medefimo defiderò; ma dopo la
morte fua apparirono fubito manifefti fegni di difcordia, percbe alcuni uoleuano cbe'l corpo fuo foffe portato per tutta l'
Italia con pompa funebre, & poi condotto in Roma nel mezzo della piazza, & fepellito con pubblica pompa; alla qual
cofa Lepido Emilio Confolo fi opponeua; ma uinfe finalmente
Gajo Catulo l'altro Confolo: & cofi fu il corpo fuo imbalfama-
to, accioche foffe conferuato dalla putrefattione, & portato
per tutta l'Italia, & finalmente condotto in Roma à coftume
di Re in una lettica d'oro. Andaua innanzi una copia &
moltitudine grande di pifferi, & di Caualieri, dapoi infiniti
foldati di diuerfi luogbi tutti armati & per ordine, & tanta
altra moltitudine di qualunque forta, cbe mai non fu ueduta la maggiore; ma innanzi a tutti gli altri erano l'infegne,
cb'egli ufaua nella Dittatura. Erano in quefto mortorio piu
cbe duemila corone d'oro fabbricate fplendidamente, doni di
molte città, & di molte legioni, le quali erano ftate fotto la
militia fua, & di molti amici priuati, ordinati per ornare
le fue efequie & la fepoltura fua, delle quali cofe farebbe im-
poffi-

possibile raccontar lo splendore. Fu il corpo suo portato da'Sacerdoti & da uergini sacrate scambiando l'un l'altro. Seguitauano il cataletto il Senato & gli altri Magistrati, ciascuno con gli proprj uessilli : & nell'ultimo luogo era una turba d'huomini d'arme diuisi in piu parti a modo d'uno esercito ordinato per combattere ; & finalmente ciascuno si sforzaua honorarlo con molto studio, portando le bandiere d'oro con l'arme d'argento, il quale modo ancora hoggi è osseruato ne' mortorj. Il numero de' trombetti fu infinito, i quali a parte a parte sonauano con un certo modo lagrimoso & mesto. Il Senato era il primo, il quale raccontaua le lodi di Silla. Dapoi erano i Caualieri, & nell'ultimo luogo era l'esercito. I popoli delle città d'Italia stauano intorno al corpo, de'quali alcuni piangeuano Silla, alcuni lo temeuano cosi morto. Et poi ciascuno uoltò l'animo a pensare alla grandezza delle cose fatte da lui, stauano come stupefatti, & giudicauano Silla essere stato molto piu felice, che alcun'altro Capitano, hauendo superati tutti i suoi nemici, a' quali ancora morto pareua tremendo. Essendo ultimamente poi condotto al luogo del tribunale, doue era consueto farsi la oratione funebre, uno, il quale era il piu eloquente di tutti gli altri in quel tempo, fece una elegantissima oratione in laude & gloria di Silla, essendo Fausto figliuolo di Silla ancora giouinetto. La lettica presero dapoi i primi & piu riputati Senatori, & la portarono in campo Martio, nel qual luogo era consuetudine sepelire solamente i corpi de' Re. I Caualieri & tutto l'esercito discorreuano intorno alla pirra tante uolte, che il corpo fu arso & riposte le ceneri nel sepolcro : & questo fu il fine della uita di Silla. Ritornati che furono i Consoli dall'esequie di Silla, subito cominciarono con acerbe parole a contendere insieme, & ad imputare, & morder l'uno l'altro : & diuisero tra loro le faccende appartenenti alla città. Lepido per farsi beneuoli gl'Italiani, domandò che fossero restituite loro le possessioni, le quali erano state loro tolte da Silla. Il Senato temendo che dalle contentioni & odj de' Consoli non nascesse qualche nuoua discordia & seditione, fece nella Repubblica giurare l'uno & l'altro, & promettere, che non userebbono la forza dell'arme ; & uenendo alla diuisione delle Prouincie, a Lepido toccò la forte di quella parte di Francia, la quale è fopra l'Alpi, ne uolle difcendere alla creatione de' fuccef-fori, come quello, ch' haueua in animo nel feguente anno muouer guerra a gli amici di Silla fenza curarfi del giuramen-to, perche a lui pareua che'l giuramento non duraffe piu che pel tempo del fuo magistrato, & effendo già condotto nella fua Prouincia, fu richiamato a Roma dal Senato, il quale conofcea l'animo fuo: & egli conofcendo molto bene per qual cagione era chiamato, menò feco tutto l'efercito, con propo-fito d'entrare con effo nella città: ma effendogli uietato, fi preparò all'arme per ufare la forza. Catulo dall' altra parte fece il fimile, & appiccatofi infieme in Campo Martio. Lepi-do fu in breue fuperato: & non molto dapoi fenza rimetterfi piu ad ordine, nauigò in Sardigna, doue amalandofi fi morì. Perpenna col refto dell'efercito di Lepido andò a trouare Ser-torio in Spagna, & con lui fi unì. Era Sertorio le reliquie della guerra di Silla, la quale durò anni circa otto: & fu molto difficile, combattendo i Romani non come contra gli Spa-gnuoli, ma infieme contra Sertorio, il quale haueua tutta quella Prouincia a fua obbedienza: perciochè mentre che Silla faceua guerra a Carbone, Sertorio prefe Seffa nella tre-gua, & dapoi fuggendofi andò per pigliar l'ufficio della Pre-tura di Spagna; & menando feco lo efercito d'Italia, & accozzatone infieme un' altro di Spagnuoli, & effendo uieta-ta da' uecchi Pretori l'entrata di quella Prouincia, per gra-tificare a Silla Sertorio, com' habbiamo detto, li cacciò di Spagna, & combattè egregiamente contro a Metelo, il quale era ftato mandato da Silla. Fu certamente Sertorio prontif-fimo, & di grande ardire a fare ogn'impreſa: tenendo il prin-cipato di quella Prouincia; creò una forma di Senato d'ami-ci fcelti, i quali erano feco infino al numero di trecento, non tanto a fimilitudine, quanto a difpregio del Senato Roma-no. Dopo la morte di Silla, effendo ancora mancato Le-pido, Sertorio haueua raunato un'altro efercito d'Italiani, il quale haueua unito con lui Perpenna Pretore di Lepido; la qual cofa facilmente diede opinione, che Sertorio haueffe in animo di ridurre tutta la guerra in Italia. Il che temendo il Senato, mandò Pompeo in Spagna con potente efercito effen-

essendo ancora giouinetto, ma già fatto illustre per fama per
le cose, le quali haueua fatte sotto Silla & in Barberìa, &
in Italia. Pompeo adunque non tenne quel memorabil cammino, che fece Annibale, per passare le Alpi, ma prese la uia
di uerso il fiume del Rodano, & del Pò, i quali due fiumi
hanno il nascimento loro non molto distante l'un dall'altro;
di questi l'uno passa per quella parte della Francia, dou'è bog-
gi Vignone inuerso l'Alpi, & entra nel mare di Toscana chiamato Tirreno; & l'altro infra l'Alpi trapassa sopra'l seno Jonio, & in luogo d'Erodano scambia il nome, & è chiamato
Pò. Accostandosi Pompeo pose il campo ad una città chiamata Lauro; & hauendola presa, la messe prima a sacco,
dapoi la disfece insino a'fondamenti; mentre che lo assedio
duraua, fu presa una donna, & uno soldato per dispregio
& ingiuria le mise le mani alle parti nascose, al quale
Pompeo fece cauar gli occhi. Sertorio inuitato da questo esempio fece morir tutti quelli ch'erano infami & dishonesti nel
suo esercito, non perdonando a'medesimi Romani. Tutta quella uernata Sertorio & Pompeo stettero separati l'uno dall'altro,
& al principio della primauera incominciarono a farsi incontro. Mettelo & Pompeo scesero da'monti Pirenzi, i quali
diuidono la Francia dalla Spagna, doue erano stati alle stanze. Sertorio & Perpenna si partirono di Portogallo, & questi eccellenti Capitani si affrontarono insieme presso ad una
città, la quale si chiama Suro, essendo l'aria tutta turbata & scossa da baleni, & da saette, & nondimeno non restarono che non combattessero senza alcun rispetto: nella
quale battaglia fu fatta grandissima uccisione, & nel fine Perpenna fu ributtato da Metelo, & fu sbaragliato con tutto il
suo esercito. Sertorio dall'altra parte fu superiore a Pompeo:
il quale essendo ferito nel pettignone da un dardo, scampò
non senza difficoltà & pericolo. Et questo fu il fine della battaglia tra l'una parte & l'altra. Haueua Sertorio una Cerua bianchissima, & molto mansueta: la quale hauendo egli
perduta, reputò che fosse prodigio & segno di futura infelicità. Laonde assai dispiacere ne sentiua nella mente, ne uoleua uscire al campo, stimando che la Cerua fosse stata morta da'
nemici; ma essendo la detta Cerua apparita salua fuori
d'ogni

d'ogni sua opinione & speranza, & correndo inuerso lui per farli festa, Sertorio subitamente come se fosse confortato dalla Cerua, si spinse addosso a' nemici, facendo solamente alcune scaramuccie: ma non molto dapoi appiccò una tal zuffa appresso Sagunto, che durò dal mezzo giorno insino a notte, nella quale egli uinse Pompeo, & ammazzolli circa seimila de' suoi, & tolsegli la metà dell'esercito: benche da Metelo fossero morti di quelli di Perpenna piu che cinquemila. Sertorio il dì seguente accompagnato da gran copia di gente barbara, assaltò improvisamente l'esercito di Metelo, essendo quasi in su'l tramontar del Sole, come se uolesse pigliare gli alloggiamenti di Metelo; ma opponendosi Pompeo, Sertorio si rimosse dall'impresa: & hauendo già consumata quella state, di nuouo andarono alle stanze. L'anno seguente, che fu nella centesima settuagesimasesta Olimpiade, uennero in potere de' Romani la Bitinia lasciata loro da Nicomede per testamento, & Cirene da Pompeo Laghi chiamato Appione, il quale ordinò il popolo Romano herede di quella Prouincia. Ma dall'altra parte Sertorio uscì fuori gagliardo, & in ordine piu che mai, hauendo raunato in Spagna potentissimo esercito, & Mitridate di uerso Oriente infestaua tutti i mari con quasi infinito numero di corsali: & hauendo i Candioti suscitata la guerra in Candia, & in Italia quasi in momento essendosi raunata insieme copia grandissima di gladiatori, & simile sorta di ribaldi & scelerati, i Romani benche fossero molestati in tanti luoghi, nondimeno pensarono principalmente alla guerra di Sertorio. Per il che accrebbono lo esercito di Pompeo & di Metelo: i quali scesi un'altra uolta da' monti Pirenei uennero in Spagna, a' quali Sertorio, & Perpenna si fecero incontro, & allora molti soldati Romani abbandonando Sertorio fuggirono a Metelo. Per la qual cosa turbato Sertorio crudelmente, & come Barbaro si portò contra ad alcuni piu sospetti. Il che fu cagione di generale non picciola nimicitia, & odio infra gli altri soldati: & fu necessario che egli per assicurarsi dal pericolo & dal sospetto, che rimouesse dalla guardia della persona sua i noti Romani, & credesse la salute sua spetialmente a gli Spagnuoli, & Francesi: la qual cosa gli accrebbe l'odio molto mag-

maggiormente, perche gl'altri soldati non poteuano sopportar patientemente essere in tale modo notati da Sertorio
d' infedeltà; la quale consideratione ancora gli faceua
molto più impatienti, essendo per suo rispetto tenuti infedeli alla patria; parendo loro oltre a questo, che Sertorio dimostrasse non fare alcuna differenza da loro, i
quali erano restati nella fede, a quelli, che l' baueuano
abbandonato, & erano fuggiti da lui, & accostatisi a' nemici. Aggiugneuasi a questo, che quelli, i quali erano
deputati alla custodia di Sertorio, gli riprendeuano, &
usauano contra loro parole piene di dispregio: nondimeno
però tutti si partirono da Sertorio, & per la utilità, che
ne conseguiuano, & per la presenza dell'animo suo: percioche non fu altro Capitano più armigero, o più fortunato di questo buomo: onde era chiamato da' paesani un'
altro Annibale, per la prontezza, la quale usaua in tutte
le cose, & perche lo baueuano prouato fortissimo, animo-
sissimo, & astutissimo Capitano. Sertorio adunque poi ch'
bebbe fatte le prouisioni più necessarie, incominciò ad in-
festar la città, & i luoghi di quelli, i quali si erano accostati a Metelo, & sforzò i cittadini alla ribellione: &
intendendo come Pompeo era alla assedio di Palantia, &
di già baueu appoggiati intorno alle mura molti tronchi
di legname per saltarui dentro, con singolare prontezza,
& uelocità lo leuò da quella impresa, benche Pompeo at-
taccasse il fuoco al legname ch' baueua posto alle mura,
& le guastasse tutte. Ma Sertorio le riparò doue era di
bisogno, & dapoi assaltò quelli, che erano a campo a Ca-
lagiro, & uccisene circa tremila. Queste sono le cose, le
quali furono fatte in Spagna quello anno. Et il seguente,
i due Capitani dell' esercito Romano più animosi, & gagliardi più che l' usato, con somma forza assaltarono le
città, le quali erano alla diuotione di Sertorio, & acqui-
staronne una buona parte. Circa l' altre, che stauano più
dure, & pertinaci, usauano più gl' inganni & l' astutie,
che la forza, & quando ne occupauano una, & quando
un' altra, tanto che andassero consumando il resto di quel-
l' anno, & togliessero tempo a Sertorio, il qual di già
daua

daua qualche segno di straccbezza, & lassitudine, perciocbe ueggendo, che la fortuna bauea incominciato a mutar corso & tenore, & di prospera apparire auuersa, era
mancato di speranza, & bauea lasciata quasi la cura della guerra, & uoltosi alle delicatezze, a' conuitti, & alle cose Veneree & effeminate, la qual cosa fu cagione d'
affrettare il fine suo, & farlo molto indegno, & contrario alle passate sue operationi; perche essendo fatto molto
iracondo, & insoportabile per le molte & uarie sospitio-
ni, le quali bauea in ogni cosa, & esercitando molte
acerbe punitioni, Perpenna, il quale era della setta Emi-
liana, uenuto a lui uolontariamente con grande & copioso
esercito, temendo de' modi strani di Sertorio si congiurò
solamente con dieci di torli la uita: ma essendo scoperta
la congiura, Sertorio ne prese alcuni, & li fece impiccar
per la gola: gl' altri fuggirono. Perpenna essendo certo che
non era stato scoperto, ne nominato, & comprendendo manifestamente, che Sertorio non baueua di lui alcuna sospitione, deliberò al tutto perseuerar nel suo proponimento.
Onde ordinò uno splendido & magnifico conuito, & inuitò
Sertorio, benche non andasse mai senza la guardia, &
bauendo studiosamente empiuta bene di uino la brigata
in modo, che già usauano poca diligenza circa la consueta
custodia, Perpenna assaltò con alcuni consapeuoli del fatto Sertorio, il quale era ancora a mensa, & uccisefo. Lo
esercito concitato da grandissima ira, & mosso da compassione del suo Capitano, ueggendolo morto con tanta crudeltà & fraude, si che l' odio era conuertito in beneuolenza,
subito si riuoltò contra Perpenna con animo di uendicare
tanta ingiuria, & sceleratezza, perche ueggendo essere
miseramente mancato quello, al quale in uita portarono
qualche odio, nondimeno nella morte erano in modo inuitati dalla memoria delle uirtù sue, che ne baueano pietà
& passione: il che interueniua non solamente a' Romani,
& Italiani, ma ancora a tutti gli altri, & spetialmente
a' Portogalesi, i quali baueuano seruito Sertorio fedelmen-
te, & ualentemente; ma quello, che accese molto piu gli
animi & l'ira di ciascuno contra a Perpenna, fu, che
bauen-

bauendo aperto & pubblicato il teſtamento di Sertorio, fu trouato, & letto Perpenna eſſere inſtituito ſuo herede, come quelli, che conſiderauano Perpenna ingrato non ſolamente contra il Capitano, ma ancora contra lo amico & benefattore ſuo. E già erano diſpoſti alla vendetta, quando Perpenna inginnocchiato al coſpetto loro con molti prieghi ſi ſcuſaua, & dimandaua perdono, & in un medeſimo tempo hauea alcuni ſuoi piu fidati miniſtri, i quali andauano del continuo corrompendo molti, chi con danari, chi con altri premj, & con promeſſe grandiſſime, la quale arte & corruttione fu cagione non ſolo di conſeruarlo da tanto ſopraſtante pericolo, ma di fare che la principale, & miglior parte dell'eſercito conſentiſſero in lui, & lo eleggeſſero per Capitano; & per farſi piu beneuoli i ſoldati, maſſimamente i paeſani, ſubito liberò dalle carceri tutti i prigioni di Sertorio, & agli Spagnuoli reſtituì gli ſtatichi, & queſta fu la punitione del ſuo homicidio tanto abbomineuole: benche l'honore che li fu ſatto immeritamente, ſi conuertiſſe pur poi in odio & nemicitia: perciochè eſſendo naturalmente crudele in tanto, che non ſi aſtenne di uccidere con le proprie mani tre illuſtri cittadini Romani, & uno figliuolo del fratello, incominciò ad eſſere tenuto ſceleratiſſimo da tutti i ſoldati. Già Metelo era ito con le ſue genti alla parte di Spagna: perche li pareua molto difficile che Perpenna poteſſe eſſere uinto, & ſuperato da Pompeo ſolo, In quel mezzo Pompeo & Perpenna durarono alcuni dì a ſcaramucciare inſieme, prouando le forze l'uno dell'altro. Finalmente il decimo dì deliberarono di appiccar la zuffa con tutto lo eſercito, per fare ultima eſperienza delle forze loro, & della ſomma di tutta la guerra; nella qual battaglia Pompeo conobbe la poca diſciplina di Perpenna nelle coſe belliche: perche dubitando Perpenna della fede de' ſuoi ſoldati, nel primo aſſalto moſtrò grande puſillanimità, & laſciò l'ordine dell'eſercito alla fortuna, non facendo alcun ufficio di buon Capitano. Pompeo adunque fatto repentino aſſalto contra Perpenna, lo fece uoltare in fuga, & lo eſercito ſuo non ripugnando molto, fu uinto con picciola fatica, perche ſubito ancora egli ſi miſe in fuga.

K   Perpen-

Perpenna nel fuggire fi nafcofe in un cefpuglio, temendo piu de' fuoi, che degli auuerfarj; ma trouato da' cercatori, fu menato dinanzi a Pompeo con molti uituperj & calunnie de' foldati fuoi, chiamandolo il Signor di Sertorio; egli per effer condotto uiuo alla prefenza di Pompeo, affermaua che uoleua manifeftarli molti fecreti delle cofe, le quali fi trattauano a Roma da molti cittadini feditiofi, & congiurati, nondimeno per comandamento di Pompeo fu morto prima che ueniffe al fuo cofpetto, temendo forfe che egli non fcopriffe qualche cofa inafpettata, la quale haueffe poi a caufare un principio di maggior male nella città. Onde fu giudicato, che Pompeo ufaffe in quefto una fingolare, & fomma fapienza, & partorilli poi non mediocre laude & gloria. Tale fu adunque il fine della uita di Sertorio, & della guerra di Spagna: la quale non fi farebbe terminata ne fi tofto, ne fi facilmente, fe Sertorio foffe reftato in uita.

GUERRA DI SPARTACO.

IN *quefto medefimo tempo in Italia uno gladiatore detto Spartaco, di natione di Tracia, del numero di quelli, che fono nutriti ne' Cafpj per li fpettacoli de' Romani; il quale qualche uolta fu al foldo de' Romani, & era allora guardato, & ferbato per gli fpettacoli de' gladiatori; come buomo robufto, prefe tant' animo & ardire, che in compagnìa folamente di cinquanta gladiatori congiurati con lui cominciò a folleuare, & inuitare tutti gli altri, che piu tofto uoleffero infieme con lui combattere per la libertà, che metterfi a perire & a tagliare a pezzi l'uno l'altro negli fpettacoli de' Romani per dare loro quello inhumano & fiero piacere. Onde ributtate le guardie, fuggì con molti della cuftodia, & prefe il monte Vefuuio; nel qual luogo raunaua di molti fuggitiui ferui, & condannati: & crefcendo ogni dì piu il numero, cominciò a predare alcuni*

de'

de' luoghi piu propinqui, hauendo già eletti per suoi commissarj Enomao & Crasso gladiatori, & diuidendo la preda a ciascuno per ratta: subito che tal fama fu sparsa, pioueua la moltitudine di quelli, che si accompagnauano con lui. Parendo adunque al Senato questo subito & insperato caso di non picciolo momento, & da stimarlo assai, mandarono prima Varinio Glabro per espugnarlo, & dopo lui Publio Valerio, non con esercito ordinato, ma fatto con prestezza, & pel cammino, secondo che il bisogno ricercaua. Essendo appiccato il fatto d'arme, i Romani furono superati, & Spartaco sbudellò il cauallo di Varinio, & poco mancò ch'uno Capitano de' Romani non fosse prigione d'un gladiatore: Dopo questa battaglia comparsero nel campo di Spartaco d'ogni banda molte altre genti in modo, ch'hauea già raunato uno esercito di piu che settantamila persone, & dì per dì faceua fabbricare armi di qualunque ragione, ne lasciaua indietro alcuna prouisione. Per il che il Senato giudicò sommamente necessario uoltare il pensiero a questa mostruosa guerra, & non di poco pericolo, & però mandò in campo ambi i Consoli con due legioni, a' quali facendosi incontro Crisso presso al monte Caricano con circa trentamila persone, fu superato da' Romani, & perdè piu che le due parti dell'esercito, & egli ui rimase morto. Spartaco dopo questa rotta prese la uolta di Francia, per la uia dello Apennino, & delle Alpi, ma da uno de' Consoli li fu tramezzata la uia in modo, che non potè passare, & comparendo dapoi l'altro Consolo, fu costretto Spartaco affrontarsi con loro, & dopo lunga zuffa fu superiore, & i Consoli furono costretti ritirarsi indietro. Spartaco sacrificò trecento Romani al sepolcro di Crisso, & con uno esercito di circa cento & uentimigliaja di persone, prese la uolta a diritura uerso Roma, hauendo prima fatti morir tutti i prigioni, & arsi tutti i carriaggi piu inutili, & uenendo a lui del continuo molti fuggitiui, niuno ne uoleua riceuere. Facendoseli di nuouo incontro i Consoli nella Marca Anconitana, fu fatta un'altra memorabile & terribile battaglia, nella quale furono morti similmente assai Romani. Onde Spartaco non ardì pigliare la

uia

uia di Roma per la diritta, parendoli non essere uguale a'cittadini, non hauendo l'esercito suo bene in ordine d'arme, & ancora perche non hauea intelligenza con alcuna città, ma hauea
il seguito solamente di serui, & fuggitiui, & d'una turba confusa, onde prese la uolta da'monti uerso Turio, la quale città
hebbe in potere suo; non uolea che i mercatanti portassero nel
campo suo ne oro, ne argento, ne ch'alcuno ne tenesse appresso di se; compraua il bronzo, & il ferro con conueniente prezzo: & chi ne recaua faceua trattare humanamente; con la
quale industria hebbe la materia da fabbricare arme in abbondanza: & parendogli essere già fatto piu gagliardo, cominciò
a scorrere & predare per i luoghi circostanti. Et uenendo i
Romani di nuouo alle mani con lui, furono uittoriosi, & con
molta preda si tirarono indietro. Era già passato il terzo anno, & la guerra duraua ancora molto difficile & horrenda a
i Romani, benche da principio paresse loro ridicola, essendo
senza fondamento, & mossa da'gladiatori, & era la cosa ridotta in luogo, ch'essendo uenuto il tempo della creatione de'
Consoli, non era chi dimandasse il Consolato, per non hauere a fare esperienza di se in cosa pericolosa & di poca riputatione, insino a tanto che Licinio Crasso fu contento pigliare
la cura di questa guerra: il quale essendo & per nobiltà, &
per ricchezza molto eccellente, fu fatto Imperadore dell'esercito, & con sei altre legioni andò contro a Spartaco, & essendo arriuato in campo, doue erano i due Consoli, prese da
loro l'esercito, & gittata la sorte, fece sacrificio della decima parte de'soldati, i quali trouò nel campo de'Consoli. Alcuni stimano altrimenti, & dicono che Crasso fece sciegliere
d'ogni dieci uno il piu inutile di quelli che fossero stati uinti,
& di questa sorta d'huomini hauere fatto morire circa quattromila. Ma comunque si sia, Crasso certamente apparue
a' nemici terribile; percioche non fu prima arriuato in campo,
che in una scaramuccia ruppe circa diecimila di quelli di Spartaco: de' quali fatte morire le due parti, si fece con grande
animo piu presso a Spartaco, & appiccato con lui il fatto d'
arme, finalmente lo ruppe, & mise in fuga, & lo seguitò
insino alla marina: & per impedirli il passaggio per mare in
Sicilia, gli fece intorno alcune fosse in modo, che gli serrò

la

la uia. Onde facendo Spartaco proua di paſſare per forza alla uolta de' Sanniti, Craſſo in ſu'l leuar del Sole ne ammazzò circa ſeimila, & la ſera dapoi ne preſe, & ucciſe altrettanti, eſſendo morti de' Romani tre ſolamente, & feriti ſette, tanto fu fatta ſubita inclinatione alla uittoria. Spartaco rimettendoſi in ordine col fauore di alcuni buomini d'arme, i quali di nuouo uennero a lui, & iſtando ancora pertinace, non però ardiua combattere piu a campo aperto, & nondimeno infeſtaua & moleſtaua con ſpeſſe ſcaramuccie quelli, da'quali gli era impedito il paſſaggio: & per dare ſpauento a gli auuerſarj impiccò nel mezzo del campo un prigione Romano. Il Senato in queſto mezzo intendendo, che benche Spartaco foſſe come aſſediato, nondimeno la guerra andaua dilatandoſi; & parendo loro coſa di grandiſſima uergogna, che una impreſa di quella natura non ſi poteſſe ultimare, deliberò di dar queſta cura a Pompeo, il quale era freſcamente tornato di Spagna, Craſſo inteſa tale elettione, temendo che Pompeo non gli furaſſe la gloria di quella guerra, propoſe fare ogni sforzo per bauer la uittoria innanzi all'arriuar di Pompeo. Spartaco uolendo preuenire Pompeo, inuitò Craſſo all'accordo:ma ciò nonottenendo, deliberò fare eſperienza della fortuna, & con ardire marauiglioſo de' ſuoi ſoldati, per forza ſi fece aprire la uia, & preſe la uolta in uerſo Brindiſi, andando Craſſo del continuo dietro alle ueſtigie ſue; ma intendendo Spartaco, che Lucullo, il quale tornaua con la uittoria di Mitridate, era fermo a Brindiſi, uinto da diſperatione, deliberò al tutto uenire alle mani con Craſſo: & appiccato il fatto d'arme, & durando lungamente, non ſenza dificoltà & pericolo de' Romani, come ſuole interuenire a chi combatte co'diſperati, in tanto copioſo numero finalmente Spartaco fu ferito nel pettignone, per la quale ferita s'inginocchiò, ma appoggiatoſi allo ſcudo uirilmente ſi difendeua, tanto ch'alla fine non potendo piu oltre reſiſtere, fu rotto & uinto con tutta la moltitudine, la quale combatteua ſenza ordine & confuſamente in modo, che l'ucciſione era ſenza numero. De' Romani farono morti circa mille. Il corpo di Spartaco non fu mai ritrouato. Una buona parte de'ſuoi, la quale non era interuenta alla battaglia, ſi ritrouaua ne' monti, i quali Craſſo andò a trouare;

quel-

quelli diuiſi in quaranta ſquadre, uenendo alle mani & combattendo furono morti, da ſeimila in fuori, i quali rimaſero prigioni: & queſti Craſſo fece tutti impiccare per la uia, che è da Capua, inſino a Roma. Tutte queſte coſe operò Craſſo in ſpatio di ſei meſi, & parue che in ogni coſa foſſe emulatore della gloria di Pompeo. Percioche oltre l'hauere preoccupata l'occaſione a Pompeo della ſopraſcritta uittoria, non uolſe la amminiſtratione dell'eſercito, perche ſtimaua che Pompeo haueſſe a fare il ſimile. L'uno & l'altro per emulatione ad un medeſimo tempo chieſe il Conſolato. Craſſo già era ſtato Pretore, & ſecondo la legge di Silla era abile al Conſolato, Pompeo non era ſtato Pretore ne Queſtore, benche foſſe già di trentaquattro anni ; & nondimeno il Senato per ſatisfare all'uno, & all'altro, crearono Craſſo & Pompeo Conſoli inſieme, & dopo la loro elettione niuno conſentì di laſciare l'eſercito, & ciaſcuno allegaua legitima ſcuſa. Pompeo dicea, che non laſciaua l'eſercito, per aſpettare prima che Metelo trionfaſſe per la uittoria acquiſtata in Spagna contra Sertorio : & Craſſo opponeua, ch'inſino che Pompeo non diſſolueſſe l'eſercito, non diſſoluerebbe il ſuo. Il popolo adunque ueggendo manifeſti ſegni di futura diſſenſione,& temendo per l'eſempio delle diſcordie paſſate, che queſti due eſerciti non contendeſſero inſieme con manifeſta ruina della città, s'interponeua per la loro riconciliatione, la quale da principio fu recuſata da ambidue: ma alfine minacciando gl'indouini molte orrende coſe alla Repubblica, ſe i Conſoli non ſi pacificauano, il popolo di nuouo pregaua che ſi riconciliaſſero, ponendo loro innanzi a gli occhi le calamità de'tempi di Silla & di Mario. Dalle quali perſuaſioni commoſſo Craſſo, fu il primo che ſceſo dalla ſede andò incontro a Pompeo, & porſeli la mano deſtra in ſegno di riconciliatione. Pompeo allora leuatoſi in piedi ſubitamente corſe uerſo Craſſo, & l'uno & l'altro ſi abbracciò inſieme. Per il che ambedue furono da tutto il popolo magnificati & commendati: ne prima ſi partirono, che l'uno & l'altro comandò, che l'eſercito ſuo ſi diſſolueſſe. In queſto modo la diſcordia, la quale ſecondo la opinione di ciaſcuno apparue grandiſſima, & molto pernitioſa, fu ſpenta felicemente nel ſeſſageſimo anno delle guerre ciuili, hauendo hauuto principio dalla morte di Tiberio Gracco.

IL FINE DEL PRIMO LIBRO. AP-

APPIANO
ALESSANDRINO
DELLE GUERRE
CIVILI DE' ROMANI.

LIBRO SECONDO.

 Opo la *Monarchìa di Silla*, & dopo la morte di *Sertorio* & di *Perpenna in Spagna*, & dopo il fine della guerra di *Spartaco*, nacquero di nuouo tra' Romani altre guerre ciuili, infino che *Gajo Cesare* & *Pompeo Magno* uoltarono l'arme l'un contra l'altro. *Pompeo* fu superato da *Cesare*, & *Cesare* aspirando al regno fu da alcuni congiurati morto nel *Senato*; ma quale fosse il contendimento di *Cesare* & di *Pompeo*, & in che modo l'uno & l'altro perisse, tratteremo in questo secondo Libro delle guerre ciuili. *Pompeo* adunque purgato ch'bebbe il mare da' Corsali, i quali predauano in ogni parte, uinse *Mitridate Re di Ponto*, & sottomise il regno suo, & tutte le altre nationi suddite a *Mitridate*. Era *Cesare* ancora giouanetto, ma per

la

la eloquenza, & prontezza, & acutezza d'ingegno molto nobile ardire hauea e marauiglioso in ogni cosa, & niente si pro-
poneua nell'animo, che non sperasse poter conseguire; ardeua
oltre a ciò d'ambitione: nella quale era oltramodo inuolto, in
modo che per esser Edìle & poi Pretore, non hauendo da corrompere i cittadini, accatò molti danari, & si può affermare, che a prezzo comprasse l'una dignità & l'altra. Per la
liberalità sua era grato alla moltitudine, & nell'imprese felice. In questo tempo Lucio Catilina, huomo eccellente per
lo splendore della gloria, & nobiltà del sangue, ma temerario & audace, si dice, ch'essendo preso dall'amore d'Aurelia
Orestilla, ammazzò il proprio figliuolo, perch'ella ricusaua
non uolere essere sposa sua, mentre che'l figiuolo uiuesse. Costui fu già familiare & amico a Silla, & era pieno di seditione, & imitatore della tirannide sua, & per esser ambi-
tiosissimo & molto altero & uano, era ridotto a pouertà;
per la qual cosa hauendo l'amicitia & fauore di alcuni cittadini & donne, deliberò chiedere il Consolato, con proponimento di aprirsi la uia con questo mezzo alla tirannide, ma hebbe la repulsa per tale sospitione: bench'egli si persuadesse essere facilmente eletto, & in luogo suo fu creato Consolo Marco Tullio Cicerone, huomo di singolare eloquenza, & Oratore preclarissimo. Catilina riprendendo quelli, ch'haueuano prestato fauore a Cicerone, predicaua la ignobiltà sua, chiamandolo nuouo cittadino, nel qual modo sogliono chiamare i
Romani quelli, che senza alcun merito o dignità de'loro antichi & maggiori, ma per loro medesimi si faceuano nobili.
Dileggiando oltre a ciò l'habitatione sua nella città, lo chiamaua Inquilino, che non significa altro che quello il quale ha-
bita nelle case d'altrui. Vinto adunque Catilina da tale disdegno, si portò in modo, che fu per rouinare tutta la Repubblica: percioche dando opera di hauer danari per ogni uerso,
& specialmente da alcune donne tali, le quali poco affetionate
a'loro mariti, si persuadeuano rimanere uedoue in quel tumulto; finalmente si congiurò mediante il giuramento con alcuni
ancor dell'ordine Senatorio, & de'Caualieri; trasse ancora
nella deliberation sua molti popolari partigiani & serui; & i
principali della congiura furono Cornelio Lentulo, & Cetego,
                                                        i quali

i quali erano in quel tempo Pretori della città. Per l'Italia
mandò certi de' Sillani, i quali baueuano consummato le sostanze loro, & desiderauano occupare quelle d' altri, cioè
Gajo Manlio Fiesolano, & alcuni Marchigiani, & Pugliesi,
a' quali baueua commesso che nascosamente raunassero soldati. Essendo tutte queste cose ancora occulte & secrete, Fuluia donna poco pudica ne diede notitia a Cicerone. Quinto
Curio era innamorato di costei, il quale fu per suoi delitti
rimosso del Consolato, & per questo era partecipe de' consigli
di Catilina, buomo leggiero molto, & ambitioso: & per acquistare piu gratia & credito con Fuluia, & per dimostrarle
che tosto sarebbe ricco, & potente, le baueua scoperta ogni cosa. Cicerone intesa la congiura, ordinò principalmente, che
la notte si facessero le guardie nella città, & dapoi commise
a certi Senatori, che osseruassero tutti gli andamenti de' congiurati. Catilina discorrendo per Italia, & non trouando alcuno che lo uolesse riceuere, perche già era così stato secretamente ordinato per le città Italiche, uenne in sospitione di
non essere stato scoperto. Laonde ponendo tutta la speranza
nella prestezza, mandò danari a Fiesole, acciò che Manlio
soldasse gente, & in Roma lasciò ordine a certi de' congiurati
che ammazzassero Cicerone, & che mettessero una notte fuoco nella città, in alcuni luoghi disegnati a questo, & dapoi
si trasferì a Manlio per raunare lo esercito, per essere pronto
a saltare in Roma subito che 'l fuoco fosse attaccato. L'ordine era questo: Lentulo & Cetego doueano andare una mattina in su l'aurora alle case di Cicerone con le armi sotto, &
chiedere udienza, & cominciare a parlare seco, & tenerlo tanto in ragionamenti con andare passeggiando con lui, che ti-
ratolo a poco a poco in disparte da gli altri l' uccidessero ;
Lucio Sesto, il quale era Tribuno della plebe, nel medesimo
instante raunasse il Consiglio, & palesemente si dolesse di Cicerone, che egli cercasse di suscitare nuoua guerra ciuile, &
porre la città senza cagione in sommo pericolo: & la notte
seguente gli altri congiurati mettessero fuoco in dodeci luoghi
della città, & dapoi si dassero a predare & saccheggiare, &
tagliassero a pezzi tutti i migliori cittadini. Aspettando
adunque il tempo accommodato alla sceleratezza loro, so-

L   pra-

prauennero gli ambasciadori di Sauoja, i quali ueniuano per
accusare al Senato i loro Pretori. Costoro erano consapeuoli
della congiura, & hauuano consentito & promesso di commouere la Lombardìa alle arme in fauore di Lentulo, &
de gli altri congiurati, & Lentulo ordinò che facessero Capo
a Catilina, & con loro mandò Vulturcio Crotoniate con lettere senza nome. Gli ambasciadori dubitando del fine, ma-
nifestarono la cosa a Fabio Sanga, il quale era Pretore in
Roma de' Sauoini, come secondo il costume haueano tutti gli
altri popoli. Cicerone auuisato da Sanga, fece porre le mani
addosso a gli ambasciadori, & a Vulturcio, & feceli uenire
nel Senato; i quali riferirono al Senato tutto quello, ch' haueuano hauuto da Lentulo, aggiugnendo, che Lentulo haueua
affermato loro spesse uolte, che tre della casa de' Cornelj doueano signoreggiare a' Romani: e in questo numero essere stati
Carinna, & poi Silla, & egli essere dichiarato il terzo per i
libri Sibillini. Il Senato intese queste cose, subito priuò Lentulo della dignità Senatoria, & Cicerone fece porre le mani
addosso a Lentulo, & a Cetego, & gli diede in custodia de'
Pretori separato l'uno dall'altro, & ritornato nel Senato, ricercò il parere di tutti; & subito nel Senato nacque tumulto: perche in uerità non era ancora manifesto il pericolo delle
cose apparecchiate. Oltre a ciò i serui di Lentulo & di Cetego & molti liberti con gran copia di artigiani assaltarono le
case de' Pretori da piu bande, sforzandosi di trarre i loro padroni di carcere per forza. Il che inteso Cicerone uscì dal Senato, & posto intorno a' Pretori opportune guardie, di nuouo
ritornò nel Senato per intendere finalmente il Consiglio de' Senatori. Sillano dissegnato nuouo Consolo, fu il primo, il quale fu richiesto da Cicerone del suo parere: & miseramente a
quello, che douea essere Consolo de' Romani, si conueniua prima
dire la sentenza sua, come a colui, il quale douea di prossimo
essere esecutore delle deliberationi fatte nell'ultimo del Consolato de' suoi antecessori, & per questo se li conueniua piu
maturamente & con piu libertà consultare. Hauendo Sillano
adunque consigliato, che de' congiurati si douesse pigliare ultimo supplicio, molti confermarono il medesimo, insino che toccò a Nerone a consultare, il quale diceua parergli piu con-

ueneniente che i prigioni foffero guardati infino che Catilina foffe fuperato, per andare con piu maturità; ma Gajo Cefare, il quale fapeua già effere tenuto a fofpetto, per non parere partecipe della congiura, benche Cicerone non fe ne fidaffe conofcendolo amico al popolo, & huomo feditiofo, giudicaua effere migliore partito mandare coftoro a guardia in quelle terre, le quali Cicerone eleggeffe, tanto che fuperato Catilina, foffero chiamati in giuditio, acciò che di loro non fi pigliaffe alcuno partito crudele, & intollerabile contra la ragione & il douere, effendo de' principali cittadini di Roma, & de'piu nobili. Parendo la fentenza di Cefare giufta, & conueniente, fu approuata dalla maggior parte, benche non con prudenza. Catone con graue & eloquente Oratione manifeftò la macchia, la quale era nafcofa in Cefare. Temendo adunque Cicerone, che la notte feguente i congiurari non leuaffero il romore in piazza, & non faceffero forza di trarre i prigioni di carcere, & non tentaffero contra di lui & de gli altri cittadini qualche cofa crudele, penfò che foffe molto piu utile, effendo ancora il Senato in Configlio, pigliare con preftezza partito de' delinquenti, fenza afpettare altro giuditio. Onde comandò che fecretamente ciafcuno foffe morto in prigione: & poi che gli hebbe fatti morire, ritornò nel Senato, & fignificò palefemente quello che era ftato fatto. Gli altri, che erano in colpa, impauriti fi fbaragliarono in diuerfe parti, & in quefto modo la città fi afficurò alquanto dalla paura, la quale era ftata il dì grandiffima. Dopo quefto, Marco Antonio l'altro Confolo andò con l'efercito contro a Catilina, il quale haueua già raunate infieme circa uentimila perfone, benche la quarta parte folamente foffe armata, & affrettaua il cammino in Lombardìa per accrefcere piu le forze, ma Antonio attrauerfatogli il cammino s'appiccò con lui fotto le radici delle Alpi, & quafi fenza alcuna fatica lo fuperò: benche ne Catilina, ne alcun'altro di quelli, i quali erano con lui piu nobili, non fi curaffero di faluarfi col fuggire, ma riuoltandofi a' nemici furono morti nella zuffa & combattendo. La feditione adunque & congiura di Catilina huomo temerario, che penfò nella mente fua una opera tanto fcelerata & crudele, & fenza alcuno ordine & apparecchio uolse fare proua della temerità sua; & per cagione del quale poco mancò che Roma tutta non si conducesse ad uno estremo pericolo & eccidio, in tal modo fu disciolta per prudenza & consiglio di Cicerone: il quale benche ad ogni modo fosse preclaro & eccellente per la sua incredibile facondia & eloquenza, nondimeno allora molto maggiormente era nella bocca di ciascuno, hauendo operata una cosa tanto notabile & degna di memoria in beneficio della Repubblica, & ueramente pare che egli fosse saluatore della patria; per la quale cosa li furono da ciascuno rendute immense gratie con infinita laude. Et finalmente da Catone fu appellato padre della patria: il quale honore & splendore di nome fu unitissimamente approuato da tutto il popolo. Et è comune opinione che tale cognome & appellatione hauesse origine & principio da Cicerone, & dapoi succedesse ne gl' Imperadori, massimamente in quelli che si portauano degnamente; perciocche non fu questo splendido & glorioso titolo così subitamente da principio dato, ne anco a quelli che regnauano, insieme con gli altri cognomi, ma nel processo del tempo fu attribuito agli huomini grandi & singolari, in testimonio della loro uirtù. Cesare dopo la congiura di Catilina fu eletto Pretore di Spagna, essendo riputato indegno de' magistrati della città, & trouandosi per la sua ambitione uuoto de' beni, & oppresso da molti debiti, si dice che usò queste parole: Quando non hauesse piu ualsente di uenticinque milioni di sestertj, mi parrebbe essere pouero. Assettate adunque le faccende sue, come meglio potè, andò in Spagna: doue fece poca stima di rendere, come si apparteneua al suo ufficio, ragione, & attendere alle cause de' popoli, non gli parendo che in questo consistesse il fatto suo, ma subitamente raunò uno esercito, & assaltò tutte le città libere, & costrinsele a dare il tributo al popolo Romano. Per la qual cosa mandò a Roma Quinto suo Camerlingo con somma grande di danari. Onde acquistò tanta gratia & riputatione, che dal Senato gli fu statuito il trionfo. In questo tempo si doueua fare la creatione de' nuoui Consoli, & era necessario secondo la legge, che colui, il quale uoleua chiedere il Consolato, fosse presente: & chi aspettaua il trionfo, & fosse prima entrato in Roma, non gli era poi lecito ritornare

al

al trionfo. Cefare afpirando al Confolato con immenfo defiderio, & non effendo ancora fatto lo apparato del trionfo, mandò al Senato & lettere & ambafciate, pregando, & iftando
che fi faceffe una legge, per la quale fuffe lecito a chi era affente chiedere il Confolato pel mezzo degli amici, la quale
licenza era cofa nuoua, ne mai piu ftata conceffa ne'tempi
paffati. Contradicendo Catone, & menando la cofa in lungo, Cefare pofto da parte il trionfo, deliberò interuenire alla
elettione, & incominciò a chiedere il Confolato perfonalmente. Pompeo in quel mezzo, il quale già per le guerre ammi-
niftrate da lui & ultimamente per la uittoria & trionfo ac-
quiftato nella guerra di Mitridate, era uenuto in grandiffima
riputatione & gloria, pregaua il Senato che uoleffe conferma-
re & approuare molte gratie & priuileggj conceduti da lui a
certi Re, Principi, & città in Afia per rimuneratione de'
meriti & fede loro. All'incontro molti cittadini moffi per inuidia contradiceuano & refifteuano a Pompeo, tra'quali il
primo era Lucio Lucullo, il quale effendo prima che Pompeo ftato Capitano contra Mitridate, diceua hauere egli ridotto & lafciato Mitridate in tal modo debole a potere refiftere alle forze de'Romani, che Pompeo hauea hauuto a durare poca fatica a fuperarlo, & la gloria di quella guerra
appartenerfi folamente a lui, & Craffo parimente fauoriua Lucullo. Sdegnato adunque Pompeo, deliberò contrarre affinità & parentela con Cefare, & con giuramento gli
promife dargli ogni fauore al Confolato. Onde Cefare fu cagione di riconciliare Craffo a Pompeo. Effendo adunque in
quefti tre cittadini grandiffima riputatione, & autorità, &
credito nella città, poteuano ogni cofa,& l'uno era fautore all'
altro nelle commodità, & appetiti loro. Fu uno cittadino
che compofe un Libro, pel quale riprendendo la intelligenza & unione di coftoro, gli chiamaua un moftro di tre Capi. Il Senato effendo quafi che forzato dare a Cefare il
Confolato, li diede per collega Lucio Bibulo fuo auuerfario,
temendo affai della potenza di quefti tre. Nel principio del
magiftrato fubito cominciarono a contendere, & ciafcuno parimente fi apparecchiò alle armi. Cefare, il quale nel diffimulare era prontiffimo, fece una Oratione nel Senato; & fin-
                                                    gendo

gendo uoler riconciliarſi con Bibulo, dimoſtraua quanto foſse pernitioſa alla Repubblica la loro diſcordia. Perſuadendoſi ciaſcuno de' Senatori, cbe Ceſare baueſse parlato di cuore, confortauano Bibulo, cbe dimoſtrando non bauere alcuna ſoſpitione piu di Ceſare, laſciaſſe ogni prouiſione & guardia ; per la qual coſa Ceſare naſcoſamente fece ſtare ad ordine grande numero de'ſuoi amici, & partigiani, & animato per queſto ajuto, propoſe al Senato la legge de' poueri & piu deboli, & confortò cbe ſi oſseruaſse la diuiſione de' beni in comune, & ſpetialmente le poſseſsioni del territorio di Capua, le quali erano meglio coltiuate & piu fertili: & per queſto uoleua, cbe ſi diuideſsero a' padri, i quali baueſsero da tre figliuoli in ſu, nel qual modo bauea penſato acquiſtare la beneuolenza di tutto il popolo. Queſta legge propoſta di nuouo da Ceſare, fu cagione in breuiſſimi giorni, cbe ſi raunarono inſieme piu cbe nentimila perſone, le quali addomandauano gli alimenti di tre figliuoli. Onde opponendoſi molti al conſiglio di Ceſare, diſſimulato lo sdegno, & dolendoſi ſolamente, cbe non li foſse preſtato conſentimento nelle coſe giuſte, & ragioneuoli, uſcì dal Senato, & fece una probibitione, cbe'l Senato non ſi poteſse raunare piu in termine d'uno anno, & dapoi raunato il popolo in Campidoglio propoſe un'altra uolta la legge alla preſenza di Craſso & di Pompeo, i quali approuandola per utile & neceſsaria, il popolo con le arme in mano procedè alla deliberatione della legge. Il Senato non ſi potendo raunare per la probibitione di Ceſare, & perche non era lecito ad uno de' Conſoli ſolamente conuocarlo, ſi riduſse alla caſa di Bibulo, benche non ardiſse fare alcuna coſa contra la potenza, & apparecchio di Ceſare ; ſolamente confortaua Bibulo, cbe uoleſse in qualunque modo opporſi a queſta legge, & non temeſse di ſuſcitare diſcordie, perche tale ſua opera darebbe contento, & allegrezza a tutti i buoni, & amatori della quiete pubblica. Bibulo adunque inuitato dal Senato, ſaltò in mezzo piazza, eſsendo ancora Ceſare in Conſiglio. Leuato ſubito il romore, dopo il tumulto ſi uenne all'armi, & alcuni tratte fuori le ſpade, tolſero a Bibulo i faſci,

sci & l'altre insegne del magistrato, & ne fecero molto
stratio, & cominciarono a battere il Tribuno, & gli altri,
che gli erano intorno. Bibulo non inuilito o impaurito niente, mostraua & offeriua la gola, & con grandissime grida
confortaua, & inuitaua gli amici di Cesare, che lo scan-
nassero, dicendo, poi ch'io non posso indur Cesare alle cose giuste & boneste, morendo ributto in lui tutta la colpa
di tanta sceleratezza. Gli amici suoi alfine con fatica, &
contra sua uoglia lo condussero nel tempio quiui uicino di
Gioue chiamato Possessore, & mandarono Catone a Cesare, il quale a modo giouanile passato pel mezzo de' Cesariani cominciò a parlare per uia d'una Oratione, ma per
comandamento di Cesare li fu imposto silentio, & tratto
dal Consiglio; nondimeno fattosi auanti di nuouo salse nel
pulpito per orare, ne per alcune minaccie si potè ritrarre
dall'impresa; & hauendo cominciato a parlare contra Cesare acerbissimamente, fu leuato dal pulpito di peso; &
così finalmente le leggi di Cesare furono confermate per
decreto del popolo; il quale per ordine di Cesare giurò credere, che dette leggi fossero ottime, & santissime. Dopo
questo, Cesare fece richiedere il Senato, che ancora egli pigliasse tale giuramento; acconsentendoli già molti, Catone staua quieto & con silentio; onde Cesare minacciò darli
la morte, se egli ricusaua il giuramento: la qual cosa fu
confermata parimente dal popolo. Giurò adunque Catone
con molti altri, indotti dal timore, & al fine a' Tribuni bisognò, che facessero il medesimo, perche a ciascuno pareua
già molto pericolosa la resistenza, essendo in questo modo
approuata la legge. Vettio buomo popolare fatto in mezzo della moltitudine, & con la spada in mano affermò essere stato mandato da Bibulo, da Catone, & da Cicerone
per ammazzare Cesare & Pompeo, & la spada essergli
stata data da Postumio uno de' mazzieri di Bibulo. La
cosa era dubbia del sì, o del nò; onde Cesare comandò,
che 'l dì seguente Vettio fosse maturamente esaminato, &
Postumio fece mettere in prigione, il quale la notte fu
strangolato. Parlandosi uariamente del caso, Cesare non
uolse negare esserne stato autore egli, affermando essere
cerio

certo che quelli, i quali temeuano di lui, mentre che 'l
popolo fosse in suo fauore, sarebbono in ajuto a quelli, che
gli congiurassero contro. Bibulo abbandonatosi in ogni cosa
del tutto, stette come priuato per tutto il resto del suo
Consolato, senza mettere mai il piede fuor di casa. Cesare per procedere a suo modo all' inquisitione della causa
di Vettio, essendo già ridotta in lui solo tutta la podestà
della Repubblica, pubblicò certe leggi, le quali principalmente paruero grate al popolo, & alla moltitudine. Propose
ancora la legge della approuatione delle cose fatte da Pompeo in Asia, come gli hauea promesso. In quel mezzo i Caualieri, i quali erano nel secondo grado di dignità tra 'l
Senato & il popolo, molto piu potenti in ogni cosa per le
ricchezze grandi ch' haueuano acquistate nel riscuotere le
gabelle & grauezze, le quali erano pagate da' popoli sudditi a' Romani, & abbondando oltre a ciò d' una grande
moltitudine di serui, haueuano già pel passato piu uolte
fatta instantia al Senato, che dell' affitto de i datj, &
gabelle pubbliche, fossero in qualche parte allegeriti, &
perche il Senato differiua la cosa, Cesare non hauendo bisogno della deliberatione del Senato, ma confidandosi solamente nel popolo, ordinò & propose, che la terza parte de'
tributi fosse leuata, & rimessa. I Caualieri adunque per
questa dimostratione di beneuolenza & carità usata da Cesare uerso di loro diuentarono totalmente suoi partigiani,
& ogni dì lo conuitauano. Et in questo modo a Cesare si
aggiunse un' altro fauore molto piu potente, che quello del
popolo: & per conseruare non solamente, ma per accrescere l' affettione de' Caualieri, & de' popolari uerso di
se, faceua spesso molti nobili, & magnifici spettacoli, &
cacciaggioni d' ogni sorta di fiere, spendendo piu che le sue
facoltà non comportauano: & con essere largo & abbondante a ciascuno, auanzaua senza comparatione la magnificenza & liberalità di quelli, ch' erano stati innanzi a
lui, & in balli & giuochi, & in molti altri splendidissi-
mi apparati, & in ogni sorta di liberalità. Per le quali
sue magnificenze fu da tutto il popolo unitissimamente eletto Pretore per anni cinque, & come a Principe gli fu
data

data per detto tempo la cura, & amministratione di tutta la Francia con un esercito di quattro legioni; & esaminando lo spatio del tempo, nel quale doueua stare assente dalla città, & oltra questo hauendo rispetto all'inuidia, la quale tanto piu cresce, quanto è maggiore la felicità, & la potenza, congiunse per matrimonio la figliuola a Pompeo, essendo ancora uiuo lo sposo di quella Cepione: temendo, benche gli fosse amico, che non hauesse inuidia alla gloria sua. Dopo questo fece eleggere Consolo dell'anno futuro Aulo Gabinio, audacissimo oltra tutti gl'altri huomini, & amicissimo suo, & egli tolse per donna Calpurnia figliuola di Lucio Pisone, il quale doueua essere collega di Gabinio nel Consolato; onde Catone esclamò, dolendosi la Repubblica essere corrotta pel mezzo del lenocinio delle nozze. Per Tribuni dichiarò Vatinio, & Clodio chiamato Pulcro, il quale era infame per molti adulterj commessi da lui, & massimamente per cagione di Calpurnia moglie di Cesare in una celebrità & festa, nella qual non potendo interuenire se non le donne, Clodio si mescolò tra loro uestito ad uso di donna, per pigliare piacere con Calpurnia: benche risapendolo Cesare, dimostrò non se ne curare, conoscendo, che Clodio era molto fauorito dal popolo. Solamente rimandò Calpurnia alla casa paterna. Nondimeno fu poi accusato come dispreggiatore, & corruttore della Religione, & Cicerone fu deputato per auocato di tale accusa, & essendo Cesare chiamato per testimonio, non solamente non confessò la uerità, ma confortò Clodio essendo Tribuno, che si leuasse dinanzi Cicerone: conciosiacosache egli palesemente dannasse la intelligenza, & consenso di Crasso, di Cesare, & di Pompeo, come se apertamente aspirassero alla monarchia. E conobbesi, che Cesare per sua propria utilità fu costretto beneficare Clodio, dal quale era stato offeso nell'honore, per leuarsi dinanzi chi contrastaua agli sfrenati suoi appetiti. In questo modo Cesare dopo la dignità del Consolato, nel quale fece tante gran cose, subito uoltò l'animo ad un'altra. Clodio adunque fece citare in giudicio Cicerone, accusandolo, che senza aspettare la sentenza del Senato, hauesse

M   fatto

fatto morire Lentulo, & Cetego. Cicerone adunque, il quale
era stato prima di tanto generoso & forte animo contro i
congiurati, in questa accusa apparve molto vile; perciocbe
essendo citato, non si curò vestirsi con habito sordido, &
con le lagrime inginocchiarsi a' piedi ancora di quelli, ch'
egli non conosceua, chiedendo ajuto da ciascuno in modo,
che più tosto commosse verso di se derisione che misericordia; tanto si dimostrò pusillanimo per una accusa fattagli
contro, essendo stato nel difendere altrui, & tanto illustre
animoso. Questa medesima interuenne a Demostene, hauendo a difendere se medesimo dinanzi gli Ateniesi, perche
prima fuggì, che volesse comparire in giudicia. Perseuerando Clodio nell' accusa pertinacissimamente, ne giouando alcuni conforti o prieghi d' altrui, Cicerone parte persuaso dagli amici, & parte mossa dal pericolo, conoscendo
non poter trouare alcuna maniera di difesa, ma perduta
ogni speranza uolontariamente elesse l' esilio: col quale ancora uscì di Roma gran numero d'amici, & il Senato per
l' affettione, che gli portaua, lo raccomandò per lettere
a tutte le città, Re, & Principi. Clodio spianò la casa
sua, & nelle possessioni gli guastò tutti gli edificj insino
alle stalle; & uenne in tanta superbia per questo esilio di
Cicerone, che gli bastò l' animo di contendere con Pompeo, il quale in quel tempo era il primo huomo della città. Laonde hauendo Clodio fatto pensiero di chiedere il
Consolato, Pompeo destò Milone huomo audacissimo, che
lo chiedesse insieme con Clodio, promettendoli tutto il suo
fauore. Dopo questo fece proporre & deliberare la riuocatione di Cicerone dall' esilio, persuadendosi, che poiche fosse
ritornato, non detrarrebbe più al gouerno dello stato
presente, & così Cicerone come prima per opera di Pompeo era stata cacciato dalla città di Roma, così poi da
Pompeo medesimo fu riuocato il sestadecimo mese dopo il
suo esilio, & la casa, & le possessioni sue gli furono restau-
rate dal pubblico, & entrò in Roma con somma gloria,
andandogli incontro insino alla porta di Roma tutti i magistrati, & i primi cittadini, & conseguentemente il popolo tutto in modo, che un dì intiero non bastò a gli
abbrac-

abbracciamenti, & allegrezze, le quali furono fatte uniuersalmente da ciascuno cosi grande, come mezzano, &
plebeo, come interuenne ancora a Demostene, quando dal-
l' esilio ritornò in Atene. Cesare in questo mezzo hauendo
superati i popoli chiamati Celti, & Inglesi con molta sua
uirtù & splendore di gloria, & essendo cresciuto assai &
di ricchezze, & di potenza, passate l' Alpi uenne in Lombardia lungo il fiume Pò, attendendo del continuo a
restaurare & ricreare l' esercito stanco dall' assidue fatiche
della guerra, d' onde mandò a Roma danari a molti per
pagamento de' suoi debiti: & dicesi, che lo uennero a uisitare tutti i magistrati di Roma a uno a uno, & tutti i cittadini priuati piu nobili, in modo, che a un tempo si ritrouarono al cospetto suo centouenti insegne di magistrati, &
dugento Senatori, tra quali furono & Pompeo & Crasso;
& trattandosi da questi tre, come da primi della città,
alcune cose del gouerno della Repubblica, infra l' altre
conchiusero che Pompeo, & Crasso di nuouo fossero creati
Consoli. A Cesare fu prolungato per altri cinque anni il
gouerno di Francia con amplissima autorità. Essendo uenuto il tempo dell' elettione de' Consoli, Domitio Annobar-
bo si oppose competitore a Pompeo, & l' uno contradiceua
all' altro con tanta pertinacia, & contentione, che non si
partiuano nè 'l dì nè la notte di Campo Martio, & un seruo di Domitio hauendo un doppiere acceso per fare lume
al padrone, fu morto; la qual cosa diede tanto terrore a
gli amici di Domitio, che tutti fuggirono, & egli rimase solo, & appena fu sicuro essendo ridotto nelle proprie
case, & la ueste di Pompeo fu trouata sanguinosa; tanto fu l' uno, & l' altro uicino al pericolo. Al fine Crasso, & Pompeo furono eletti Consoli, & entrati nel magistrato principalmente confermarono a Cesare l' Imperio della Francia per altri cinque anni, & essi fecero per sorte la diuisione delle Prouincie: a Pompeo toccò la Spagna, & la Libia, doue mandò in suo luogo alcuni degli
amici suoi, & egli restò in Roma. Crasso bebbe la Soria, & gl' altri luoghi circonuicini, aspirando con grandissima cupidità all' impresa contra a' Parti, solamente

per ambitione di gloria, & per una ineſtinguibile ſete d'auaritia; ne però ſi ritraſſe dall'impreſa, benche da' Tribuni gli
foſſero annuntiate molte coſe crudeli, & fu diſſuaſo che non
uoleſſe muouere la guerra contra i Parti: & non uolendo obbedire a tali ricordi, gli furono fatte l'eſecrationi & maledit-
tioni pubbliche; ma diſpregiando ogn'altra coſa, deliberò ſeguire il proponimento ſuo, & entrato nella guerra fu morto
da' Parti inſieme col figliuolo Craſſo il giouane, & con tutto
l'eſercito: percioche di centomila perſone, le quali erano con
lui appena ſe ne ſaluarono diecimila, i quali rifuggirono in
Soria; ma queſta infelicità di Craſſo habbiamo deſcritta nel
Libro chiamato Partico. Eſſendo in queſto tempo i Romani
moleſtati da grandiſſima careſtia & fame, eleſſero Pompeo Prefetto, & ufficiale ſopra l'abbondanza, & diedergli in compagnia uenti dell'ordine Senatorio, i quali Pompeo mandò di-
ſtintamente in diuerſe Prouincie a prouedere il grano, & egli
ſimilmente diſcorrendo per molti paeſi & nationi usò tanto
ſtudio, & ſollecitudine, & diligenza, che in brieue tempo
d'una grandiſſima penuria, miſe in Roma grandiſſima do-
uitia & abbondanza di frumento, & dell'altre coſe neceſſarie
al uiuere. La qual coſa fece grandiſſimo aumento alla gloria
& dignità ſua. In queſto tempo Giulia ſua donna, & figliuola di Ceſare finì il corſo della uita eſſendo grauida. Recò
queſta morte non picciolo timore a tutta la città, dubitando, che eſſendo mancato queſto uincolo di affinità tra Pompeo & Ceſare, non mancaſſe ancora la beneuolenza, & non
diuentaſſero auuerſarj, tanto ch'al fine haueſſero a contendere inſieme; perche era manifeſtiſſimo a ciaſcuno, che le diſcordie di queſti due ſi grandi cittadini, metterebbono di nuouo non ſolamente la Repubblica Romana, ma tutto il mondo
ſottoſopra, tirandoſi l'uno & l'altro dietro tanti fautori &
partigiani per la loro gloria & riputatione. Accreſceua
queſto loro ſoſpetto il conſiderare, che tutti i magiſtrati
haueano incominciato ad eſſere diuiſi. Ciaſcuno daua opera
all'auaritia, & era ogni coſa piena di ſeditione, & ſenza
alcun riſpetto o uergogna, ciaſcuno attendeua a menare le
mani per ogni uerſo. I popolari non uoleuano piu interuenire
a gli ſquittinj in fauore d'alcuno, ſe prima non eran condotti

a

à prezzo : & finalmente erano le cose ridotte in luogo , che
non era piu lecito a' Consoli pigliare la cura de gli eserciti ,
come si disponeua per la legge, ne amministrare le guerre, uolendo Cesare & Pompeo per la loro potenza trattare a loro
modo ogni cosa: & quelli, ch' erano piu scelerati che gli altri
nel gouerno , trasferiuano in loro medesimi i commodi della
Repubblica , & faceuano ogni cosa secondo la propria particolare utilità loro , & sopportauano , per non bauere successori ne' magistrati , che non si facesse nuoua elettione de
gli altri . Onde i buoni erano al tutto scacciati da gli honori
& dignità , in modo che per tale disordine , come è notissimo ,
la città di Roma stette senza magistrati circa otto mesi, dimostrando Pompeo non se ne curare , accioche occorresse l'op-
portunità & bisogno di fare il Dittatore. Già molti cominciauano a spargere, ch' a uolere porre saluteuole rimedio a tanti
incommodi, non ui si conosceua altra uia , che dare tutta la
autorità pubblica a un suo cittadino, il quale fosse & humano , & benigno , & ancora buomo di riputatione , & illustre
per gloria , accennando assai chiaramente di Pompeo già Capitano di potente esercito, & amatore del popolo, & il quale per la continenza & sobrietà sua, & per l'affabilità & facilità de' costumi baueua tanta gratia col Senato, che l'indu-
ceua facilissimamente doue gli pareua. Pompeo dimostraua in
parole non gli piacere, & biasimaua questa aspettatione, la
quale era bauuta di lui, ma nel secreto faceua ogni cosa per
arriuare a tale dignità, & per questa cagione uolontieri consentiua che la Repubblica perseuerasse in tanto disordine &
confusione. Milone in quel tempo chiese il Consolato, speran-
dolo facilmente ottenere, perche baueua acquistata molta beneuolenza col popolo per lo ritorno di Cicerone : ma essendo impedito da Pompeo, sdegnato contra di lui , se n'andò a Lanuuio sua patria ; nel qual luogo gli antichi scrittori dicono
che Enea partito da Troja , & uenuto in Italia, edificò
la prima città. E' questo castello lontano da Roma circa uenti
miglia. Clodio ritornando a Roma dalle sue possessioni fece la
uia per Lanuuio. Milone s' incontrò con lui uerso Bouilla ,
& benche fossero nemici, nondimeno diedero luogo l'uno all'
altro, & ciascuno andò al cammino suo. In quel mezzo Clodio

fu

fu assaltato da un seruo di Milone , o per comandamento &
ordine del padrone , o pure per sua propria uolontà , persuadendosi gratificare a Milone ammazzando il suo nemico , &
menogli un colpo in su la testa. Equilio , ch' era in sua compagnia ueggendolo sanguinoso , lo condusse in una osteria quiui propinqua. Milone adunque con gli altri serui suoi corse
là subito , essendo Clodio ancora uiuo : & dissimulando , affermò , che non hauea desiderata la morte sua , ne hauea commesso a persona , che lo ammazzasse : & ueggendolo morire
senza fare altra dimostratione si partì. Subito che la nouella uenne a Roma , il popolo per la paura del pericolo tutta quella notte attese a guardare la piazza ; la mattina
seguente il corpo di Clodio fu portato in Roma , & da alcuni amici suoi , tra' quali erano i Tribuni , fu presentato al
cospetto del Senato o per honorarlo , essendo dell'ordine Senatorio , o per rimprouerare al Senato , che sopportasse queste cose ; dapoi alcuni piu temerari tolsero le sedie de' Senatori per
farne il rogo a Clodio : & subito ui misero dentro fuoco ,
per la qual cosa abbrucciò tutto il palazzo del Senato con alcune case uicine. Milone si dice che hebbe tanto ardire , che
non solamente non hebbe paura per hauer morto Clodio , ma
palesemente si dolse dell'honore , il quale gli era stato fatto
della sepoltura ; oltre a ciò raunata insieme una gran moltitudine di serui & di contadini , & corrotto il popolo con danari , & hauendo ancora per prezzo tirato in suo fauore Marco Cecilio , allora Tribuno della plebe , ritornò a Roma auda-
cissimamente , & Cecilio subitamente uenne in piazza , & fece chiamar Milone in giudicio , simulando essere animato contra lui , & essere disposto di non mettere punto di spatio in
mezzo per condannarlo , confidandosi , essendoli contradetto da
i fautori di Milone , facilmente poterlo assoluere dallo homicidio.
Milone adunque chiamato in giudicio si scusaua non esser in
colpa della morte di Clodio , ma che egli se ne hauea dato
cagione per essere huomo audacissimo , & sceleratissimo , &
amico de gli scelerati , i quali non s'erano uergognati ardere
sopra il corpo suo la casa del Senato. Mentre che Milone
parlaua , gli altri Tribuni con una parte del popolo armati corsero in piazza. Onde Cecilio & Milone uestitisi , come
serui ,

serui, subito fuggirono, & di quelli che rimasero, fu fatta
grande uccisione, non cercando piu de gli amici di Milone, che
de gli altri, ma tagliando a pezzi qualunque ueniua loro innanzi, non perdonando ne a' cittadini, ne a' forestieri, &
spetialmente a quelli che uedeano essere dissimili agli altri, o
ne' uestimenti, o con gli anelli d'oro; & così con grandissima
perturbatione della Republica in danno della città si faceano
con ira, con uccisione, & con tumulto cose scelerate, essendo
la maggior parte serui & armati contra chi era disarmato,
dandosi a predare, & non lasciando alcuna altra sceleratezza indietro; perciòche entrando nelle case, metteuano ogni cosa a sacco, & in parole fingeuano cercare de gli amici di Milone, ma in fatto predauano & confondeuano ogni cosa. Durò questo disordine alcuni giorni, del quale fu cagione Milone.
Il Senato preso da paura uoltò l'animo uerso Pompeo, facendo proposito di crearlo Dittatore, il quale rimedio pareua che
ricercasse allora il presente stato della città; ma per consiglio
di Catone il Senato elesse Consolo Pompeo senza darli collega
o compagno, acciòche si fuggisse il nome della Dittatura, &
in fatto Pompeo essendo solo fosse come Dittatore sotto nome
di Consolo; in questo modo Pompeo fu il primo, il quale esercitasse solo il Consolato, & principalmente prese il gouerno di
due Prouincie; & fattosi potente e con eserciti, e con danari
ri, prese la monarchia di tutta la città di Roma; & per non
essere impedito dalla presenza di Catone, lo mandò alla impresa di Cipri, perche togliesse quella isola a Tolomeo: la quale guerra era prima stata ordinata da Clodio; perche essendo
egli preso da' corsali, Tolomeo li mandò per auaritia solamente
due talenti, acciòche si riscattasse. Catone adunque in brieue
spatio compose le cose di quell' isola di Cipri: conciosiacosache
Tolomeo, intesa la uenuta di Catone, per pusillanimità si gittò in mare con ogni suo tesoro. In questo mezzo Pompeo propose la pena contra i delinquenti & preuaricatori delle leggi,
& spetialmente contro a quelli, i quali corrompeuano i cittadi-
dini o con danari, o con premj, per hauerli propitj nella creatione de' magistrati, non isperando potere esser eletti per loro
proprj meriti o uirtù; il quale delitto era chiamato da' Romani ambito, & ancora contra quelli, i quali nell' ammini-
stra-

ſtratione delle pecunie haueano defraudata la Repubblica, il che fece Pompeo, perche gli pareua, che da queſti tali foſſe nata l'origine dell' infermità pubblica. & che foſſe da porui ſubito rimedio innanzi che 'l male creſceſſe piu auanti, & ordinò che la cognitione & punitione di queſti delitti s'intendeſſe eſſere di quelli, ch' erano ſtati commeſſi dal primo ſuo Conſolato inſino al tempo del ſecondo; la quale legge comprendeua uno ſpatio di circa anni uenti, nel qual tempo Ceſare era ſtato Conſolo. Gli amici adunque di Ceſare ſi sforzarono di perſuaderli, che queſta legge foſſe ſtata fatta in ſuo diſpregio, & ingiuria, alleggandone queſta ragione, che ſe Pompeo foſſe ſtato moſſo per lo intereſſe pubblico, non ſi ſarebbe curato degli errori paſſati; ma harebbe dato opera a correggere gli errori preſenti, guardandoſi di non laſciar maculare i cittadini egregj & per uirtù, & per dignità. Pompeo, ſdegnato intendendo ricordare Ceſare, come ſe foſſe ſtata fatta mentione di cittadino immacolato, & ſenza colpa, diſſe hauere propoſta la legge per quelli, che erano in peccato, & non per Ceſare, il quale ſapeua eſſere al tutto fuori d' ogni ſimile errore; & coſì detto, propoſe, & ottenne la legge; la quale pubblicata, fu cagione di ſuſcitare moltiſſime liti; & accioche i Giudici non foſſero inuiliti per timore di qualch' uno, eſſo interueniua in ogni giudicio. I primi accuſati eſſendo aſſenti furono Milone per l' homicidio di Clodio. Gabinio per hauere fatto contra la legge, & religione, eſſendo ito ſenza il decreto del Senato con l'eſercito in Egitto contra le prohibitioni Sibilline. Ipſeo ancora, & Memmio, & Seſto, & molti altri furono accuſati per la legge dello ambito & della defraudatione delle pecunie pubbliche. Scauro ſimilmente, benche foſſe interceduto per lui dalla moltitudine, fu coſtretto da Pompeo comparire in giudicio; & dapoi contraponendoſi pure il popolo agli accuſatori di Scauro, ſubito ſi fecero innanzi alcuni birri di Pompeo, per timore de' quali tutti i circoſtanti ſi quietarono; & coſì Scauro fu preſo, & dopo queſto fu pronunciato lo eſilio di tutti gli accuſati, & i beni di Gabinio furono confiſcati. Le quali coſe tutte

con

con somma laude commendando il Senato, concedè a Pompeo due legioni di nuouo, & diegli lo imperio, & l'amministratione di molte nationi, & popoli. Mumio condannato per bauere defraudato il danajo del pubblico, essendo stato statuito da Pompeo, che chi accusasse un' altro di simile delitto, fosse assolto dalla pena, accusò Lucio Scipione suocero di Pompeo: per la qual cosa Pompeo si uestì ad uso di reo, & di accusato: il perche fu dalla maggior parte de' Giudici fatto il simile. Mumio adunque biasimata & detestata la conditione, & stato della Repubblica abbandonò l'accusa. Pompeo dopo questo per potere riformare, & correggere in meglio le cose, prese per collega suo nel resto dell' anno Scipione suo suocero: nondimeno egli uoleua uedere, & intendere ogni cosa, & gouernaua la Repubblica secondo il suo proprio arbitrio, & uolontà, perche era allora Pompeo il primo cittadino di Roma, & la beneuolenza, & fauore del Senato inchinaua grandemente uerso lui per gelosia di Cesare: il quale non obbediua al Senato, ma si gouernaua di suo proprio consiglio. Et al Senato pareua, che Pompeo hauesse la Repubblica inferma ridotta a salute, & che non fosse stato nel Consolato suo molesto o odioso a persona. A Cesare del continuo rifuggiuano tutti i condannati & fuggitiui, i quali s'ingegnauano persuadergli ch' hauesse cura a' modi, & opere di Pompeo, il quale diceuano hauere pubblicata la legge soprascritta solamente per infamar Cesare, & egli li confortaua a sperar bene, & nondimeno non mancaua di lodare, & commendare Pompeo. Dipoi esortò i Tribuni, che ottenessero per legge, che li fosse lecito benche lontano chiedere il secondo Consolato, essendo Pompeo ancora Consolo, dubitando non rimanere come cittadino priuato stando assente. Per la qual cosa deliberò di tornare a Roma, & con la forza farsi crear Consolo, & per tentar prima l'animo del Senato, domandò, che li fosse prorogata per qualche poco di tempo l'amministratione di Francia, & opponendoseli Marcello, il quale era stato eletto Consolo dopo Pompeo, si dice che Cesare tenendo il pomo della spada in mano, minacciò dicendo, se non mi sarà dato quello, ch' io ui domando, dato mi sarà

N

ra da coſtei . Haueua Ceſare edificato Nouocomo nelle Alpi in Italia, & ordinato, che tutti quelli, i quali foſſero ſtati un' anno Preſidenti in detto luogo, godeſſero priuilegio di cittadino Romano. Gloriandoſi adunque il Pretore di Nouocomo eſſere cittadino Romano , Marcello improperando in biaſimo di Ceſare , diſſe, che uoleua rinuntiare il Conſolato , ſe i Romani ſopportaſſero tale ingiuria, affermando che queſte amicitie , che Ceſare teneua con li foraſtieri , erano ſemi di congiure , & di tirannide , che ſi conueniua ſcoprirle , & accuſarne Ceſare in giudicio , & darli ſucceſſore innanzi al tempo nella Prouincia di Gallia, ma Pompeo , come aſtuto, tutte queſte coſe mitigò con ſimulatione di beneuolenza uerſo Ceſare , & con la placabilità & dolcezza del ſuo parlare, dicendo non eſſere giuſta coſa ch' un cittadino ſplendido & illuſtre & utile in molte coſe alla ſua patria foſſe contumelioſamente offeſo & ingiuriato. Nondimeno non molto tempo dapoi fece manifeſto a ciaſcuno, eſſere utile alla Repubblica, che Ceſare tornaſſe in iſtato di cittadino priuato , & per tale cagione poco dapoi furono eletti al Conſolato Paulo Emilio, & Claudio Marcello, parente del ſopraſcritto Marcello, nemici di Ceſare , & Tribuno fu creato Curione nemiciſſimo di Ceſare, accetto al popolo , & nel dire eloquentiſſimo ; dalla qual coſa Ceſare offeſo tentò di farſi beneuoli i nuoui Conſoli, ma non potè mitigar Claudio con alcune promeſſe . Paolo Emilio corruppe bene con donarli millecinquecento talenti : & con lui ſi conuenne , che ſe non uoleua eſſere in ſuo fauore , al manco non gli foſſe contra; & Curione oppreſſo da molti debiti, con molte promeſſe & doni conduſſe a pigliar la difeſa ſua. Paolo de' danari, ch' haueua riceuuti da Ceſare , edificò uno ſplendido tempio in nome ſuo; ma Curione per non ſi ſcoprir con ſubita mutatione, meſſe innanzi una prouiſione, che ſi doueſſe far laſtricare alcune uie difficili , & chieſe che queſta commiſſione foſſe data a lui per anni cinque , conoſcendo bene, che non potrebbe ottenere alcuna di queſte due coſe , & che gli amici di Pompeo ſe li contraporrebono , & che da queſto harebbe facilmente cagione di poterſi doler di Pompeo, & di ſepararſi dall' amicitia ſua: & ſuccedendoli la coſa ſecondo il deſiderio ſuo, li parue eſſer aſſai ſcuſato, ſe ſi dimoſtrana nemico di Pompeo. Claudio in questo tempo chiedeua essere mandato in Prouenza successore di Cesare, dicendo essere uenuto già il termine del suo ufficio. Paolo in contrario non faceua parola. Curione commendò la domanda di Claudio, aggiugnendo parergli molto conueniente, che Cesare & Pompeo lasciassero l'amministratione & delle Prouincie, & de gli eserciti; perche in questo modo la Repubblica d'ogni parte sarebbe sicura. Ma contraponendosi molti, che diceuano che Pompeo non era stato nel magistrato ugualmente a Cesare, Curione incominciò apertamente a scoprirsi, & dir che non consentirebbe mai che a Cesare fossero mandati successori, se non erano mandati similmente a Pompeo, che essendo sospetti l'uno all'altro, mai la città non si riposarebbe in pace, se ambedue non uiuessero priuatamente, la qual cosa diceua, persuadendosi che Pompeo non porrebbe giù l'arme, conoscendo che il popolo gli era diuentato nemico per la pena con la quale haueua offesi quelli, ch'erano stati accusati, come defraudatori del danajo pubblico. Essendo adunque il parer di Curione giudicato non inconueniente, fu commendato dal popolo, come di quello, il quale quasi solo, si fosse mosso degnamente, & con animo uirile per rimouer l'odio della città & da Cesare, & da Pompeo, & tutti con alta uoce lo accompagnarono fuori del Senato con quell'honore, che si farebbe ad un uincitore d'una difficile, & perigliosa pugna; perciocbe in quel tempo era giudicato niuna cosa esser piu dannosa, che la discordia di Pompeo con Cesare. Essendo non molto dapoi Pompeo ammalato, scrisse al Senato con marauigliosa astutia, commendando le cose fatte da Cesare. Dapoi rammemorando di se medesimo tutti i suoi nobili fatti insino dal principio, affermaua che non haueua chiesto mai il terzo Consolato, ne che fossero commesse le Prouincie al gouerno suo insieme con lo esercito, ma hauere accettato questi honori a conforti del Senato, che l'haueagiudicato degno di tale autorità: & che hauendo accettato queste cose contra sua uolontà, era contento di lasciarle a chi uolontariamente le ricercaua, ne uoleua aspettare alcun tempo diffinito. Et era questa una certa arte usata da Pompeo per dimostrarsi honesto & moderato cittadino, & per recare inuidia a Cesare, il quale

ritene-

riteneua l'autorità pubblica piu oltre, che non soportauano le leggi. Essendo poi tornato Pompeo alla città, riferì le medesime cose nel Senato, affermando esser presto di deporre ogni autorità & tornar priuato, & che, come amico, & genero di Cesare, non dubitaua che egli ancora non facesse questo medesimo di buona uoglia, & massimamente perch'era da credere, ch'egli desiderasse riposarsi, hauendo già lungo tempo guerreggiato con gente ferocissima, & riceuuto dalla patria grandissimi honori. Et queste parole diceua per dare animo a quelli, i quali doueuano interuenire alla deliberatione di dare a Cesare il successore, & per dimostrare, ch'egli staua fermo nel proposito di deporre il magistrato. Curione conoscendo il coperto parlare & colorato di Pompeo, con ardire singolare disse. Non basta promettere, ma bisogna in fatto deporre il magistrato, se tu uuoi, che ti sia prestato fede, o Pompeo. Et non ti persuadere, che Cesare lasci l'arme, se prima tu non diuenti priuato: perche non è utile al popolo Romano, che tutto il gouerno & la potenza della Repubblica sia in poter d'un solo, il quale possa sbattere gli altri cittadini, & isforzar la patria, & soggiogarla al suo arbitrio, & finalmente Curione scoperto quello, ch'era nascoso dentro, palesemente incominciò ad accusar Pompeo, opponendogli che aspiraua alla tirannide, & affermando che se il freno di Cesare non lo costringeua a spogliarsi dell'amministratione della Repubblica mai non rinuntiarebbe altrimenti il magistrato. Et finalmente conchiuse, ch'era necessario costringer l'uno & l'altro al uiuere, come priuati: & non uolendo obbedire, che fossero dichiarati & pubblicati nemici del popolo Romano, & si facesse guerra all'uno & all'altro. Et questo consiglio diede Curione in modo, che pareua, che fosse mosso da pubblico interesse, & non corrotto & soldato da Cesare. Pompeo offeso & crucciato per le parole di Curione, con turbato animo uscì di Roma, & andò ne' sobborghi. E già il Senato dubitaua dell'uno & dell'altro, benche gli pareua, che Pompeo fosse piu popolare: & uerso Cesare haueua mala dispositione, dubitando della mente sua, conoscendo hauerlo offeso nella domanda del Consolato. Et per questa cagione, non li pareua molto sicuro torre a Pompeo la podestà, se prima Cesare non deponeua l'arme; & Pompeo

uscito

uscito dalla città mostraua di preparar cose grandi ; ma Curione si sforzaua turbare ogni cosa , affermando esser necessario ,
che per la salute pubblica , Pompeo prima che Cesare tornasse priuato ; nondimeno ueggendo non potere adempire il desiderio suo , licentiò il Senato senza fare alcuna conclusione :
la qual cosa poteua far il Tribuno , secondo le leggi . Onde si
dice , che Pompeo si pentì assai hauer ridotta la dignità Tribunitia nella pristina autorità sua , essendo prima stata diminuita & abbassata da Silla . Solamente fu deliberato questo
dal Senato , che Cesare & Pompeo delle legioni , ch' haueuano , mandassero una parte in Soria per guardia di quella Prouincia , per la rotta & strage , la quale haueuuno i Romani
riceuuta da' Parti sotto Crasso . Il che fu inuentione di Pompeo , per cauar di mano a Cesare la legione , la qual gli era
stata concessa dopo la rotta di Titurio , & di Cotta Pretori
di Cesare . Egli fece andare a Roma molti soldati corrotti
col mezzo del donare a ciascun di loro dramme centocinquanta , & poi mandò un' altra legione a suo modo . Finalmente ueggendo che in Soria non soprastaua alcun pericolo ,
si conduse a Capua alle stanze : doue hebbe gli alloggiamenti
per quella inuernata . Oltre a ciò tutti quelli , ch' erano mandati da Pompeo a Cesare , gli riferiuano cose molto difficili ,
sforzandosi persuaderli che lasciasse alla cura di Pompeo il
suo esercito già stanco & consummato da lunga militia . Erano le genti d' arme di Cesare benissimo ad ordine , & pron-
tissime a sopportare ogni fatica , essendo lungamente assuefatte alla militia : & non solamente erano pagate da Cesare ,
ma era stato loro permesso , che predassero & saccheggiasse-
ro qualunque cosa uenisse loro in appetito : & in questo modo
i soldati suoi erano tutti uniti & fedelissimi a Cesare . Pompeo confidandosi nella beneuolenza del popolo , & nella gratia
del Senato uerso di se , & nella riputatione & gloria delle
cose fatte da lui , non si curaua fare alcun straordinario pre-
paramento , ne stabilire altrimenti l'esercito , come era necessario a tanto grande impresa . In questo tempo fu raunato il
Senato : & ricercò il parer di ciascun Senatore di quello fosse da fare & di Cesare , & di Pompeo ; Claudio parlando
astutissimamente incominciò a dimandare ad uno ad uno ,
se

se parea loro, che a Cesare fosse da dare il successore, &
torre a Pompeo il magistrato, & la maggior parte consigliaua, che si facesse l'una & l'altra cosa. Proponendo dapoi Curione, se era bene & utile alla Repubblica che l'uno
& l'altro ponesse giù l'arme, uentidue Senatori solamente
furono in sentenza contraria, & trecentosettanta inchina-
rono nel parer di Curione; per la qual cosa Claudio licentiò il Senato, intonando con alta uoce, & dicendo, Fate
uoi, i quali bramate che Cesare sia Signore. Dopo queste
contentioni uenne una fama, benche falsa, che Cesare era
uenuto di quà dall'Alpi, & che ueniua a Roma con l'esercito a dirittura; onde i cittadini furono assaliti da subito
timore. Claudio giudicaua, che fosse da mandar contra
Cesare, come a nemico della patria, lo esercito, ch'era a
Capua; ma contraponendosi Curione, come in cosa finta,
& simulata, disse Claudio, Se a me è proibito mandare
ad esecutione quello, che per comune uoce di ciascuno è giudicato utile alla Repubblica, io lo manderò ad effetto da
me stesso, come Consolo ch'io sono, & così detto uscì di
Roma col collega, & ponendo la spada in mano a Pompeo,
io ti comando, disse, che ancora tu pigli l'arme contro
Cesare, & per questa cagione diamo alla tua podestà l'e-
sercito di Capua, & qualunque altro si troua presente in
Italia; a che Pompeo disse uolere ubbidire come richiesto
da' Consoli, poiche non si poteua far meglio: dicendo così o
per ingannare, o piu tosto per dimostrar farlo contra sua
uoglia. Il perche a Curione non era restata piu alcuna
possanza nella città, nè gli era lecito, essendo Tribuno,
uscir fuori dalle mura. Doleuasi adunque palesemente di
quanto era stato fatto, ingegnandosi persuadere a' Consoli, che con la uoce del banditore comandino, che niun soldato seguiti Pompeo, ne gli presti obbedienza, & similmente, che niun possa prestare ajuto a Cesare; ma non facendo alcun frutto, & uedendo che gli era uicino il fine del
suo Tribunato, temendo della propria salute, con somma prestezza ricorse a Cesare: il quale per la uia del mare superate
l'Alpi accompagnato da cinquemila fanti, & trecento huomini d'arme era uenuto a Rauenna: la qual città era l'ultima

tima in Italia di quelle, che ſi apparteneuano al ſuo gouerno; doue riceuuto amicheuolmente & con lieto uolto Curione, lo
ringratiò di quanto baueua fatto in ſuo beneficio, affermando
eſſergli obbligato ſommamente : & dapoi lo domandò in quale ſtato ſi trouaſſero le coſe di Roma. Curione gli riſpoſe, che
ſe uoleua eſſere ſaluo, li biſognaua raunare ſubitamente l'eſercito inſieme, & pigliare la uolta di Roma ; ma Ceſare eſſendo piu inclinato alla riconciliatione col Senato, parendogli
uia piu ſicura & boneſta, commeſſe a gli amici che ne faceſſero opera, promettendo laſciar la Prouincia & l'eſercito ch'
era al ſuo gouerno, uolendo ritenere ſolamente due leggioni,
& la Schiauonia con la Lombardìa, tanto che foſſe diſſegna-
to Conſolo ; al quale partito Pompeo ſi dimoſtrò contento ; ma
contraponendoſi i Conſoli, Ceſare deliberò ſcriuere l'animo
ſuo al Senato, & Curione portò la lettera in tre giorni, nel
quale tempo camminò tre mille trecento ſtadj, che ſono al
modo noſtro miglia quattrocentododici, & mezzo, perche
ogni quaranta ſtadj ſono miglia cinque, & coſi dugento ſtadj
ſono uenticinque miglia; & in queſto modo Curione camminò in
tre dì miglia quattrocentododici & mezzo, & preſentò la
lettera a' nuoui Conſoli, i quali appunto entrauano nel Senato per pigliar l'ufficio. Conteneua la lettera aſſai graue nar-
ratione, & non manco ſuperba, perche raccontaua le coſe
fatte da Ceſare inſino dal principio : & quaſi improuerando
che non foſſe riconoſciuta ne rimunerata la fede & la uirtù
ſua, nè ſtimati i beneficj, i quali baueua fatti alla ſua Repubblica : & al fine conchiudeua, che bench' egli conoſceſſe,
che per ſola inuidia era perſeguitato ; nondimeno per beneficio
della patria era contento laſciar l'amminiſtratione delle coſe
pubbliche, ſe Pompeo faceſſe il ſimile ; ma ueggendo che i
Pretori di Pompeo queſto apertamente ricuſauano, proteſta-
ua che per uendicare la patria & ſe medeſimo era deliberato condurſi a Roma ſenza alcuno indugio. Subito che queſte
lettere furono recitate nel Senato, fu ciaſcuno commoſſo da
ira & ſdegno, & deliberarono di crear Lucio Domitio ſucceſſore di Ceſare, come per una dimoſtratione & principio di
guerra. Domitio adunque uſcì di Roma con quattromila
Caualieri eletti : & eſſendo commendata queſta deliberatione

da

da ciaſcuno, il Senato comandò all'eſercito, ch' innanzi ad ogn' altra coſa haueſſe la guardia della perſona & ſalute di Pompeo, & pubblicò l'eſercito di Ceſare nemico & ribello della Repubblica. Marcello & Lentulo Conſoli comandarono, che Antonio & Caſſio uſciſſero dal Senato, acciò ch'eſſendo Tribuni, & dimoſtrandoſi contrarj alla deliberatione del Senato, non foſſe fatto loro ingiuria da qualch' uno. Onde Antonio con alta uoce ſceſe ſubitamente dal tribunale irato, dolendoſi che foſſe ſtata macchiata & offeſa la ſacroſanta dignità del Tribunato, & nominatamente ſi lamentaua de'Conſoli, che l'haueſſero con iſcherni cacciata dal Senato, perche haueua conſigliato quello, che ueniua in utilità della Repubblica: & coſì detto uſcì del Senato, annuntiando a' Senatori future guerre, ucciſioni, eſilj, confiſcationi di beni, & ſimili altri infortunj: & maledicendo quelli, che dauano cagione a tanti mali. Andarono con lui Curione & Caſſio a ritrouar Ceſare: perche già una parte dell'eſercito di Pompeo era a guardia del Senato: & però queſti tre fuggirono di notte naſcoſamente in ſu un cocchio a uettura, ueſtiti con habito di ſerui, i quali Ceſare moſtrò con tale habito a tutto l'eſercito, incitando i ſoldati contra il Senato, ch' haueſſe ſcacciato di Roma cittadini tanto nobili, & ch' haueuano fatto tante egregie opere per la Repubblica ſolamente perche erano in fauore di Ceſare & de'ſuoi, & di quì hebbe principio la guerra tra l'una parte & l'altra. Il Senato ſtimando che Ceſare pigliaſſe la uia de'Celti (i quali ſono popoli in Francia in quella parte, doue hoggi è la città di Leone) ſeruendolo il tempo, & non credendo che con ſi poco numero di gente ſi metteſſe ad una coſì grande impreſa, comandò a Pompeo, che raunaſſe di Teſſaglia cento trentamila ſoldati, di quelli che foſſero eſercitati nelle guerre, al quale fu conceſſo, che delle nationi uicine eleggeſſe quelli, che gli pareſſero piu atti alla militia: & aſſegnarono a queſta impreſa tutti i danari, quali allora ſi trouauano del pubblico, aggiugnendone ancora delle borſe de' priuati, accioche non mancaſſero al biſogno; & oltre a queſto poſero una grauezza a tutte le città ſuddite, non ſenza odio & iſdegno de'cittadini, per non laſciar indietro alcuna diligenza o prouedimento. Ceſare mandò ſubito a raunar l'eſercito,

ponen-

ponendo la speranza sua piu tosto nell' ardire, & prestezza, & nel dare & torre a gl' inimici, che nell' apparecchio & nella forza; & accompagnato solo da cinquemila soldati, prese una guerra sì grande, & affrettossi per torre a' nemici tutte le commodità d' Italia. I primi adunque di quell' esercito con poca gente, ma con ferotissimo animo, uestiti con l' habito della pace, mandò ad Arimino, perche s'insignorissero di quella città. Egli dapoi circa la sera, come stanco del corpo, essendo ancora gli amici a cena, si leuò da mensa, & montato in s' un cocchio, si fece portare ad Arimino, seguendolo i soldati alla sfilata, & arriuò con ueloce cammino in su 'l fiume Rubicone (il qual si chiama hoggi Pisatello, & passa tra Arimino & Rauenna, & diuidea anticamente l' Italia dalla Marca) doue si fermò alquanto, & guardando uerso il fiume, incominciò a pensare a tutti i mali, che gli poteuano interuenire passandolo armato: uoltatosi dapoi a' circostanti parlò in questo modo; Se io mi contengo, o amici, dal canto di quà, sarò cagione & principio di molti mali, & se io passerò, sarò uincitore. Et così detto, conciato quasi che da un certo furore, cominciò a passare, dicendo, il principio è fatto, necessario è di seguire; & con ueloce corso entrò in Arimino quasi all' aurora: doue non essendo molto dimorato, cominciò a procedere piu auanti ponendo le guardie alle fortezze: & ciò che li daua impedimento del passare auanti, superaua per forza, o per amore. Laonde in tutti i luoghi era confusione & tumulto, & ciascuno fuggiua con sommo timore dinanzi alla furia di Cesare, non hauendo notitia ch' egli fosse con sì poca gente, ma credendo, ch' hauesse tutto lo esercito. Le quali cose intendendo i Consoli, giudicarono che non fosse utile, o sano consiglio; che Pompeo peritissimo nelle guerre, stasse nella città, ma uscisse fuori alla campagna in tanto estremo pericolo della Repubblica. Gli altri dell' ordine Senatorio ueggendo l' impeto di Cesare tanto subito & insperato, cominciarono a temere, & a pentirsi di non hauer accettato i partiti offerti loro da Cesare: i quali pareuano lor ragioneuoli, hor che la paura del pericolo presente gli faceua nel pensare piu

pru-

prudenti. Oltre a ciò, molti prodigj & fegni celefti dauano terrore alle menti loro: conciofiacofa ch' un giorno piouefse fangue; le ftatue fudafsero; & molti tempj fofsero
percofsi dalle faette. Et ancora fi dice, che in quefto medefimo tempo una mula partorì; & che apparirono molti
altri horrendi fegni, i quali annuntiauano la mutatione,
& la rouina della Repubblica: furono celebrate pubbliche fup-
plicationi, come fi fuol fare ne'communi pericoli & infortunj. Il popolo fpauentato per la crudele memoria de' tempi
di Silla, & di Mario, cominciò a chiedere palefemente,
che Cefare, & Pompeo fofsero coftretti di deporre il magiftrato, perche in quefto folamente confifteua il fine della
guerra. Cicerone confortaua, che fi douefse trattar di riconciliare infieme l'uno, & l'altro: ma opponendofi i Confoli ad ogni cofa, Fauonio beffando Pompeo difse, percuoti
la terra col piede, acciò che tu caui l'efercito di fotto
terra. Al quale Pompeo rifpofe, uoi hauerete efercito, &
qualunque altra cofa, fe mi feguirete, & fe non ui curate
lafciar Roma, & ancora l'Italia bifognando: perciche
non ftimo, che le Prouincie o le proprie cafe facciano gli
huomini uirtuofi o liberi, ma con ajutarfi uiuamente in ogni
luogo fi uince & acquifta/i honore a fe medefimo, & falute
& gloria alla patria. Hauendo parlato in quefto modo,
riprendeua gli amici, che dimoftrauano di uoler reftare nella città, dicendo che fi conueniua a gli amatori della Repubblica abbandonar le cafe, & le pompe, & delitie priuate, per diffefa della patria, & della libertà, & per
dar efempio a gli altri. E cofi ufcì non folo dal Senato,
ma di Roma, & prefe il cammino inuerfo Capua per unirfi con lo efercito, & dietro il feguitarono i Confoli; molti de' Senatori ritenuti da diuerfi rifpetti, & difficoltà reftarono la notte nel Senato, & la mattina feguente di
buon' hora la maggior parte andò a ritrouar Pompeo. Cefare in quefto mezzo afsediò in Corfinio Lucio Domitio,
mandato dal Senato per fuo fucce/sore con circa quattromila perfone. Dalla qual cofa mofsi gli habitatori di detto luogo, feguirono Domitio, che fi fuggiua, & lo condufse-
ro prigione a Cefare: il quale rifcuè lo efercito da Domitio

uolon-

uolontieri, perche se gli diè liberamente, & a Domitio concesse libertà con tutti i suoi arnesi, & danari di potere andare douunque li piacesse, stimando che per tale clemenza,
& liberalità Domitio rimanesse con lui; & benche lo ne-
desse uolto a ritornare a Pompeo, mostrò non se ne curare. Pompeo bauuto notitia del caso di Domitio, subito partì di Capua, & per la uia di Nocera andò a Brindisi, con
animo di passare il mare Jonio, & condursi in Albania;
dou' essendo prosperamente condotto, cominciò a prepararsi alla guerra, & comandò a tutte le genti, a' Pretori,
a' Principi, & Re, & città di que' paesi, che ciascun con
quanta prestezza fosse possibile si mettesse ad ordine per la
guerra; & questi prouedimenti si faceuano con grande studio, & diligenza & moltitudine di gente. Lo esercito, che
era uenuto con Pompeo d' Italia, si fermò in Spagna, stando in ordine d' ogni cosa necessaria per poter ire, doue il
bisogno richiedesse. Le legioni, che Pompeo baue a seco,
attribuì a' Consoli, accioche con questo presidio si potessero partir da Brindisi, & uenire in Albania; egli si condusse a Durazzo. Quelli, ch' erano uenuti in compagnia
de' Consoli, per mare uennero a Durazzo. Pompeo ritornato a Brindisi, raunando insieme il resto delle sue genti, aspettaua le naui, con le quali potesse mandar dette
genti a' Consoli, & per far stare Cesare discosto da quella
città, afforzò le mura con uno grandissimo fosso intorno:
& essendo già comparse le naui cariche di molti altri soldati, & disarmate le galee in su la sera, lascio al pres-
dio & guardia della città i piu forti, & piu esperti soldati, & egli per questa uia unito insieme tutto lo esercito si
partì d' Italia, & passò in Albania. Cesare stando in dubbio di quello, che principalmente fosse da tentare, & in
che luogo fosse da dare principio alla guerra, ueggendo
che d' ogni parte concorreuano i fauori, & ajuti a Pompeo, & temendo, che l' esercito, il quale era in Spagna
molto florido, & grande, & ottimamente in ordine, non
si mouesse, & se li scoprisse alle spalle, mentre esso seguiua Pompeo, deliberò innanzi ad ogn' altra cosa passare in
Spagna, & diuise tutte le genti sue in cinque parti, una

parte

parte mandò a Brindisi, una ad Otranto, un'altra a Taranto alla guardia d'Italia, & una parte a Quinto Valerio, acciocbe egli occupasse la Sardigna abbondantissima di frumento. Oltre a ciò, Asinio Pollione venne in Sicilia, dou' era stato mandato prima Catone; dal quale essendo Asinio domandato, se era mandato per comandamento del popolo Romano: rispose, esser mandato da chi haueua l'Italia in poter suo. A cui Catone solamente rispose, che non uoleua contendere con lui, ma bene lo pregaua che perdonasse a' sudditi, & haueseli per raccomandati: & subito nauigò in Corfù a Pompeo. Cesare hauendo fatte le prouisioni, ch'habbiamo dette di sopra, per la dritta si trasferì a Roma; & trouando quel popolo turbato & impaurito, per la memoria delle calamità sopportate sotto Silla & Mario, lo confortò a non dubitare di male alcuno, ma che hauesse certa speranza che sarebbe ristorato: perche la natura sua era di perdonare & di far bene a chi gli era contrario, & uincere il nemico con la clemenza & humanità, come poco innanzi haue a dimostrato a Lucio Domitio, il quale essendoli prigione lo haue a liberato & rimandato a' suoi amici & parenti, con tutti i suoi arnesi & danari; & così detto, senza alcun rispetto di mostrare il contrario con gli effetti di quanto hauea detto con le parole, principalmente spezzò le porte della camera pubblica: & facendoseli incontro Metelo Tribuno, nello entrare minacciò di tagliarlo a pezzi: & tutto il tesoro, che ui era dentro, diede in preda a' soldati, il quale insino a quel punto mai non era stato uiolato; dicesi che quando ui fu messo dentro, che fu maledetto con crudeli & pubbliche bestemmie qualunque lo toccasse, eccetto che quando i Francesi mouessero guerra a i Romani. Ma Cesare dicendo, che i Francesi erano stati superati da lui, affermò ch'haue a liberata la città da tale bestemmia. A guardia della città pose Lepido Emilio, & Mario Antonio allora Tribuno, uolse ch'hauesse la cura di tutto l'esercito ch'era in Italia, & a Curione diede l'amministratione di Sicilia in iscambio di Catone E elesse Pretore della Sardigna Quinto Valerio. In Schiauonia mandò Gajo Antonio & il reggimento di Lombardìa concesse a Licinio Crasso, & circa il mare Jonio & Tirreno fece far con somma prestezza doppia

pia armata; dell'una Capitani creò Dolabella, & dell'altra Ortensio: & parendo a Cesare hauere in questo modo serrato il passo a Pompeo di ritornare in Italia, subito prese la uolta di
Spagna. Doue appiccò la zuffa con Petrejo & Afranio Pretori di Pompeo, nella quale fu da principio inferiore. Ma
combattendo poi piu da presso a lato alla città Lerda, allog-
giandosi in luoghi piu aspri, mandò a fare il sacco di là dal
ponte del fiume Sichori; ma essendo improuisamente rouinato
il ponte dal fiume, i soldati di Pretejo ammazzarono la maggior parte de' soldati di Cesare, i quali erano restati dall'altra riua. Cesare col resto delle genti afflitto da somma calamità, per la difficoltà de' luoghi, per la fame, & per la stagione del uerno, & essendo spesse uolte assaltato da gli auuersarj, pareua posto quasi che in assedio, insino che auuicinandosi la state Afranio & Pretejo si ridussero ne' luoghi piu
interni della Spagna per mettere ad ordine un'altro esercito.
Ma Cesare seguitandoli, fece una spianata con fosse in modo,
che prohibì loro il passar piu oltre, & mise in mezzo una parte
dell'esercito loro, la quale hauendo fatta dimostratione di uolersi unir con lui abbassando il capo sotto gli scudi (che suole
essere il segno de' soldati, che si uogliano arrendere a gl'inimici) significauano uoler uenire a Cesare. Ma egli ne gli accettò, ne fece loro alcuna ingiuria, ma fu contento lasciarli
ritornare ad Afranio, usando uerso i nemici ogni spetie di carezze & d'humanità; per la qual cosa i soldati dell'uno esercito & dell'altro si mescolauano insieme, & già ragionauano
d'accordarsi. Del quale pericolo accorgendosi Afranio & gli
altri Capitani, deliberarono partitisi di Spagna & lasciarla
a Cesare, & ritornare a Pompeo prima che riceuessero altro
incomodo. Petrejo si opponeua a questa deliberatione & discorrendo da ogni parte dell'esercito qualunque trouaua de' soldati
lo faceua assaltare, & percuotere col ferro. Facendo impeto
contra di lui i primi dell'esercito, esso ne ferì uno. Per il
che gli altri soldati ueggendo l'insolenza sua, pensauano alla clemenza & benignità di Cesare. Essendo finalmente
tolta loro da Cesare la comodità dello abbeuerar i caualli, Petrejo insieme con Afranio in un certo luogo forte uenne a parlamento con Cesare, stando a uedere gli eserciti
                                                        dell'

dell'una parte & dell'altra, nel quale congreſſo ſi conuennero
inſieme, che ſi doueſſero partire di Spagna, & laſciarla in potere di Ceſare, & che foſſe loro lecito di poter liberamente
ritornare a Pompeo con la ſcorta inſino di là dal fiume Varo.
Ceſare adunque per aſſicurarli interamente fece loro compagnia inſino al detto fiume, doue poi che alquanto fu ſopraſta-
to, ſi uolſe con le parole a tutti i Romani & Italiani,
che erano nello eſercito di Petrejo & Afranio, dicendo in
queſto modo. Benche uoi ſiate miei nemici & ſtati mandati
da Pompeo per aſſaltare & diſſipare il mio eſercite, non ho
uoluto farui morire, come io poteua, eſſendo uenuti in poter
mio, & hauendoui tolta la comodità dello abbeuerare, ancora
che Petrejo ſia ſtato crudele contro i ſoldati miei, & nondimeno non ſolamente io ui ho perdonato, ma ui ho accompagnati inſino a queſto luogo, acciòche liberi & ſicuri poſſiate
ritornarui a Pompeo. Se adunque per queſti meriti reſta in
uoi alcuna affettione o carità uerſo di me, ui prego ſolamente
che facciate noto à ſoldati di Pompeo quello, ch'io ho fatto
uerſo di uoi. Et coſi detto li laſciò andare tutti al ſuo cammino. Et ritornato indietro, eleſſe Quinto Caſſio Pretore di tutta la Spagna. Mentre che Ceſare faceua queſte coſe, Attilio
Varo guidaua in Barberìa una parte dello eſercito di Pompeo,
& Juba Re de' Numidj & de' Maruſj ubbidiua ad Attilio. Onde mandò di Sicilia con due legioni contra Attilio, & Juba, Curione accompagnato da due legioni & con dodeci
naui lunghe, & con piu altri nauilj. Il quale eſſendo arriuato ad Utica, appiccò una leggiera ſcaramuccia & miſe in
fuga alcuni ſoldati di Numidia. Per la quale uana uittoria
uolle eſſer dal ſuo eſercito chiamato Imperadore, eſſendo ancora in ſu le arme. Soleua queſto titolo d' Imperadore a' Pretori eſſere di non mediocre autorità, come ſe i ſoldati appro-
uaſſero & faceſſero teſtimonianza che'l Pretore loro non foſſe indegno di tale cognome & honore, il quale i Pretori ab
antiquo ſi attribuirono ne gli egregj fatti & eccellenti opere
loro circa l'amminiſtratione delle guerre. Et hora queſto nome
è attribuito a quelli ſolamente, per uirtù de' quali foſſero
ſtati morti diecimila ſoldati in una ſola battaglia. Venendo
Curione di Sicilia per la uia di mare, quelli, i quali erano

in

in Barberìa per la opinione della gloria sua, stimando, che egli uenisse, come un'altro Scipione Africano, & che douesse fare qualche gran fatto, auuelenarono l'acque: ne fu uano il disegno loro; percioche essendosi Curione fermato in que' luoghi, lo esercito suo incominciò a cascare in subita infermità. Conciosiacosache beuendo eran gli occhi de' soldati adombrati quasi come d'una nebbia, & ueniua loro un profondo sonno, & dapoi uomitauano uariamente, & al fine erano presi da un certo spasimo per tutto il corpo. Per tal cagione fu Curione costretto partirsi, & pigliare gli alloggiamenti ad Utica, hauendo tutto lo esercito debole & infermo, & accampato intorno ad un palude grande & profondo. Ma hauendo la nuoua che Cesare era stato uittorioso in Spagna, li crebbe l'animo, & mutò gli alloggiamenti presso alla marina in luogo molto angusto. Doue appiccata la zuffa con Varo, fu morto uno solamente de' suoi, & di quelli di Varo morirono circa seicento, & molti piu furono feriti. Soprauenendo poi Juba, fu desto romore nel campo di Curione, che Juba ritornaua indietro, per hauer inteso che il regno suo era stato assalito da' popoli conuicini. Dalla qual fama inuitato Curione, essendo in luogo dou'era oppresso da insopportabile calore, circa hora di terza prese il cammino uerso Saburra con miglior parte, & piu forte de' soldati suoi, passando per luoghi arenosi & sterili di acqua, perche essendo stato in quella state grandissima siccità, i fiumi & fonti erano uuoti d'acqua, & il fiume di Saburra era guardato dal Re Juba; caduto adunque Curione dalla conceputa speranza fu costretto ritornare indietro alla montagna per ischifare l'ardore del Sole, essendo uinto dalla sete, & dal caldo. I nemici ueggendolo posto in tanta angustia & difficoltà, passarono subitamente di là dal fiume per uenire alle mani. Curione conoscendo non poter ricusar la battaglia, scese alla pianura con poca prudenza, & manco peritia militare, menandosi dietro lo esercito infermo. Et essendo già intorniato da' soldati di Numidia, a poco a poco si tirò addietro tanto, che si ristrinse con tutti i suoi in uno brieue spatio di campo, ma essendone cacciato, di nuouo rifuggì a' monti. Asinio Pollione ueggendo soprastare la strage di molti, con pochi prese la uolta in uerso Utica, per non rima-

rimanere a discretione della fortuna. Curione non potendo piu oltre saluarsi, deliberò far proua della sorte, & con tutti quelli, che gli erano restati, si appiccò uirilmente con gli auuersarj, & nel combattere fu leggiermente uinto & morto con tutto lo esercito in modo, che solamente uno rimase, che ne portasse la trista nouella a Pollione ad Utica. Tale fu il fine della battaglia fatta in su 'l fiume di Bragada. La testa di Curione fu portata al Re Juba. Venuta la nuoua di questa rotta ad Utica, Flammea Capitano della armata si fuggì con tutte le naui. Pollione si fè portare in su una barchetta a certe naui di mercatanti, che erano in su 'l far uela, pregandoli che lo uolessero imbarcare co' soldati suoi. Onde i mercatanti mossi da compassione, riceuerono la notte la maggior parte; correndo gli altri a torme montarono ancora essi in su le naui. I mercatanti ueggendo i soldati hauer seco molta preda & uasi d'oro & d'argento, presi da cupidigia di guadagno & d'auaritia, tutti li sommersero in mare. Simile infortunio interuenne a quelli, i quali erano restati su per il lito del mare, percioche non hauendo altro rimedio, si arresero a Varo; i quali Juba come reliquie della uittoria sua, sè porre a' merli della città, & tutti li sè saettare, benche Varo pregasse per la salute loro. In questo modo i Romani perderono due legioni, le quali haueano seguitato Curione in Barberìa. Juba con questa uittoria si ritornò al regno. In questo medesimo tempo Antonio fu uinto in Schiauonia da Ottauio Dolabella Pretore di Pompeo: un' altro esercito di Cesare presso a Piacenza incominciò a dimostrare manifesti segni di seditione: dolendosi una parte, che era tenuta da lui & affaticata troppo lungamente nella guerra, & con grandissima instanza chiedea che le fossero pagate da Cesare cinque mine per ciascuno, come hauea promesso loro essendo a Brindisi. Per la qual cosa Cesare turbato, subito si partì da Marsiglia, & con grandissima prestezza & sollecitudine si trasferì a Piacenza & raunati al cospetto suo tutti i soldati parlò in questo tenore. Io non so quale infortunio sia il mio, ch' ogni uolta ch' io ho bisogno dell' opera uostra, uoi mi siete contrarj & auuersi. Non per colpa mia dura questa guerra piu oltre che noi non uorremmo, ma piu tosto per cagione de' nemici nostri,

i quali

i quali fuggono il cospetto nostro per non essere astretti al
combattere, & esperimentare le forze nostre. Voi essendo
meco in Francia, hauete acquistato sotto l'Imperio mio,
& honore & ricchezza, & a questa presente guerra siete
uenuti non per mio comandamento, ma per propria uolontà uostra, & hora sono abbandonato da uoi, quando io
ho piu bisogno della fede, & uirtù uostra, & contrapo-
nendoui a' uostri Pretori ui lamentate del Capitano uostro,
dal quale hauete riceuuti tanti piaceri & beneficj. Laonde
io ho deliberato, come testimonio a me stesso della liberalità, & clemenza mia uerso uoi, trattarui secondo la dispositione della legge di Petrejo. E però comando che la decima parte della noua legione, la quale è stata capo della
discordia, sia priuata della uita. Nato adunque da tutta
la legione dolore & pianto non mediocre, i Pretori inginocchiati dinanzi a Cesare, supplicheuolmente gli chiedeuano perdonanza per li delinquenti. Cesare raffrenata
alquanto l'ira, fu contento eleggere di tutta la legione
solo centouenti degli autori della seditione, i quali scie-
gliessero tra loro dodeci, che in luogo degli altri fossero morti, tra' quali essendo condannato uno che non hauea commesso alcun errore, Cesare comandò, che fosse morto in
suo cambio quello, ch' ingiustamente l'hauea accusato; &
in tale modo fu acchetata la seditione di Piacenza. Cesare ritornato a Roma, & trouando il popolo ancor pauroso,
si fè chiamare Dittatore, benche non fosse eletto ne dal
Senato, ne da' Consoli, ma nondimeno, o per fuggir l'inuidia, o perche gli paresse non hauer di bisogno di tale
autorità, essendo stato undeci giorni Dittatore, rinuntiò
al magistrato, & fecesi disegnar nuouo Consolo, & per suo
collega prese Pompeo Isaurico, & alle Prouincie mandò quei
Pretori che gli paruero, mutando quelli, de' quali hauea
qualche sospetto. In Spagna mandò Marco Lepido; in Sicilia Aulo Albino; in Sardigna, Sesto Peduceo; & in
Francia Decimo Bruto. Al popolo Romano, il quale era
in quel tempo oppresso dalla fame, diede l'abbondanza gratuitamente. Richiamò molti dallo essilio eccetto
Milone. De' debiti pubblici fè gratia, eccettuandone

P   le le condannagioni di quelli, i quali bauessero commesso alcuna seditione, & congiura contro la Repubblica, & essendo già uenuto il tempo del mandare i soldati alle stanze, mandò quasi tutto il suo esercito a Brindisi, & egli uscì di Roma nel mese di Dicembre, non uolendo aspettare il principio del Consolato del futuro anno già prossimo, & fu dal popolo accompagnato qualche miglio fuori della città, pregandolo & confortandolo ciascuno, che si uolesse riconciliare con Pompeo, perche non era dubbio, che quello, il quale uincesse di lor due, non pigliasse la Monarchìa. Cesare partito di Roma non lasciò alcuna prouisione indietro, & con somma prestezza seguiua il cammino. Pompeo dall'altra parte metteua tutto lo studio suo nel preparare potente armata, & esercito, & ogni dì raunaua maggior copia di danari, & hauendo prese quaranta naui mandate da Cesare alla guardia del mare Jonio, osseruaua il corso della sua nauigatione, & caualcando ogni giorno esercitaua del continuo i soldati suoi, sopportando ogni fatica & disagio piu che non poteua la qualità & età sua. Nel qual modo si faceua beneuolo ciascuno, & infinita gente ueniua a ueder tale esercito, come si suole andare a uno egregio spettacolo. Cesare in quel tempo haueua dieci legioni di fanterìa, & diecimila Caualieri Francesi: Pompeo seguitauano cinque legioni, le quali haueua condotte d'Italia. Haueua oltre a ciò due legioni uenute di Parthia, le quali erano scampate nella guerra di Crasso, & una parte de' soldati Romani, che sotto Gabinio haueuano assaltato l'Egitto. Era adunque la somma di tutti i soldati Italiani undeci legioni, & settemila Caualieri. A questo numero si aggiungeuan molti altri soldati, i quali gli erano stati mandati in suo fauore da Macedonia, Jonia, Morea, & Beotia, ancora haueua molti arcieri uenuti di Candia, & frombolatori uenuti di Tracia, & molti altri soldati del Re Antioco di Cicilia, & Cappadocia, & dell'Armenia minore, di Panfilia, & di Piside, l'opera de' quali non usaua alla battaglia, ma per guardia, & per munitione de' luoghi, i quali erano alla diuotione sua, & alle altre cose necessarie all'esercito Italiano. La sua armata era di naui

seicento, ▾

seicento, delle quali cento erano cariche di Romani, &
queste precedeuano l'altre con una grandissima moltitudine
d'altre spetie di nauilj, & il Capitano era Marco Bibio.
Et essendo a buon ordine ciascuna cosa necessaria a tanta impresa, Pompeo fece raunare dinanzi al cospetto suo tutti
i Senatori, i Caualieri, & tutto l'esercito, a' quali usò
queste parole. Gli Ateniesi una uolta lasciarono uuota la loro città per ire a combattere contra i nemici, & per saluare la libertà, considerando che le mura, le case, & l'habitationi non fanno le città, ma gli huomini sono le città,
& hauendo dapoi ottenuta la uittoria, ritornati alla città, la fecero molto piu gloriosa che non l'haueano lasciata. Questo medesimo fecero i nostri maggiori nella guerra
de' Francesi, quando abbandonarono Roma per poterla piu
facilmente saluare, giudicando rettamente, che in quel luogo, nel quale dimorauano de' Romani, era la patria & la
libertà loro. I quali esempj riuoltandoci noi per la mente,
siamo uenuti con l'armata in questo luogo non per abbandonar la patria, ma per difenderla dall'insidie di Cesare,
il quale se ne uuole insignorire, & però uoi o cittadini miei
meritamente l'hauete giudicato nemico della patria. Egli
ha mandati i suoi Pretori alle Prouincie nostre, & è tanto audace, & ambitioso, che fà ogni cosa per occupare
l'imperio Romano. Quale uiolenza, & crudeltà è da
stimare ch'habbia a usare contra gli auuersarj suoi, essendo uittorioso colui, il quale è crudele contro alla patria? Costui ha il seguito di quelli, che sono tirati da a-
uaritia, non si curando per acquistar ricchezze seruire
agli appetiti insatiabili di Cesare, essendo liberi. Ma io
non ho cessato, nè cesserò insieme con uoi di combattere
per la libertà; & sono disposto di non ricusare alcun pericolo; & se io ho hauuta alcuna peritia nelle guerre o
alcuna felicità, priego li Dei che mi conseruino inuitto, & certamente noi dobbiamo sperare, che gli Dei immortali piglieranno la difesa nostra, hauendo prese l'armi con tanta giustitia, & honestà, & combattendo per
la salute della nostra Repubblica. Voi uedete la grandezza degli apparecchi nostri maritimi, & terrestri, & do-

uete

uete renderui ficuri & certi, ch' bauendo al prefente tutte le
prouifioni necefsarie per la guerra abbondantifsimamente , quefte medefime non ci mancheranno quando farete entrati meco
nell'imprefa . Vedete che tutte le nationi dal Ponente infino
al mar maggiore , cofi Greche, come Barbare , militano &
combattono per noi : tutti i Re, i quali fono amici al nome
Romano, ci fomminiftrano foldati a piedi & a cauallo, armi,
uettouaglia, e qualunque altra cofa necefsaria. Entrate adunque allegramente con gli animi gagliardi in quefta imprefa degna della patria, di uoi, e di me uoftro Comillitone, bauendo
fempre nel cuore l'ingiurie ch' hauete riceuute da Cefare , e
portandoui obbedienti a' ricordi miei . Poi che Pompeo hebbe
cofi parlato, tutto l'efercito, e fpecialmente i Senatori, & i
Caualieri in grandifsimo numero, laudando e magnificando la
uirtù di Pompeo, con unita uoce rifpofero efsere apparecchiati andare con lui in ogni luogo, e far tutto quello che fofse loro impofto. Pompeo adunque, efsendo l'eftremo del uerno, &
il mare inquieto, perfuadendofi che Cefare non fi mouefse ancora, ma che piu tofto attendefse a farfi prorogare il Confolato per l'anno futuro, impofe a i Prefetti dell'armata, ch'
attendefsero a guardare i porti di quei mari, & egli mandò
alle ftanze l'efercito, parte in Tefsaglia, e parte in Macedonia non confapeuole della futura forte. Cefare come habbiamo detto di fopra, era andato a Brindifi partito da Roma
nel mefe di Dicembre, fperando di poter piu facilmente rompere i difegni di Pompeo, e metterlo in difordine, afsaltan-
dolo fuori di ftagione & improuifamente. Onde efsendo fenza
alcuno apparecchio o ordine di uettouaglia , ne bauendo ancora unito infieme l'efercito (come quello che riponeua la uittoria nella preftezza) chiamò in configlio tutti quelli che fi trouarono quiui prefenti, i quali animò e confortò con le infraf-
critte parole. Ne la intemperanza e difficoltà del uerno, foldati e cittadini miei , ne pericolo alcuno , ne i grandifsimi
apparecchi della parte a noi contraria, ne le poche forze noftre rifpetto a quelle de gli auuerfarj, ui hanno rimofsi dall'
imprefa contro a Pompeo, come quelli, che fiete uenuti meco
per far grandifsimi fatti, e per fuperare ogni difficoltà . Se
non mancarete a uoi medefimi, faremo fenza dubbio uitto-
                                                    riofi.

riofi . I noftri nemici benche fiano fuperiori di forze , fono
inferiori di uirtù e diligenza , ufando in ogni cofa non picciola tardità . La uittoria è nelle noftre mani , fe fapremo
ufare il beneficio della preftezza . Onde accioche noi fiamo
piu efpediti , pare a me che lafciamo in quefto luogo i ferui , i carriaggi , e l'altre cofe , le quali pofsano ritardare o
impedire il noftro cammino . Pigliamo folamente quella parte delle naui , che ci baftano al porci di là dal mare per po-
tergli piu facilmente ingannare , pigliando quefta ottima fortuna & occafione , la quale ne porge la ftagione del uerno :
& in luogo del poco numero de' foldati uogliamo auanzare i
nemici con la uirtù e con l'ardire . La uettouaglia ci darà
la comodità del paefe , la quale farà abbondantiffima , fe
tofto porremo in terra & occuperemo agli auuerfarj il tranfito
& il paffo delle uettouaglie . Andiamo adunque allegramente
e uolontieri , che la uittoria non può mancarci , affaltando
i nemici , i quali ftanno al coperto per ifchifare il freddo , e
credono che ancora noi ftiamo in otio & in pompe , e che at-
tendiamo alle cerimonie del Confolato . Moftrianci loro di fatto e repentinamente , perche niuna cofa è di maggior terrore
a' nemici , che l'effere affaltati fuori d'ogni penfiero &
opinione . Et io non ho maggior difiderio al prefente , che
moftrarmi fubito al cofpetto di Pompeo , hora che egli crede ch'io fia in Roma , e dia opera al Confolato . E cofi
detto , tutto l'efercito ad una uoce rifpofe effer contento
di montare in naue e feguirlo di buona uoglia . Onde Cefare fcefo dal tribunale , fubito ordinò cinque legioni di fanti , e cinquecento Caualieri eletti con due legioni di caualli . E con quefto efercito montò in fu l'armata , benche baueffe poche naui , & il mare foffe tempeftofo per rifpetto del
uerno . Et una parte de' nauilj lafciò alla cuftodia di Sardigna , e di Sicilia , & arriuato per tempefta a' monti Ce-
rauni in Albania , rimandò a Brindifi le naui per leuare
il refto dell' efercito : e la notte s'accoftò ad Orico , doue
fu coftretto a diuidere le genti d'arme in piu parti , per
l'anguftia & afprezza delle uie , accioche fe alcuno prefen-
tiffe la uenuta fua , foffe piu efpedito & ordinato alla battaglia . Era appena leuato il Sole , quando una moltitudine
di

di soldati corse a lui, significandoli che quelli, i quali erano
al presidio d'Orico, erano disposti portarli le chiaui per non
si uolere contraporre al Consolo de' Romani. E così detto, soprauenne il Prefetto della città, e posegli le chiaui in mano,
chiedendo a Cesare solamente, che uolesse ritenerlo seco con
qualche honore e dignità. In questo medesimo tempo Lucretio
e Minucio con dieciotto naui lunghe si posero alla guardia dell'
opposta parte di Orico per guardare, e saluare a Pompeo il
passo delle uettouaglie, & accioche l'armata non fosse assaltata da Cesare, & essi andarono a Durazzo per la dritta.
Cesare partito d'Orico andò a Velona, doue essendo riceuuto da i cittadini lietamente, Tamerio Prefetto della città si fuggì dalla guardia. Cesare raunato insieme l'esercito
fece manifesto a i soldati suoi in che modo egli hauea fatte molte nobili cose, mediante la prestezza, e come hauea
prosperamente occupato già tanto spatio di mare soprastando
ancora la uernata, e riceuuto in potere suo, quasi con la
spada nella uagina, Orico e la Velona, e che ciò era interuenuto appunto nel modo, ch'hauea predetto, non hauendo
Pompeo ancora alcuna notitia. Per la qual cosa disse, se
noi piglieremo Durazzo, il quale è il granajo di Pompeo,
ogni cosa sarà in podestà nostra, conciosicosache Pompeo habbia
consummata tutta la presente state per far munitione di uettouaglie in detto luogo. Essendoli adunque consentita l'impresa da tutto l'esercito, subito prese il cammino uerso Durazzo, camminando giorno e notte senza tramissione. Il che
presentendo Pompeo con grandissima sollecitudine partito di
Macedonia, mosse l'esercito contra Cesare, e per tutto il
uiaggio, doue erano selue o boschi, faceua tagliare gli arbori
& attrauersare per la uia, e fare spianate per impedire il
passo di Cesare. Leuò ancora da'fiumi tutti i ponti, arden-
do tutte le biade e frumenti, che trouaua, accioche Cesare
hauesse carestìa di uettouaglia. E considerando ciascuno di
questi due eccellentissimi Imperadori, e Capitani, che la principalissima parte della uittoria staua nel conseruare intero e
sicuro tutto l'apparato della guerra, però e l'uno e l'altro ogni
uolta che uedeua discosto poluere, o fuoco, o fumo, stimando
che fossero i nemici, faceua sollecitare, e così non si curando

do ne di mangiare , ne di dormire , confortando ciaſcuno i
ſuoi: e nel camminare di notte con le fiaccole acceſe, ſpeſſo na-
ſceua qualche tumulto , e dal tumulto la paura, la quale
confondeua ogni coſa. Alcuni adunque uinti dal caldo gittauano a terra le coſe, le quali portauano ſeco, o le naſcondeua-
no in qualche ualle. Camminando adunque l'uno e l'altro eſercito con queſta ſollecitudine e timore , Pompeo arriuò prima
egli a Durazzo, & accampoſſi uicino al caſtello, e mandando l'armata innanzi , preſe Orico , e con maggior diligenza
incominciò a guardare il mare. Ceſare ſoprauenendo poco dapoi, preſe gli alloggiamenti in ſu'l fiume Alora in luogo, che
fu neceſſario, che uolendo l'un campo e l'altro abbeuerare ,
ueniſſero alle mani , benche non con tutte le forze , perche
Pompeo adoperò ſolamente le cerne. Ceſare aſpettando i ſuoi
che doueano uenire da Brindiſi , e perche ſtimaua ch' eſſendo
già la primauera, haueſſero fatto uela, e dubitando che non
poteſſero fuggire di non affrontarſi con l'armata di Pompeo ,
mandò loro un meſſo con grandiſſima preſtezza a comandare ,
ch' affrettaſſero il uiaggio. Ma uedendoli tardare , deliberò
metterſi egli a nauigare in modo , che l'eſercito non n' haueſſe notitia ; e diſſimulando il proponimento e concetto dell'animo ſuo, mandò tre ſerui innanzi alla uolta del fiume, il qual'
era diſtante dal campo due terzi di miglio , e comandò che
uolleggiaſſero un nauilio uelociſſimo & leggiero, con un padrone eſperto , e fedele , fingendo uolerui mandare ſu uno de'
ſuoi. Dapoi eſſendo a menſa, finſe di ſentirſi di mala uoglia,
& uſcito dal cenacolo mutò la ueſte , e con habito ſconoſciu-
to montò in ſu un carro, e trouati i tre ſerui ch' haueano
condotta una nauetta, ui montò ſu, ſimulando eſſere uno
mandatario di Ceſare ; menando ſeco i tre ſerui in queſto
modo incognito , e di notte, eſſendo il mare combattuto da'
uenti, impoſe a' ſerui, che confortaſſero il gouernatore della
naue che ſollecitaſſe il cammino , dimoſtrando temere di non
eſſere ſcoperto da' nemici. Il nocchiero uinſe per foza l'impeto del fiume, & eſſendo peruenuti al luogo , doue il fiume
ſboccaua in mare , incominciarono a ſolcare l' onde maritime , ma eſſendo ributtati dalla ferocità del pelago , e dalla
malignità de' uenti, che allora erano potentiſſimi , non pote-

uano

uano penetrare piu a dentro. Il gouernatore, come se hauesse la caccia da' nemici, si sforzaua di passare auanti per forza. Ma non giouando alcun suo ingegno, e già lasso, & istanco uedendosi acquistare poco, si lasciò uscire il timone di mano, come disperato. Allora Cesare scopertosi, e manifestatosi al nocchiero, e uoltandosi uerso di lui, intonando con uoce sonora, disse, habbi l'animo forte, e gagliardo, non dubitare, perche tu porti Cesare, e la felice sua fortuna. Stupefatti da questa uoce li marinaj, & il gouernatore, si sforzarono con ogni arte, & ingegno ritrar la naue dalla bocca del mare. Ma essendo molto piu percossa, e combattuta da' uenti, furono li marinaj costretti cedere alla uiolenza della tempesta, & essendo già apparito il giorno, parendo loro essere scoperti incominciarono a temere de' nemici. Cesare allora accusando la fortuna sua, come inuidiosa della sua gloria, e felicità, confortò il nocchiero, & i marinaj, che ritornassero indietro, tanto che essendo i uenti in buona parte si condussero di nuouo doue sboccaua il fiume. Alcuni stauano ammirati considerando allo ardire di Cesare. Altri si doleuano, che egli si fosse messo a far quello ch'era piu tosto conueniente ad un soldato, che degno d'un tal Imperadore di esercito. Finalmente Cesare uedendo, che non potea piu oltre nascondersi, uolse che Postumio in suo luogo nauigasse, ordinandoli, che imponesse a Gabinio, che conducesse l'esercito in su le naui, e non uolendo farlo, commettesse questo medesimo ad Antonio, e ricusando ancora esso Antonio, ne desse la cura a Caleno, e se al fine ciascuno il denegaua, scrisse in tal caso una lettera a tutto l'esercito, che uolesse obbedire a Postumio, e uoltare le uele in quel luogo, doue il uento li menasse, non si curando delle naui, perche hauea bisogno degli huomini, e non delle naui. Et in questo modo Cesare si accommodaua alla qualità della fortuna, usandola ragioneuolmente. Pompeo dall'altro canto affrettando d'interrompere a Cesare ogni disegno, menaua lo esercito, instrutto, & ordinato alla battaglia, e mandati due de' suoi a tentare il guado del fiume, & inteso che uno era stato morto dalla scorta di Ce-

sare,

sare, incominciò a tirarsi indietro, parendoli questo uno infelice augurio. Mentre che Postumio nauigaua a Brindisi, Gabinio per se medesimo hauea presa la uolta uerso Schiauonia con tutti quelli, che spontaneamente lo uolsero seguitare, e nauigando senza alcuno riposo o intermissione, furono assaltati, e quasi tutti morti dagli Schiauoni, la qual cosa Cesare sopportò con pacienza. Tutti gli altri condusse Antonio in su le naui con le uele sparse al uento alla Velona. Et essendo cessato il uento in su 'l mezzo dì, circa uenti naui di Pompeo gli andarono ad affrontare, i quali uedendosi al tutto essere mancato il uento temeano di non essere inuestiti, e messi in fondo. Onde già si preparauano alla zuffa con tutte le cose necessarie, quando si leuò subito uno uento maggiore che il primo. Dando adunque di nuouo le uele al uento, si pongono a fuggire con ueloce corso. Alcune naui, le quali erano piu uicine al lito, & haueano manco uento, essendo per lungo spatio combattute, finalmente scorsero a certi luoghi importuosi in modo, che due ne dierono in scoglio, le altre si fermarono in un luogo chiamato Ninfeo. Già hauea Cesare unito lo esercito insieme, e Pompeo similmente, e l'uno e l'altro con grandissimi apparati erano accampati in su un medesimo colle. E nel far gli steccati, e li fossi intorno agli allogiamenti, e le altre prouisioni consuete da chi si uuole fortificare negli alloggiamenti, erano appiccate molte scaramuccie. Sceua capo di squadra di Cesare, hauendo già in molte scaramuccie fatte molte opere eccellenti, uedendo, che Cesare era stata ributtato presso allo steccato, fattosi incontro a' nemici, & rotta la lancia, gli fu ferito l'occhio da una uerretta. Per il che saltato in mezzo dou' erano gli auuersarj fè senno di uoler parlare. Stando adunque ciascuno con silentio, chiamò a se uno Condottiere di Pompeo, il quale conosceua di uirtù singolare, e dapoi parlò in questo modo. Salua uno, il quale è simile a te, salua l'amico, e fa ch'io sia curato, perche sono afflitto dal dolore della ferita. Facendosegli incontro, come a fuggito dello esercito nemico, due de' soldati di Pompeo per ajutarlo, Sceua ne ammazzò uno, e l'altro ferì

Q   graue-

grauemente in su la spalla, e così fatto, abbandonò lo
steccato, e se medesimo, dicendo, io muojo uendicato. Veduto gli altri soldati di Cesare questo nobile fatto di Sceua, presi da uergogna, con animo gagliardo presero la difesa dello steccato, nella quale opera Minutio, che era alla guardia, si portò uirilmente: il che dimostrarono centouenti uerrette, che erano fitte nello scudo suo, e sei ferite, che gli furono date, & uno occhio che gli fu cauato,
e però Cesare honorò lui, e tutti gli altri secondo i meriti
loro con degni premj; e dapoi essendoli messo innanzi un
trattato di prender Durazzo, di notte accompagnato da pochi secondo la consuetudine sua in simili cose, andò alle
porte del tempio di Diana ma senza effetto. In questo tempo Scipione suocero di Pompeo conduceua di Soria un'altro
esercito, al quale facendosi incontro Gajo Caluisio presso a
Macedonia fu uinto, e mortali una legione intera da ottocento in fuori, che appena scamparono. Cesare in questo
modo era al tutto per mare inferiore, & impedito per l'armata di Pompeo, e l'esercito suo era già oppresso dalla
fame in modo, che haueuano incominciato a mangiare pa-
ne fatto con l'herba. Et essendo portati alcuni di questi
pani a Pompeo, accioche se ne rallegrasse, ei non ne prese alcuna letitia: ma disse, che haueua a combattere con
bestie. Cesare adunque ueggendosi al tutto da necessità costretto, unì tutto lo esercito insieme, con proposto e deliberatione di forzare, e prouocare Pompeo alla battaglia.
Et benche uedesse, che molti de' soldati suoi haueuano lasciate le guardie uuote, nondimeno sopportaua con pacienza, e fu acceso molto piu a combattere, quando piu conosceua, che gli bisognaua tentare la fortuna in una impresa difficilissima e terribile, facendo questo disegno di rinchiu-
dere lo esercito di Pompeo in qualche stretto luogo, quasi
come tra un muro, ouero steccato, giudicando, che quando
bene il disegno non li riuscisse, li recarebbe almeno grandissima fama, & riputatione del suo incredibile ardire. Pompeo
dall'altra parte si fortificaua con fosse, e con steccati; e così
l'uno, e l'altro imaginauano dì per dì cose ancora inutili, per
desiderio della uittoria. Et essendo l'uno e l'altro esercito
intor-

intorno a Durazzo, uennero alle mani, e fecero un memorabile, & egregio fatto d'armi, nel quale essendo Pompeo superiore mise in fuga i soldati di Cesare, e persegui-
togli insino a gli alloggiamenti, e tolse loro molti de' loro
stendardi, & harrebbe presa la bandiera dell' Aquila, che
era l'arma particolare, e propria de' Romani, se non che
chi la portaua, mettendosi a correre, la buttò dentro allo
steccato. Cesare ueggendo la fuga de' suoi, mandò fuori
un' altra parte dello esercito, a' quali entrò tanto timore, che benche Pompeo fosse discosto, nondimeno non poteuano stare alla guardia delle porte dello steccato, ne
seruare alcuno ordine, ne obbedire a' comandamenti di
Cesare, ma confusamente discorreuano doue la uolontà,
e la paura gli trasportaua, non essendo ritenuti ne da
uergogna, ne da comandamento, ne da ragione alcuna,
ancora che Cesare fosse loro sopra capo, & dimostrasse l'infamia, nella quale ueniuano, ueggendo Pompeo ogni
cosa. Ma niente giouaua; anco gittando a terra l'armi, per essere piu espediti, si metteuano in fuga, &
alcuni uergognandosi pure di tanta pusillanimità, si gittauano boccone a terra, per non essere conosciuti, tanto
era eccessiua la paura loro. Fu nel numero di questi
uno, che hauendo per timore, e per inauuertenza uoltato
lo stendardo capo piè, fu morto per comandamento di
Cesare. E finalmente fu si grande il terrore de' Cesariani, che lasciarono gli alloggiamenti in abbandono.
Pompeo adunque accorgendosi manifestamente del disordine
de gli auuersari, si mosse con inuittissimo animo per as-
saltargli, e per insignorirsi de gli alloggiamenti, con certa speranza di finire quella guerra in una sola battaglia,
se non che dissuaso da Labieno suo amicissimo mutò consiglio,
& andò seguitando i nemici che fuggiuano, o per dubbio
di pigliare l'impresa ch' hauea proposto, o per sospetto che
gli alloggiamenti non fossero stati lasciati soli per ingannarlo, e condurlo in qualche insidia, o pure perche si persuadesse hauer uinto in ogni modo. Quelli, che erano usciti, assaltò, e molti ne ammazzò combattendo, & in quel
giorno prese uentidue stendardi. In questo modo Pompeo

pre-

prese il partito piu inutile, e lasciò quello, ch' al tutto
gli barrebbe data la uittoria. In modo che Cesare affermò che in quel giorno la guerra era finita, se bauesse
bauuto nemici, i quali bauessero saputo usar la uittoria.
Pompeo eleuato da questa uittoria, ne scrisse a tutti i
Re, e Principi, e città, & amici suoi, sperando che
lo esercito di Cesare, come macerato dalla fame, & inuilito per la rotta riceuuta, facilmente douesse abbandonare Cesare, & unirsi con lui. Ma interuenne il contrario, perche i soldati Cesariani compunti dal peccato,
& errore commesso, ripresero il uigore dell' animo, &
essendo bumanamente ripresi da Cesare, e promesso lor
perdono, furono accesi in loro medesimi piu che l' usato
in modo, che riuolti con subita mutatione chiesero che Cesare secondo il costume patrio punisse per morte la decima
parte di loro. Ma ricusandolo Cesare, furon oppressi da
grandissima letitia, e lagrimando per la dolcezza, con-
fessauano bauere indegnamente offeso, & ingiuriato il Capitano: finalmente giudicauano che fossero morti quelli,
che baueano perduti i uessilli, essendo stati cagione della
fuga de gli altri. Ma Cesare ne ancora questo uolle consentire di tutti, ma di pochi, i quali erano in maggiore
colpa. Per la qual cosa nacque in ciascuno per la mansuetudine, e clemenza di Cesare, tanto ardire, che chiedeuano che fosse loro concesso andare a ritrouare i nemici
piu tosto che fosse possibile, promettendo prontissimamente
di emendare pel mezzo della uittoria il mancamento loro.
Et alla presenza di Cesare uoltandosi l' uno all' altro,
giurarono con solenne sacramento non si partire mai dal
campo, ne dalla guerra se prima non erano uittoriosi.
Gli amici adunque di Cesare lo confortauano, che uolesse
usare questa prontezza de' soldati suoi, senza mettere piu
tempo in mezzo. Esso rispose in modo, che fu udito da ciascuno, ch' era contento in tempo piu comodo usare la fede
promessa, e prouar la uirtù di tutti, confortandogli, che si
ricordassero di questo loro ardire, e prontezza. Dapoi in priuato parlò agli amici dicendo, che innanzi ad ogni cosa era
necessario scacciare la paura, la quale era entrata negli
                                                          animi

animi de' uinti, e guaſtar l'ordine degli auuerſarj, e che per queſto riſpetto perdonaua a quelli, che erano ſtati ſuperati a Durazzo, nel quale luogo hauendo Pompeo tutto il ſuo sforzo, & apparato, gli parea piu che neceſſario tirarlo in qualch'altro luogo, doue li mancaſſe il biſogno della uettouaglia. E detto queſto ſuo parere, ſubito preſe la uolta della Velona, e di quì conduſſe l'eſercito in Teſſaglia, camminando piu di notte, che di giorno, e nel cammino acquiſtò Golfo città picciola, e meſſela a ſacco, perche gli hauea uietato il paſſo. I ſoldati, i quali erano ſtati afflitti da lunga fame, dauano opera a mangiare, & a bere tanto diſordinatamente, che molti s'imbriacauano. Tra' quali principalmente i Tedeſchi erano ridicoli, come aſſuefatti manco al uino tanto, che ſe Pompeo foſſe ito loro dietro con preſtezza, facilmente gli harebbe tutti ſuperati. Ma egli perche non ne facea molta ſtima, non curò ſeguitarli, tanto che Ceſare hebbe ſpatio di condurſi in Farſaglia in ſette dì continoui, doue poſe il campo. Leggeſi di Golfo una coſa degna di memoria, e compaſſione. Eſſendo ſtata queſta città (come detto habbiamo) ſaccheggiata da Ceſare, furono trouati piu corpi morti, e tutti de' primi, e piu illuſtri cittadini, che giaceuano in terra ſenza alcuna macchia, o ferita, come ſe giaceſſero per imbriachezza, e ciaſcun hauea un calice ſopra il capo, & un ſedeua nel tribunale con habito di medico, il quale ſi conoſceua ch'hauea dato a bere prima il ueleno agli altri, e preſelo poi per ſe. Hauendo al fine Pompeo deliberato di andare a trouar Ceſare, diede la cura di tutta l'armata ad Afranio, accioche aſſaltaſſe Ceſare per la uia di mare, e gli toglieſſe la comodità, & uſo del mare per tenerlo piu uagabondo, e biſognoſo. E benche egli haueſſe ſtatuito nell'animo con tutta la fantaſìa, e con una parte delle genti d'armi con ogni poſſibile preſtezza trasferirſi in Italia, la qual gli era ancor beneuola, & inſignorirſi poi della Francia, e della Spagna, e poi mouere le armi & ogni sforzo ſuo contro Ceſare; il quale conſiglio, e partito ſe lo haueſſe mandato ad effetto gli recaua la uittoria certiſſima; nondimeno mutò propoſito ſol per gl'imprudenti e pericoloſi conforti di coloro, i quali li perſuaſero che doueſſe al tutto perſeguitar ſenza

in-

intermiſſione alcuna o lunghezza di piu tempo, lo eſercito di
Ceſare, conſummato dalla fame, e come un reſto della uittoria
di Durazzo, moſtrandoli che ſenza alcuna difficoltà ſarebbe
uittorioſo, affermando eſſere coſa molto ignominioſa laſciar Ceſare, che fuggiua, & dimoſtrare che'l uincitore cedeſſe al uinto. Dalle quali perſuaſioni uinto Pompeo, e ſpetialmente per
compiacere a Lucio Scipione, il qual eſſendo in Macedonia,
temeua che non gli foſſe moſſa la guerra, deliberò, ponendo da
parte ogni altra conſideratione, di fare fatto d'armi, & appiccar la zuffa con Ceſare. Il perche confortando le genti a
piè, & a cauallo, ſi miſe auanti, e preſe gli alloggiamenti in
Farſaglia preſſo al campo di Ceſare, ſi che tra l'uno campo, e l'altro non era una diſtanza di piu che circa trenta
ſtadj. A Pompeo era portata la uettouaglia da ogni parte
abondantiſſimamenne. Percioche gli erano in modo aperte le
ſtrade, & i porti, e le città, e le caſtella, che per mare,
e per terra di continouo gli erano condotte tutte le coſe neceſſarie pel campo. Ceſare hauea ſolamente quella uettouaglia,
la quale ſi toglieua per forza: e nondimeno da niuno de'ſuoi
era abbandonato. Ma con marauiglioſo ſtudio ciaſcuno deſideraua appiccarſi co'nemici, parendo loro eſſere migliore gente, e piu eſperti alle guerre, eſſendo ſtati dieci anni, o piu
continoui con l'armi indoſſo, & in ſu i campi. Nondimeno diceuano, ch'hauendo ad eſſere affaticati in luogo di guaſtatori in cauar foſſi, o in edificar mura, o in portar uettouaglia, conoſceuano (per eſſer ormai prouetti di età) che non
poteuano durare a tale fatica, ne eſſere coſi robuſti poi al
combattere: e però confortauano Ceſare, che ſenza piu indugio cercaſſe di uenire alle mani. La qual coſa intendendo
Pompeo, giudicaua eſſer non mediocre pericolo combattere con
huomini bellicoſi, e che non ſi curauano di loro medeſimi, ne
di metterſi alla morte uolontariamente per fare eſperienza,
e forza di uincere, dubitando ancora dell'animo inuitto, e
non mai ſtanco di Ceſare, il quale ſi uedea che deſideraua
tentare la fortuna, e combattere per acquiſtar non una città, o una regione, ma tutto l'imperio de'Romani. E per
queſta cagione pareua che Pompeo finalmente haueſſe mutato
propoſito, e riputaſſe piu ſicura, e piu certa uia alla uittoria
tenir

tenir Cefare in fu la fella, e confummarlo a poco a poco pel mezzo della fame, e delle difficoltà, nelle quali fi ritrouaua, effendo certo che ne per mare, ne per terra poteua hauere il bifogno delle uettouaglie, ne accrefcere altrimenti il fuo efercito, ne hauere la commodità delle naui da poterfi leuare dallo affedio. Deliberò adunque differire, e prolungare il combattere, e condurre gli auuerfarj in eftrema & ultima fame, per uincerli poi fenza fatica, e per hauergli a difcretione. Ma la fortuna fua fattafegli iniqua e contraria, la quale haueua deliberato fare Cefare uittoriofo, non permife che Pompeo poteffe gouernarfi fecondo il fuo grauiffimo configlio; percioche una gran moltitudine di Senatori, i quali erano con lui, un gran numero di Caualieri illuftri, molti Re, e Signori, ch'erano in fua compagnia, con una uoce tutti lo confortauano, e quafi sforzauano alla battaglia, parte de' quali erano moffi per non effere efperti nella difciplina militare, parte per l'arroganza ch'haueano prefa per la uittoria acquiftata a Duruzzo, parte per parergli effere molto fuperiori di forze, & alcuni per effere ftanchi, e defiderare lo euenimento di quella guerra con honefto fine. E Cefare dall' altra parte, che bene conofceua non hauere alcun'altro rimedio, che'l uenire tofto alle mani, faceua ogni cofa, & ufaua ogni arte, & induftria per prouocare i nemici alla zuffa, tenendo fempre il campo ordinato a fquadra a fquadra. La qual cofa ancora inuitaua tanto maggiormente i foldati di Pompeo al combattere di prefente. Ma Pompeo opponendofi a quefto loro finiftro, e periglofo configlio, dimoftraua loro che Cefare era al tutto coftretto da neceffità metterfi a difcretione di fortuna, ne poteua per altro mezzo faluarfi che col uenire fubito alle mani, perche nel combattere fperaua la falute, e la uittoria, e fapeua la difperatione dare accrefcimento di forze, e d'ardire a i foldati, e che nello ftarfi non haueua alcuno rimedio, & a noi, diffe Pompeo, è data la uittoria in mano, ne ci puo effere tolta, fe ftaremo quietamente, e non uorremo mettere in compromeffo quello che è ueramente noftro, e lafciarci trafcorrere nelle forze della temeraria fortuna. Ma ftimolato molto piu dallo efercito, & incominciando già alcuni a biafimarlo, ch'effendo Imperado-

re

re d' un tanto esercito, & hauendo il gouerno di tanti illustri soldati, e potendosi chiamar Re de' Re, & un' altro
Agamennone, & hauendo amministrate tante guerre con tanta sua gloria, ch' hauea meritato essere cognominato Magno,
hora dimostrasse temer di quello, di che non si douea fare alcuna stima, finalmente fu sbattuto dalla propria ragione, e
costretto pigliare piu tosto il consiglio d' altri, benche uedesse
manifestamente esser la rouina sua, che a fare a modo suo,
forse per qualche Deità, che gli era auuersa, e contraria, &
in questo modo diede se, e tutte le cose della guerra all'arbitrio di chi lo consigliaua pernitiosissimamente. Et già fatto
piu tardo, e pigro del consueto fuori della natura sua, non
senza pericolo suo, e di chi lo confortaua a questo partito,
benche contra la uoglia sua ordinò la battaglia. Cesare quella notte haueua mandate tre legioni a prouedere alla uettouaglia, lodando la tardità di Pompeo: e però stimando che
non hauesse a mutar consiglio, l' hauea mandate piu liberamente. Ma intendendo poi che Pompeo si apparecchiaua al
combattere, si rallegrò molto, giudicando che Pompeo ne fosse per forza astretto dallo esercito. Et però subito richiamò
le tre legioni, & a mezza notte fatti i sacrificj, inuocò
Marte, e Venere sua parente. Conciosiache da Enea, & da
Giulio suo figliuolo la familia de' Giulj hauesse origine, come dimostra il cognome. Fece ancora uoto di edificare un tempio
alla Dea della uittoria in Roma, essendo uittorioso. In quella
medesima notte si uide trascorrere pel cielo un folgore, che penetrò dal campo di Cesare insino a gli alloggiamenti di Pompeo,
e quiui parue che spegnesse. Onde i soldati Pompejani giudicarono ch'hauesse loro ad auuenire qualche cosa splendida, & illustre contro agli auuersarj. Cesare piu sanamente prese, che tale
augurio significasse, che egli douesse estinguer la gloria di Pompeo. La medesima notte ancora uolendo Pompeo sacrificare
agli Dei, la uittima fuggì dal tempio, e non si potè ripigliare, e dinanzi all'altare si fermò uno sciamo di pecchie.
Oltre a questo segno, nacque nell' esercito suo (essendo ancora auanti giorno) una certa paura confusa: e Pompeo, uo-
lendone intendere la cagione, andò cercando tritamente tutto
il campo, e non trouando cosa alcuna, si gittò in su'l letto

per

per riposarsi, doue fu assalito da profondissimo sonno, e desto poi dagli amici, disse hauere sognato, come hauea ueduto che in Roma era consecrato un tempio a Venere Vittrice, non sapendo però il uoto di Cesare. Gli amici suoi, e tutto l'esercito si rallegrò per tale sogno in modo, che con un certo impeto, & imprudenza, e con fare poca stima di Cesare, si affrettauano alla battaglia, come se fossero certi della uittoria, e molti già in segno di uittoria adornauano i padiglioni con rami di lauro, & i serui apparecchiauano splendide, e pompose uiuande, & erano alcuni de' primi Senatori, i quali già cominciauano a contendere chi di loro hauesse a succedere nel Sacerdotio di Cesare, che era allora Pontefice Massimo. Le quali cose tutte Pompeo hauea in horrore, come peritissimo nell'arte militare, & benche se ne turbasse molto, nondimeno simulaua, & taceua, stando in dubbio se a lui staua il comandare, o nò, ueggendo non potere gouernarsi a modo suo, ma essere piu tosto retto, e gouernato da altri, essendo contra l'instituto, e uolontà sua necessitato, & astretto al combattere. Tanta timidezza pareua, che fosse nata in lui, essendo stato insino a questo tempo Capitano magnificentissimo, & hauendo hauuta la fortuna fauoreuole in ogni cosa. Il che gl'interueniua, perche gli pareua mettere in su'l tauogliere la salute di tanti huomini, & ancora la propria gloria sua, la quale insino all'era era stata inuitta. O ueramente nasceua il timor suo da una certa diuinatione, & aspiratione de' cieli, & dal male della rouina sua, essendo già propinqua, & uicina, douendo quel medesimo giorno cadere da si alto, & sublime grado di Principato. Dicesi, che predisse agli amici solamente questo, che quel dì qualunque di loro due fosse superiore nella uittoria, doueva esser cagione di grandissime calamità a' Romani, & così detto uscì fuori alla campagna con le schiere ordinate alla guerra. L'esercito di questi due Capitani, secondo ch'io ho potuto ritrarre da quelli, ch' hanno scritto piu particolarmente l'historie de' Romani, fu in questo modo. Cesare hauea seco uentiduemila soldati, tra' quali furono circa mille Caualieri. Pompeo era seguito da due uolte altre tanti, tra quali erano settemila Caualieri. Sono alcuni, ch' affermano, che in questa bat-

R   taglia

taglia interuennero settantamila Italiani, & chi scriue del minore numero, dice sessantamila, & chi fa mentione di forestieri, pone che fossero tra tutti quattrocentomigliaja: & di questi dicono che Pompeo n' hauea il sesto piu. Altri affermano delle tre parti le due. Maqualunque si fosse il numero dell'una parte & dell'altra, ciascuna di loro haue a tutta la speranza sua ne gli Italiani. I forestieri, ch'erano in compagnia di Cesare, erano popoli Francesi, & Greci Acarnani, & Etoli. Con Pompeo erano popoli, & genti Orientali in copioso numero, così a piedi come a cauallo, Lacedemoni, & Beotj, Ateniesi, & Mori, & finalmente in ajuto di Pompeo erano uenuti quasi tutti quelli, ch' habitauano nel circuito del mare Orientale, cioè Tracj, Elespontj, Bithinj, Frigj, Jonj, Lidj, Panfilj, Pisidj, Paflagonj, Cilicj, Soriani, Fenicj, Ebrei, Arabeschi, Ciprioti, Rodiani, & Candioti: erano ancora con lui alcuni Re e Signori; Dejotaro Tetrarca Prencipe de' Galati Orientali, & Ariarate Re di Cappadocia; gli Armeni, ch'habitano di quà dall'Eufrate sotto Taffile loro Duca: Megabate Capitano di Artabo Re dell' Armenia sopra l'Eufrate; & d'Egitto gli furono mandate in ajuto sessanta naui da Cleopatra Regina & dal fratello ancora giouanetto. Ma queste naui non si ritrouarono all'impresa, perche Pompeo in quella guerra non adoperò l'armata, ma la tenne a Corfù in otio: il che non fu fatto prudentemente da lui, non si curando ualersi dell'armata nella quale era molto superiore a Cesare, e per il mezzo della quale gli harebbe potuto serrare il passo alla uettouaglia. Ma solamente si confidò nell'esercito terrestre, hauendo a combattere con soldati auuezzi a lunga fatica, e nella guerra feroci, & espertissimi. Oltre a ciò la uittoria, ch'hebbero i Pompejani a Durazzo, fu cagione ancora dell'infelicità di Pompeo, & della prosperità di Cesare, perche l'esercito di Pompeo insuperbito, e fatto insolente da tale uittoria, diuentò preuaricatore dell'autorità, e riputatione del suo Capitano, e si uoltò anco si precipitoso alla guerra senza alcun rispetto o prudenza. Ma Dio permise così, hauendo determinato, che l' Imperio de'Romani sotto un Monarca fosse dominatore dell' uniuerso. Hauendo l'uno, e l'altro Capitano ordinato l'esercito,

eito, & ogni altra cosa necessaria alla pugna, Pompeo in
confortare, & in animare i suoi, parlò in questa sentenza.
Ciascun di uoi, o soldati, e compagni miei, sa, che a questa fatica non per mio ordine, o comandamento, ma per propria uolontà uostra siete condotti. Percioche potendo noi uincere, e macerare Cesare senza combattere, uoi tentando la
fortuna, e mettendo in pericolo ogni cosa, hauete deliberato
uenire alle mani. Adunque poi che così ui pare, considerate
almanco come ottimi giudici di guerra, che molti, come siamo noi, habbiamo ad andare contro a pochi rispetto al numero de' nostri soldati, e che i uincitori uanno a trouare i
uinti: i giouani, quelli, che sono gia quasi uecchi: quelli,
che son gagliardi, e ch' hanno le forze intere, coloro i quali
sono stanchi, & indeboliti. Considerate a tanta potenza
quanta è la nostra, & alla giustissima causa, per la quale
siamo mossi a questa impresa, hauendo prese l'armi solamente per difendere la libertà pubblica, e la patria dalla tirannide, confidandoci nella buona nostra coscienza, e nella osseruanza delle nostre leggi, e nella compagnìa, & ajuti, e
fauori di tanti eccellenti Re, Principi, popoli, e Signori,
e nella propria uirtù di tanti Senatori, e Caualieri. Ricordateui oltre a ciò, che noi combattiamo contra un'huomo,
che sempre ha cercato acquistare Imperio con fraude, latrocinj, furti, e rapine. Andiamo adunque con buona speranza, e con animo franco, & inuitto, ponendoui innanzi a
gli occhi la fuga de' nemici a Durazzo, e tanti uessilli,
quanti pigliammo in un giorno solo. Cesare dallo opposto esortò
i suoi con le infrascritte parole. Già superate habbiamo compagni miei tutte le difficoltà, se hoggi ciascuno di uoi dimo-
strerà la uirtù sua. Questo è quel giorno, ch'ha a dar giudicio di ciascuno: ricordateui delle promesse, le quali mi faceste a Durazzo, & alla mia presenza confermaste, ancora
con giuramento, che non tornereste mai indietro senza la uittoria. Questi auuersarj nostri sono quelli, contra i quali
siamo uenuti insino dalle Colonne d'Ercole, & che ci fuggono fuori d'Italia, & che ci uogliono spogliare del trionfo, & d'ogni honore, hauendo noi guerreggiato dieci anni, superati tanti nemici, & acquistate tante uittorie

contra gli Spagnuoli, Francesi, & Inglesi, & soggiogate alla patria piu che quattrocento nationi. Et hora domandando io le cose giuste & honeste, mi sono denegati i premj conuenuti, ne mi sono renduti meriti alcuni, ne pure con ringratiarmi di tanti beneficj, i quali ho fatti alla mia Republica. Sapete quante cose ho lasciate indietro senza alcuna ambitione, sperando che negli emuli miei fosse qualche pietà, & qualche giustitia. Perciò uogliate tutti insieme, & uniti essere meco alla uendetta di tante ingiurie. Et se in uoi è qualche ingegno, o gratitudine, ricordateui della beneuolenza, liberalità, carità, & fede mia uerso di uoi, & de' beneficj, & doni, i quali da me hauete riceuuti. Non è difficile molto che nuoui soldati, & inesperti siano uinti da quelli, che sono assuefatti lungamente alle fatiche, & pericoli di Marte. Aggiugnesi a questo il giouenile disordine de gl'inimici, & la diffidenza del Capitano, il quale io son certo hauere grandissimo timore del fine di questa pugna, & contra sua uoglia essere spinto alla battaglia, & essere già diuentato pigro, & tardo in ogni cosa, & costretto piu tosto obbedire che comandare. Tutto lo sforzo uostro, tutta la cura, tutto l'ingegno bisogna sia contra gl'Italiani; perche de gli altri, che sono con Pompeo, non è da tenere molto conto, essendo gente inutile alla guerra, & la maggior parte Soriani, Frigj, & Lidj, consueti sempre a fuggire, & stare in seruitù, & io ne ho fatta esperienza, come uoi ancora facilmente conoscerete. Et però fate solamente stima de gli Italiani, & loro perseguitate. Et se per auuentura i forestieri ui concorreranno intorno come bestie, o conciteranno tumulto, non ui appiccate con loro, ma rimouendogli da uoi, riguardateli come amici, & opponete loro a terrore solamente i forestieri, che sono nel campo nostro; & sopra tutto fate ch'io conosca che uoi ui ricordiate della uostra consueta uirtù, e delle promesse che mi faceste a Durazzo, & stimate piu la gloria, & la uittoria, che la propria uita; & correndo con impeto alla battaglia empiete i fossi, & rouinate gli steccati, che hauete fatti per difesa del campo, accioche tutta la speranza della salute, & difesa uostra sia nelle armi, & i ne-

mici

mici ueggendoci hauere abbandonati gli alloggiamenti, sap-
piano che noi ci habbiamo imposta necessità, & al tutto deliberato di alloggiare ne'loro padiglioni. Poi che hebbe parlato
mandò fuori subito delle guardie del campo duemila ueterani,
i quali con grande silentio riempierono i fossi, la qual cosa
ueggendo Pompeo, & conosciuto lo ardire loro, mandò fuori palesemente un graue sospiro, benche alcuni de'suoi stimassero che i nemici facessero dimostratione di uoler fuggire.
Ne si potè contenere che non dicesse essere condotto a combattere con le fiere, le quali ne dalla fame, ne da'disagi
possono essere domate; & parendogli da non douere piu differire, o mettere alcuno spatio di tempo in mezzo, essendo già quasi ciascun apparecchiato alla zuffa, lasciati alla
guardia dell'esercito quattromila Italiani, gli altri tutti ordinò alla battaglia intra'l castello Farsallo, & il fiume
Enfeo, nel qual luogo Cesare ancora parimente haueua ordinati i suoi. E principalmente l'uno, e l'altro di loro pose
gli Italiani diuisi in tre squadre, separati l'uno dall'altro
con picciolo spatio. Intorno a'quali furono posti da'lati i
Caualieri, & con loro erano mescolati i balestrieri, & frombolieri. In questo modo fu ordinata la natione de gli Italiani, nella quale l'uno, & l'altro haueua tutta la speranza,
& ne'soldati forestieri si confidauano poco, & gli usauano
piu a pompa che a combattere. Et quelli di Pompeo erano di
uarie qualità, & lingue, e per questo scelse da parte Macedoni, Peloponnesi, & Ateniesi, & posegli al presidio de gli
Italiani. Gli altri, come Cesare haueua pensato, distinse,
& separò secondo le loro nationi, & patrie, a'quali impose
che, quando si fosse uenuto alle mani, attorniassero i nemici,
& gli assaltassero da ogni parte, & facessero forza di mettere a sacco i soldati, essendo senza alcuna difesa di steccato-
o, o fossi. Lo squadrone Italiano reggeua Lucio Scipione
suocero di Pompeo, nel corno sinistro era Domitio, nel destro
Lentulo, ma Pompeo, & Afranio erano preposti alla cura di
tutto l'esercito. I Capitani di Cesare furono Silla, Antonio, & Bruto, & egli era Capo della decima legione; la qual
cosa uedendo Pompe, gli pose allo incontro la maggior parte de'piu eletti, & migliori Caualieri in numero copioso,
accio-

acciocbe efsendo maggiore quantità, s'ingegnafsero metterlo
in mezzo da ogni lato. Cefare accorgendofi del fatto, pofe alla guardia della fua legione tremila fanti de' piu arditi, &
gagliardi, a' quali impofe, cbe come uedefsero i nemici at-
torniare le fquadre a cauallo, fubito faltafsero in mezzo, e
con le armi in bafta defsero al uifo de' nemici, ftimando cbe
loro non bauefsero a foftenere cbe fofse guafto loro il uolto, effendo giouani, & non efperti a fimili pericoli. In tale modo
adunque l'uno, & l'altro ordinò il campo fuo, & ciafcuno
andando intorno a' fuoi, & difponendo, & prouedendo le cofe necefsarie, & opportune, confortaua i foldati all' ardire,
& comandaua cbe ogni buomo fi portafse uirilmente, & di-
moftrafse la uirtù fua. Cefare cbiamò in ajuto Venere Vittrice; & Pompeo Ercole inuitto. Efsendo ogni cofa apparec-
cbiata, & prouifta alla guerra in modo, cbe non bifognaua
fe non dare alla trombetta, l'una parte, & l'altra per buono fpatio fi fermò, & ftette con grande filentio, come ambi-
gui del fine, & come pigri, & lenti, e l'uno guardando
uerfo l'altro afpettauano cbi fofse il primo a darui dentro.
La moltitudine, la quale infino a quell'bora non fi era
punto rifentita, ueggendo in quel punto raunato in un medefimo luogo fi copiofo numero d'Italiani, confiderando cbe
tutti doueano metterfi al pericolo della morte in una fola
battaglia, incominciò ad bauerne compafsione; auuicinan-
dofi dapoi il male, l'ambitione, la quale baueua infiam-
mate, & acciecate le menti loro, fubito fu fpenta, &
conuertita in timore, & anguftia d' animo. La ragione
ancora mifuraua & la grandezza del pericolo, & la cagione, per la quale due fi gloriofi cittadini contendeuano infieme, per efsere fuperiore l'uno all'altro, & fottometteua-
no la gloria, & riputatione acquiftata con tanto fudore, &
fatica, allo arbitrio, & giuoco della fortuna ria, fapendo
molto bene cbe qual di loro fofse uinto, non potrebbe efsere
ficuro, ne bauer luogo pure nelle cofe minime. Confidera-
uano oltre a ciò, cbe tanto numero di ualenti buomini
per cagione loro fi metteuano alla morte. Ritornaua etiandio alla memoria il parentado, & amicitia, cbe foleua effere tra l'uno, & l'altro, e quante cofe nobili baueuano
                                                    fatte

fatte per acquiſtare gloria, & dignità, & hora diſcordaſ-
ſero inſieme armati, & col coltello in mano, mettendo il
mondo ſottoſopra, & gli amici, e tanti quanti erano con
loro al taglio delle ſpade, & allo ſpargimento del ſangue,
eſſendo cittadini d'una medeſima patria, & inſieme parenti, & amici condotti in tanto furore, & inſania, che
l'uno fratello foſſe condotto a combattere con l'altro. Percioche era conueniente coſa credere, che tra tante migliaja
d'huomini raunati in un luogo medeſimo, interueniſſero
molte coſe non aſpettate, & marauiglioſe, & fuori d'ogni
loro opinione. I quali inconuenienti, & diſordini conſiderando ciaſcuno, era ripieno di penitenza, & di dolore, &
però ſtauano tutti come ſtupefatti, conoſcendo che in quel
giorno doueuano o morire, o rinaſcere; la qual conſideratione fu di tanta forza, & in modo compunſe loro il cuore, che pochi furono, i quali ſi poteſſero contenere dalle
lagrime, penſando maſſimamente, che quel dì haueua a
priuargli che mai piu non haueſſero a riuederſi inſieme. Ma
innanzi agl'altri ſtaua di mala uoglia, & quaſi immobile, la natione degli Italiani. Accorgendoſi adunque Pompeo che tutti li foreſtieri, i quali erano uenuti in ſuo fauore, ſtauano per tale aſpetto ſbigottiti, & inuiliti, &
dubitando, che nel principio della zuffa non naſceſſe per
colpa loro nel campo ſuo qualche confuſione, fece ſubito fare
il ſegno della battaglia, contra il quale fu da Ceſare ſubitamente riſpoſto, & in un momento ſi leuò lo ſtrepito,
& rumore col ſuono delle trombette, dal quale ciaſcuno fu
acceſo con grandiſſimo impeto, & furore alla crudele zuffa, & come doueua auuenire in ſi profonda moltitudine, i
Capitani, & gli altri Capi del campo, ſubito cominciarono
a diſcorrere per diuerſe parti, confortando, & riſcaldan-
do i ſuoi alla uittoria; nondimeno pareua ch'ogni huomo
con difficoltà, & iſpauento ſi moueſſe per affrontarſi inſieme. Et eſſendo già uicini, cominciarono a combattere prima con le uerette, & con le frombole. Dapoi gli huomini
d'arme meſcolati con la fanterìa ſi affrontarono in breue
ſpatio: & preualendo i ſoldati di Pompeo, ſi affrettauano
intorniare la decima legione. Ceſare allora fece il cenno
ordi-

ordinato, onde quelli, che erano posti al presidio suo, corsero subitamente alla difesa, & fattisi auanti agli huomini d'arme, gli assaltarono nella uista. Onde essi ueggendo lo ardire de' nemici, & temendo di non essere feriti nel uolto, incominciarono a fuggire senza ordine alcuno. I Caualieri di Cesare, uedendo che in quel luogo era restata quasi tutta la fanterìa di Pompeo, senza ajuto degli huomini d'arme, andarono subito ad affrontargli. Et in questo modo circondarono quelli, da' quali prima temeano di essere circondati. Della qual cosa accorgendosi Pompeo, comandò a' fanti che non si mouessero dal luogo loro, ne si discostassero piu oltre del loro squadrone, ne usassero l'armi in basta, ma con le sue saette ributtassero i nemici, che ueniuano per affrontargli: il quale comandamento molti giudicauano essere molto utile, quando soprasta il pericolo di essere messo in mezzo. Benche Cesare ne' suoi commentarj dispregi questo modo di combattere: perche sono maggiori ferite quelle, che sono fatte con maggiore impeto come sono quelle delle armi in basta; ancora i fanti con queste si difendono meglio, & possono piu sicuramente andare discorrendo. Ma quelli, che combattono d'appresso con le armi corte, afferma Cesare che sono piu impediti, & manco offendono, & sono piu offesi, la qual cosa all'ora interuenne. Percioche la decima legione, presente Cesare, discorrendo intorno alla squadra sinistra di Pompeo, la quale era stata abbandonata da' Caualieri, percosse, & ferì tutti quelli che erano da' lati con dardi, & saette, stando d'ogni parte immobili infino, che spauentati tutti li fece uoltare in fuga; la qual cosa gli fu augurio, & inditio della uittoria; l'altra moltitudine faceua grandissimo strepito per li feriti, & morti, come auuiene in uarj esercitj & opere della guerra. Et tutta la campagna era già piena di grida, & sospiri di quelli che moriuano, & che erano feriti, & da ogni parte si sentiuano pianti, & sospiri. I soldati forestieri per tale spettacolo riempiuano tutte le loro squadre di paura, & per la merauiglia, ch' haueano della uirtù de' nemici, non ardiuano affrontarsi con loro, tanto che al fine, essendo la sinistra squadra di Pompeo costretta

ſtretta cedere, tutti i ſoldati foreſtieri ſi uoltarono in fuga, e ſenza ordine alcuno cominciarono a gridare, noi ſiamo uinti. Et entrando ne' proprj padiglioni li ſaccheggiauano, come ſe ſtati foſsero de' nemici, ſpargendoſi uariamente douunque pareua loro. Et già lo ſquadrone degl' Italiani, inteſa la rotta & diſordine, benche con ordine, & difeſa de' piu gagliardi, incominciò a ritirarſi indietro a poco a poco; ma eſsendo continuamente ſoprafatto dagli auuerſarj, finalmente ancora eſso fu uolto in fuga. Nella qual coſa Ceſare uſò grandiſſima aſtutia, per non bauere di nuouo a combattere, & per non dare ſpatio di nuouo di raſſettarſi, & rimetterſi ad ordine, deliberando che quel giorno non foſse il fine d'una battaglia, ma di tutta quella impreſa. Laonde fece comandamento a tutto il ſuo eſercito, che ciaſcuno ſi aſteneſse da offendere il ſangue Romano, ma ſolamente percoteſsero i foreſtieri, contro a' quali faceſsero tutto lo ſforzo. Accoſtati adunque a' ſoldati Pompejani, diceuano a tutti gl' Italiani, che non dubitaſſero, che a loro non farebbono alcuna uiolenza, o nocumento, uolendo ſtare da parte; & ſpargendoſi queſta uoce per tutto il campo di Pompeo, tutti gl' Italiani ſi fermarono, parendo loro eſsere ſicuri. La qual coſa uedendo i ſoldati foreſtieri, ne ſapendo altrimenti la cagione, ſi fermarono ancora eſſi. All'ora quelli di Ceſare ueggendo in queſto modo i foreſtieri di Pompeo laſciati ſenza alcuno preſidio, con impeto grandiſſimo andarono loro addoſso, & tanti ne ammazzarono, quanti ne poterono aſsaltare in modo, che fecero grandiſſimo ſtratio. Pompeo adunque ueduta la ſtrage de' ſuoi, inuilito, & caduto da ogni ſperanza di ſalute, ſi ſeparò dall' eſercito, & entrato nel padiglione, ſtette alquanto ſenza parlare, nel qual modo ſi legge, che fece Ajace Telamonio a Troja abbandonato dalla fortuna nel mezzo de' nemici. Pochi de' ſuoi ardirono partirſi dal campo, maſſimamente perche Ceſare per pubblico bando promiſe la ſalute, & perdono a tutti. Eſsendo già il Sole per tramontare, Ceſare diſcorrendo per tutto il campo, confortando i ſuoi, che non ſi partiſsero inſino che non baueſsero

S preſ

presi gli alloggiamenti di Pompeo , dicendo, che se i nemici hauessero spatio pure d' un giorno a ripigliare le forze , era uno mettersi di nuouo in pericolo : ma se prima, che si ritrahessero dalla battaglia , occupauano gli alloggiamenti , & dissipauano del tutto gli auuersarj già uinti , tutta quella guerra era finita; & discorrendo poi da ogni banda, & confortando ciascuno a durare alla fatica per quel brieue spatio , che restaua, esso era sempre il primo innanzi agli altri , & in questo modo accendeua gl'animi, i quali erano già stanchi per la fatica , ueggendo ciascuno il suo Capitano non curare ne pericolo , ne disagio. A questo si aggiungeua la speranza del sacco, potendosi insignorire degli alloggiamenti de' nemici , & parendo loro , che la fortuna fosse loro prospera, & felice , & non è dubbio che gli huomini posti in speranza, & in prosperità , sentono manco i disagi. Restringendosi adunque insieme, con gran forza ributtarono le guardie degli alloggiamenti . Pompeo uedute queste cose , dopo un lungo silentio si dice che usò solamente queste poche parole. Hanno costoro ardire di manometterci insino agli alloggiamenti nostri? & così detto si mutò il uestimento , & salì a cauallo, & accompagnato da quattro de' suoi piu fedeli, & cari amici, non cessò mai di correre insino che allo apparire del giorno si condusse a Larissa . Cesare entrò il primo nel padiglione di Pompeo , come predisse che farebbe; & cenò le uiuande, che dentro erano state apparecchiate per la cena di Pompeo. Similmente fu ricreato tutto lo esercito. Perirono in questa battaglia , non computando il numero de' forastieri , che fu grandissimo, ma degl' Italiani di Cesare , trenta Condottieri, dugento huomini d' armi , & alcuni affermano milledugento. Dello esercito Pompejano furono morti dieci Senatori , trà quali fu Lucio Domitio eletto già successore di Cesare nella Francia, & circa quaranta Caualieri piu illustri ;& del resto di tutto l'esercito, quelli, che scriuono della maggiore somma , affermano essere stati uenticinquemila. Benche Asinio Pollione , il quale militò sotto Cesare in questa guerra , scriue che de' Pompejani non morirono oltre a sei migliaja. Tale fu adunque il fine della

la battaglia Farsalica. Cesare dopo la riceuuta uittoria,
comparti a' suoi secondo i proprj meriti di ciascuno i primi, & secondi premj, confessando, che haueuano egregiamente combattuto, & specialmente la decima legione:
i terzi premj meritò hauere Crassino Capo di squadra, benche fosse morto. Costui entrando in battaglia, &
domandato da lui, che speri tu hoggi di noi o Crassino?
rispose con alta uoce, uinceremo ad ogni modo o Cesare,
& hoggi mi uedrai o uiuo, o morto, & lo esercito tuo mi
uedrà discorrere intorno a tutte le squadre, & fare molte
cose illustri, & nobili, & sarai testimonio della mia uirtù. Et così auuenne, perche poi ch' hebbe fatte cose marauigliose, & incredibili, & fatta grande uccisione de' nemici, finalmente fu morto, & trouato nel mezzo de' corpi degli auuersarj morti. Onde Cesare gli donò così morto i terzi premj, come detto habbiamo, co' quali comandò, che fosse sepolto, nel qual luogo gli fece un bel sepolcro in testimonio della sua uirtù. Pompeo da Larissa con simile prestezza di cammino arriuò al lito del mare, doue
montò in su una picciola barca, & trouata dapoi una certa
naue, in su quella si fece portare a Metellino: dapoi accompagnato da quattro galee sottili, le quali erano state mandate da Tiro, & da Rodi, insieme con Cornelia sua donna nauigò a Corfù, & di quindi in Libia, nel quale luogo
hauea un'altro esercito con molti maritimi apparecchj. Et
di quello non curandosi riuoltò l'animo a pigliare la uolta
d'Oriente con proponimento di congiugnere seco le forze de'
Parti, senza manifestare a persona il consiglio suo. Il che
appena fece noto agli amici, essendo condotto in Cilicia. Ma
essi al tutto gli dissuasero che non si confidasse ne' Parti,
hauendo poco innanzi ingannato, & uinto Marco Crasso, & essendo ancora per la fresca uittoria superbi, &
insolenti; ne essere per alcun modo sicuro mettere in podestà loro Cornelia di bellezza singolare, & nobile, & nata di Crasso. Per il che muttato consiglio deliberò andar in
Egitto confortato dagli amici, come in regione uicina,
potente, & felice ancora, & copiosa di nauilj, di frumento, & di danari. Et benche Tolomeo Re d'Egitto
fosse.

fosse in età puerile, nondimeno era obbediente a Pompeo, &
lo riueriua come padre. Mosso adunque Pompeo da queste ragioni, dispose l'animo totalmente allo Egitto, nel qual tempo Cleopatra ne era stata cacciata, regnando prima insieme
col fratello, la quale per ritornare nel regno apparecchiaua
in Soria esercito contra 'l fratello. Et Tolomeo aspettaua
intorno al monte Cassio l'assalto della Sorella. Auuenne che
Pompeo a caso per forza de' uenti fu portato per mare alla
radice del monte, doue egli uedute molte squadre, le quali
erano alloggiate su per la riua, fermò alquanto le uele,
immaginandosi, quello ch'era, che fosse l'esercito di Tolomeo.
Onde mandò innanzi ambasciadori a significargli la uenuta sua,
facendogli ricordare l'amicitia, la quale hauea tenuta col
padre. Haueua il Re anni tredici, & il gouerno de' soldati
haueua uno chiamato Achilla, & la cura del danajo ba-
nea Fotino Eunuco. Questi due intesa la uenuta di Pompeo, subito cominciarono a trattare insieme di quello che fosse da farsi di lui: & in questo trattato ancora interuenne
Teodoto Samio Maestro del Re. Costoro riuolgendo per l'
animo molte scelerate cose contra Pompeo, finalmente si conuennero torgli la uita per far cosa grata a Cesare. Onde gli
mandarono incontro un nauicello nobilmente ornato, con fargli intendere, che il Re gli mandaua questo picciolo nauilio,
perche il mare in quel luogo era importuoso, ne si poteua solcare con maggiori nauilj. Con i ministri Regj era Sempronio Romano, il quale era a' seruigj di Tolomeo, & già era
stato soldato di Pompeo. Costui porse in nome del Re la mano destra a Pompeo, dicendogli che uenisse lietamente al cospetto del Re, come di un proprio figliuolo. Oltre a ciò l'
esercito era ordinato in su 'l lito a squadra sotto specie di
uolere honorare Pompeo, & il Re sedeua in mezzo uestito
di porpora. Pompeo ueggendo l'ordine dell'esercito, & l'
ornamento del nauicello, sospettò assai, non si uedendo
massimamente uenire incontro ne la persona del Re, ne alcuni de' suoi principali, & piu degni. Recitò solamente
un uerso di Sofocle poeta: Chi ua al tiranno di libero si fa
seruo: & così detto, montò in su la barca paurosamente,
& essendo in alto mare, incominciò molto piu a temere,
                                                        mas-

maſſimamente di Sempronio, o perche eſſendo ſtato ſuo ſoldato conoſceua i ſuoi coſtumi, o perche dubitaua ch' eſſendo Romano non haueſſe in animo di fargli uillanìa per
farſi beneuolo, & amico a Ceſare. Voltatoſi adunque Pompeo uerſo di lui diſſe. O ſoldato, non ti conoſco io? al
qual Sempronio riſpoſe, io credo che tu mi conoſca. Et
coſi detto ſubito fu il primo a percuotere Pompeo, che del
continouo gli haueua gli occhi addoſſo, & gli altri fecero il
ſimile. Cornelia ſua donna, & gli amici ueduta queſta ſce-
lerata percuſſione da lungi, alzando le mani uerſo il cielo
con pianti, & ſtrida chiamarono i Dei in uendetta, &
ſenza alcuno indugio tornarono indietro. La teſta di Pompeo fu ſpiccata dal buſto, & da Fotino fu in luogo di ſin-
golar dono mandata a Ceſare. Ma poco dapoi hebbe merita pena del ſuo ſcelerato, e nefando delitto. Il buſto fu ſeppelito nel lito del mare da uno Egittio partigiano
della fama, & uirtù di Pompeo, & fattagli la ſepoltura,
ſopra quella fu ſcritto queſto uerſo. Queſte ſono oſſa piu degne d' un tempio ſacro, che di queſta picciola ſepoltura. In
proceſſo poi di tempo, eſſendo queſta ſua ſepoltura ricoper-
ta dall' arena, & le ſtatue ſue, le quali da' parenti, &
amici ſuoi appreſſo al monte Caſſio gli furono dedicate di
bronzo nel portico del tempio, già conſummate dall' antichità, nella età mia da Adriano Imperadore arriuato in
queſto luogo, furono con grandiſſimo ſtudio, & diligenza
ritrouate, e riſchiarate, & ripulite, & il ſepolcro rino-
uato, in modo, che da ciaſcuno poteuano eſſere apertamente
riconoſciute. Tale fu adunque il fine di Pompeo Magno,
dal quale furono amminiſtrate per lo addietro tante, &
ſi grandi guerre, con tanta ſua gloria, & felicità, &
per opera, & uirtù del quale l' imperio de' Romani hebbe
non mediocre accreſcimento, onde meritò il cognome di Magno, non eſſendo inſino a queſta ultima guerra ſtato mai
uinto da altri, ma ſtato inuitto, e felice, & inſupera-
bile inſino dalla ſua giouanezza: percioche trentacinque
anni continoui fu Monarca della ſua Repubblica. Concioſiache l' auttorità, & podeſtà ſua haueſſe principio nel
uenteſimoterzo anno dell' età ſua, & duraſſe inſino all' ultimo

timo della uita ; che morì di età d'anni cinquantaotto , &
fecondo la comune opinione , Pompeo peruenne a tale riputatione , & grandezza di ſtato , & per le ſue marauiglioſe opere , & uirtù , & pel fauore , & beneuolenza popolare , per la
geloſìa , ch'hauea il popolo della potenza , & tirannide di Ceſare . Dopo la morte di Pompeo , Lucio Scipione ſuocero ſuo ,
& tutti gli altri ſuoi Principi piu illuſtri ſcampati dalla rotta di Farſaglia , andarono a ritrouare Catone , il quale era
a Corfù , doue era ſtato poſto da Pompeo alla cura d'un'
altro eſercito , & di trecento galee ſottili . Onde tutti i primi del campo di Pompeo , diuiſero tra loro l'eſercito , & l'armata che reſtaua . Caſſio nauigò in Ponto al Re Farnace per
commouerlo a pigliare l'armi contro Ceſare . Scipione , &
Catone andarono in Barberìa ſotto la ſperanza di Varo , &
dello eſercito che era al ſuo gouerno , hauendo ancora alla diuotione loro Juba Re di Numidia . Pompeo primogenito di
Pompejo Magno , & Labieno con lui con una parte dell'eſercito reſtato ſaluo a Farſaglia , ſi riduſſero in Spagna , la
quale hauendo ridotta in loro diuotione , raunarono un' altro
eſercito di Spagnuoli , Celtiberi , & ſerui : tante forze reſtauano ancora dell'apparato , & prouedimento di Pompeo ,
le quali eſſo abbandonò uoltandoſi in fuga , combattuto da
una certa ſua fatale infelicità . Chiedendo quelli , ch'erano
in Barberìa , Catone per loro Capitano , eſſo commoſſo dalla
preſenza , & riuerenza de' Conſolari non uolle accettare ,
perche non era ſtato ancora Conſolo , ma ſolamente Pretore
di Roma . Fu adunque eletto per Capitano Lucio Scipione ,
col quale haueano congiurate molte genti d'armi alla guerra contro di Ceſare . Et erano due eſerciti degni da farne
conto ; cioè uno in Barberìa ; l'altro in Spagna . Ceſare dopo l'acquiſtata uittoria dimorò in Farſalo ſolamente due giorni , dando opera a'ſacrificj , & a ricreare , & ripoſare lo
ſtanco eſercito , & dapoi fece liberi i popoli di Teſſaglia , ch'
haueano combattuto in ſuo fauore . A gli Atenieſi ancora
perdonò liberamente , uſando queſte parole : La gloria , &
fama de' uoſtri padri , & maggiori , ſpeſſe uolte dalla caduta & rouina , nella quale ſiete traſcorſi per uoſtra colpa , ui
ha ridotti a ſalute . Il terzo giorno preſe la uolta d'Oriente
per

per seguire il fine della fuga di Pompeo. Essendo arrivato
in Ellesponto, per carestia di navilj fu costretto passar l'esercito in su le schafe. Cassio accompagnato da una parte dell'
armata di Pompeo, che andaua a Farnace, a caso si riscontrò in Cesare : & benche per numero, & qualità di nauilj potesse molto sicuramente combattere contra le scafe sue ;
vinto nondimeno, & preso dalla felicità di Cesare, & dalle
sue formidabili forze impaurito, & dubitando che deliberata-
mente Cesare non uenisse a trouarlo, uscito dalla galea, in
su la quale nauigaua, montò in su la scafa di Cesare, &
ottenuto perdono, lasciò in potere suo tutte le galee, tanto
grande era la potenza della felicità di Cesare ; perche io certamente non so recare la cagione di questa timidezza di Cassio ad altro, se non ch'io mi persuado, che in quella difficoltà, & angustia, nella quale Cesare fuori d'ogni opinione si riscontrò in Cassio, la fortuna gli fosse in modo propitia,
che tolse in tutto l'animo, & l'ardire a Cassio buomo bellicoso, & accompagnato da ottanta galee sottili ; ne gli bastò
l'animo, benche fosse all'ora in quel luogo tanto superiore,
affrontarsi con Cesare : percioche questo medesimo Cassio, il
quale all'ora con tanta uiltà si diede in potere del nemico, in
Roma poi hebbe si grande animo, che non temè torre la
uita a Cesare, quando era dominatore del mondo. In questo modo saluato Cesare fuori d'ogni sua speranza, passò
l'Ellesponto, Jonia, & Eolia, & l'altre nationi dell'Asia
minore, le quali bauendoli chiesto perdono, furono da lui riceuute a gratia. Inteso dapoi come Pompeo era passato in
Egitto, andò a Rodi, oue bebbe notitia della morte sua.
Onde non aspettando altrimenti i fauori, & ajuti, che gli
erano mandati dagli amici, con le galee de' Rodiani, &
di Cassio fece uela, & senza manifestare il suo uiaggio prese
la uolta uerso Alessandria, doue fu portato in tre giorni, nel
qual luogo fu riceuuto benignamente da'ministri regj, essendo il Re Tolomeo ancora intorno al monte Cassio. Qualunque ueniua a uisitarlo, riceueua bumanissimamente, & andando per la città dimostrò marauigliarsi della sua bellezza,
& entrato nella scola de' Filosofi, i quali disputauano insieme, uolle interuenire alla disputa. Per il che acquistò non
pic-

picciola gratia , & beneuolenza con gli Aleſsandrini . Ma
poiche lo eſercito, che lo ſeguiua, fu comparito , fece porre le
mani addoſso a Fotino , & Achilla ucciſori di Pompeo , &
tolſe loro la uita, e Teodoto, che fuggiua, fu preſo da Caſſio,
& ſoſpeſo in croce . Per la qual coſa nacque tra gli Aleſ-
ſandrini graue tumulto , & tutto l'eſercito regio preſe l'armi
contro a Ceſare , & furono fatte alcune battaglie intorno al
palazzo del Re , & in ſu 'l lito del mare : nel qual luogo
Ceſare ſi gittò nell'acqua per leuarſi dinanzi alla furia, &
nuotando arriuò all'oppoſta ripa , il che fu cagione della ſalute ſua. Gli Aleſsandrini preſa la ueſte, che Ceſare ſi haue a
tratta , ſtimando che foſse annegato, la ſoſpeſero a modo di
trofeo in ſegno di uittoria. Et finalmente riſtretto co'ſuoi lungo il Nilo , fece fatto d'armi con l'eſercito Regio , contra al
quale hebbe la uittoria, & eſsendo ſtato in Egitto circa noue
meſi, reſtituì nel Regno Cleopatra . Et andando a ſollazzo
pel Nilo per uedere tutta quella regione , menò ſeco Cleopatra , accompagnato ſempre da piu che quattrocento naui ;
et preſe molti piaceri , & diletti con lei , la quale a Ceſare compiacque in ogni coſa. Ma particolarmente di queſta
parte ho ſcritto in quel Libro , il qual ho fatto della hiſtoria
d'Egitto . Eſsendo preſentata a Ceſare la teſta di Pompeo,
non gli ſofferſe l'animo di uederla , ma comandò , che ſubito
foſse ſeppelita . Edificò innanzi alla città d'Aleſsandria un
picciolo Tempio, & lo chiamò il tempio della Indignatione, il
quale nella mia età, facendo Trajano Imperadore guerra in
Egitto , fu da' Giudei rouinato . Hauendo Ceſare fatte in
Egitto molte ſingolari , & nobili opere, moſse il campo contra Farnace per la uia di Soria. Coſtui hauea già fatte alcune guerre contra gli amici di Ceſare, & ridotte in ſuo potere alcune Prouincie de' Romani , & combattendo con Domitio Pretore di Ceſare , s'era fatto uittorioſo . Per il che
era uenuto in tanto ardire, & riputatione, ch' hauea ridot-
toin ſeruitù Amiſo nobile città in Ponto , la qual era con-
federata al popolo Romano: & a tutti i fanciulli hauea fatte tagliar le mani. Ma inteſa la uenuta di Ceſare , com-
moſso da pentimento & da timore gli mandò incontro ambaſciadori a chieder la pace , & offerirgli una ſua figlia per

ſpoſa

sposa, mandandogli etiandio una corona d'oro. Cesare udita l'ambasciata, continuò il cammino, tenendo gli ambasciadori in parole tanto, che fu auuicinato al campo di Farnace; & essendo tanto presso al Re, che poteua essere udito parlare, disse con uoce spauentosa: E' arriuato ancora questo parricida al gastigo del suo scelerato delitto? la qual uoce diede a Farnace tanto terrore, che si uoltò in fuga, & nel fuggire gli furono morti circa mille Caualieri. Per la qual cosa Cesare uolendo detrarre alla fama di Pompeo, con alta uoce disse: O felice Pompeo, il quale per hauer fatta la guerra con simili effeminate genti, dopo la uittoria hauuta di Mitridate padre di Farnace, fosti chiamato Magno. La quale uittoria scriuendo Cesare a Roma, & uolendo dimostrare quanto fu facile, & brieue cosa l'hauer uinto Farnace disse, VENI, VIDI, VICI, cioè uenni, uidi, & uinsi. Farnace si ritornò ben uolontieri in Bosforo suo regno, il quale gli era stato concesso da Pompeo dopo la uittoria, ch' hebbe di Mitridate suo padre. Cesare senza alcuna intermissione di tempo, conoscendo che in molti luoghi gli erano apparrecchiati contro potenti eserciti, peruenne in Asia, & nel passare amministrò ragione alle città oppresse da' tributi. Sentendo dapoi in Roma essere nata seditione, & Antonio Capitano de'Caualieri tener da ogni parte serrato il passo alla uettouaglia, ritornò a Roma, per la uenuta del quale subito cessò ogni discordia. Ma subito poi ne nacque un'altra de' suoi soldati contra la persona sua; perche tutti deliberauano tornarsi a riposare alle proprie loro habitationi, & patrie, non si curando lasciare Cesare, dolendosi di lui, che d'infinite cose, le quali haueua promesse loro a Farsalo, non osseruasse pure la minima parte. Onde ordinò, che a ciascuno fossero pagate mille dramme. Ma essi non contenti di questo, assaltarono Crispo Salustio, scrittore elegantissimo & grauissimo delle Romane historie, perche gli riprendeua; il quale harebbono morto, se non fosse leuatosi dinanzi alla furia. Cesare ueggendo l'ostinatione de' soldati, comandò che la legione, la quale era posta alla guardia della città sotto Antonio, guardasse la casa

sua

sua, & le porte di Roma, temendo che l'esercito suo non si
uolgesse alla preda, & rapina; & benche fosse confortato
da gli amici, che temeuano della salute sua, ch'hauesse cura
dello insulto de'soldati, nondimeno diuentò piu animoso, &
corse in Campo Martio, doue erano i soldati discordanti
dalla uolontà sua; & prima uolle esse re ueduto nel tribunale, che incominciasse a parlare. Il che ueggendo i soldati,
con tumulto corsero al suo cospetto, & come Imperadore lo
salutarono & gli fecero riuerenza. Comandò adunque che dicessero alla presenza sua la cagione delle loro querele. Ma
essi per paura tacquero; & alla fine con piu modestia chiesero essere licentiati dal soldo, sperando nondimeno che Cesare
non hauesse a licentiarli pel bisogno, ch'hauea della opera
loro contro i nemici, ma che promettesse loro maggiore stipen-
dio. Cesare come astutissimo, dimostrò non far conto di loro,
& però disse: Io ui dò licenza molto uolontieri. Restando i
soldati stupefatti, & non rispondendo alcuna cosa, incominciò a parlare in questa forma per mitigarli. Io son contento darui tutto quello, che ui ho promesso, quando
trionferò del resto de' nemici. Mossi adunque da questa inas-
pettata risposta, dimostrarono manifesta letitia, uergognandosi de' modi, ch'haueano tenuti con Cesare. Furono oltre
a ciò ripresi dalla ragione, riconoscendo l'errore, il
quale commetteuano, abbandonando il Capitano nel mezzo
degli auuersarj, & lasciando in mano d'altri soldati la uittoria, & il trionfo, che Cesare era per acquistare interam-
mente pel mezzo delle fatiche loro. Considerauano ancora,
che perderebbono la preda, che erano per guadagnare in Barberia, & ch'al fine resterebbono nemici & di Cesare, &
della parte auuersa. Cesare adunque riconciliato per questo
modo tutto l'esercito, & assettate le cose in Roma, prese
la uolta di Barberia, & per la uia di Messina si condusse
in Lilibeo, doue inteso che Catone era in Utica alla cura
della armata con una parte della fanteria, & ch'hauea seco trecento cittadini Romani Consiglieri della guerra, i quali si faceuano nominare Senatori, & faceuano il Senato,
& ch'haueuano eletto per Capitano Lucio Scipione, deliberò
muouere l'armata contra il Capo loro; ma trouando che Sci-
                                                                    pione

pione era andato al Re Juba, ordinò di combattere col suo esercito, come contra gente senza Capitano. Vennero allo incontro Labieno, & Petrejo, gouernatori dell' esercito di Scipione: & nel primo assalto misero in mezzo molti de' soldati di Cesare: & hauendogli uolti in fuga, gli andauano seguitando, insino che il cauallo di Labieno ferito nel fianco gli cascò sotto, & fu in pericolo, se non era ajutato da' suoi. Petrejo benche apertamente uedesse poter trattar gli auuersarj come gli fosse piacciuto, & che la uittoria era in suo potere, nondimeno si ritrasse dalla battaglia, riprendendo solamente i nemici con queste parole; Sappiate che noi ci siamo fermi per riserbare la uittoria a Scipione nostro Capitano. Il quale errore fu recato alla buona, & felice fortuna di Cesare, perche hauendo Labieno, & Petrejo acquistata indubitatamente la uittoria, dissoluerono la zuffa con tanta imprudenza, & imperitia. Cesare ueggendo i soldati suoi fuggire, si fece loro incontro, & con turbata faccia gli ritenne dalla furia, & gli fermò tanto, che Petrejo prese la uolta indietro; onde fu piu facile a Cesare il rimedio di fermare i suoi. Et tale fu il fine della prima battaglia fatta da Cesare in Barberìa. Non molto dapoi si sparse la fama, che Scipione ritornaua a campo con otto legioni di fanti, & con uentimila caualli, de' quali la maggior parte erano Barbari, & con trenta elefanti, & con lui Juba Re, il quale si dicea che hauea in sua compagnìa trentamila fanti, & uentimila Caualieri di Numidia, & sessanta elefanti con molti saettatori. Onde lo esercito de' Romani cominciò a temere, & i soldati tra loro si leuarono a romore, & in tumulto per la esperienza delle cose passate, & per la opinione, & temenza, che haueano della moltitudine, & uirtù de' soldati di Numidia, & massimamente degli elefanti. Stando in questa dubitatione, Bocho Re de' Mori prese Cirta città regia di Juba. Onde Juba fu costretto di ritornar nel regno, menando seco tutto l'esercito, da trenta elefanti in fuori, i quali fu contento lasciare a Scipione. Per la qual cosa l'esercito di Cesare sentì tanta letitia, che la quinta legione chiese di gratia che le fosse data la cura di combattere contra gli elefanti: il che fu principale cagione

della

della uittoria, & per tale cagione fu poi dato a questa legione il segno dello elefante nel suo uessillo. Vennero i due eserciti finalmente alle mani, & fu la battaglia per molto spatio dubbiosa, & faticosa all'una parte, & all'altra; & molte uolte inclinò la uittoria, & la perdita nell'un campo, & nell'altro, tanto che al fine Cesare con grandissima difficoltà, & appena in sul tramontar del Sole fu uittorioso. Et usando la uittoria, senza alcuna intermissione, non cessò mai ne dì, ne notte, che dissipò tutto lo esercito di Scipione, & pochi fuggirono dinanzi alla sua furia. Scipione, data ad Afranio la cura degli altri, che restauano, si salvò per la uia di mare. In questo modo un'esercito di soldati ottantamila bene instrutti, & ordinati alla battaglia, & esercitati molto tempo nella militia, & ch'haueano preso animo grande per la uittoria acquistata nella prima zuffa quando era molto di numero minore, poi nella seconda pugna hauendo le forze quasi dupplicate, al tutto fu sbattuto, & superato. Laonde fu giudicato da tutti, che la gloria, & felicità di Cesare fosse insuperabile, ne dà uinti fu attribuita la uittoria alla sua uirtù, ma al proprio loro errore causato dalla felicità di Cesare; perche fu cosa manifestissima, che questa ultima guerra finisse con tale calamità, & rouina solamente per la imperitia, & imprudenza de' Capitani, non hauendo saputo usare la prima uittoria, ma restarono di combattere quando Cesare era già rotto, & superato. Venuta che fu ad Utica la nuoua della uittoria di Cesare, & che esso ueniua a quella uolta, fu sì grande il terore de' soldati, che erano in detto luogo, che ciascuno abbandonò la città, & Catone non curò di ritenergli, ma per ajutargli a saluarsi concesse le naui a' primi Condottieri, & di miglior conditione, & egli restò nella città patientemente. & essendogli offerto dagli Uticesi, che pregherebbono per lui Cesare, Catone sorridendo rispose, non hauer bisogno d'alcuna riconciliatione con Cesare, & che Cesare ciò ben sapea. Pubblicando poi i danari, che erano appresso di lui, gli diuise a' primi della città, dapoi andò alle stufe a lauarsi; & lauato uenne a cena, alla quale haueua inuitati gli amici

nel

nel modo, che era confueto fare dopo la morte di Pompeo, non pretermettendo alcuna cofa della folita conuerfatione, ne ponendo al conuito manco o piu uiuande dell'ufato. Et ragionando di uarie cofe, domandò a quelli, ch'
haueuano nauigato, & erano pratichi in ful mare, fe il
tempo era per Cefare, & quanto interuallo andarebbe in
mezzo, prima che Cefare arriuafe. Poi ch' hebbe cena-
to entrò in camera, licentiando da fe ogn' huomo, dal figliuolo in fuori, il quale abbracciò piu teneramente, &
con maggior ftrettezza del confueto; & dapoi cercò fe al ca-
pezzale del letto era la fpada al modo ufato, & non ue la trouando, incominciò a gridare, che a tradimento era dato a' nemici dagli amici, & domeftici fuoi, dicendo, in qual modo potrò io difendermi, fe quefta notte alcuno mi affaltafe? Gli
amici entrati in camera per intender la cagione della querela
fua, il confortarono che non temefse di fraude alcuna, pregandolo, che uolefse andare a ripofarfi fenza la fpada, perche
non haueua da dubitare di efsere offefo, temendo di quello, ch' era; cioè, che Catone non hauefse propofto di torfi
la uita in quella notte. Della qual cofa efsendofi accorto
difse: S'io ho difpofto morire, non bifogna la fpada, perche
facilmente co' panni inuolti alla bocca potrò fuffocare gli fpi-
riti uitali, o percuotere il capo nel muro, o fofpendermi con
un capeftro al collo, o falire tanto ad alto, che lafciando-
mi traboccare a terra, il corpo fi laceri tutto, o ritenere
il fiato, che l'anima fi fepari dal corpo, & hauendo detto
molte altre cofe in quefto tenore, pregò che gli fofse reftitui-
ta la fpada. Il perche parendo agli amici non potergliela
piu oltre denegare, il contentarono. Dopo quefto chiefe i
libro di Platone fcritto dell' immortalità dell' anima; il
quale hauendo letto, confortò la brigata ch' andafse a ripofarfi, & reftato folo fubito fi percofse con la fpada fotto
lo ftomaco in modo, che le uifcere ufcirono fuori. Uno di
quelli, che ftauano alla guardia fuori dall' ufcio della camera, fentendo qualche ftrepito, & dubitando fubito faltò dentro, & ueduto il fatto, chiamò gli amici, i quali fecero uenire i medici in un momento. I medici ueggendo l'interiora falde, le rimifero dentro, & ricufcirono la ferita
con

con somma cura, & diligenza. Catone ripreso il uigore di
nuouo dissimulò, & in secreto riprendeua se stesso, che non
hauesse messo il colpo piu adentro, ne fatta la ferita maggiore; & con le parole ringratiò gli amici, che fossero stati
autori di restituirgli la salute; & di nuouo pregò che lo lasciassero riposare. Essi toltagli la spada si partirono, non
parendo da dubitare piu oltre. Catone per ingannar meglio
chi lo guardaua, finse d'esser addormentato; & in quel
mezzo con ambedue le mani sciolse la legatura, & scusì la
ferita con animo ferocissimo, & con le dita, & con l'unghie
aperse la piaga, lacerandosi il uentre, & tirandone fuori le
uiscere in modo, che senza essere scoperto, o ueduto mandò
fuori lo spirito, essendo in età d'anni cinquanta. Fu buomo di grandissimo giudicio, cittadino singolare, giusto, honesto, costumato, buono, & ragioneuole. Hebbe da principio per moglie Martia figlia di Filippo, alla qual fu molto
amoreuole, & affettionato; & poi che n'hebbe hauuto figliuoli, dimostrò si grande beneuolenza, & amore ad Ortensio
amicissimo suo, che ueggendolo senza figliuoli, & la donna
sterile, fu contento di far diuortio con Martia, & darla
ad Ortensio; & poi, che la uide fatta grauida, di nuouo
le ridusse a se, come quello che non poteua uiuere senza di
lei. Tutto il popolo di Utica pianse la morte sua: & popo-
larmente, & con grandissima pompa di esequie l'accompagnarono alla sepoltura. Cesare intesa la di lui morte disse,
che Catone si era priuato della uita per l'inuidia, ch'haueua dlla gloria, & felicità sua. Tullio Cicerone scrisse uno
elegantissimo Libro delle laudi, & uirtù sue, il qual intito-
lò Catone. Cesare per inuidia ne scrisse un'altro in contrario in calunnia, & uilipendio suo, & chiamollo Anticato-
ne. Juba & Petrejo hauuta notitia di tutti questi calami-
tosi, & miseri successi, ueggendosi priuati d'ogni speranza
di salute, & che era tolta loro la facoltà della fuga, d'accordo combatterono a corpo a corpo tanto, che s'ammazzarono l'un l'altro. Cesare adunque insignoritosi senza colpo di
spada del regno di Juba, lo fece tributario a' Romani, al gouerno del quale prepose Crispo Salustio. Perdonò agli Uticesi,
& al figliuolo di Catone. Era in Utica la donna di Pompeo,

peo , il giouane , con due piccioli suoi figliuoletti , la quale essendo presentata prigione a Cesare , fu da lui rimandata salua a Pompeo suo marito , insieme con i due figliuoli . Di trecento Romani , che faceuano ad Utica forma di Senato, a qualunque potè porre le mani addosso fece torre la uita . Lucio Scipione , essendo sbattuto in mare per la stagione del uerno , a caso incontrato nelle naui nemiche , poi che hebbe fatta una egregia , & gagliarda difesa , ueggendosi al fine superato , ammazzò se stesso , gittandosi in mare . Tale, fu adunque il fine della guerra di Cesare in Barberìa . Dopo la qual uittoria tornò a Roma , doue entrò col trionfo quattro uolte in diuersi dì . Il primo trionfo fu della uittoria acquistata in Francia , nel quale erano molte , & diuerse nationi ; il secondo fu il trionfo di Ponto contra Farnace ; il terzo fu quello di Barberìa , nel quale era la immagine di Juba col figliuolo ancora giouanetto ; il quarto il trionfo di Egitto . Ma delle guerre , & uittorie acquistate contra i Romani non uolle trionfare , parendogli cosa degna di riprensione , & da essere riputata crudele . Solamente notò le uittorie delle guerre ciuili , figurando i cittadini Romani uinti da lui con uarie immagini , & scritture , eccetto Pompeo , la immagine del quale non uolle mostrare, conoscendo il popolo essere ancora molto affettionato , & partigiano alla memoria , & nome suo . Il popolo benche fosse da timore oppresso , nondimeno non potè contenersi che non sospirasse, & non mostrasse dolore quando uide l'immagine di Lucio Scipione , che si gittaua in mare ; et quella di Petrejo , che combatteua con Juba a corpo a corpo , per ajutare con la morte l'un l'altro ; et quella di Catone , che laceraua, come una fiera , le proprie uiscere . Ma la rappresentatione della morte d'Achilla , & di Fotino uccisori di Pompeo ciascun riguardaua con piacere , & letitia . Et allo aspetto della uergognosa fuga di Farnace non poteua alcuno astenersi dalle risa . La somma de' danari , che in questi trionfi Cesare appresentò , fu di millesessantacinque talenti , duemilaottocentouentidue corone d'oro , il peso delle quali eccedeua uenticinquemila quattrocentoquatordeci libre . Del qual tesoro poi ch'hebbe trionfato pagò all'esercito molto maggior quantità ,

che

che non hauea promesso. Percioche donò a ciascheduno solda-
to a piè cinquemila dramme Attiche. A' Contestabili due
uolte piu. A' Tribuni de' soldati, & agli buomini d' arme
uentimila dramme. Al popolo diè per ciascuno una mina
Attica. Oltre a ciò fece per dilettare il popolo spettacoli di
diuerse qualità, di corsi di caualli, di cantori, di batta-
glie di fanti a piè di mille combattenti per parte, di gio-
stre di dugento Caualieri per parte, & un' altra battaglia,
nella quale erano mescolati fanti, & buomini d' arme con
uenti elefanti da ogni parte. Fece oltra questo una battaglia
con le naui di quattromila uogatori, e mille combattenti
da ciascuna parte. Edificò etiandio a Venere Vittrice un
nobilissimo, & ornatissimo Tempio, come s' era uotato,
quando douea in Farsaglia entrare alla battaglia, & intor-
no al Tempio fece un bellissimo portico, il quale uolle che
fosse il foro de' Romani non delle cose uendibili, ma di quel-
li, i quali si baueuano a raunare insieme per render ra-
gione. Et Cleopatra per gratificar Cesare mandò insino d'
Egitto uno simulacro di Venere molto bello, & ricco, e
uolle, che fosse posto in questo Tempio, il quale insino
al presente è ancora intero in detto luogo. Facendosi da-
poi la distributione della grauezza, ouuero del censo, fu
trouata appena la metà delle bocche, le quali erano ui-
ue innanzi alla guerra: in tanto uuotò la città questa
ciuile contentione, & discordia. Cesare essendo la quar-
ta uolta creato Consolo, andò in Spagna all' impresa
contra Pompeo il giouane; percioche della guerra ciuile
restauano queste sole reliquie, di qualità però da non
farne poca stima. Conciosiacosache tutta la miglior parte
de' soldati, che erano scampati salui dalla battaglia, di
Barberìa, baueano fatto capo in Spagna in modo, che &
dell' esercito, il quale era stato superato in Barberìa, &
in Farsaglia, & della natione audacissima degli Spagnuo-
li, & de' Celtiberi, & ancora de' serui, auezzi nella
guerra, si era fatto un campo grosso, & per Capitano ba-
ueano eletto Pompeo il giouane, & già era il quarto anno,
ch' erano stati in su le arme, & stauano tutti con l' animo
pronto, & apparecchiato alla battaglia, portati, & in-
stigati

ſtigati da diſperatione, nella quale confidandoſi poco Pompeo, temeua di combattere. Ma eſsendo auuicinato Ceſare,
deliberò fare eſperienza della fortuna, benche ne foſse diſſuaſo, & ſconfortato da i piu uecchi; i quali bauendo prouato Ceſare in Farſaglia, & poi in Barberìa, perſuadeua-
no, che foſse piu ſicura uia, eſsendo Ceſare fuori di caſa,
conſumarlo col tempo, & colla fame. Hauea Ceſare fatto
queſto cammino da Roma in Spagna in uentiſette giorni con
grandiſſima ſtracchezza, & fatica di tutto l' eſercito. Il quale poi che fu arriuato, & alloggiato in Spagna, fu preſo da
non mediocre timore, & maggior ch' baueſse bauuto mai,
ueggendo la moltitudine de' nemici, & conſiderando la eſperienza, & diſperatione loro; per la qual coſa Ceſare proce-
deua con maggior tardità: il che ueggendo Pompeo, ſi fece
piu auanti, & per la paura, che conoſceua negli auuerſarj,
ne faceua picciolſſimo conto; la qual uergogna ſopportando
Ceſare moleſtiſſimamente, ordinò le ſquadre preſso a Cordu-
ba, ponendo innanzi il ueſſillo con la imagine di Venere, &
Pompeo portaua la inſegna della Dea della pietà. Ceſare
uolendo uenire alle mani, & ueggendo i ſuoi impauriti, &
ripieni di tedio, & pigritia, ſteſe le mani al cielo, & pregaua, & ſupplicaua tutti i Dei che lo ſaluaſsero, accioche
in una ſola battaglia non perdeſse tutta la gloria di tante
ſplendide, & marauiglioſe opere fatte da lui, & diſcorrendo intorno a tutti i ſoldati, chiamaua per nome ciaſcuno,
& trattoſi l'elmetto di teſta uoleua che tutti lo guardaſsero
nella faccia. Ma ne anco per queſto modo ceſsaua il timore,
inſino a tanto che Ceſare preſe lo ſcudo d'uno di loro, & parlò
in queſta forma. Sarà queſto il fine della uita mia? Sarà queſto l'ultimo giorno della uoſtra militia? & coſi detto, uſcito di
ſchiera, fece tale impeto contra i primi nemici, che ſe gli fecero incontro, che gli ſpinſe indietro piu di dieci braccia
dal luogo loro, & gli furono lanciate piu che dugento partigiane,
parte delle quali ſchifò, e parte riparò con lo ſcudo. Da queſto
eſempio animati i ſuoi tutti corſero auanti al ſuo co'petto, &
con animoſo impeto combattcrono tutto quel giorno, quando ſpin-
gendo, & quando eſsendo ſpinti, & quando uincendo, & quando
eſsendo uinti, tanto che alfine preualendo Ceſare in ſu'l tramon-

tar del Sole fu uittoriofo, & fu quella battaglia tanto dubbia, & pericolofa per l'una parte, & per l'altra, & Marte
fu quel giorno ſi uario, che Ceſare usò dire, Speſſe uolte ho
combattuto per la uittoria, ma queſta uolta ho combattuto
ſolamente per ſaluare la propria uita. Fu fatta in queſta
battaglia grande ucciſione dall' una parte, & dall' altra.
Et i Pompejani, che reſtarono dalla zuffa, rifuggirono in Cor-
duba. Ceſare, per torre loro ogni facoltà di fuggire, circondò
la città con uno ſteccato. I ſoldati di Ceſare ſtanchi pel combattere ficcarono le lancie in terra, in ſu le quali ripoſauano
con le armi indoſſo. Il giorno ſeguente diedero la battaglia
alla terra, & in poche hore la preſero. Scapula uno de'
Condottieri di Pompeo, ſi gittò in ſu una pira acceſa. A
Varo, & a Labieno, & agli altri cittadini Romani piu illuſtri, fu tagliata la teſta, & preſentata al coſpetto di Ceſare.
Pompeo nel principio della rotta con centocinquanta Caualieri
fuggì a Cartea, doue haueva l'armata, & come priuato ſi faceua portar in una lettica di naſcoſo alle naui, & ueggendo,
che quelli, ne' quali ſi confidaua, moſtrauano di temere, dubitando non eſſere tradito da loro, & dato in potere de' nemici, fuggì di nuouo, & montò in ſu una ſcafa, & hauendo nell' entrar della ſcafa inuilupato il piede ad una fu-
ne, uolendola tagliare, ſi tagliò col coltello la pianta del piede, & in quel modo ſi fece portar in un certo luogo per farſi
curare. Ma intendendo di nuouo, che i nemici andauano cercando di lui, fuggì per luoghi oſcuri, & pieni di pruni, &
ſtimolando i pruni la ferita, non potendo piu oltre camminare, ſi fermò, come laſſo, ſotto un' arbore, doue fu trouva-
to & preſo da quelli che lo cercauano, & difendendoſi uirilmente, fu morto, & la teſta fu portata a Ceſare, & ſe-
pelita per ſuo comandamento. In queſto modo quella ultima
guerra finì con un ſolo impeto uittorioſamente fuor della opinione di ciaſcuno. Seſto Pompeo, fratello di Pompeo il giouane, raunaua inſieme le reliquie dell' eſercito del fratello naſcoſamente & come fuggitiuo: ma Ceſare non tenendo conto
di lui, ritornò a Roma formidabile, & inſopportabile a
tutta la città piu che alcun' altro cittadino innanzi a lui.
Fu neceſſario per tal cagione che gli foſſero dati tutti gli honori,

nori, che si potessero immaginare sopra le forze degli huomini, & senza alcuna misura ne' sacrificj, ne' giuochi, ne' monumenti, ne' tempj, ne' luoghi pubblici, & priuati, per tutta la città, per tutte le nationi & regni, ch'erano in amicitia del popolo Romano. Le statue, le quali furongli poste, erano di uarie qualità & forme, con titoli diuersi; alcune erano coronate con le foglie della quercia, come Saluatore della patria, con le quali anticamente erano coronati quelli soldati, che con lo scudo saluauano un cittadino. Fu etiandio chiamato padre della patria, & creato Dittatore perpetuo, & Consolo per dieci anni. Il suo corpo per decreto fu fatto sacro & intemerato. Rendeua ragione in su'l tribunale d'oro & di auorio, & sacrificaua sempre con le uesti trionfali. Fecero che tutti i giorni dell' anno, ne' quali Cesare hauea acquistata alcuna uittoria, fossero sacri & festiui, & ad honore della stirpe sua il mese, che prima si chiamaua Quintile, fu chiamato Julio. Furongli oltre a ciò dedicati molti tempj, come ad un Dio, tra quali fu uno commune a lui & alla Dea della Clemenza. Furono alcuni adulatori, i quali il confortarono, che si facesse chiamar Re. Ma egli con seuera riprensione comandò che niuno facesse mentione del nome regio, dimostrando hauer tal nome in horrore, come probibito con maledetta esecratione da' suoi maggiori: & per mostrar di non hauer alcun sospetto del popolo, licentiò da se tutti i soldati, i quali soleuano stare alla guardia del corpo suo, & per opera de' quali s'era difeso da' nemici, ma andaua in pubblico accompagnato solamente da' ministri popolari. Tutti gli honori & magistrati, i quali gli furono dati dal Senato, & dal popolo, accettò, eccetto che 'l Consolato per dieci anni, il quale ricusò, & dichiarò Consoli del futuro anno se, & Marco Antonio gouernatore del suo esercito, imponendo a Marco Lepido, ch'esercitasse l'ufficio in luogo d'Antonio, tanto ch'Antonio tornasse di Spagna. Riuocò dall'esilio ciascuno, perdonò a' nemici, & a molti, che spesse uolte l'haueano oppugnato, concesse i magistrati, mandandone alla cura & delle prouincie, & de gli eserciti. Uno del numero de' suoi adulatori, uolendo in fatto rappresentare l'effetto del regno, coronò la statua sua con alloro, mescolateui al-

'eune piaſtre d'argento . Coſtuì fu incarcerato da Marillo &
Ceſetio Tribuni della plebe , ſimulando fare queſtò per gratificare Ceſare , che dimoſtraua crucciarſi ogni uolta che gli
era fatta mentione di Re . Alcuni altri fattiſigli incontro
andando lui a ſpaſso fuori della città il ſalutarono come Re .
Ceſare uedendo il popolo eſſerſi commoſſo a quella ſalutatione,
aſtutamente riſpoſe : Voi hauete preſo errore , perche io mi
chiamo Ceſare , & non Re ; per la qual coſa Marillo fece
pigliare quelli ch'erano ſtati il principio di queſta coſa , &
comandò a' miniſtri che gli faceſſero comparire in giuditio per
condannarli , acciò che foſſero eſempio a gli altri adulatori .
Ceſare non potendo ſimulare, ne ſopportar piu oltre, ſi dolſe nel
Senato grauemente di Marillo, dicendo ch'hauea incarcerati
gli amici ſuoi che l'haueano ſalutato Re , non per zelo della
Republica , ma per dargli carico , & calunniarlo di tirannide , & giudicò, che come ſeditioſo cittadino meritaſſe la
morte , o almeno foſſe degno d'eſſere depoſto dal magiſtrato,
& priuato della dignità Senatoria. Diceſi ch'una uolta confortato dagli amici che uoleſſe uſar maggior diligenza in guar-
darſi dalle inſidie , & inganni degli emuli , a' quali pareua
ch'haueſſe data occaſione d'inuitargli a nuocergli, hauendo licentiati quelli che ſoleuano hauer cura della uita ſua : Ceſare riſpoſe niuna coſa eſſere piu infelice , che la continua
guardia , ne eſſere alcuno huomo piu miſero , che quello il
quale ſtaua con perpetuo timore . Stando Ceſare un giorno a
uedere una certa maniera di giuochi chiamati Lupercali , &
ſedendo in un trono d'oro, Antonio ſuo collega ſaltando, nudo, & unto ſecondo il coſtume de' Sacerdoti che celebrauano
quella feſta, corſe doue Ceſare ſedeua , & poſegli il diadema in capo, il quale atto uedendo Ceſare che da pochi era
ſtato approuato , & che la maggior parte ne moſtrò diſpiacere, e moleſtia, ſubito ributtò il diadema, il quale Antonio di nuouo gli ripoſe in teſta ; e Ceſare di nuouo lo ributta-
tò, onde il popolo con alta uoce lo commendò. Ceſare adunque
o per conoſcere di affaticarſi indarno per acquiſtar il nome regio, o per euitare calunnia, & inuidia , o per non hauere di
nuouo a impacciarſi nelle diſcordie ciuili, ouuero per fuggire
l'otio, nel quale ſpeſſe uolte era aſſaltato dal morbo caduco,

deli-

deliberò pigliare la impresa contra i Parti per vendicare l'ingiuria di Crasso, & contra i Geti, che sono popoli di Tracia, & bellicosi & molto insolenti, & in quel tempo apparecchiauano mouere la guerra alle genti uicine; per il che mandò innanzi uno esercito di sedeci legioni di fanti, e di Caualieri diecimila. Diuulgossi per questa impresa una fama, & uno parlare per tutta la città, che ne' libri gibillini era una profetia, la quale diceua, che i Parti non sariano mai obbedienti, ne sudditi a' Romani, se un Re non era mandato a fare la guerra contra di loro: in modo ch' alcuni configliarono che Cesare oltre al nome di Dittatore fosse ancora nominato Imperadore, & in qualunque altro modo sogliono essere chiamati i Re, & che niuna delle nationi suddite a' Romani potesse chiamare il suo Signore per nome di Re, acciocche il pronostico della Sibilla hauesse luogo in Cesare. Esso dimostrando essergli molesto tale titolo, nondimeno in fatto n' hauea piacere, & al tutto si affrettaua alla partita per leuarsi dall' otio, & per mitigare l' inuidia, la quale gli era già portata da molti. Ma quattro giorni auanti al termine, che hauea statuito andare contro a' Parti, fu morto nel Senato dagli emuli suoi, o per inuidia della sua felicità, o per gelosìa della sua potenza, o per salute della patria, & per conseruatione della libertà. Percioche già non era piu dubbio in alcuno, che Cesare quando bene non hauesse uinti i Parti, ad ogni modo sarebbe stato Re de' Romani. Da questa cagione adunque credo io, che fossero indotti gli emuli suoi a leuarselo dinanzi, ueggendo tutte l' opere, & gesti suoi di Re, benche in nome fosse Dittatore. Furono autori della morte sua due innanzi agli altri, cioè Marco Bruto, figliuolo di quel Bruto, che fu morto da Silla, il quale fuggì da Cesare nella guerra di Farsaglia, & Gajo Cassio, il quale diede presso ad Ellesponto in potere di Cesare se con ottanta galee sottili. Questi due essendo stati de' partigiani di Pompeo, dopo la morte sua furono riceuuti uolontariamente da Cesare nel numero degli amici suoi. Fu in loro compagnìa Decimo Bruto, & Albino tutti appresso a Cesare molto honorati, de' quali si era fidato in cose grandi, & di molta importanza, & quando
andò

ando alla guerra di Barberìa, hauea dato loro cura di tutto lo esercito, percioche a Decimo diede in gouerno gli Celti, che sono di là dall' Alpi, & Albino uolle che fosse Capo de' Celti di quà dall' Alpi. Essendo adunque Bruto & Cassio in contentione simulata, perche l' uno e l'altro chiedeua la Pretura della città, solo per torre uia ogni sospitione, che non si credesse che nelle altre cose s' intendessero insieme, Cesare ingegnandosi di riconciarli, diceua agli amici: Cassio chiede cosa giusta e conueniente alla dignità sua, ma io son costretto compiacere a Bruto; e certamente era Cesare tanto affettionato a Bruto, e tanto l' honoraua, che da alcuni era creduto, che fosse suo figliuolo. Conciosiacosache in quel tempo che Bruto nacque, Cesare amaua ardentissimamente Seruilia sua madre, sorella di Catone, e quando Cesare hebbe uinto in Farsaglia comandò a' soldati con grande sollecitudine d' animo che facessero ogni cosa per saluare Bruto, il quale era allora con Pompeo. Ma Bruto ingrato fu Capo della congiura contra Cesare o come consapeuole della colpa della madre, o fidandosi poco di Cesare, o uergognandosi perche era stato prima in fauore di Pompeo, o perche amaua piu la libertà della patria che Cesare, stimando piu la patria, che la infamia di torre la uita all' amico suo, come huomo nato dalla stirpe di quello antico Bruto, che fu causa di cacciare di Roma i Re; & ancora si dice, che dal popolo fu incitato e ripreso, che non era imitatore del sangue, e uirtù de' suoi antichi padri. Oltre a ciò furono trouate piu uolte appiccate alla statua di quello antico Bruto alcune cedole, nelle quali era scritto: Bruto tu ti sei lasciato corrompere da' doni: Bruto tu sei morto: Volesse Dio o Bruto, che tu fossi uiuo; o Bruto che progenie imbastardita è nata dal sangue tuo? O Marco Bruto, certamente tu non sei nato dal primo Bruto. Per il che fu stimato, che questi cosi fatti stimoli accendessero l' animo del giouane a tal homicidio, come degno della fama e gloria de' suoi maggiori. Crescendo l' opinione ogni dì piu, che Cesare hauesse deliberato farsi Re de' Romani, è douendo farsi in trà gli amici di Cesare una consulta, se era bene chiamarlo Re; Cassio porse la mano a Bruto, e

disse,

disse, che faremo noi Bruto in Consiglio? proporremo come fanno gli adulatori, che Cesare sia fatto nostro Rè? & Bruto rispose, io non voglio in alcun modo interuenire a questo Consiglio. Cassio prese animo da queste parole dicendo. Se noi saremo chiamati in Consiglio come Pretori, che faremo noi Bruto ottimo? Aiutaremo la patria insino alla morte, rispose Bruto; allora Cassio abbracciò Bruto dicendo. Quale è quello ottimo cittadino, che non ti debba seguire, essendo tu tanto bene disposto per la salute, & dignità della patria? Credi tu ch'alla statua del tuo Prisco Bruto siano poste le cedole scritte da' plebei artefici, & persone uili, piu tosto che da quelli, che sono ottimi cittadini, & autori della libertà, i quali dagl'altri Pretori sogliono chiedere spettacoli di caualli, & di fiere, ma da te ricercano la libertà, come opera eccellente, & de' tuoi maggiori? Questa fu la prima uolta, che Bruto, & Cassio scopersero l'uno all'altro quello ch'haueano in secreto immaginato, non sapendo l'uno l'animo dell'altro; & furono in modo costanti, & fermi nel proponimento ch'hebbero ardire di tentare insino agli amici proprj di Cesare, cioè quelli, i quali conosceuano essere animosi ad ogni impresa. Degli amici loro, co' quali communicarono il fatto, furono due fratelli, Cecilio, & Bucoliano, Rubrio Riga, Quinto Ligario, Marco Spurio, Seruilio Galba, Sesto Nasone, Pontio Aquila. Degli amici di Cesare furono Decimo Bruto, Gajo Casca, Trebonio, Attilio Cimbro, Minucio & Basilio. Parendo loro hauere prouisto a sufficienza, & che non fosse da communicarlo piu oltre con alcuno, congiurarono tutti insieme, & benche non usassero alcuno giuramento o sacrificio ad obbligare l'un l'altro alla fede; nondimeno fu sì grande la costanza loro, che tutti osseruarono la fede, & il secreto. Solamente ricercauano il tempo, & il luogo. Recò la commodità il termine, nel quale Cesare doueua il quarto giorno allora prossimo, andare alla espeditione contra i Parti. Ma perche i soldati della guardia sua impediuano il luogo, deliberarono dare effetto alla cosa nel Senato, stimando che i Senatori, benche non fossero consapeuoli della congiura, nondimeno quando uedessero dato il principio alla uccisione del tiranno, hauessero a porgerui le mani, & interporui la opera

loro

loro prontiffimamente , & cofi interuenne a Cefare , come
è manifefto , che interuenne a Romolo , quando di Re diuenne tiranno . Penfarono adunque i congiurati , che mancando Cefare nel Senato , ciafcuno hauesse a giudicare lui
efsere ftato morto non da una parte de' cittadini , ma da
tutta la città , & che efsendo ftimata comune & pubblica
immaginatione & opera , i foldati di Cefare non hauefsero a
fare alcuna difefa per lui . Mofsi da quefta ragione , deliberarono del tutto eleggere per luogo della morte di Cefare il Senato . Del modo dubitauano tra loro . Furono alcuni , i quali
giudicarono fommamente necefsario tagliare a pezzi infieme
con Cefare Marc' Antonio fuo collega , & amico molto potente , & molto accetto a' foldati , a' quali Bruto fi contra-
pofe dicendo : Se noi ammazzeremo Cefare , acquifteremo
fama & gloria per hauere morto il tiranno : Se faremo il
fimile a gli amici fuoi , faremo accufati hauere fatto quefto
per uendicare la ingiuria di Pompeo , efsendo noi ftati primi capi della fetta fua . Accordatifi gli altri a quefto medefimo parere , afpettauano che il Senato fi raunafse . Cefare il
giorno auanti che fofse morto , conuitò a cena Marco Lepido
maeftro de' Caualieri , & Decimo Bruto , & Albino . Do-
pò la cena fedendo a menfa uennero in ragionamento
qual forte di morte fofse manco molefta , & hauendo alcuni di loro detti uarj pareri , Cefare prepofe a tutte le
altre morti la fubita , & improuifa , nel qual modo indo-
uinò di fe medefimo , & parue che hauefse qualche infpira-
tione che il giorno feguente doue a efsere morto . La mattina
poi uolendo Cefare ufcire di cafa per andar nel Senato , Calfurnia fua donna lo pregò , che ftefse in cafa , dicendo hauer fognato quella notte parergli ueder Cefare tutto bagna-
to nel fangue . Ne' facrificj anco uide apparire fegni molto
fpauentofi , & horrendi . Per la qual cofa uolle mandare
Antonio che licentiafse il Senato , ma confortato da Decimo
Bruto , che non uolefse incorrere in infamia di fofpitione ,
ma che andafse egli perfonalmente a fare quefto effetto , fi
fece portare nel Senato nella lettica . In quel tempo medefimo nel teatro di Pompeo fi celebrauano alcuni fpettacoli ,
& il Senato era radunato in certe cafe uicine al teatro , accioche

ciocbe di quindi poteſſero i Senatori uedere gli detti ſpetacoli. Bruto in quel mezzo a buon' bora rendeua ragione come Pretore nel portico, il qual era dinanzi al teatro. Intendendo i congiurati cbe Ceſare ueniua per licentiare il Senato cominciarono al tutto a dubitare, ne ſapeuano deliberare quello, cbe foſſe da fare. Mentre cbe ſtauano in queſta dubitatione, un cittadino andò a trouare Caſca, e preſali la mano diſſe: Hai tu uoluto celarmi eſſendo tuo amico queſta congiura? percbe Bruto gli baueua aperto ogni coſa. Cominciando Caſca ad impallidire per rimorſo di coſcienza, colui ſorridendo ſoggiunſe, da cbi baueſti tu il danajo, con il quale hai comprato il magiſtrato della edilità? Alle quali parole Caſca fu aſſicurato. Oltre a ciò Publio Lena uno del numero de' Senatori, ueggendo Bruto & Caſſio, i quali parlauano inſieme, andò loro & diſſe: Io prego i Dei, cbe ui facciano ſuccedere felicemente quello, cbe uoi penſate di fare. Ma ben ui conforto, cbe uoi facciate toſto, percbe e ui biſogna. Inteſe le parole, Bruto, e Caſſio ſtupefatti taceromo per paura. Mentre cbe Ceſare era portato nel Senato, uno de' ſuoi famigliari baueuta qualcbe notitia della congiura andò a trouar Calfurnia per notificare a Ceſare ciò cbe inteſo baueua, dicendo a Calfurnia ſolamente queſto: Io uoglio aſpettar qui tanto, cbe Ceſare torni dal Senato, per notificargli una coſa di grandiſſima importanza, non ſapendo però il particolare della coſa. Artemidoro ancora ſuo noto corſe nel Senato per manifeſtargli il tutto, ma non giunſe a tempo, percbe lo trouò già morto. Da un' altro gli fu dato, mentre cb'egli entraua nel Senato un libretto, nel qual ſi conteneua tutto l'ordine del trattato, il qual libretto gli fu trouato in mano eſſendo morto. Publio Lena, il quale poco innanzi era ſtato a ragionamento con Caſſio, quando Ceſare entrò nel Senato, ſe gli fece incontro, & gli parlò con una certa inſtanza grande. Lo aſpetto di queſta coſa impaurì talmente i congiurati, cbe guardandoſi in uiſo l'uno l'altro ſi conuenero darſi la morte innanzi, cbe aſpettare di eſſere preſi. Ma ueggendo, cbe Lena continuaua il parlare con Ceſare, & bauendo compreſo cbe pregaua per uno amico, ſi fermarono, & dapoi ueduto cbe

X abbra-

abbracciaua le ginocchia a Cesare, di nuouo presero ardire. Era una consuetudine, che quando i Magistrati della città doueuano entrare nel Senato prima facessero il sacrificio. Adunque sacrificando Cesare, un' altra uolta non fu trouato il cuore alla uittima. Lo indouino disse, che per questo pronostico era significata la morte di qualch' uno. Cesare allora sorridendo disse: Questo medesimo m' interuenne, quando io era per combattere in Spagna contra Pompeo il giouane. Rispose lo indouino; certamente, Cesare, tu allora douesti incorrere in qualche altro graue pericolo. Et hora disse Cesare, mi auerrà qualche cosa propitia, come mi auenne in quel tempo. Et così detto di nuouo sacrificò, & interuenendogli un simile augurio, uergognandosi di tenere piu oltra il Senato a tedio, disprezzati i sacrificj, entrò nel Senato, dicendo queste parole. E' necessario che a Cesare auuenga quello, a che la necessità de' fati lo tira. I congiurati commisero a Trebonio, che stasse auanti alla porta del Senato, e tenesse M. Antonio in tempo, e non lo lasciasse entrare, ritardandolo con qualche ragionamento. Essendo Cesare posto a sedere nel trono, i congiurati gli fecero cerchio intorno ad uso di amici tutti col pugnale in mano. Attilio Cimbro fu primo, che se gli fece auanti sotto spetie di pregarlo, che uolesse richiamar il fratello dallo esilio. Contradicendo Cesare a Cimbro, & al tutto negandogli la gratia, Cimbro prese la uesta di Cesare, come se di nuouo il uolesse pregare: e tratto fuora il pugnale, ferì Cesare nel collo, gridando con alta uoce, che state uoi a uedere o amici? Casca allora percosse Cesare, e lo ferì nella gola, e menatogli dapoi un' altro colpo gli aperse il petto. Cesare allora presa la uesta di Cimbro, e tenendola stretta, lo prese per mano, & saltò giù dal trono, e riuoltato uerso Casca, lo ributtò con gran forza. Cassio allora lo ferì nel uolto, e Bruto gli diè un colpo nel pettignone. Bucoliano lo colpì in su la spalla. Cesare uedendosi già ferito in tanti luoghi, come una fiera s' ingegnaua ributtare da se qualunque ueniua per ferirlo. Ma dopo la ferita, che gli diè Bruto, disperato d' ogni salute, si riuolse ne' panni per cadere con minor uergogna, e cadde auanti alla statua di Pompeo. I congiurati a maggiore

sua vergogna gli corsero addosso tanto che lo lasciarono morto in terra con ventitre ferite. Fu tanto l'impeto, e furore de' congiurati nell' ammazzar Cesare, che spignendo
l'uno l'altro, se ne ferirono alcuni insieme. Poiche i congiurati hebbero commesso sì grande sceleratezza in luogo
sacro, e contro ad huomo sacro, & intemerato, subito andò a romore non solamente il Senato, ma tutta Roma, &
il popolo. I Senatori, & altri cittadini fuggivano chi in
qua chi in là, temendo ciascuno della propria salute. Nel
tumulto furono feriti certi Senatori; alcuni tagliati a pezzi, e finalmente fu fatta uccisione di molti e cittadini e forestieri, senz' alcuna consideratione, come suole interveni-
re ne' tumulti, e garbuglj delle città, che molti sono morti per ignoranza. I gladiatori, i quali la mattina di buon
hora si erano armati per celebrare gli spettacoli, usciti dal
teatro, corsero nel Senato. Et il teatro fu dissoluto con
istrepito, & timore, fuggendo ciascuno alle proprie case. Le
porte di Roma furono chiuse, e le botteghe furono saccheggiate, e ciascun de' Senatori, e di qualunque conditione,
si faceva forte in casa sua. Marc' Antonio ritornato a casa, deliberò scoprirsi in favore delle cose di Cesare. Lepido
maestro de' Cavalieri, che stava alla guardia del foro, intesa la morte improvisa di Cesare, corse in su l' Isola,
ch' è sopra 'l Tevere, dove era alloggiata una legione di
soldati, la quale condusse in campo Martio, con intentione di tenerla a posta di Antonio, perche si era accostato
a lui, come ad amico di Cesare e Consolo. Parve adunque loro di consultare insieme in qual modo potessero vendicare l'ingiuria di Cesare, ma dubitavano, che 'l Senato
non fosse loro contrario. Di tutti quelli, ch' erano prima in compagnia di Cesare, tre solamente restarono intorno al corpo suo, i quali il posero in una lettica, e
senz' alcun ornamento portarono a casa quello, il quale
poco innanzi comandava a tutto 'l mondo. I congiurati
dopo il fatto vollero fare alcune parole al Senato, ma
non essendo loro prestata audienza da alcuno, avvolsero
le vesti al braccio: e portando l' arme in mano ancora
sanguinose, esclamavano ch' havevano morto il Re, e

X 2   Tiranno

Tiranno de' Romani, & uno di loro portaua il capello in su la lancia in segno di libertà. Inuitauano tutto il popolo a ridursi al uiuere libero, e ciuile. Bruto raccontaua quello, che i suoi antichi haueuano fatto contra i primi Re. Corsero adunque a loro molti con le spade in mano, i quali benche non fossero stati partecipi dell' opera, nondimano uoleuano dimostrare essere stati con Bruto, e Cassio, per esser partecipi della gloria loro, trà quali furono Lentulo Spintore, Fauonio, Acuino, Dolabella, Marco, e Petisco. Questi non essendo interuenuti alla morte di Cesare, furono nel numero di quelli, che ne portarono la punitione, solo per uoler participare della riputatione, nella quale pareua che fossero uenuti gli uccisori di Cesare. I congiurati ueggendo non hauere seguito dal popolo, incominciarono a dubitare. I Senatori non hauendo altrimenti notitia da principio dell' ordine dato della morte di Cesare, confusi erano rifuggiti alle proprie case. Molti ancora de' soldati di Cesare si trouauano in quel tempo in Roma, perche doueano seguire Cesare alla espeditione contra i Parti. Erano oltre a ciò essi congiurati presi da timore per la presenza di Lepido, e de' soldati, che erano sotto il suo gouerno. Dubitauano similmente, che Antonio, come Consolo, non chiamasse il popolo in luogo del Senato, e non lo concitasse a qualche cosa crudele. Volgendosi adunque per lo animo tutte queste cose, andarono in Campidoglio insieme co' gladiatori, doue consultarono quello che si douesse fare, e finalmente conobiusero che fosse necessario usare qualche liberalità al popolo, per tirarlo dal canto loro, e massimamente perche haueuano conosciuto, che alcuni del popolo commendauano quello, che era stato fatto, e speranano che gli altri douessero fare questo medesimo, inuitati dall' amore della libertà, e dal desiderio della conseruatione della Republica, stimando che il popolo fosse di quella sincerità, che fu al tempo di quel Bruto, per opera del quale i Re furono cacciati di Roma. Ma non uedeuano, che queste due cose ripugnauano l' una all' altra, conciosiache in un medesimo tempo non poteua il popolo essere studioso della libertà, e cupido del guadagno; il che era più tosto da credere,

essendo

essendo la Repubblica già buon tempo corrotta, e guasta.
Era oltre a ciò Roma ripiena di forastieri, e di libertini,
che così sono chiamati quelli, che sono nati da' serui, e questi
pure eran nel numero de' cittadini. Il seruo ancora portaua
qualche habito simile al padrone. Solamente i Senatori andauano con uesti differenti da quelle, ch' erano comuni a' serui. Di questa sorte d' huomini si raunò intorno a Cassio una
gran moltitudine, i quali condotti quasi come a prezzo, non
ardiuano lodar palesamente l' opera de' congiurati, temendo
della gloria di Cesare, e degli amici suoi; ma chiedeuano la
pace, alla qual confortauano i principali dell' una parte, e
dell' altra. Era questa una inuentione de' congiurati, i quali
sperauano la salute loro per questo mezzo, non si potendo sperare la pace, se prima non si dimenticauano le ingiurie.
Stando le cose in questi termini, Cinna il quale era Pretore,
e parente di Cesare, fu il primo che si fece auanti, e saltato in mezzo della moltitudine improuisamente, si trasse la
ueste militare, la quale gli era stata data da Cesare, per dimostrar di non l' apprezzare, hauendola riceuuta dal tiranno; & incominciò a chiamare ad alta uoce Cesare tiranno,
e lodare chi l' hauea morto, hauendo liberata la Repubblica
dal tiranno, e però esser conueneuole, che tali cittadini fossero non solamente richiamati di Campidoglio, oue erano rifuggiti per sicurezza loro, ma ancora premiati, & honorati
per tanto beneficio. Dolabella nobile giouane, e di non picciola stima, il quale hauea da Cesare hauuta la elettion del
Consolato per l' anno futuro, e già di consentimento di Cesare portaua la ueste Consolare, fu il secondo, il qual accusa-
ua, e riprendeua Cesare, che gli hauesse conceduto quello,
ch' era al tutto contrario alle leggi, & affermaua, che si
conueniua perdonare a quelli, che gli haueuano tolta la uita,
e doleuasi non essere stato presente alla morte. Altri confortauano, che il giorno della morte di Cesare si celebrasse,
come felice dì alla città. Per le quali cose, la Plebe mostraua giubilo, e letitia, e chiedeua che Cassio, e Bruto fossero salui, confidandosi grandemente in Dolabella, che come
giouane prudente e di grande autorità, e come futuro Consolo hauesse a resistere, & opporsi alle forze di Marc' Antonio.

tonio. Caßio adunque e Marco Bruto fcefero di Campidoglio, e uennero doue era Cinna e Dolabella, bauendo ancora le mani imbrattate del fangue di Cefare; & effendo in mezzo alla brigata non parlarono, come timidi o uili, ma come fare fi conuiene nelle cofe grandi, e nell' imprefe honoreuoli, commendando l'uno l'altro, & dicendo che per opera e beneficio loro, la città di mifera, e ferua, era fatta libera e felice, attribuendone a Decimo Bruto la principal cagione. Dapoi fi uoltarono a confortare il popolo, che egli uolefse fare proua fimile alla uirtù de' fuoi padri, e maggiori, i quali baueano cacciati i Re, benche non fignoreggiauano per forza, come Cefare, ma uiueano in pace & fotto le leggi. Configliauano oltre a ciò, che fi facefse uenire a Roma Sefto Pompeo figliuolo di Pompeo Magno, il qual fofteneua la guerra in Spagna contra i Capitani di Cefare, e che Cefetio, e Marillo meritauano effere eletti Tribuni della plebe, effendo ftati caufa di torre il regno di mano a Cefare. Poi che Bruto e Caßio hebbero parlato, di nuouo ritornarono in Campidoglio, non bauendo molta fede nel popolo. E come prima parue loro effere bene accompagnati dagli amici, e parenti, entrarono nel tempio di Gioue: & elefsero ambafciadori, e mandarongli a M. Antonio, & a M. Lepido per trattar con loro la riconciliatione & lo ftabilimento della libertà, e per confortargli che uolefsero bauer confideratione alla falute della patria, la quale fe tutti i fuoi cittadini non fi uniuano infieme al comune bene, entraua in maggiori affanni e pericoli che fi fofse ftata mai. In quefta fentenza fu la commiffione de gli ambafciadori, a' quali fu ancora impofto, che quanto apparteneua alla morte di Cefare, non biafimafsero ne commendafsero il fatto, ma che s'ingegnafsero confortare Antonio e Lepido, come amici a Cefare, che fopportafsero con patienza, e non uolefsero penfare che Cefare fofse ftato morto per odio, o per inimicitia, o per inuidia, ma per carità, per amore, per pietà della patria uota & afflitta da tante grandi, e continue difcordie ciuili: e fe di nuouo era mefsa in difcordia, bifognaua necefsariamente che perifse infieme con tutti i buoni, che reftauano, & che non era giufta cofa che l'inimicitie priuate bauefsero a partorire publi

ca

ea rouina, ma era conueniente, che nelle cose pubbliche
si estirpasero dalle radici gli odj particolari. Ma Antonio, e Lepido, com' habbiamo detto, haueano l'animo uolto alla uendetta di Cesare, o per rispetto dell'amicitia,
& intelligenza che baueano seco, o piu tosto per cupidità
di dominare: e conosceuano, che potendosi leuar dinanzi
Bruto e Cassio, & i loro adherenti, ogni loro impresa sarebbe piu facile, benche temessero degli amici e parenti loro. Dall'altra parte uedeuano il Senato essere contrario
alla uolontà loro, e Decimo preposto da Cesare a' confini
di Lombardia bauere a suo gouerno grande esercito. Per
la qual cosa giudicarono esser molto piu sicura uia aspettare il successo del futuro, e pensare in qual modo potessero leuar dall'obbedienza di Decimo l'esercito, stanco già
da lunga fatica. Hauendo adunque immaginato tutte queste cose, risposero agli ambasciadori di Bruto, e di Cassio in tali parole. Non è nostro proposito tentar alcuna
nouità, per uendicar le priuate nostre inimicitie, ma siamo bene disposti uendicar l'ingiuria di Cesare, per l'ob-
bligatione, ch' habbiamo mediante il giuramento preso di
essere uendicatori di tutte le sue offese, & habbiamo deliberato piu tosto uiuere tra pochi con innocenza, ch' essere tra molti con mancamento della fede. Ma di queste
cose pare a noi che sia da trattar con uoi in consiglio, e cre-
deremo che quella deliberatione sia utile alla città, la quale di comune consentimento di tutti sarà approuata. Gli ambasciadori tornarono con questa risposta a Bruto, & a Cassio, quali tenendo per cosa certa & indubitata, che 'l Senato bauesse ad essere in loro fauore, fecero poca stima di
tale risposta. Marc'Antonio la notte seguente, come Consolo,
fece fare le guardie per tutta la città. Vedeuansi adunque
fuochi per tutti i luoghi di Roma, la qual cosa fu cagione,
che i congiurati, & amici loro andassero tutta quella notte
alle case de' Senatori, confortandogli alla salute propria e comune della patria. La notte medesima furono portati in casa
d'Antonio i danari di Cesare col testamento dell'imperio, o
per ordine di Calfurnia sua donna, la quale per essere piu
sicura era ridotta in casa di Antonio, o per comandamento
pure

pure di Antonio. Fu dapoi deliberato, ch' Antonio il gior-
no seguente chiamasse il Senato nel tempio della Dea Tel-
lure, non molto lontano dalle case sue, perche egli non ar-
diua andare in Campidoglio, massimamente perche i gladia-
tori erano co' congiurati, ne gli parue ben fatto usar le
forze de' soldati per non leuar tumulto nella città, ben-
che Lepido poi gli mettesse pure dentro. Auuicinandosi il
giorno, uennero nel tempio di Tellure molti Senatori, trà
quali fu Cinna Pretore. Alcuni de i soldati di Cesare mossi
da ira contro a Cinna, perche era stato benche congionto il
primo a riprender Cesare, se gli uoltarono contro cò i sassi, & se-
guironlo infino a casa, doue egli si fuggì; nella quale attac-
carono il fuoco, e certamente ue l' harrebbono arso dentro,
se non che furono ritenuti da Lepido, che menaua seco
l' esercito. Fu questo il primo segno dell' ardire de' Cesa-
riani, il che diede à congiurati non picciolo timore. Nel
Senato comparse picciolo numero de' cittadini che fossero
finceri, & neutrali: perche la maggior parte era accosta-
ta à congiurati con uarj prouedimenti, affermando uolere
correre con loro una medesima fortuna. Disputandosi nel
Senato, e proponendosi uarie opinioni, e pareri, alcuni
commendauano ciò, che era stato fatto da' congiurati, ha-
uendo spento il tiranno, e consigliauano, che si douessero
premiare meritamente. Altri diceuano essere a sufficienza
commendargli solamente come benefattori della patria: Al-
cuni altri negauano tale commendatione, ma giudicauano,
che fossero degni di perdono. Erano alcuni piu seueri, à
quali era questa cosa in horrore, come scelerata, ma non
prohibiuano, che gli autori fossero salui; doleuansi solamen-
te ch' hauessero ad essere honorati, come se hauessero bene
operato: molti pe 'l contrario diceuano non essere conue-
niente, che fosse hauuto inuidia, che coloro fossero sicuri,
à quali una uolta era stata concessa la salute. Ma dicen-
do al fine uno de' Senatori che non era da permettere, che
la laude de' congiurati recasse calunnia, & ignominia alla
fama di Cesare, tutti reclamauano, che non fosse da pre-
ferire il morto à uiui. Affermando un' altro constantemen-
te ch' era da eleggere un de' due partiti, o confessare Ce-

sare

sare essere stato tiranno, o perdonare a' congiurati per misericordia : gli altri aconsentirono solamente questo, che si gittassero le sorti sopra questi partiti. Antonio, come astuto, pensò all' inganno pigliando l' ocasione e la materia di tanta varietà & ambiguità di pareri. Il perche fece imporre pe'l trombetta silentio a ciascuno ; e come Consolo parlò in questa forma. E' necessario che quelli i quali vogliono gittare le sorti sopra Cesare , intendino prima questo, che la giustitia e honestà vuole ch'essendo stato Cesare eletto giustamente al governo della Repubblica , tutte le cose fatte da lui stiano ferme, & immaculate. Se alcuno è che affermi Cesare havere presa l' amministratione, & imperio della città Romana tirannicamente e per violenza, è cosa molto conueniente, che il corpo suo sia portato fuori della città e lasciato insepolto, e che tutte le cose fatte e concesse da Cesare siano rivocate, & annullate. Quasi tutti noi parte siamo in qualche magistrato per opera di Cesare, e parte siamo eletti per successori di quelli, ch' al presente sono in officio. I Magistrati della città sono distribuiti per anni cinque, e quelli di fuora ordinati per la cura delle prouincie e degli eserciti solo per un solo anno . Volete noi volontariamente, e per vostra colpa torvi gli honori, a' quali siete stati deputati da Cesare? Questo partito è in podestà vostra. Parmi adunque che innanzi ad ogn' altra cosa voi pensiate a questa parte, e che vi risoluiate. In questo modo Antonio non per rispetto di Cesare, ma per sua propria utilità, accese un grande incendio, perche la maggior parte de' Senatori erano in magistrato eletti a' futuri magistrati, e però con alta uoce ricusando ogn' altra sorte, dimandarono che stesse fermo & rato tutto quello, che circa a' magistrati da Cesare era stato loro concesso, e che a niuno douesse nuocere ne la elettione o la età minore o altro impedimento introdotto dalle leggi. Era in questo numero Dolabella, il quale essendo in età di venticinque anni , era stato disegnato nuovo Consolo, non potendo secondo la legge esercitare tal magistrato . Fece adunque costui una subita mutation di animo, e si cangiò tutto da quello, ch' hauea detto il precedente giorno , e cominciò a riprendere aspramente chi hauea con-

X
sigliato,

figliato, che i congiurati fi douefsero & honorare, e premiare. Stando le cofe in quefti termini, Antonio e Lepido ufcirono fuori del Senato, e fubito furono chiamati da certi, i
quali correuano uerfo loro dalla lunga, e difsero che fi guar-
dafsero, che non interuenifse loro il fimile, ch' era interuenuto a Cefare. La qual cofa intefa Antonio, fi trafse la
uefte e rimafe in corazza, la quale haueua indofso, & ir-
ritando e folleuando quelli, che lo riguardauano, difse che
la cofa era condotta in luogo, che non che gli altri, ma ne
i Confoli poteuano efsere ficuri fenza armi. Allora molti
dall' una parte, & dall' altra incominciarono a chiedere la
pace, a i quali Antonio rifpofe in quefto modo. Dapoi che
molti fi moftrano inchinati alla pace, quefta dobbiamo prima di qual natura habbia ad efsere, confiderare. La ficurtà fua è difficile a potere trouare, & io per me ftefso non
ueggo in qual modo pofsa durare, poi che farà fatta; perche a Cefare non hanno giouato i facramenti, ne il giuramento. Voltato dapoi a quelli, che confortauano, che fofse
meglio partire di Roma, che reftare in tanta confufione e tumulto, commendò il configlio loro, & io, difse, ui menerei
meco in campo, fe non che io fono Confolo, al qual s' appartiene piu tofto la cura del dire, che della giuftitia. Quelli
che fono dentro, ui configliano peruerfamente. Per quefta
medefima uia Cefare ftudiofo della utilità della città, e di
faluare quelli, i quali di cittadini erano diuentati nemici
alla patria, è ftato morto. Machinando Antonio quefte cofe a poco a poco, coloro, che confortauano che l' opere d' Antonio fofsero fauorite, chiamarono Lepido in ajuto. Volendo
Lepido incominciare a parlare, chi era di lontano, il confortaua che ueniffe in piazza, acciò che potefse efsere intefo da
tutti. Onde Lepido fubitamente procedè auanti, ftimando
riuolger la plebe alla uolontà fua. Efsendo montato in fu'l
pulpito, incominciò prima a fofpirare, e piangere, dapoi parlò in quefto tenore. Hieri fui io in quefto luogo con Cefare, &
hoggi fono coftretto in quefto medefimo luogo dolermi della
morte fua. Che uolete uoi adunque da me? Chiamando molti, che Lepido uendicafse la morte di Cefare; e molti, ciò
è quelli, ch' erano in fauor de' congiurati, chiedendo che fi
facefse

facesse la pace: Consultiamo, disse Lepido, sopra la pace:
Ma che pace uolete uoi, & con quali obblighi e sicurtà la
chiedete uoi? Dapoi uoltato uerso quelli, che chiamauano
uendetta: A noi disse è tolto Cesare buomo santo, & degno
d' essere adorato. Essi chiamando di nuouo la uendetta;
pregauano Lepido, che si facesse ellegger Pontefice Massimo
in luogo di Cesare; per la qual cosa Lepido si rallegrò alquanto, e rispose, richiedetemi di questo un' altra uolta, perche al presente io mi giudico indegno di tale sacerdotio: ma
essendone confortato di nuouo con maggior instanza, & quasi
stretto, disse, Benche io conosca che uoi mi conducete a fare cosa non ragioneuole, ne conueniente alla qualità mia,
nondimeno sono contento fare ciò che pare a uoi: e cosi detto
ritornò nel Senato. Antonio aspettando uedere quello che facesse il popolo e ueggendo tanti diuersi pareri, deliberò fare esperienza, che le cose fatte da Cesare fossero confirmate.
Onde imposto silentio pel trombetta, parlò cosi. Se io ho bene raccolto tutti i pareri e del Senato, e del popolo, due uolontà diuerse ne ritraggo. Parte di uoi desidera la uendetta di Cesare: parte che si dimentichi l'ingiuria mediante la
pace. Adunque prima che uoi deliberiate quale sia piu conueniente di queste due cose, è necessario consideriate i meriti, & i demeriti di Cesare. Chi ha notitia de' demeriti, gli
palesi liberamente, ch'io per me stesso non ne so alcuno. I
meriti sono immortali, & infiniti a chi andrà ricercando il
numero delle città, delle nationi, de' Re, e de' Principi, e
le cose dal ponente al leuante, che Cesare ha soggiogate al
popolo Romano parte con la uirtù e potenza, e parte ridotte
alla nostra diuotione con la legge, con la clemenza, e benignità sua. Di tutte queste cose è necessario che uoi lasciate
la maggior parte a quelli, i quali cercano uendicarsi ogni cosa con le guerre, con le discordie, & con le sceleratezze,
se uoi hauete pure deliberato non solamente saluarli, ma pre-
miargli ancora de' loro errori e peccati. Ma considerate quest'
altro inconueniente, non punto minore, che il primo. Grande è certamente la moltitudine di quelli, a' quali Cesare in
premio, e rimuneratione delle fatiche loro, della uirtù e fede, de' meriti uerso la patria, ha conceduto a chi doni, a

chi

chi beni e possessioni, a chi magistrati, che stimate uoi che questi tali habbiano a fare, se uoi gli uorrete priuare di queste cose? Il fine loro ui ha potuto facilmente dimostrare l'immagine della notte passata, quando pregando uoi per la salute e perdono de' delinquenti, molti si fecero incontro minacciando: ma riguardate hora il corpo di Cesare insanguinato, imbratatto, insepolto & abietto, il che appena è permeso dalle leggi a fare contro à tiranni; e pensate quale ira, quale inuidia, quale sdegno de gli Dei conciterete contra di uoi, e de' uostri figliuoli se uorrete uituperare il uostro Imperio ampliato dall' Oceano insino alle genti incognite; percioche non sarete manco ripresi uoi, che quelli i quali giudicauano degni d'essere honorati quelli, ch' hanno tagliato a pezzi il uostro Consolo nel Senato, huomo sacro, in luogo sacro, alla presenza de' Senatori, e nel conspetto degli Dei, & uogliono, che quello sia indegno, il quale appresso i suoi nemici è stato tenuto dignissimo per la sua uirtù. Da questi cosi fatti huomini pare a me, che noi ci dobbiamo guardare. E giudico, che le cose fatte & ordinate da Cesare, stiano ferme, & siano approuate, & che de' delinquenti essi non siano premiati o honorati, come uogliono molti, perche non mi pare ne giusto, ne honesto, ne la ragione il uuole. Ma se pur uolete hauere misericordia di loro per rispetto de' loro amici & parenti, & uogliono hauercene qualche grado, io non lo riprendo. Dicendo Antonio queste parole con un certo impeto di grauità, furono subito per pubblico decreto approuate & confermate le cose fatte, & ordinate da Cesare, stando ciascuno con marauiglioso silentio. Fu ancora deliberato, che per la morte di Cesare non si douesse suscitare, alcuna controuersia per utile della città & per sicurezza de' congiurati, la qual cosa procedè da' parenti & amici loro, & fu da Antonio consentita. Ritornando i Senatori alle proprie case nacque nuouo disordine & tumulto da questa cagione. Cesare poi ch' hebbe deliberato andare all' impresa contra à Parti, lasciò il testamento suo nelle mani di Lucio Pisone. Alcuni si fecero incontro à Senatori, mentre tornauano dal Senato, & confortauano che fosse bene prohibire, che il testamento di Cesare non si pubblicasse, & al corpo suo non si

facessero

facessero pubblicamente le esequie, acciocbe di qui non bauesse a nascere qualcbe tumulto. La qual cosa intendendo Pisone, fece di nuouo raunare il Senato, & dapoi parlò cosi. Coloro, i quali si gloriano bauer morto un tiranno, in luogo d' un tiranno sono diuentati piu tiranni, conciosiacosacbe probibiscono, cb' io non sepelisca il principe de' sacrificj, & minacciano cb' io non pubblichi il testamento suo, come quelli cbe desiderano diuider tra loro le sostanze di Cesare, & oltre a ciò banno statuito cbe le cose fatte da lui sieno rate, & ferme. Chi è autore di queste cose? non Bruto certamente, ne Cassio, ma cbi gli ba persuasi a fare quello cb' banno fatto. Voi farete adunque a uostro modo della sepoltura, & io sarò signore di far quello cbe mi parrà del testamento. Et prima sosterrò cbe mi sia tolta la uita, cb' io uoglia mancare a cbi ba ceduto il testamento alla fede mia. Nacque subito per le parole di Pisone sdegno, & tumulto, & massimamente tra quelli, cbe sperauano acquistare alcuna cosa per la pubblicatione del testamento. Onde fu giudicato & statuito & cbe'l testamento si pubblicasse, & cbe l' esequie si facessero solennemente a spese del pubblico, & in questo modo fu licentiato il consiglio. Bruto & Cassio in quel mezzo ueggendo la deliberatione cbe era stata fatta nel Senato, mandarono a raunare la moltitudine della plebe in Campidoglio; & essendo già comparsi molti, Bruto parlò in questa maniera. Siamo raunati in questo luogo, o cittadini, non come rifuggiti nel tempio per essere sicuri, ne in luoghi precipiti per disperatione, ma per l' occasione di Cinna stato morto crudelissimamente. Inteso babbiamo quello cbe da' nemici nostri ne uien opposto. Quello adunque cbe uogliamo rispondere alle calunnie loro, io ue lo conferirò cittadini, con i quali babbiamo consultate l' altre cose appartenenti allo stato. Dapoi in quà cbe Cesare tornando di Francia uoltò l' inimicbe armi contra la patria, Pompeo cittadino popolare ba sopportato quello, cbe è noto a tutti uoi; & dopo lui una moltitudine di buoni cittadini in Barberìa e in Spagna sono stati morti in battaglia. Noi adunque non senza cagione, ne senza prudenza temendo di colui, il quale già era in possessione ferma della tirannide, fummo contenti concedergli, & promettergli l' assolutione delle cose passate, la qual confermammo
con

con giuramento. Ma richiedendoci poi costui per vigore del
giuramento, che non solamente sopportassimo le cose presenti, ma che in futuro ancora patissimo essere serui, fummo
costretti far quello, che da tutti gli amatori della libertà
deue essere approuato. Et sono certissimo, che quelli che
sono ueramente Romani, piu tosto uorranno elegere la morte seguitando l' esempio di Catone, che uiuere in seruitù.
Se Cesare non hauea introdotta la seruitù nella sua Repubblica, bisogna che noi confessiamo essere stati spergiuri,
Ma se era fatto tiranno, & hauea soggiogata la libertà
nostra, se niuno magistrato piu era libero nella città, se
non si poteua piu fare elettione delle prouincie, degli eserciti, de' sacerdotj, se non si poteuano piu dar gli honori a'
cittadini secondo i meriti & le leggi, se piu non era fatto
ricordo o stima del Senato, ma era spenta la dignità, &
autorità de' Senatori, se il popolo non poteua piu disporre
delle leggi, se Cesare finalmente uoleua ch'ogni cosa si facesse secondo lo arbitrio, & comandamento suo, se egli
solo uolea gouernare ogni cosa senza alcun freno, se era fatto simile a Silla, anco maggior tiranno, & piu iniquo che
Silla, perche Silla poi che fu uendicato de' nemici, ui lasciò libera la Repubblica; chi può meritamente riprendere l'opera nostra? Chiameremo noi libertà questa, della quale non
era restato pure un minimo uestigio? che fu fatto contra
Cesetio, & Marillo precedenti al popolo? chi non sa la contumelia & ingiuria, la quale fu fatta loro, benche fossero di magistrato sacro, & intemerato? Oue sono le leggi?
oue è il giuramento? Non poterono costoro essendo Tribuni
difendere la causa loro, ne punire l'errore, & Cesare gli
cacciò del Senato, ne permise, che si potessero difendere.
Quale di costoro ha errato nelle cose sacre? o Cesare sacro
& intemerato, il quale n' ha sforzati, & prouocati a tor-
celo dinanzi, & per colpa del quale prima che tornasse armato contra la patria, siamo con lui interuenuti alla morte di tanti & tali, & tanto buoni cittadini? o noi che per
liberar tutti i sacrificj, tutti i sacramenti, tutta la religione habbiamo spento chi conculcaua tutti gli Dei? Il
magistrato de' Tribuni, i nostri padri, non essendo stretti

da

da necessità alcuna, ordinarono nel reggimento popolare, che fosse sacro & intemerato, & lo confermarono col giuramento. Chi hebbe ardire contra la uolontà nostra aprire lo erario? l'entrate dell' Imperio Romano a chi sono riuolte? chi rapì i tesori delle pecunie inuiolate, & intatte infino a quel giorno, & al Tribuno, che se gli oppose, minacciò dar la morte? Ma gli auuersarj nostri dicono, qual giuramento sarà sicuro per l'osseruanza della pace? Se il tiranno è spento, non è necessario alcun giuramento. Ma, se alcuno desidera essere nuouo tiranno, non bisogna ricercare da' Romani alcuno obbligo di giuramento. Queste cose sono al presente dette da noi, mentre che siamo posti in continuo pericolo per la patria, e quando erauamo in dignità, sempre preponemmo la patria all' honore proprio. Ma se uoi uorrete seguitare il consiglio mio, sarete cagione di saluare uoi e la patria. Onde conseguirete merito premio, e commendationi, e portandoui strenuamente, sarete partecipi dell' utile & dell' honore. Ma Cesare ingannandoui col giuramento, armò contra la patria molti di uoi; benche contra uostra uoglia, e costrinseui andare in Barberìa contro ad ottimi cittadini. Ma se uoi per questo haueste acquistato alcun premio, forse che ne sareste lieti. Ma conciosiacosa, che niuna humana obliuione possa cancellare l'odio delle cose, che Cesare ha fatte per mezzo uostro in Francia, & in Inghilterra, pare a me che sia conueniente ricercarne quel premio che dal popolo era consueto darsi anticamente a' soldati, nel qual tempo mai non fu sopportato, che per dare a' soldati fosse tolto agli amici, a' confederati, a' sudditi, e domestici, i quali erano senza colpa, e quando il popolo Romano era uittorioso, giammai non distribuiua, come sue, le cose d'altri, giudicando che fosse giusta opera di retributione per li delitti de' nimici uendicarsi tutti i loro beni, e dapoi in luogo di premio concedergli a' soldati per loro habitatione, come a guardia de' nimici uinti, e spesse uolte non bastando tali beni acquistati da' nimici, aggiugneua il supplimento del pubblico. Ma Silla prima, e dapoi Cesare, i quali fecero con l'arme impeto alla patria, non ui consegnarono parte alcuna de' beni de nimici, ma spogliarono Italia innocente, e con legge predatoria

datoria, e rapace ufurparono agl' Italiani le pofseffioni, le cafe, le fepolture, & i tempj: le quali cofe noi appena torremmo a' foreftieri inimici. Et in quefto modo a noi fono ftati conceffi i beni, i quali fono delle genti noftre, e di coloro, che fono ftati noftri compagni fotto Cefare nella militia, & hanno defiderata la uittoria del popolo Romano. Ma uoi, che fiete ftati con Cefare ad ogni fatica, e pericolo, non potete hora impetrare la pace per quelli, che fono ftati efpulfi dalla propria & confueta loro dignità per hauer uoluto beneficare la patria. Perciocbe Cefare uendicando a fe ogni cofa, ha uoluto in molte cofe adoperarui per guardiani, come fogliono fare i tiranni, ma non ha uoluto però che uoi participiate de' beni acquiftati per uoftra uirtù, acciocbe la neceffità ui conftringeffe effere con lui come ftabili, & fermi guardiani ad infidiare, e perfeguitare i fuoi nimici tanto che pigliaffe il principato, e la monarchia del tutto. Ma noi per rimuneratione delle noftre fatiche da hora ui concediamo tutte le pofseffioni, le quali a uoi s' appartengono, fecondo la confuetudine antica, & inuochiamo Dio per teftimonio, che poffederete giuftamente quello, che di ragione è uoftro, ne mai confentiremo che ui fia tolto dalle mani: ne Bruto, ne Caffio, ne quelli che fono entrati nel pericolo della libertà uoftra ui mancberanno per fauore. Ajutiamo noi medefimi, la qual cofa ui riconcilierà con tutte le nationi, e farà cofa gioconda a far bene, & utile a ciafcuno, perche noi intendiamo reftituire a tutti del pubblico quello, che fe gli appartiene, & ifcemar le gabelle, acciocbe non folamente fiate allegeriti delle grauezze, ma ancora poffiate pacificamente, e con ficurtà poffedere il uoftro. Mentre che Bruto diceua quefte cofe, tutti quelli ch' erano prefenti, prima confultarono la cofa infieme, dapoi unitiffimamente approuarono il detto fuo, come giuftiffimo & utiliffimo alla Repubblica, & abbracciarono Bruto, e Caffio con fomma beneuolenza, & ammiratione, come cittadini intrepidi, e generofi d'animo, & amiciffimi al popolo, & tutti promifero effere il giorno feguente con loro per dar conclufione a quefta fant' opera. La matina dapoi i Confoli conuocarono

la

il configlio , per intendere il parer di ciafcuno . Cicerone ,
huomo dottiſſimo & eloquentiſſimo , fece una graue , & or-
natiſſima oratione della concordia & unione , & della dimenticanza dell'ingiurie , e difcordie , per la quale parue ,
che ciafcun ſi commouefſe , e rallegraſſe in tanto , che fecero chiamar Bruto e Caſſio fuori del tempio , doue ſi guardauano per timore , i quali chiefero che foſſero prima dati loro gli ſtatichi ; onde furon mandati i figliuoli d' Antonio e di Lepido . Subito che Bruto e Caſſio comparuero nel
Senato , fu dimoſtrata uniuerſalmente tanta letitia e uoci-
feratione , che uolendo i Confoli parlare , niun preſtaua
loro udienza , ma la maggior parte chiedeua che ſi riconciliaſſero & abbracciaſſero inſieme . E coſi fu fatto , e parue ch' in un momento mancaſſe l'animo a' Confoli , o per
timore , o per inuidia , ueggendo uolto tanto fauore a gli
auuerſarj . Ma in quel mezzo M. Antonio , come ſimula-
tore aſtutiſſimo , fece ſubitamente portare il teſtamento di
Ceſare , & ordinò che foſſe aperto e recitato nel Senato . In eſſo fu trouato Ottauio adottato da Ceſare in luogo di figliuolo , nipote ſuo di ſorella . Al popolo eran laſciati gli orti di Traſteuere ; e a ciafcun cittadino Romano che foſſe nella città ottantacique dramme attiche . Mentre che ſi leggeua il teſtamento , fu tanta la mutatione del
popolo , che ſubito fu acceſo d'ira contra gli ucciſori di Ceſare , parendo ch' ingiuſtamente Ceſare foſſe ſtato morto , & poi
calunniato , come tiranno , eſſendo ſtato pel contrario amiciſſimo alla ſua patria , & liberale al popolo . Ma quel ,
che moſſe commiferatione incredibile , fu , quando s' inteſe che Decimo Bruto un de' percuſſori di Ceſare , era
inſtituito ne' ſecondi heredi . Era confuetudine de' Romani ne' teſtamenti , aggiugnere a' primi heredi i ſecondi ,
accioche ſe i primi non pigliaſſero la heredità , quella ſi
trasferiſſe a gli ultimi . Da queſto furon gli animi di ciafcuno turbati grandemente , giudicando coſa crudele & ſcele-
rata , che Decimo Bruto ſpontaneamente haueſſe congiurato
contra Ceſare , eſſendo ſtato nominato da lui figliuolo nel teſtamento . I Confoli adunque ueduta la ſubita mutatione del popolo , ripreſero il uigore dell' animo , & ordinato

Z

che

che Lucio Pifone facefse portare in piazza il corpo di Cefare, fubito corfe alla cuftodia del morto una gran turba d'armati, & pofero il corpo in fu'l pulpito con grandiffime ftrida, & folenne pompa. Incominciarono fubito molti a piangere & a fofpirare, & a fare ftrepito con le armi. Antonio ueggendo la cofa ridotta al propofito fuo, penfò di non perdere una tal occafione. Onde montato fu'l pulpito, fece una oratione in laude di Cefare in quefto tenore. Pare a me cofa non degna, o cittadini, che non folamente da me, ma da tutta la città, fi preterifcano con filentio le laudi, & commendationi d'un tanto huomo nelle fue efequie. Racconterò adunque non con la uoce d'Antonio, ma con la uoce di tutta la Repubblica, tutto quello, che fi conuiene alle uirtù, & meriti di Cefare, il quale & da noi, & dal Senato, & dal popolo parimente era amato. E parlando col uolto mefto & graue, con la uoce, & con i gefti efprimeua il concetto dell' animo fuo, dimorando lungamente in ogni cofa, & riducendo alla memoria degli uditori, come Cefare era ftato chiamato da loro, diuino, intemerato, padre della patria, & benefattore: & mentre parlaua, riguardaua il corpo di Cefare, & con le mani il moftraua, & con marauigliofo impeto, & uehemenza di parole, narrò tutto il fucceffo della morte fua, con fermone non manco pieno di fdegno, che di mifericordia, dicendo; quefto è ftato il fine del decreto, pel quale Cefare meritò effere chiamato padre della patria, quefto è il teftimonio della pietà uerfo Cefare, coftui è quello, il quale uoi hauete chiamato fanto, intemerato, & inuiolabile, & nondimeno è ftato morto, o fedeli cittadini, uoi ch' hauete honorato quefto immaculato corpo, il quale noi promettiamo difendere con tutte le forze noftre, & da hora dichiariamo sbandito, & rubello della patria, qualunque non aiuterà quefta noftra giuftiffima opera Et uoltando la uoce & le mani uerfo il Campidoglio diceua in perfona di Gioue. Io Gioue protettore della noftra patria, fono apparecchiato infieme con gli altri Dei porgerui fauore. Leuandofi a quefte parole il Senato in tumulto, Antonio ripofatofi alquanto, di nuouo riprefe il parlare, dicendo; Pare a me, o cittadini, che quello, che è ftato fatto contra Cefare, non fia ftato.

ſtato per le mani degli huomini, ma piu toſto per opera de
i demonj , & che ſi conuenga piu toſto inueſtigare quello,
che è preſente , che quello che è ſtato fatto, concioſiache
maggior pericolo ci ſopraſtia dalle coſe preſenti & future,
che dalle paſſate, acciò che non ſiamo intricati nelle paſſate ſeditioni , & non ſia di nuouo conculcato quello, che
reſta di buono nella città . Collochiamo adunque Ceſare
come ſacroſanto nel numero de' beati , cantando in ſua
ueneratione il conſueto hinno. & pianto. Mentre ch' Antonio parlaua, uno come ſpiritato ſi poſe le mani al petto
ſtracciando la ueſte , & auolgendola al braccio, con de-
ſtrezza di mani naſcoſe ſotto il padiglione il letto, in ſul
qual giaceua il corpo di Ceſare, & hora naſcondendolo &
hora ſcoprendolo incominciò con uerſi a cantare di Ceſare,
come di celeſte , & per far fede che Ceſare foſſe nato da
Dio con uelociſſima uoce commemoraua le guerre & le battaglie fatte, le uittorie acquiſtate, le genti ſoggiogate da Ceſare alla patria, le ſpoglie, i trofei & i trionfi gridando del
continuo: Tu ſolo inuitto : Tu ſolo hai ſolleuata la patria ui-
tuperoſamente afflitta trecento anni continui: Tu ſolo hai
fatte piegare le ginocchia dinanzi al coſpetto tuo alle feroci
genti, le quali haueano preſe l'armi contra la città per do-
marla : & raccontando molte altre coſe conuertì la uoce in
pianti, & cominciò a lamentarſi, che Ceſare foſſe ſtato
morto & lacerato con tanta crudeltà , affermando deſide-
rare di permutar per Ceſare la propria anima , & finalmente con abbondantiſſimo lagrime traſſe fuori il corpo
di Ceſare nudo , ſcoprendo la ueſte ſua piena di ſangue, &
ſtracciata dal ferro. Dal quale lugubre & lamenteuole aſpetto il popolo tutto fu commoſſo a piangere . Allora di nuouo
coſtui medeſimo ritornò a raccontar l'opere di Ceſare, maſſimamente di quelle coſe, per le quali credeua muouer maggior compaſſione , nominando tutti i nemici, à quali Ceſare haueua perdonato, & particolarmente i ſuoi percuſſori, & diceua in perſona di Ceſare : Ho io ſaluati coſtoro,
& perdonato all' ingiurie, acciò che eſſi foſſero poi quelli,
che mi toglieſſero tanto crudelmente la uita ? A queſte
parole il popolo dimoſtraua grandiſſima amaritudine, &

dolore

dolore, marauigliandofi, che tutti quelli ch' baueuano congiurato contra Cefare, dopo il conflitto di Pompeo, erano
uenuti in poter di Cefare da Decimo in fuori, & nondimeno
Cefare in luogo di punitione, & di fupplicio, non folamente gli bauea riceuuti a gratia, ma bauea dato a ciafcun
qualche nobile, & degno magiftrato, & dentro, & fuori, &
Decimo bauea inftituito berede in luogo di figliuolo. La
turba adunque infuriata già fi preparaua alla uendetta,
quando uno traſſe dal letto di Cefare l'immagine fua compo-
fta di cera; percioche il corpo giaceua nel letto, ne poteua
eſſere ueduto da tutto il popolo. Quefta immagine era fatta
in modo, che fi potea uolgere intorno da ogni parte, & bauea per tutto il corpo uentitre ferite aperte, & infangui-
nate, a fimilitudine delle ferite, ch' bauea riceuute Cefare
da' congiurati. La plebe adunque ueggendo l'immagine, non
potè piu oltre foftenere il dolore, ne l' ira, ma fubito fi accordò infieme, & attorniò il luogo, doue Cefare era ftato
morto, & purgollo col fuoco. Dapoi fi uoltò a' percuſſori
di Cefare, i quali tutti fi mifero in fuga, & occultaronfi
nelle proprie cafe: & fu tanto grande il furore, che incon-
trataſi in Cinna Tribuno, & ingannata dalla fimilitudine del
nome, ftimando che Cinna Tribuno foſſe quel Cinna Pretore,
che fece l'oratione contra Cefare, fenza afpettare altro giudicio, lo tagliò a pezzi tanto crudelmente, che niuna parte del corpo fi potè fepelire; & continuando nella ferocità
degli animi, corfero col fuoco alle cafe de' congiurati per ar-
derle, ma eſſendo fatta da loro eftrenuamente la difefa,
& opponendofi i uicini, fi temperarono dall' incendio, benche
il popolo minacciaſſe di tornarui il giorno feguente. Per la
qual cofa i percuſſori nafcofamente la notte fuggirono di Roma. Il popolo tornato di nuouo al corpo di Cefare, deliberò
portarlo in Campidoglio per fepelirlo come cofa facrofanta
nel tempio di Gioue, contraponendofi i facerdoti, fu ripor-
tato in piazza in quel luogo, dou' eran le fepolture degli antichi Re Romani, e fubito fu apparecccbiata la pira delle
legne, & poftaui fu una regale, & fplendida fede, in fu
la qual pofto il corpo di Cefare, prima li fecero folenniſſima
pompa di efequie, & dapoi mifero il fuoco nella pira fecon-

do

do il coftume della patria, & tutta quella notte fu guardata la pira, tanto che il corpo fu conuerfo in cenere,
& il giorno feguente la ripofero nel fepolcro, fopra lo qual
edificarono un' altare, come ad un Dio, & hoggi in quefto luogo fi uede il tempio di Cefare, perche 'l giudicarono, & ftatuirono degno de i diuini facrificj & honori. Ottauio ordinato herede, & figliuolo adottiuo di Cefare, fi
fè chiamare ancora egli Cefare; il quale feguitando le
ueftigie paterne, prefe il gouerno della Republica tanto,
che falfe in quel principato, & Monarchìa, che dura
ancora di prefente: & pigliando l'Imperio Romano le radici da coftui, crebbe marauigliofamente, & per honorare il padre con ecceffiuo titolo, & ueneratione, comandò
che Cefare foffe Deificato, & fatto pari & fimile agl'immortali Dei. In quefto modo fu morto Gajo Cefare adì
quindeci di Marzo, il qual termine gl' indouini prediffe-
ro, che Cefare non paferebbe, benche egli la medefima
mattina ridendofi degl' indouini diceffe effere uenuto il dì
fatale, & gl' indouini rifpofero, fe il dì è uenuto, non
è ancora finito. Ma Cefare non facendo alcuna ftima ne
del uaticinio, ne di molti altri fegni, & inditj, che gli
apparuero, come noi habbiamo detto di fopra, peruenne alla
fua morte, effendo in età di cinquantafei anni, huomo
fortunato & felice in tutte le cofe, & il qual fece molte
nobili, & marauigliofe opere fimili quafi in ogni cofa al
Magno Aleffandro. L'uno, & l'altro certamente fu am-
bitiofiffimo & bellicofiffimo piu di tutti gli altri, impetuofo
a' pericoli, difprezzatore del proprio corpo, ne ajutato piu
da militare difciplina, che dalla fortuna, & dallo ardire. Aleffandro andò ad Hammone per luoghi arenofi, &
fenza acque nel tempo piu caldo della ftate, & paffato il
mare felicemente difcorfe per tutto il feno di Panfilia.
Nel uerno piu tempeftofo penetrò per mare importuofo infino in India, & nel combattere uno caftello, fu il primo a falire la fcala, & folo faltò dentro alle mura, &
fu tredici uolte ferito, & fempre fu inuitto, & infupera-
bile. Tutte le guerre uinfe, & fempre o nella prima, o nella
feconda battaglia fu uittoriofo. Soggiogò molte barbare
nationi

nationi in Europa. Vinfe i Greci, popoli bellicofiffimi, &
di libertà cupidi, & non afuefatti al giogo della feruitù infino a quel tempo, da Filippo fuo padre in fuori, al quale
erano folamente obbligati fomminiftrare alcune picciole cofe per
ufo della guerra. Difcorfe quafi per tutta l'Afia, & confiderando i paefi & le regioni, ch'Aleffandro in breue tempo foggiogò, fi può facilmente mifurare quale foffe la potenza &
fortuna fua, & hauendo concepito nell'animo d'infignorirfi del
refto del mondo, fu'morto dagli amici fuoi col ueleno, non
paffando ancora anni trentatre della età fua. Cefare nel
mezzo del uerno nauigò il mare Jonio, & hebbe contra il confueto & contra la natura & qualità della ftagione il mare
tranquillo. Nauigò ancora l'Oceano Efperio fopra Inghilterra, & non potendo i gouernatori delle naui refiftere alla
uiolenza maritima, fece accoftare i nauili uerfo il lito, &
egli montato in fu una picciola nauetta, & paffato auanti
per forza & di notte diede animo a'gouernatori delle naui in
modo, che fecero uela intrepidamente, dicendo loro Cefare che
piu fperaffero nella fua buona fortuna, che temeffero d'alcuno marino pericolo. Speffe uolte faltò nel mezzo de' nemici folo, mentre che i fuoi ftauano impauriti. Trecento uolte combattè con i Francefi, infino che finalmente foggiogò quattrocento nationi de' Francefi in modo formidabili à Romani,
che nell'immunità, la qaal fu conceduta a'Sacerdoti & à
uecchi che foffero efenti dalla guerra, fu eccettuato che non
poteffero effer coftretti pigliar l'armi, fe non quando fopra-
ftaffe la guerra de' Francefi. Cefare combattendo in Aleffandria, abbandonato & lafciato folo in fu'l ponte, &
oppreffo da ogni banda, fi traffe la uefte purpurea & git-
toffi in mare, & cercato da' nemici nuotò al fondo, ftando per buono fpatio nafcofo fotto l'acqua, ritenendo & al-
lentando il fiato tanto, ch'auuicinato all'altra ripa, ufcì
fuori dall'acqua fano & faluo. Nelle guerre ciuili traf-
corfe o per paura, come egli folea dire, o per cupidità di
fignoreggiare. Combattè con molti & grandi eferciti non folo di genti efterne, & barbare, ma de' Romani, i quali
& per uirtù, & per felicità pareano fuperiori; & nondimeno fempre fu uittoriofo, o in una fola battaglia, o al

piu

pia in due, benche non hauesse l'esercito inuitto in tutte le guerre, come hebbe Alessandro; percioche in Francia Cotta & Trituria suoi Pretori, furono rotti con gradissima strage de' loro soldati, & in Spagna Petrejo & Afranio racchiusero i suoi, come assediati, & a Durazzo. & in Barberia apertamente fuggirono, & in Spagna un' altra volta hebbero grandissimo timore delle forze di Pompeo il giouane. Ma Cesare fu sempre intrepido & inuitto nel fine di ciascuna cosa. Sottomise alla sua potenza l'Imperio de' Romani dal mare occidentale fino all'Eufrate parte con la forza & parte con la clemenza. Fu Cesare veramente piu continente & piu costante che Silla, & poi che fu peruenuto al colmo della potenza & gloria hauendo in animo di pigliar maggiore impresa, ancora egli fu per insidia morto da quelli, a quali hauea perdonata ogni ingiuria. Fu in Alessandro & in Cesare grandissima similitudine di eserciti; l'uno & l'altro hebbe i soldati prontissimi, beneuoli, & nelle guerre & battaglie feroci, benche spesse volte fossero inobbedienti a'loro Capitani, & pronti alla discordia & seditione per l'assidua fatica, & l'uno & l'altro pianse la morte del suo Capitano. Alessandro & Cesare fu parimente di corpo formoso & robusto. Ambidue hebbero origine da Gioue. Alessandro discese da Eaco & da Ercole. Cesare da Venere & da Anchise; l'uno, & l'altro fu contentioso contra quelli, da' quali erano prouocati, & incitati, & cosi erano facili alla riconciliatione. Verso i prigioni furono benigni & clementi, & oltre la clemenza benefici & liberali, non desiderando altro che uincere: & finalmente pare che in ogn' altra cosa fossero del pari, eccetto che nel peruenire al grado della potenza & del principato perche ui giunsero per diuersi mezzi. Conciosiache Alessandro hebbe il mezzo del regno paterno già accresciuto da Filippo suo padre. Cesare hebbe il principio, come priuato cittadino, benche nato da nobile & illustre sangue & uno & l'altro non tenne conto alcuno de' prodigj, & segni della futura morte; ne l'uno, ne l'altro si crucciò contra gl'indouini, i quali predissero il fine della uita loro. I segni furon pari & simi-

li alle

li all' uno & all' altro, & l'esito ancora fu molto eguale,
percioche all' uno, & all' altro apparuero infelici augurj,
ne' quali ambidue da principio furono in dubbio del pericolo. Alessandro dando la battaglia agli Ossidraci, salse innanzi agli altri il muro della città, & poi che fu in su
la sommità, la scala se gli ruppe, & nondimeno tanto
fu il suo ardire, che saltò dentro nella terra, & nell'
andar giù, prima si percosse il petto, & poi il collo, onde era quasi che smarrito. I suoi Macedoni uegendolo saltato dentro, & temendo della salute sua, fecero si grande impeto alla porta della città, che l' apersero per forza, & in quel modo saluarono Alessandro. Et Cesare in
Spagna, quando il suo esercito era tanto impaurito, hauendo a uenire alle mani con Pompeo il giouane, saltò nel
mezzo de' nemici, & percosso nello scudo da piu che dugento punte, tanto durò alla furia che l'esercito corse per
soccorrerlo, & preso da uergogna pose da canto il timore & saluò Cesare: & così i primi augurj li misero in pericolo di morte, & i secondi tolsero loro la uita. Una uolta Pitagora indouino confortò Apollodoro, il quale temeua Alessandro Magno, & Efestione, che non bauesse alcuna paura, perche bauea preueduto che l' uno & l' altro
doueua tosto morire. Morto che fu dapoi Efestione, dubitando Apollodoro, che al Re Alessandro non fossero apparecchiate qualche insidie, gli manifestò il uaticinio di Pitagora: alla qual relatione sorridendo Alessandro dimandò a Pitagora quello, che significasse il pronostico, che
egli baueua conferito con Apollodoro. Affermando Pitagora
che portendeua il fine della uita sua, di nuouo sorridendo commendò Apollodoro della dimostratione della beneuolenza sua uerso di lui, & Pitagora lo commendò della sua confidenza & ardire, ch' baueua bauuto nel fare intendere al suo Re quello, ch' esso stimaua che gli sopra-
stasse. A Cesare similmente interuennero i medesimi segni, quando ultimamente entrò nel Senato, come dicemmo poco innanzi, de' quali facendo poca stima, dice,
che simili pronostichi gli erano auuenuti in Spagna, &
rispondendogli lo indouino che allora similmente era stato in
peri-

pericolo di morte, rispose; al presente all'incontro questi segni ci riusciranno prosperi & felici, & aggiugnendo qualche cosa alla fiducia sua, di nuovo fè sacrificio, intanto che parendogli tardare troppo, con ira entrò nel Senato, & quiui fu morto. Il simile interuenne ad Alessandro, quando partito d'India ritornò con l'esercito in Babilonia, & essendo già uicino alla città, i Caldei l'ammonirono che si guardasse dall'entrar nella città, & Alessandro proferì un uerso Jambico, che dice, Colui è ottimo indouino, che pensa bene. I Caldei l'ammonirono la seconda uolta che se pure uoleua entrare, non si uolgesse uerso Ponente, ma guardasse da Leuante, & circondando la città la pigliasse; a' quali acconsentì, ma cominciando a circondare le mura, li fu uietato dalla palude ch'era da una parte della città. Onde con ira disprezzò il detto de' Caldei, & uoltatosi con l'aspetto uerso Ponente, entrò in Babilonia, & uscitone poi, & nauigando pel fiume Eufrate, & di Pollacata, il quale riceuendo in se l'Eufrate, si sparge in palude & in stagni, & fa quasi nauigabile il paese di Assiria. Hauendo deliberato attrauersar detto fiume con un muro, si rise delle parole de' Caldei, perche contro al uaticinio loro era entrato saluo, & uscito saluo di Babilonia, & saluo nauigaua, ma interuenne che ritornato poi in detta città, ui fu morto. Simile derisione usò Cesare, percioche hauendoli l'indouino annunciato il giorno della morte, affermando, che non uscirebbe del quinto decimo dì di Marzo, essendo uenuto quel giorno sprezzò l'indouino, dicendo, ecco, ch'io son pur arriuato al giorno fatale; & nondimeno poche hore dapoi fu morto, & così l'uno & l'altro parimente sprezzò i suoi pronostici, & nondimeno non si adirarono contro gli indouini, & l'uno & l'altro fu morto come li fu predetto. Furono oltre a ciò ambidue ornamento di uirtù, studiosi della lingua Greca, Latina, & Barbara. Alessandro imparò la lingua & disciplina de' Bracmani popoli Indiani, i quali sono appresso di loro tenuti dottissimi, come sono i Magi in Persia. Cesare quando penetrò in Egitto & fece Cleopatra Regina di quel regno, con grandissima diligenza imparò quella lingua: & fu molto imitatore de gl'ingegni degli Egitj, il che

fu caufa di moftrargli la uia in dirizzare molte leggi e coftumi nel popolo Romano : & il corfo dell' anno , il quale a
Roma era fenza alcuno certo ordine , perche lo mifurauano
fecondo il corfo della Luna , indrizzò al moto del Sole , come fanno gli Egitj. Interuenne finalmente in ambidue , che niuno de' loro congiurati fcampò
faluo , ma patirono merita pena : come
de' percuffori di Cefare dimoftreremo
ne' feguenti libri .

IL FINE DEL SECONDO LIBRO.

APPIANO

APPIANO
ALESSANDRINO
DELLE GUERRE
CIVILI DE' ROMANI.

LIBRO TERZO.

Ajo Cesare adunque fu morto da gli emuli & nemici suoi, & sepelito dal popolo nel modo ch' habbiamo detto di sopra. Il presente libro contiene la punitione & il supplicio, ch' bebbero i suoi percussori. Il Senato bauea presa non mediocre sospitione di Marc' Antonio, essendo per opera sua il popolo concitato al tumulto, & bauendo sprezzato il decreto fatto per l'obliuione & dimenticanza delle discordie, & essendo ito col fuoco alle case de' congiurati. Il qual sospetto con una sola opera, che fece in fauore della Repubblica, subito conuertì in beneuolenza. Eraui un certo Amatio tenuto figliuolo di Mario falsamente, il quale era accetto al popolo per la memoria del padre. Costui adunque per tale simula-

A a 2   tione

tione era creduto che foſſe parente di Ceſare, & ſopportando moleſtamente la morte ſua, hauea ſacrificato a Ceſare
un' altare innanzi alla pira, doue il corpo di Ceſare fu abbruciato, & hauea raunata una ſorte di molti huomini audaci, & inſolenti, con i quali era diuentato molto tremendo à congiurati. De' quali, com' habbiamo detto, alcuni
erano fuggiti di Roma, & quelli che da Ceſare erano ſtati
deputati alla cura delle Prouincie, erano iti a quella uolta
per eſſercitare il magiſtrato. Decimo Bruto era andato alle
genti Franceſi, uicine alla Italia. Trebonio in Aſia, ch' è
interno a Jonia. Tullio Cimbro in Bitinia. Ma Caſſio, &
M. Bruto, a' quali il Senato fauoriua molto, erano ſtati
eletti da Ceſare al gouerno delle Prouincie per l' anno auuenire, cioè Caſſio in Soria, & Bruto in Macedonia. Et eſſendo ancora Pretori di Roma, erano tenuti per neceſſità ſotto
il comandamento della legge, & molto carezzauano quelli che
ſortiuano i danari, & gli altri, de' quali haueano qualche
ombra & geloſia, cercando recarſi beneuolenza uniuerſale per
hauer fauore ne' ſuffragj. Eſſendo adunque Amatio molto contrario al deſiderio di Bruto, e di Caſſio, & tendendo loro
inſidie continuamente, Antonio per gratificare al Senato, come Conſolo, fè porre le mani addoſſo ad Amatio, & fecelo morire ſenza farli proceſſo, o darne altro giudicio, o ſentenza, la qual opera fu molto grata al Senato, & fu tenuta coſa molto animoſa. I ſoldati di Amatio, & con loro
quaſi tutto il popolo, & pel diſpiacere, & dolore preſo della
morte di Amatio, & perche parue loro, che Marc' Antonio gli haueſſe poco ſtimati, con grandiſſimo rumore, & gridi
occuparono la piazza, & doleuanſi apertamente della ingiuria ch' hauea loro fatta Antonio, biaſimandolo apertamente
della inſolenza, & iniquità ſua, & a' magiſtrati perſuade-
rono, che purgaſſero la morte di Amatio con farli uno altare, & in ſu quello faceſſero ſacrificio a Ceſare. Ma ſcac-
ciati dapoi da' ſoldati di Antonio dalla piazza, con maggior
iſdegno & ira gridauano & chiedeuano la uendetta, & alcuni teneuano in mano la immagine di Ceſare morto. Ma dicendo loro uno che uoleua moſtrare il luogo, doue ſi faceuano
le immagini di Ceſare, ſubito lo ſeguirono, & uedute le immagini,

magini, attacarono il fuoco per fare il tumulto & lo scandalo
maggiore, & già simoltiplicaua il romore, quando Antonio di
nuouo mandò i soldati suoi a ritrouare gli autori della nouità, & nel uenire alle mani furon morti alcuni di quelli, che
& faceuano difesa, furon presi alquanti, & tutti quelli, che
erano nel numero de'serui, furono posti in croce. Quelli che
erano liberi, furono gittati uiui dalle finestre del Campidoglio.
Et in questo modo fu sedato il tumulto. Ma il popolo parendogli essere stato grauemente offeso & ingiuriato, doue prima
era beneuolo & partigiano d'Antonio, concepì da questa cagione capitale odio contra di lui. Onde il Senato ne dimostrò
non mediocre letitia, parendogli che gli amici di Bruto & di
Cassio non hauessero piu da temere. In questo tempo Antonio
fuori d'ogni opinione del Senato propose che si douesse riuocare di Spagna, doue faceua guerra co'Pretori di Cesare, Sesto Pompeo figliuolo di Pompeo Magno, il quale era uniuersalmente amato da ciascuno, & che in luogo de'beni paterni confiscati, dal pubblico li fossero date uenticinque uolte
diecimila dramme attiche, & fosse creato Capitano general di
tutti i mari, & di tutta l'armata del popolo Romano, come era stato già Pompeo suo padre, acciocche doue fosse necessario adoperare l'armata in beneficio della Repubblica,
Sesto ne hauesse tutta l'amministratione. Il Senato benche
nel secreto stasse ammirato di questa dimostratione tanto grande, che Antonio faceua di beneuolenza uerso Sesto, & dubitasse di qualche inganno & simulatione occultata, nondimeno
consentì ogni cosa largamente, & commendò Marc'Antonio
con immense & ample lodi, perche in uerità niun cittadino fu
al Senato piu accetto, ne piu grato al popolo, che Pompeo Magno, onde era desiderato da tutti. Cassio adunque & Bruto, i quali
erano della fattione Pompejana, parue che ritornassero allora
in riputatione, & fossero da essere riputati saldi & sicuri indubitatamente, & ch'hauessero ottenuto quello, che era il desiderio loro, cioè di ridurre la Repubblica al uiuere ciuile & popolare. Per questa cagione M. Tulio Cicerone commendò Antonio con graue & eloquente oratione. Et il Senato conoscendo,
che Antonio era in odio al popolo, il confortò che uolesse hauer
cura di se, & guardarsi dalle insidie, & però fu contento che
elegges-

eleggesse per guardia della persona sua quel numero di soldati forestieri che li paressero idonei al bisogno. Esso perciò o
per prouedere alla sicurità sua, o per abbracciare questa occasione della fortuna propitia negli appetiti & disegni suoi, attendeua assiduamente a scegliere soldati al proposito suo, & già
hauea eletti circa seimila soldati, non di fanti a piedi, o
di prouisionati, i quali sapeua che non li mancherebbono al
bisogno, ma tutti Capi di squadre & Contestabili eletti,
& esercitati nell'armi, & peritissimi nella disciplina militare, & quasi tutti esercitati sotto la militia di Cesare.
E così andaua continuando ne' principali soldati, i quali
ornaua sommamente, & hauea in honore grande, & massimamente quelli, che erano graui di consiglio & di prudenza. In tanto che finalmente il Senato accorgendosi del
tratto, prese gelosia di questa elettione & preparamenti,
& confortaua Marc'Antonio che uolesse fuggire l'inuidia,
& ridurre la guardia sua a numero sufficiente & non sospetto, il che egli promise di far subito che il tumulto popolare fosse quietato, & che uedesse che le cose fatte, &
ordinate da Cesare, fossero ferme & stabili, le quali diceua Cesare hauer notate ne' suoi commentarj, che erano presso di lui, & delle quali era ancora rogato Faberio Secretario & Cancelliere di Cesare, huomo sincero & fedele, &
che in questi commentarj erano statuite & ordinate molte
cose a gratia & beneficio di molti Re, Principi, & priuati cittadini Romani. Delle quali cose dando Antonio notitia, & scriuendone a quelli a chi si apparteneua, si faceua molti partigiani & fautori; & con questo mezzo si
fece beneuoli molti nel numero de' Senatori, per hauer più
parte nel Senato. Mentre che Antonio faceua questi prouedimenti, Bruto & Cassio, ueggendo non essere sicuro fidarsi nel popolo, & negli eserciti, ne ancora nella simulatione & uarietà d'Antonio, il qual già hauea apparecchiato un'esercito sotto colore della guardia sua, hauendo ferma speranza in Decimo Bruto ch'hauea tre legioni ben in
ordine, mandarono secretamente a Trebonio in Asia, & a
Tullio Cimbro in Bitinia, confortandoli che accumulassero
piu danari che potessero, & preparassero soldati a piè & a
                                                    cauallo,

e cauallo, che facessero potente esercito. Dall' altra parte faceuan ogni opera d' affrettarsi per pigliare il gouerno delle Prouincie, alle quali erano stati eletti da Cesare, perche pareua cosa non conueniente che deponessero uolontariamente la Pretura innanzi al tempo, il che poteua partorire sospitione, che essi non uolessero macchinare qualche nouità, & però desiderauano esser costretti da qualche necessità di rinontiare al magistrato, & uiuere piu tosto come priuati, che esser Pretori della città di Roma. Stando le cose in questi termini, il Senato conosciuta la uolontà loro, comandò che pigliassero la cura di condurre grano nella città da ogni parte, il che daua loro occasione di poter entrar nell' amministratione delle Prouincie, & toglieua il sospetto che non paresse che Bruto & Cassio fuggissero da Roma; tanta cura haueua il Senato di loro, benche hauesse qualche uergogna d' hauer preso in tutela per loro rispetto gli altri percussori di Cesare. La potenza adunque di Antonio crebbe molto per la partita di Bruto e di Cassio: & già fatto Monarca s' acquistaua la Prefettura delle nationi & degli eserciti, & innanzi ad ogn' altra cosa desideraua hauer la Soria a sua diuotione, ma ueggendosi esser sospetto al Senato, dubitaua non accrescere la sospitione chiedendo detta Prouincia, & massimamente perche il Senato haueua fermo contra di lui Dolabella suo collega nel Consolato, perche l' haueua sempre conosciuto auuersario d' Antonio. Per la qual cosa, come huomo astutissimo esaminando che Dolabella era giouane & ambitioso, lo persuase che chiedesse l' amministratione di Soria in luogo di Cassio, & addimandasse ancora la cura dell' esercito, il quale Cesare haueua ordinato contra i Parti, non dal Senato, perche non lo otterrebbe, ma dal popolo, con propone la legge. Dolabella adunque mutato l'animo, subito propose la legge al popolo, & essendo ripreso dal Senato, che tentasse dissoluere le deliberationi fatte da Cesare, rispose che la guerra contra i Parti era stata ordinata da Cesare & non mutata, & Cassio esser fatto indegno dell' amministratione di Soria, essendo stato il primo ad oppugnare gli atti di Cesare, & che si uergognaua esser tenuto manco degno che Cassio dell' amministratione di Soria. Il Senato conosciuta l' ostinatione di Do-

labella

labella impofe ad Afprina uno de' Tribuni della plebe , che
nella creatione del Pretore di Soria proponeffe due cittadini,
fperando che M. Antonio effendo Confolo & in difcordia con
Dolabella , hauesse piu tofto a fauorire ogni altro che Dolabella . Ma Antonio come intefe Dolabella effere nominato ,
usò tanto ingegno & arte , che Dolabella ottenne il partito,
& in quefto modo il fece creare Pretore di Soria , & ammi-
niftratore della guerra contra a' Parti , & di tutto l' efercito
to che da Cefare era ftato raunato in Macedonia , & quefto
fu il principio del fauore , che Marc' Antonio incominciò a
preftare a Dolabella . Dopo quefto Marc' Antonio chiefe, che
il Senato gli concedeffe la Macedonia, immaginandofi che effendo ftata data la Soria a Dolabella , il Senato non haueffe a dinegar a lui la Macedonia, maffimamente non haxen-
do allora Pretore alcuno . Il Senato adunque glielo concesse,
benche mal uolontieri , merauigliandofi in qual modo Antonio
hauesse a confentire a Dolabella l'efercito , che era in quella
Pronincia . In quefto tempo chi fauoriua la parte di Bruto
& Caffio , addimandò che foffe data loro la cura di qualche
altra Prouincia in luogo di quelle , ch' erano ftate loro tolte
dal popolo . Onde il Senato concedè loro Cirene & Candia .
Alcuni dicono altrimenti , cioè che a Caffio fu data l' una
Prouincia & l' altra , & a Bruto la Bitinia . Mentre che
quefte cofe erano agitate in Roma , Ottauio nipote della forella di Gajo Cefare , & fatto fuo figliuolo adottiuo , era
ftato con Cefare maeftro de' Caualieri circa un' anno . Coftui
effendo ancora garzone , fu mandato da Cefare nella Velona,
acciocbe daffe opera alle lettere , & foffe addeftrato nell' arte militare , perche in quefto luogo fi efercitauano le fquadre
de' Caualieri , che ueniuano di Macedonia, & i Pretori degli eferciti fpeffe uolte faceuano capo ad Ottauio , & lo ui-
fitauano come parente & come cofa di Cefare , il che fu caufa di farlo conofcere da molti , & che acquiftaffe la beneuolenza di molti foldati , & cittadini Romani , & ancora perche riceueua qualunque ueniua a uederlo , con fingolare affettione & liberalità . Effendo ftato Ottauio già circa fei
mefi nella Velona , hebbe in fu'l tramontar del Sole la trifta , & infelice nouella , come Cefare da gli amiciffimi fuoi
era

era stato morto nel Senato. Ma non bauendo il particolare, staua in dubbio & in timore, se tale opera era proceduta o dal pubblico, o dal Senato solamente, o da' priuati cittadini. Stando in questa ambiguità soprauennero altre lettere, per le quali era confortato dagli amici che per sicurtà sua passasse in Macedonia all' esercito, perche finalmente poteua in quella prouincia dar terrore a' nemici, & uendicare la morte di Cesare. Ma la madre, & Filippo suo patrigno gli scrissero da Roma, che non facesse alcuna dimostratione di uolersi inalzare, & di usare la forza, & che non si fidasse di persona, recandosi alla memoria l' esempio di Cesare, ch' bauendo superati i suoi nemici, fu poi ingannato & uinto dagli amici. Et però uolesse piu tosto eleggere per allora conditione & uita di priuato, come stato piu sicuro, & manco sottoposto a' pericoli, & uenire a Roma con prestezza, perche sarebbe custodito & saluato da loro, & dagli amici & parenti fedeli. Indotto da queste ragioni Ottauio, non bauendo altra particolare notitia di quello, che dopo la morte di Cesare fosse successo, accompagnato da' primi degli eserciti prese la uolta di Roma per la uia di mare, non uolendo toccare Brindesi, perche temeua dell' esercito ch' era quiui alla guardia, ma prese la uolta larga, & fermossi ad una città, fuori di strada, chiamata Lupio, nel qual luogo fu auuisato in qual modo era stata la morte di Cesare, & del tumulto del popolo, & della pubblicatione del testamento, & di quello ch' era seguito dapoi. Onde era tanto piu ammaestrato che si bauesse cura degli nimici di Cesare, essendo stato da lui instituito berede & nominato figliuolo, & da molti era confortato, che non pigliasse l' beredità. Ma parendogli cosa reprensibile & uergognosa il non pigliare la uendetta di Cesare, si condusse à Brindesi, bauendo però mandato innanzi, chi inuestigasse s' alcuni de' percussori del padre fossero ascosi nelle insidie. Ma uenendogli incontro, come a figliuolo di Cesare, l' esercito ch' era in detto luogo, & essendo riceuuto uolontieri, rallegratosi, fece sacrificio, & subito fu dall' esercito chiamato Cesare, secondo il Romano costume. Conciosiache a' figliuoli addottiui era consueto porre il nome

B b   di

di quelli che adottauano, il qual cognome Ottauio non so-
lamente accettò uolontieri, ma nel medesimo tempo lasciò
il nome paterno di Ottauio, & elesse piu tosto esser chia-
mato Cesare figliuolo di Cesare, che Ottauio figliuolo di Ot-
tauio. Subito poi concorse a uisitarlo, come figliuolo di Ce-
sare, una moltitudine quasi infinita, de' quali alcuni era-
no mossi dall' amicitia, che teneuano con Gajo Cesare; al-
tri per essere stati liberti o serui di Cesare; & molti che
portauano danari, arme, & altri apparati bellici, & l'en-
trate d'altre prouincie in Macedonia, presa la uolta da
Brindesi, tutto diedero in potere di Ottauio. Esso adun-
que confidando & nella moltitudine che da ogni parte con-
correua a lui, & nella gloria di Cesare, & nella beneuo-
lenza, la qual gli era dimostra, prese il cammino uerso Ro-
ma, stipato da conueniente compagnia, la quale ogni dì
cresceua a guisa di torrente. Ma dimostrando già aperta-
mente l'animo suo uolto alla uendetta di Cesare, non era
senza qualche gelosia, & sospetto, che dal Senato non gli
fosse apparecchiata qualche insidia, & massimamente perche
non hauea ancora il fauore della città, ma solo era accom-
pagnato da' soldati, & amici di Cesare, i quali si lamen-
tauano della morte del padre, & calunniauano M. Anto-
nio, che non si liberaua da tanto odio del uolgo: e se al-
cuno andaua per uisitarlo, diceua apertamente uolere uen-
dicar Cesare. Essendo Ottauio arriuato a Terracina, il
qual luogo è distante da Roma intorno a trecento stadj,
hebbe notitia come a Bruto & Cassio erano state tolte dal
Senato le Prouincie di Macedonia & di Soria, & per qual-
che loro refrigerio haueano impetrato Cirene & Candia, &
ch'alcuni sbanditi & confinati erano stati riuocati dall'esi-
lio, & Sesto Pompeo restituito alla città & eletto Capita-
no di tutta l'armata, & di tutti i mari, & che alcuni
erano stati creati Senatori per uigore de' codicilli di Cesa-
re, & ch'erano state fatte molte altre cose. Entrato adun-
que in Roma, la madre di nuouo, & Filippo suo padrigno,
& qualunque si trouaua in Roma degli amici, & parenti,
il confortarono, che per niente uolesse alienarsi dal Sena-
to, & che per assicurare ogn'uno, addimandasse, che

per

per decreto non si potesse far alcuna inquisitione, o trattare della morte di Cesare. Temeuano oltre a ciò della potenza di Marc' Antonio, & crebbe loro il sospetto, perche egli non andò incontro al figliuolo di Cesare, ne ui mandò alcuni de' suoi. Onde Ottauio sopportando quietamente questa cosa, disse parergli molto conueniente, & ragioneuole, che il giouane andasse a uisitare chi era di età piu prouetta, & non che il uecchio andasse al giouane, & che il priuato andasse al Consolo, & non il Consolo al priuato, & il Senato prouedesse alle cose che gli paressero ragioneuoli. Ma quanto al decreto, che non fosse lecito andar dietro alla uendetta di Cesare, disse che tal decreto hauea hauuto luogo, non si trouando alcun che ne facesse pur una minima dimostratione, & se alcun si confidasse uendicar Cesare, che'l popolo li douea esser in ajuto, & il Senato per la legge, li Dei per la giustitia della causa sua, & Antonio per gli obblighi che hauea con Cesare, doueano prestarli fauore. Ma se Antonio sprezzaua la sorte, & adottione sua, prima peccaua contra Cesare, & dapoi defraudaua il popolo de' suoi proprj commodi. Et finalmente confessò non solamente essere disposto mettersi per questo caso ad ogni pericolo ma ancora alla morte, & che essendo stato innanzi a tutti gli altri eletto da Cesare a tante gran cose, & riputato degno della successione sua, si renderebbe indegno di rappresentare il nome di colui, il quale era stato sempre prontissimo in ogni cosa, & intrepido a tutti i pericoli, & al fine allegò quel uerso di Homero, doue introduce Achille, che parla a Tetide sua madre, dicendo : Eleggo prima la morte, se non mi è lecito uiuendo uendicare la morte del mio caro amico ; & poi che hebbe allegato il uerso di Homero, soggiunse, che queste parole recarono ad Achille laude immortale, & che speraua, che questa opera partorirebbe ancora a lui eterna gloria, perche non uendicaua Cesare come amico, ma come padre, non come soldato, ma come Imperadore degli esserciti, non morto in guerra da' nemici, ma nel Senato dagli amici, & domestici suoi. La madre ascoltate ch' hebbe le parole del figliuolo tanto generose, &

graui,

graui , da timore fu uolta in somma letitia , abbracciandolo
teneramente , & disse , che solo era degno del nome di Cesare , & interrompendogli il parlare , lo confortò a douere
affrettare quello ch'hauea nell' animo , con prudenza , &
con maturità , & piu tosto con arte & toleranza , che con
aperto ardire , perche ogni cosa succederebbe felicemente . Il
che egli lodando & approuando , promise di fare secondo il ricordo & consiglio materno , & la sera medesimamente mandò agli amici , & richiese che la mattina seguente ciascuno
uenisse in piazza co'parenti & partigiani . Venuto il giorno,
& andando Ottauio in piazza bene accompagnato , si riscontrò in Gajo Antonio Pretore allora di Roma , & fratello di
Marc' Antonio , al quale Ottauio confessò ch'hauea presa l'
adottione di Cesare . Era costume de' Romani , che quelli
che erano adottati , accettando la adottione , la notificasse-
ro a'Pretori di Roma , & se ne faceua pubblica scrittura ,
& così fatto , Ottauio subito uscì di piazza , & andò a trouare Marc' Antonio , come Consolo . Era Antonio allora ne
gli horti Pompejani , i quali Cesare gli hauea donati . Soprastando Ottauio alla porta piu che non pareua conueniente ,
comprese facilmente per questo atto la alienatione di Antonio.
Essendo messo dentro , & fatte le consuete cerimonie della
uisitatione , uennero a parlamento insieme : poi che l' uno
hebbe adulato all' altro , alfine uolendo Ottauio trattar
di quello , che gli premeua , & che gli importaua , disse in
questo modo : Padre mio Antonio , i benefici , i quali hai
riceuuti da Cesare , & la beneuolenza & gratia tua uerso
di lui , mi ammoniscono ch'io ti chiami padre , & habbiati
in luogo di padre . Di tutte le cose che tu hai operato per
lui , in una parte ti commendo & laudo , & te ne ringra-
tio , & confesso essertene debitore . In una parte ti accuso,
& con somma confidenza & larghezza d'animo ti dirò il dolore che mi preme eccessiuamente : Quando Cesare fu morto ,
io sò che non fosti presente , perche i traditori ti ritennero
con parole fuori della porta del Senato , perche , o tu l'har-
resti saluato , o saresti morto insieme con lui. Sforzandosi poi
alcuni che i percussori di Cesare fossero honorati , & accusando Cesare come tiranno , tu ti opponesti gagliardamente,

per

per la qual opera sò, ch'io ti sono grandemente obbligato. Ma
se tu sai certamente che questi scelerati si consigliarono insieme per torti la vita, non perche stimassero che tu havessi ad
essere vendicatore dell'ingiurie di Cesare, ma perche temeano che tu non fossi successore della sua potenza, la quale essi
chiamano tirannide, per qual cagione non hai tu riputata
commune questa ingiuria? & se chi ammazza il tiranno non
è homicida, perche fuggirono Bruto & Cassio in Campidoglio, o come peccatori nella franchigia del tempio, o come
nemici nella fortezza? Con quale audacia hanno essi voluto,
che si dimentichi il tradimento loro, & esser chiamati innocenti dell'uccisione commessa? Ma tu, il qual eri Capo
della città, dovevi come Consolo, & amico di Cesare, riparare a questi errori. Ma havendo tu voltato l'animo altro-
ve, non ti curasti che fossero assoluti, & per assicurargli al
venir di Campidoglio nel Senato, mandasti loro i proprj figliuoli in luogo di statichi. Ma concedianti, che tu fossi dagli huomini corrotti sforzato di consentire a queste cose, con
qual ragione puoi tu giustificare, che quando fu letto &
pubblicato il testamento di Cesare, & poi che tu ornasti Cesare nelle esequie con la tua oratione, & il popolo già rivoltato, & confermato alla vendetta di Cesare andò col fuoco
alle case de' percussori, essendo vietato da' vicini, perche
non vi porgesti ajuto? perche non condannasti i delinquenti
come Consolo, come amico di Cesare, come Antonio, al
qual non suole mancar animo in alcuna cosa? Se tu facesti
porre le mani addosso ad Amatio, & farlo morir di fatto,
come lasciasti tu fuggire Bruto, & Cassio? come consenti-
sti tu mai che fossero poi Pretori al governo delle Provincie,
le quali posseggono ingiustamente? Ma quello che più mi
duole, & che mi dà maggiore ammiratione, è, ch'io veg-
go che voi nutrite del continuo gli emuli miei, & ch'havete
presso di voi satelliti contra di me, & sopportate che Decimo Bruto tenga il governo de' Celti, il qual sotto l'auspitio,
& per opera del padre mio fu fatto grande. Ma tu mi po-
tresti dire che di questi disordini sia stato causa il Senato,
ma tu non ti puoi escusare che tu non sia stato non solamente presente, ma non habbi ancora confermato il tutto. Io
                                                  conosco

conosco che il dolore & la passione mi ha trasportato piu oltre che non si conuiene alla età mia, & piu che la riuerenza ch' io ti porto non richiedeua, ma ho parlato piu liberamente ragionando con uno amico di Cesare, dal quale hai
conseguito & honore, & dignità, & grandezza, & forse
saresti stato adottato da lui per figliuolo, se tu fosti nato dalla stirpe di Enea, & non di Ercole, la qual consideratione
il mise in dubbio quando pensaua del successore. Adunque
io ti conforto Antonio, se hai alcun rispetto agli Dei immortali, & se in te resta alcuna riuerenza uerso la memoria
di Cesare, che tu uoglia mutar alcuna cosa di quelle che
sono state fatte iniquamente, & lo potrai se tu uorrai: & se
tu non uuoi far altro, concedimi almeno questo d' esser in
fauor del popolo contra i percussori, & d' ajutar gli amici
paterni, & anco se non uuoi conceder ne l'una cosa, ne l'
altra, disponiti almeno di non m' essere contrario. Percioche
tu sai quanto graue peso mi soprasta in casa per la spesa intolerabile, la qual Cesare ha ordinata, che si distribuisca
dell' heredità sua al popolo Romano: la qual io uoglio al
tutto mandare ad esecutione per non parere ingrato, & per
non hauere a fermarmi nella città piu che il bisogno ricerchi.
Priegoti adunque, che tu mi lasci hauer tutti i danari, che
nella morte di Cesare ti furono portati a casa per saluarli
dal pericolo. Mentre che Ottauio parlaua in questo modo,
staua Antonio stupefato, & marauigliandosi dell' ardire, &
animo del giouane fuori d'ogni sua opinione, & contra della
conuenienza della tenera sua età, & benche molto si turbasse, per le parole ch' usaua Ottauio con tanta confidenza,
& animosità, nondimeno quello, che il commosse piu ad' ira,
fu quando si uide chiedere la restitutione del danajo, di modo ch' Antonio rispose piu insolentemente, che non si conueniua alla grauità sua, & la risposta fu in questa maniera.
Se Cesare, o fanciullo, insieme con l' heredità, & cognome
ti hauesse lasciato lo Imperio, forse che sarebbe stato honesto, che tu hauessi domandato, ch' a te fosse stata renduta
ragione delle cose del pubblico. Ma l' Imperio de' Romani non
fu mai infino a' tempi nostri lasciato per successione di heredità, ma ne fu questo pur anco lecito a' nostri primi Re; & poi
che

che furono cacciati , fu con giuramento statuito che per li
tempi avuenire non potesse alcuno essere chiamato Re ; la
qual cosa principalmente opponendo i percussori del padre tuo,
affermano hauerlo morto per questa sola cagione. Onde quanto alle cose pubbliche , è souerchio che per me ti sia risposto:
quanto alle priuate , non bisogna che tu mi ringratj , perche ciò , che io ho fatto , che ti sia piacciuto , sappi che non lo
ho fatto per gratificare a te , ma per fare beneficio al popolo Romano. Solo in questa parte hai meco grandissima obbli-
gatione , & questo è , che se io mi fossi opposto agli honori attribuiti a quelli , che dicono essere stati uccisori del tiranno,
Cesare sarebbe stato reputato tiranno , & in questo modo la
gloria sua, l' honore , & le cose fatte da lui non haurebbono
hauuta alcuna stabilità , ne tu saresti stato herede suo , ne
hauresti conseguite le sue sostanze , ne il corpo suo sarebbe stato giudicato degno di sepoltura , perche le leggi comandano,
che i corpi de' tiranni siano gittati a' cani , & ch' ogni loro
memoria sia spenta , & i beni siano applicati al pubblico.
De' quali prejudicj temendo io , presi la difesa per Cesare,
acciochè la gloria sua fosse immortale , & il corpo fosse honorato con pubblica, e solenne pompa di sepoltura , non senza mio graue pericolo , & inuidia ; ma spontaneamente mi
offersi a questi pericoli , & deliberai patir ogn' altra cosa prima che Cesare fosse insepolto & difamato , come cittadino
ottimo & felicissimo in molte cose, & degnissimo di ciascun honore , & a me piu che niuno altro amicissimo. Adunque mediante l' opera mia , & per li pericoli , ch' io ho sostenuti,
hai tu riceuuta la adottione di Cesare , il nome , la dignità , & le sostanze, per la qual cosa era piu conueniente che
tu mi ringratiassi , che riprendessi quello ch' io ho fatto per
quietare gli animi del Senato , il quale era tutto uolto al
fauore de' congiurati , massimamente essendo tu giouinetto,
& io già prouetto di età . Oltre a questo tacimamente hai
uoluto inferire ch' io ho desiderata la signorìa , alla quale
non ho mai pensato. Ne uoglio che tu stimi , che io mi do-
glia non essere stato adottato da Cesare , perche mi basta,
essendo disceso dalla progenie d'Ercole , possedre quello, che
m' ha dato la sorte . Alla parte che tu di' hauere bisogno
di

*i danari, per distribuirgli al popolo secondo la uolontà di
Cesare, io stimerei che tu parlassi coloratamente, s' io non
fossi certo che tu conosci, che tutte le cose pubbliche, le
quali possedeua il padre tuo, non s' appartengono a te, perche erano deposte presso di lui, ccme in uno erario, e però è
nostro proposito uolere ricercare quello ch' è del pubblico, per
restituirlo al pubblico. Del danajo, il qual tu dì essere stato
portato a casa mia, non è quella somma che tu stimi, ne è
tutto in casa mia, perch' io l' ho distribuito in buona parte
doue io sapeua essere l' intentione di Cesare. Questo, che resta, son contento che te ne porti teco, ma se tu sarai sauio,
lo darai a chi n' ha maggior bisogno in luogo del popolo, perche tu dei sapere essendo ornato delle greche discipline, il
popolo essere instabile come le onde nel mare, che quando ab-
bassano, quando inalzano. Così fa il popolo di noi piu ambitioso, hora ci rileua, & hora ci tuffa nello abisso. Ottauio acceso da ira, e da sdegno si partì da Antonio, recandosi ad ingiuria, e dispregio le parole sue, chiamando spesse
uolte Cesare per nome, e tornato a casa fece subito uendere
tutte le sostanze che gli peruenivano dell' heredità di Cesare; deliberando distribuire ogni cosa nel popolo per hauerlo
fauoreuole, e partigiano, mediante questa sola liberalità: conoscendo apertamente l' odio di Antonio uerso di se, & ueggendo che 'l Senato affrettaua la inquisitione delle pecunie pubbliche per ordine d' Antonio, e già molti incominciauano a
temere d' Ottauio, per la paterna beneuolenza de' soldati,
e del popolo inuerso di lui, e perche lo uedeuano ricchissimo,
e da potere usare per ambitione profusamente ogni larghezza
nel corrompere la moltitudine con diuersi doni, & istimauano
che per niente hauesse a stare patiente alla uita priuata,
& quello, che daua maggiore ispauento agli animi de' buoni,
era, che non uedeuano in qual modo tra Ottauio, & Antonio
potesse nascere alcuna concordia, ma piu tosto giudicauano
per l' odio che era tra loro, ch' hauessero a contendere insieme dello Imperio per superare l' uno l' altro: il che non poteua essere senza manifesta, & total rouina della città. Alcuni altri pigliauano piacere della loro discordia, stimando
che l' uno hauesse a dare impedimento all' altro alla cupidigia*

del

del dominare, e ch' hauessero per questo a consummare le ricchezze, e conseguentemente a diminuire la potenza. Era uenuto il tempo, che Gajo Antonio fratello di Marc' Antonio doueva celebrare lo spettacolo per Bruto Pretore, e tra l'altre cose, le quali furono ordinate da lui per honorare la Pretura di Bruto assente, fu uno splendido & abbondante apparato, & una grande copia di doni, sperando che 'l popolo per tale largitione si douesse placare, e richiamar Bruto alla città. Ma Ottauio dall'altra parte conosciuta la intentione di Antonio, per gratificarsi al popolo, e per tenerlo fermo alla diuotion sua, tutto il danajo che hauea ritratto dalle uendite delle sostanze di Cesare attendeua a distribuire alla plebe. Fece oltre a ciò e per Roma, e per le città e castella uicine bandire pubblicamente che era apparecchiato uendere a buon mercato tutte le sostanze sue proprie, per conuertire il prezzo ne' bisogni del popolo, e de' partigiani, & amici suoi, e di Cesare; & hauendo già uenduti tutti i beni che possedeua della heredita di Ottauio padre suo legitimo, e tutte le sostanze della madre, e di Filippo suo patrigno, & hauendo donato il ritratto agli amici, & al popolo, deliberò uendere ancora la parte che se gli apparteneua della heredità di Pedio, e di Pinario, come sostanze di Cesare; benche non gli bastasse ancora questo, tanto largamente donaua. Il popolo adunque ueggendo Ottauio hauere donato non solamente la heredità di Cesare, ma le facoltà sue proprie, incominciò hauergli compassione, marauigliandosi di tanta sua liberalità, e dello ardire che dimostraua contra la potenza di Marc' Antonio, perche già era manifesto che non temeua molto di lui, il che si conobbe ne gli spettacoli celebrati splendidissimamente da Gajo Antonio in honore di Bruto. Percioche mentre che detti spettacoli si faceuano, alcuni plebei, e mercenarj incominciarono a leuare il romore, chiedendo che Bruto, e Cassio fossero richiamati alla città, e parendo che tutto il resto della moltitudine, la qual era nel Teatro, acconsentisse, corsero molti, i quali interruppero gli spettacoli tanto, che spensero il romore, ne fu alcuno che piu oltre chiedesse la riuocatione di Bruto, e di Cassio, e tutto questo fu fatto per

C c

ordine

ordine di Ottauio. Bruto e Caſſio adunque uedendoſi mancata la ſperanza, che baueano del ritornare mediante gli ſpettacoli, deliberarono andare in Sorìa, e Macedonia, come a Prouincie ſtate prima loro conſegnate dal Senato di quello che a M. Antonio, & a Dolabella Conſoli. Della qual coſa hauendo notitia Dolabella, ſubito affrettò il cammino uerſo Sorìa per condurſi in Aſia ſotto ſpecie di uoler riſcuotere il danajo appartenente alla Repubblica. Marc'Antonio conoſcendo eſſergli neceſſario accreſcere le forze contra Ottauio, deliberò aggiugnere al gouerno ſuo l'eſercito ch'era in Macedonia ſingolare per uirtù, e copioſo di molti ſoldati, percioche erano ſei legioni con una moltitudine grande di baleſtrieri, e di caualli leggieri, i quali tutti Antonio dubitaua che non ſeguiſſero Dolabella in Sorìa per andar con lui all'impreſa contra a' Parti, eſſendo queſte genti ſtate ordinate da Ceſare per uſarle a quella guerra. In queſto tempo uenne a Roma la nouella che i Geti, inteſa la morte di Ceſare, erano entrati nella Prouincia di Macedonia, e che la predauano tutta. Onde Antonio hebbe occaſione di chiedere al Senato il ſopraſcritto eſercito, per uſarlo alla impreſa contra i Geti, & maſſimamente perche prima gli era ſtata data da Ceſare la cura di queſta guerra quando deliberò andare contra i Parti. Il Senato non hauendo intera certezza di queſta coſa, mandò per chiarirſene alcuni meſſi. Marc'Antonio e con pregare gli amici da canto, e con donare a quelli che non gli erano molto beneuoli, e con dare, e promettere molte coſe a' fautori di Dolabella, prouidde in modo, che fu creato Imperadore di tutto l'eſercito di Macedonia. Et hauendo per queſta uia adempiuto il deſiderio ſuo, mandò Gajo ſuo fratello con grandiſſima preſtezza a ſignificare all'eſercito di Macedonia queſto decreto del Senato. In quel mezzo tornarono quelli, che erano ſtati mandati per intendere ſe era uero, o nò, che i Geti haueſſero caualcata la Macedonia, e riferirono che in quella Prouincia non erano entrati i Geti, ma che ſi temeua ben che non faceſſero qualche ſcorrerìa, perche haueuano raunato non mediocre eſercito. Mentre che queſte coſe erano trattate in Roma, Bruto e Caſſio attendeuano a far danari e genté d'armi. Trebonio Prefetto di Aſia daua opera in for-

tifica-

tificare i luoghi d' importanza , & a Dolabella fece uietar
l' entrate di Pergamo , e di Smirna ; folamente l' haue a fatto prouedere di uettouaglia fuori delle mura , come a Confolo , e per quefta cagione tentando entrare per forza nella
città , ne facendo alcun frutto, Trebonio per mitigare l' ira
fua comandò , che fofse riceuuto in Efefo , & mandò alla
sfilata alcuni , che lo feguitafsero. Coftoro foprauenendo la
notte uiddero che Dolabella ritornaua indietro, e però non
parendo loro da temere altrimenti, lafciarono pochi de' compagni loro che andafsero ofseruando i moti di Dolabella , &
efsi fi ritornarono a Smirna. Dolabella fece porre le mani
addofso a quefti , che lo feguiuano , & tolfe loro la uita , &
efsendo ancora di notte , prefe la uia uerfo Smirna , e tro-
uandola fenza guardie , appoggiate le fcalle alle mura , entrò dentro , & per quefto modo fe ne infignorì. Trebonio fu
prefo nel letto , il quale ueggendofi prigione , pregò che gli
fofse fatta gratia di efsere condotto uiuo al cofpetto di Dolabella. Allora un capo di fquadra guardandolo in faccia,
difse : Vieni tu , e dacci in tanto la tefta , perche a noi è
ftato impofto che non meniamo te a Dolabella , ma la tefta
tua : e cofi detto , fubito gli leuò la tefta. La mattina Dolabella comandò , che 'l capo di Trebonio fofse appiccato nel
Pretorio, doue Trebonio foleua federe nel giudicare. L' efercito commofso da ira , ricordandofi che Trebonio era ftato
partecipe della morte di Cefare , e ch' haue a tenuto M. Antonio a parole dinanzi alla porta del Senato , perche non potefse impedire l' ordine de' congiurati, fece grandifsimo ftra-
tio del corpo fuo , e coftui fu il primo de' percufsori di Cefare , che portò la pena della morte fua. Antonio hauendo
in animo di leuare lo efercito di Macedonia , e condurlo in
Italia , chiefe dal Senato , che in luogo della Prouincia di
Macedonia gli concedefse quella parte della regione de' Celti,
che è pofta dentro dall' Alpi , la quale teneua allora Decimo Bruto , per dimoftrare che non uoleua ufare efercito contra i Celti , ricordandofi che quando Cefare fi partì da quefti
popoli , fuperò Pompeo. Il Senato dubitando che Antonio non
fi uolefse infignorire de' Celti, come d' una rocca, ne prefe alteratione ; e da quefto gli parue manifeftamente fcoprire l' in-

fidie

fidie di Marc' Antonio, e fu mal contento di hauerli data
la amminiſtratione dello eſercito, e della Prouincia di Macedonia. Onde priuatamente fece intendere a Decimo, che
per niente laſciaſſe la cura de' Celti, & che faceſſe ogni
coſa di creſcere lo eſercito e le forze, accioche uenendo Antonio per isforzarlo, poteſſe fare reſiſtenza ; tanto temeuano,
& haueano in odio Antonio. Della qual coſa accorgendoſi
Antonio, deliberò chiedere al popolo che per legge gli foſſe
conceſſa la Prouincia de'Celti, come haueua prima ſimilmente ottenuto Ceſare, e per dare maggior freno al Senato, ordinò a Gajo ſuo fratello, che moueſſe lo eſercito di Macedonia, & conduceſſelo a Brindiſi, aſpettando da lui quello,
che dapoi doueſſe fare. Era uenuto il tempo, nel quale Critonio Edile doueua celebrare gli ſpettacoli, ne' quali Ottauio
haueua ordinato in honore di Ceſare un tribunale e ſedia d'oro,
& una corona d'oro per porla in capo alla ſtatua di Ceſare,
la quale era nel Teatro. Dolendoſi Critonio, & affermando
che non conſentirebbe, che Ceſare foſſe honorato alle ſpeſe
ſue, Ottauio fè condurre Critonio al coſpetto di Antonio,
come dinanzi al Conſolo, & dicendo Antonio, che ſi doueſſe
menare al Senato, Ottauio come irato diſſe : Io porrò a Ceſare mio padre la ſedia e la corona, ſe tu me lo conſentirai
per tuo decreto, alle quali parole turbato il Conſolo prohibì
ad Ottauio tal coſa. Onde Antonio ſi concitò un' odio quaſi
uniuerſale di ciaſcuno, parendo che non ſolamente uoleſſe contendere con Ottauio, ma che haueſſe, come ingrato, inuidia
alla gloria, e memoria del morto Ceſare. Laonde Ottauio
accompagnato da molti, andaua richiedendo tutti quelli, i
quali haueano riceuuto qualche beneficio dal padre, o che erano ſtati ſotto il ſuo ſoldo, e pregaua che non lo abbandonaſſero, ne permetteſſero che gli foſſero fatte da Antonio tante
ingiurie, ma che uoleſſero ajutarlo, & in tutti i luoghi
piu eminenti, e piu frequentati nella città, diceua con alta uoce queſte parole : Non ti adirare per mia cagione, o Antonio,
contra il nome di Ceſare, ne uoler fare ingiuria a chi è ſtato tuo benefattore, & amiciſſimo. A me fa quante ingiurie
ti piace pure che tu habbia riſpetto all' honore di Ceſare, e
poni il freno a chi uuole ſommettere le facoltà ſue, tanto

che

che à cittadini Romani sia fatta la debita distributione secondo l' ordine del testamento suo; tutto quello, che ui è di
resto, sia tuo. A me basterà, benche io sia bisognoso, essere
berede della gloria di Cesare; le sostanze babbiale chi uuole,
pure che il popolo babbia la satisfattione ordinata. Queste
parole usate da Ottauio contra Antonio erano già sparse, e
diuulgate per tutta Roma. Il perche Antonio minacciò acerbissimamente Ottauio, e nondimeno ogni giorno cresceua il concorso del popolo in fauore d' Ottauio. Onde i principali soldati, i quali erano stati eletti da Antonio per la guardia sua, e prima erano stati al soldo di Cesare, & allora erano tenuti da
Antonio in honore, lo confortauano, che fosse contento astenersi
dall' ingiuria per loro rispetto, e per rispetto di se medesimo,
bauendo riceuuti da Cesare tanti commodi e beneficj. Le quali
cose riuolgendosi Antonio per la mente, e confessando esser uero quello che dagli amici soldati gli era ridotto a memoria, e
conoscendo oltre a ciò, che senza il fauore d' Ottauio non poteua ottenere l' amministratione della Prouincia de' Celti, finalmente deliberò farsi beneuolo Ottauio, confessando che quanto
bauea fatto, era stato contra la mente sua, ma prouocato dal
giouane, parendogli che bauesse dimostrato animo troppo superbo, & che non bauesse bauuto punto di riuerenza, o di uergogna uerso quelli, ch' erano di piu età di lui, il che diceua
essere stata principal causa dello sdegno suo contra Ottauio; ma
per rispetto di chi lo pregaua, e confortaua a questo, era disposto temperarsi dalla ira, e ritornare alla primiera sua consuetudine e natura, se Ottauio dall' altra parte uoleua rimanere dalla insolenza sua. Ascoltando queste parole i soldati di
Antonio con lieto animo, non posarono mai infino che ridussero l' uno e l' altro in amicitia, e subito fu pronunciata la legge
che Antonio bauesse il gouerno de' Celti contra la uolontà del
Senato, il qual era parato contradire, se la legge si fosse proposta nel Senato; ma se fosse proposta al popolo, pensò di opporre i Tribuni della plebe, che probibissero la deliberatione. Furono alcuni, i quali consigliauano esser molto piu utile per la
Republica che quella gente fosse al tutto lasciata libera dal
Pretore; tanto temeuano della uicinità de' Celti. Antonio all'
incontro apertamente diceua, che tutti quelli, i quali prestauano

no fauore a Decimo Bruto, che teneſſe al gouerno ſuo quella
Prouincia, e dinegauanla a ſe, erano nemici di Ceſare, eſſendo Decimo del numero di quelli, che l' haueano morto. E uenendo il giorno, nel qual ſi douea far la deliberati-
tione della legge ſopradetta, il Senato hauea fatto penſiero
di chiamar nel conſiglio la moltitudine delle Tribù, & eſſendo già propinqua la notte, i Senatori fecero rizzare in
piazza alcuni padiglioni per dimoſtrar, che uoleuano ſtar
uigilanti a quello, che ſi tentaua per Antonio, & alla cuſto-
dia di loro fecero ſtare i ſoldati deputati alla guardia del
Senato. Per la qual coſa commoſſa ad ira la moltitudine
popolare, deliberò preſtar fauore a Marc' Antonio per riſpetto d' Ottauio, il quale andaua intorno a' padiglioni a pregar per Antonio, perche temea che Decimo non reſtaſſe al
gouerno della Prouincia de' Celti, luogo opportuniſſimo, &
atto alla cura dell' eſercito, ch' era in detto luogo, eſſendo
Decimo ſtato un de' percuſſori del padre, & per anco per altro riſpetto pregaua in fauor d' Antonio per gratificarlo, &
per dimoſtrar, che foſſe riconciliato con lui, & ancora perche ſperaua potere ottener da lui qualche fauore al deſiderio
ſuo. Antonio dall' altra parte hauea corrotti i Tribuni con
danari in modo, che eſſendo propoſta la legge al popolo, fu ottenuta ſenza alcuna controuerſia, & in queſta forma fu data la cura della Prouincia de' Celti a Marc' Antonio, il
quale per tal mezzo hebbe legitima cauſa di far paſſare in
Italia l' eſercito, ch' era in Macedonia. In queſto medeſimo
tempo morì uno de' Tribuni. Ottauio preſtaua fauore, che
in ſuo luogo foſſe eletto Flaminio. Onde ſtimando il popolo
che Ottauio tacitamente deſideraſſe la dignità, e podeſtà
Tribunitia, ma non la dimandaſſe per eſſer troppo giouine,
deliberò nell' elettione, che ſi douea fare del nuouo Tribuno,
nominare e creare Ottauio in detto magiſtrato. Ma il Senato
hauendo inuidia all' accreſcimento della riputatione, e grandezza d' Ottauio, fu preſo da timore, che eſſendo creato
Tribuno, non faceſſe accuſare, e citare in giudicio i percuſſori di Ceſare. Onde Antonio inteſa la mente del Senato, o per cagione di gratificarlo, o per non far molta ſtima d' alterare l' amicitia, e riconciliatione di Ottauio, o

per

per placar gli animi de' Senatori, i quali dubitaua che non
reftaſſero offeſi per la nuoua legge de' Celti, fece come Conſolo
un decreto, pel qual uietò che niuno poteſſe eſſer eletto
Tribuno della plebe contra la forma e diſpoſitione delle leggi
antiche, e ſe non era in età legittima. La qual coſa
offeſe grandemente l'animo d'Ottauio, e parue ancora fatta
in ingiuria e uilipendio del popolo: e però la moltitudine
fu commoſſa ad ira & iſdegno grandiſſimo contra Antonio, e
deliberò far tumulto, e nouità nella creatione del Tribuno,
per opporſi al decreto d'Antonio. Il che preſentendo egli, temè
in modo della furia del popolo, che laſciò in arbitrio de'
Tribuni la riuocatione del ſuo decreto. Ottauio conoſcendo
che in Antonio non era fede, ma che da lui era apertamente
inſidiato, mandò molti alle città, le quali ſapeua eſſere
ſtate amiche del padre, a ſignificare l'ingiurie che riceueua
da M. Antonio: e per intendere & inueſtigare le menti di
ciaſcuno, mandò etiandio alcuni all'eſercito di Antonio, imponendo
loro, che meſcolandoſi co' ſoldati uſaſſero ogni induſtria
& arte, per rimouergli dall'obbedienza di Antonio, a'
quali diede ancora alcuni libretti, accioche naſcoſamente
gli ſeminaſſero tra la turba. Fu di tanta efficacia e momento
queſta tale aſtutia di Ottauio, che i primi dell'eſercito
furono moſſi a ſcriuere a Marc'Antonio in queſta forma. Antonio,
e tu, e noi tutti ſiamo ſtati ſoldati di Ceſare, &
infino a queſto giorno ſiamo uenuti a i ſeruitj ſuoi, e dobbiamo
eſſere certiſſimi che i ſuoi percuſſori uſano contra noi il
medeſimo odio, e le medeſime inſidie, ne è da dubitare che
il Senato non ſia in loro fauore. Quando il popolo gli cacciò,
uenimmo in ſperanza, che la memoria di Ceſare foſſe
al tutto uuota di amici o dimenticata, e dopo la morte ſua
collocammo in te ſolo ogni noſtra ſicurtà, come in amico di
Ceſare, e dopo lui eſperto & ammaeſtrato nella militia innanzi
ad ogn'altro, & idoneo, & atto a tutte le coſe grandi:
ma intendendo, che al preſente, quando i noſtri nemici ripigliano
le forze contra noi, e con tanta audacia uogliono
occupare la Soria e la Macedonia, fannoſi forti con danari
e genti d'armi, & il Senato arma Decimo Bruto contra
te, tu metti ogni ſtudio e conſumi il tempo in nutrire conteſe

tese e discordie con Ottauio, non senza cagione temiamo che questa uostra discordia non partorisca guerra ciuile piu dannosa alla città di Roma, che alcun' altra che sia stata mai pel passato, e non dia facoltà e possanza a'nemici di far quello, che è il desiderio loro. Le quali tutte cose sapendo noi che tu conosci manifestamente, ti preghiamo che per lo amore tuo uerso Cesare, e per la affettione, che tu ci porti, e non manco per la tua utilità, sia contento prestare ajuto e fauore ad Ottauio alla uendetta del padre, la qual cosa ti farà grande e libero d'ogni cura, e noi, i quali temiamo e di te, e di noi, ridurrà al sicuro. La risposta d'Antonio fu di questo tenore. A ciascun di uoi, i quali siete stati presenti ad ogni cosa è certissimo qual sia stata sempre la beneuolenza e studio mio uerso Cesare in tutti i suoi bisogni, & a quali e quanti pericoli io mi sia messo per la gloria e grandezza sua. Ne mi pare necessario testificare con quanto amore e carità esso perseuerasse uerso di me insino al fine della uita sua. Le quali due cose conoscendo i suoi percussori, pensarono di tormi la uita insieme con lui, come quelli che giudicauano che restando io saluo, non potesse succedere loro alcun disegno. E se alcun si è ingegnato rimouerli da questo proposito e farmeli beneuoli, non lo ha fatto per rispetto della salute mia, o per amicitia, ma per liberarli dalla persecutione & impedimento nostro. Chi adunque è colui il qual sia tanto iniquo giudice, e dettratore, che possa stimare ch'io habbia in dispregio il nome di Cesare mio benefattore, & habbia in honore i suoi nemici, & ch'io possa rimettere l'ingiuria, & perdonare la morte di Cesare a quelli, i quali del continuo mi apparecchiano inganni, & insidie come pare che si persuada questo nuouo Cesare, il qual mi oppone ch'io ho procurata la dimenticanza della morte di Cesare, & che a'suoi nemici sia data l' amministratione delle Prouincie? Ma intendete, come questo sia auuenuto. Essendo morto Cesare improuisamente nel Senato, ciascun fu ripieno di timore, & specialmente io, per la amicitia che teneuo con lui, & per l' ingnoranza del fatto, perche non haueuo alcun inditio della congiura, ne sapeuo il numero de' congiurati. Il popolo dapoi si leuò a romore, & destò il tumulto. I congiurati insieme co' gladiadiatori entrarono in Campidoglio, & ferrarono le porte. Il Senato era con loro, come è chiaramente di presente, & hauea ordinato che a' percussori di Cesare fosse renduto honore, & premio come ad uccisori del tiranno, & se Cesare fosse stato giudicato tiranno, a noi ancora come suoi amici, & difensori era necessario morire. Et ritrouandomi in questa confusione oppresso dal tumulto, e dal timore, non sapeuo usare alcun termine di prudenza; tanto era in me impedita la virtù della ragione. Da una parte bisognaua usare incredibile ardire, dall' altra una dissimulatione, & arte incredibile: ma innanzi ad ogn' altra cosa mi pareua da prouedere che il decreto fatto dal Senato in honor de' congiurati fosse riuocato. La qual cosa deliberai al tutto fare da me stesso, & però subitamente mi opposi al Senato & a' percussori, & con grandissima fortezza di animo usando un singolare ardire, & mettendomi a grauissimo pericolo, procurai la riuocazione del soprascritto decreto, stimando noi esser salui, se Cesare non era dichiarato tiranno. Per il medesimo rispetto temeua il Senato, e gli congiurati, conoscendo che se Cesare non era approuato tiranno, bisognaua che fossero riputati homicidi. Ma ueggendo al fine manifestamente, che stando molto in simile contentione, la salute nostra si metteua in pericolo, deliberai cedare alle discordie, & per leuar maggior inconueniente & scandalo, fui contento che in luogo del premio, & honore decretato a' congiurati, fosse loro concessa la remissione, & dimenticanza della morte di Cesare. Da questo hebbe origine che dapoi mi fu assai piu facile che il nome di Cesare fosse conseruato illeso & intemerato, & che le sostanze sue non fossero applicate al pubblico, & che l'adottione, per la quale Ottauio al presente si è tanto insuperbito, non fosse riuocata, & le cose fatte & ordinate da Cesare non fossero annullate, ma confermate & approuate; che il corpo suo fosse sepolto con pompa regale, & consecrato all' immortalità con diuini honori; che il figliuolo adottiuo suo, & noi insieme con lui, gli amici, i Pretori, & i soldati fossero tutti salui; finalmente che noi tutti uiuessimo con uita gloriosa, & non

ignominiofa. *Pare adunque a noi, che dalla obliuione pro-*
curata da me della morte di Cefare, fiano nati piccioli
frutti, o che 'l Senato fenza quefta obliuione hauefse mai
uoluto concederne tanti beneficj e gratie? La qual dimenti-
canza pare a me che finceramente fi fia conuenuta dare
loro a rincontro di tante cofe, & che fenza ingiuria d'al-
tri, ma fecondo la uerità non fofse inconueniente allora
perdonare a' percufsori di Cefare per far la gloria fua
immortale, & per prouedere alla difefa & falute noftra.
Benche non fia alcuno, il quale creda che da me fofse ope-
rato quefto per gratificare i congiurati, ma per recar le
cofe a noftro propofito, & utilità. Il che dimoftra aper-
tifsimamente, che dapoi facendo io portare il corpo di Ce-
fare in piazza fotto fpecie della fepoltura, & dell' efequie,
fcoperfi la quantità delle fue ferite, & moftrai la uefte fua
ftracciata & infanguinata, & commemorando con mefte &
lamenteuoli parole le uirtù fue, la beneuolenza, & carità
uerfo il popolo, & piangendolo & nominandolo come un mor-
to Iddio, incitai & commofsi il popolo a tanta compafsio-
ne, & furore, che prefo il fuoco fubito corfe per ardere
le cafe de' percufsori, ne mai reftò che gli fece fuggir di
Roma, & tale fu l' ofseruanza dell' obliuione. Et in qual
modo quefte cofe fofsero fatte contra la uolontà, & con of-
fefa grauifsima del Senato, efso poco dapoi il dimoftrò, per-
che principalmente mi fece accufare per uigore dell' ambi-
tione. Dapoi concefse a Bruto & a Cafsio la Soria, & la
Macedonia, le quali erano piene di grandi & potenti efer-
citi. Onde io fui opprefso da maggior timore, non hauendo
alcun priuato efercito contra tanti armati. Oltra ciò, Dola-
bella mio collega mi era fofpetto, & del continuo difcorda-
ua meco, & diceuafi che ancora egli hauea parate l' infi-
die a Cefare, & hauea procurato, che 'l dì della morte
fua non partifse di Roma. Per la qual cofa dubitando af-
fai, & affrettando il penfiero di torre l' armi di mano a'
nemici, & armare noi, feci torre la uita ad Amatio, &
giudicai che Sefto Pompeo fofse richiamato per afsicurare
il Senato, & uoltarlo alla fede & uolontà mia, non me
ne fidando però interamente. Confortai Dolabella che chie-
defse

desse la Soria non dal Senato, ma dal popolo, & io gli
prestai opera & fauore, solamente per farlo inimico a' percussori, & acciò che il Senato si uergognasse di negare a
me il gouerno di Macedonia, essendo dal popolo stata concessa a Dolabella la Soria, perche mai non haurebbe per
altra uia consentito darmi quella prouincia. In questo modo per opera, & industria mia è stato leuato l' esercito a'
nemici, & dato a Dolabella, & così in luogo della forza,
& delle armi, habbiamo usata la uia delle leggi. Essendo
le cose ridotte in questo termine, & intendendo che i nostri nemici preparauano i nuoui eserciti, giudicai che fosse
necessario ualersi dell' esercito di Macedonia, per opporlo
a' disegni loro bisognando. In questo mezzo uenne a Roma
la nouella, i Geti essere entrati nella prouincia di Macedonia, & guastare tutto quel paese. Non ui prestando
fede il Senato ui mandò le spie per certificarsi, & intendendo che benche ancora non fossero mossi, nondimeno erano in ordine di caualcare a quella impresa, fu contento
darmi la cura, & gouerno dell' esercito di Macedonia,
& hora & non prima mi pare esser dal pari a' nemici non
solamente a questi manifesti, & conosciuti, come questo
nuouo Cesare stima, ma a molto maggior numero, & molto piu potenti, & che non sono ancora scoperti; & hauendo io ridotte le cose a questo segno, un' altro de' percussori Decimo Bruto ci era alle spalle, il qual hauea in
suo potere una prouincia molto opportuna, & piena di molti nobili, & forti soldati. E conoscendolo huomo di grande animo, & ardire, & da temerne assai, quando potesse usar le forze, non restai insino a tanto che gli tolsi
l' amministratione de' Celti. Et in questo modo da uno
estremo timore, & pericolo, nel qual erauamo da principio, siamo ridotti a sicurtà & con grandissimo ardire contra i nemici. Considerate adunque in qual luogo sia ridotta la potenza loro per opera mia, & qual sia stata la uigilanza & fatica mia. Queste son l' opere nostre, soldati
miei, le quali benche insino al presente habbia celate, ho
però uoluto manifestarle a uoi, i quali uoglio, che siate
partecipi non solamente de' fatti, ma delle parole nostre,

& son contento, che le facciate note a chi non ha notitia,
da Ottauio in fuori, il quale in ogni cosa è ingratissimo
verso di noi. Hauendo i primi dell'esercito inteso particolarmente questo discorso fatto da Marc'Antonio, tutti giudicarono lui portare grandissimo odio a' percussori di Cesare,
& però deliberarono fare ogni opera di ridurre di nuouo
amicitia tra lui & Ottauio, & così operarono in fatto.
Ma non molto dapoi Antonio fece porre le mani addosso
a certi prouisionati della guardia sua, come ministri ordinati da Ottauio per torli la uita per insidie, o che Antonio il facesse per dare calunnia ad Ottauio, o che pure
la uerità fosse così. La qual cosa Antonio manifestò pubblicamente, onde nel popolo nacque subito tumulto. Pochi, i quali erano gouernati dalla ragione, & haueano
maggior prudenza, erano lieti che ad Ottauio fosse dato tale carico, perche stimauano, che quando egli si hauesse leuato dinanzi l'ostacolo di Antonio, hauesse a perseguitare con maggior audacia tutti gli amici del Senato.
Ma la maggior parte ueggendo le ingiurie, & contume-
lie che Ottauio sopportaua ogni dì, pensauano che questa fosse una calunnia trouata da Antonio per recare infamia ad Ottauio, ne pareua loro conueniente, che essendo Antonio Consolo, perseguitasse tanto animosamen-
te Ottauio. Onde egli a quelli che erano di questa opinione, diceua che Antonio lo insidiaua per la inuidia che
gli portaua, conoscendo la beneuolenza ch' haueua nel popolo. Oltre a ciò andando intorno all'uscio della casa d'Antonio, gridaua ad alta uoce chiamando i Dei in testimonio, & biastemando crudelmente lo citaua in giuditio, &
non uenendo fuori alcuno, diceua, io chieggio esser giudicato da gli amici tuoi. Et così detto, entrò insino in casa, & essendo lasciato andare piu auanti, di nuouo si
uoltò alla querela, e prouocaua quelli che erano alla guardia dell'uscio, dolendosi che era da loro impedito, che
non potesse riprendere Antonio, e partendosi finalmente,
affermò al popolo, che se gli era fatto male, o nocumento alcuno, Antonio ne era autore e causa. La moltitudine ueggendo Ottauio in tal modo turbato dolersi, ha-

uea

uea compaſſione di lui. Erano alcuni, che ſtauano in dubbio, nè preſtauano fede a queſte dimoſtrationi, ma ſtima-
uano che tutto foſſe con miſterio, e fatto ſimulatamente,
e credeuano che in ſecreto Antonio, & Ottauio s'intendeſ-
ſero inſieme; e per ingannare il Senato, & il popolo dimo-
ſtraſſero tra loro inimicitia & odio. Altri ſi perſuadeua-
no, che Antonio fingeſſe eſſere nimico ad Ottauio per bauer maggior occaſione di creſcere la guardia della perſona
ſua. Stando le coſe in queſti termini, fu ſignificato ad Ottauio, che l'eſercito, che Antonio hauea fatto uenire a
Brindiſi, era irato contra Antonio, intendendo ch'egli non
ſi curaua piu di uendicare la morte di Ceſare, e che erano
apparecchiati a farne la uendetta potendo, e che Antonio
per queſta cagione era ito a Brindiſi. Onde temendo Ottauio, che ritornando Antonio accompagnato con l'eſercito non
gli poneſſe le mani addoſſo trouandolo ſenza fauore di ſoldati, prouedutoſi di molti danari ſi trasferì in Campagna,
andando per tutte quelle città, ſolleuando & inuitando gli
amici del padre che uoleſſero eſſer ſuoi ſoldati, & concedergli per ſua difeſa il ricetto di Celatia, & di Sillio, le quali mettono in mezzo la città di Capua: & a qualunque uoleua eſſer con lui prometteua dramme cinquanta, nel qual modo
in breui giorni fece un' eſercito di ſoldati diecimila, non armati però a ſufficienza, ordinati in ſquadre, ma per la guardia della perſona ſua raunati ſotto un medeſimo ueſſillo. Il
popolo Romano dubitando da una parte di M. Antonio, che
tornaua con l'eſercito, & dall' altra temendo di Ottauio, il
quale ſi diceua uenire ancora egli con molti ſoldati, era poſto in
doppio timore. Alcuni adunque ſi congiunſero con Ottauio contra Antonio, alcuni altri perſeuerauano nell'opinione già conceputa, che l'uno, & l'altro ſimulaſſe. Stando la città in queſta
ſoſpenſione d'animo, Carnutio uno de' Tribuni della plebe, auuerſario di M. Antonio, il quale era degli amici di Ceſare, ſi fece
incontro ad Ottauio, & inteſo da lui quale foſſe la mente ſua
tornò in Roma, & annuntiò al popolo per coſa certa, che Ottauio ueniua come nemico di M. Antonio, però era neceſſario acco-
ſtarſi ad Ottauio per opprimere la tirannide d'Antonio, & coſi detto, comandò che Ottauio, il quale era fermo nel Tempio di Marte,

te, lunge dalla città stadj quindeci, uenisse dentro, &
essendo entrato si fermò nel Tempio di Castore, & Polluce, & intorno al Tempio si posero i soldati con le armi
scoperte. Carnutio incominciò prima a parlare contra Antonio. Dopo lui incominciò Ottauio, suscitando la memoria di Cesare suo padre, e dolendosi delle ingiurie, le quali
riceuea da Antonio, per la qual cosa era stato costretto
fare raunata di soldati per guardia della persona sua, con
animo, e con intentione di essere obbediente alla patria,
e seruire a tutti i commodi suoi, ancora quando bisognasse
per beneficio della Repubblica usare la forza contra Antonio, per reprimere la sua insolenza & audacia. Mentre
che Ottauio parlaua, ecco uenire molti dell'uno esercito,
e dell'altro, i quali erano mandati per la riconciliatione d'
Antonio con Ottauio, & intendendo gli amici d'Antonio
quello che Ottauio parlaua in suo uituperio, dimostrarono
bauerne molestia e dispiacere, considerando che Antonio bauea pure il titolo d'Imperadore dello esercito, e che oltre
ciò era ancora Consolo de' Romani. Onde Ottauio incominciò di nuouo a dubitare, parendoli che il disegno li fosse successo in contrario, e per questa cagione deliberò partirsi di Roma un'altra uolta; & in compagnia de' soldati
& amici suoi andò a Rauenna, & à luoghi uicini: & accrescendo il numero de' soldati, ne mandò una parte ad
Arezzo. In questo mezzo, di cinque legioni, ch'erano in
Macedonia, quattro peruennero a Brindisi, le quali si doleuano che Antonio non facesse alcuna stima di uendicar
la morte di Cesare. Il che intendendo Antonio, non potè
contenere l'ira, ma riprese i soldati della loro ingratitudine, essendo per opera sua stati richiamati dall'impresa
de' Parti tanto difficile e pericolosa, e ridotti in Italia.
Doleuasi oltre a ciò non bauessero menati al cospetto suo
quelli ch'erano dal proteruo giouane, il quale si faceua nominare Cesare per ambitione, stati mandati per suscitare
discordia e dissensione. Riprendeuagli oltre questo, che non
consideraurano che doueano condursi seco nella prouincia de'
Celti, gente ricca, fertile e beata, doue bauea proposto
pagare a ciascun dramme cento. A queste parole i soldati

cominciarono a ridere, e riputare Antonio buomo uile e pufil-
lanimo. Turbandosene Antonio, allora maggiormente perse-
xerauano in fare tumulto. Per il che Antonio si leuò in piedi, & con ira disse solo queste parole. Imparate ad esser
gouernati e retti sotto l'Imperio & obbedienza di chi è uostro
superiore. Dapoi comandò, che il Tribuno de' Caualieri ponesse le mani addosso a tutti quelli, ch'erano piu scandalosi
e sed tiosi, e secondo la legge militare gli traesse per sorte,
non osseruando però il costume di far morire d'ogni dieci uno,
ma una parte solamente; stimando in questo modo dare terrore agli altri; ma non solamente non temerono, ma anzi
furono accesi da maggiore odio & ira. Le quali cose ueggendo quelli che fauoriuano le parti d'Ottauio, sparsero nel campo occultamente molti libretti, co'quali inuitauano i soldati,
che lasciando la crudeltà & auaritia d'Antonio, uolessero
abbracciare la clemenza e liberalità del nuouo Cesare. Essendo uenuto a notitia d'Antonio questo inganno, cercaua con
somma cura e diligenza chi ne fosse autore, ma non potendo
ritrouare il uero, bolliua per la molta ira, come se fosse ingannato da tutto l'esercito. Intendendo al fine i prouedimenti che faceua Ottauio, commosso nell'animo, parlò a i soldati in questo tenore. Io sento grandissimo dolore e dispiacere
per le cose, le quali sono state fatte da me per necessità militare benche babbia in luogo di molti priuati pochi della uita
non secondo la forma della legge; potendo uoi per questo chiaramente conoscere Antonio non esser crudele ne di poco animo,
se non che l'ira s'è partita da me, satiata per la punitione
di pochi. Le cento dramme, le quali ui furono da me promesse, non pensate ch' io babbia uoluto darui in luogo di premio o di salario, perche non è conueniente alla fortuna e felicità di Antonio dare si piccioli doni o paghe, ma per un
saggio della liberalità mia inuerso di uoi. Hauendo Antonio
usate simili parole, furono i soldati contenti pigliare da Antonio le cento dramme, o per esser male contenti di quello
baueano fatto contra il Capitano suo, o per timore che Antonio non fosse cagione di qualche loro danno, o incommodo.
Ne Antonio uolle crescere la somma per non parere che l'Imperadore fosse uinto da' soldati suoi, e mutò i capi dello e-
sercito

fercito, o per ifdegno, o per fofpetto mandò una parte delle genti d'armi alla uolta di Arimino per la uia di mare, & egli con la parte piu eletta & fedele ritornò a Roma con intentione di condurfi poi ad Arimino. Entrò certamente in Roma molto fuperbamente, lafciando una fquadra fuori della città, e menando dentro quelli, che erano deputati alla guardia fua, armati. Dapoi fece raunare il Senato per dolerfi della ingiuria che gli faceua Ottauio. Entrando nel Senato, hebbe lettere come delle quattro legioni quella che era chiamata Martia pel cammino s'era accoftata al nuouo Cefare. Mentre che ftaua attonito e mefto per tal nouella, ecco nuoue lettere, per le quali era auuifato come la legione chiamata la quarta fimilmente s'era accoftata ad Ottauio. Onde benche foffe prefo da non mediocre terrore, nondimeno entrò nel Senato, doue poi ch'hebbe dette alcune poche parole, fubito andò alle porte di Roma, e di quindi fi conduffe ad Alba, doue effendogli probita l'entrata, fu ributtato dalle mura. Laonde fu neceffitato tornare indietro, e mandò fubito ambafciadori e lettere all'altre legioni, per confermarle nella fede, promettendo dare a ciafcun foldato cinquecento dramme; e con quelli che erano feco in compagnia andò infino a Tigoli, con uno apparecchio & ordine fimile a quello con che fi fogliono andare a trouare gli nemici, perche già fi uedeua manifeftamente apparecchiata la guerra, poiche Decimo Bruto non uolea in alcun modo priuarfi della amminiftratione de' Celti. Dimorando Antonio a Tigoli, quafi tutto il Senato e molti Caualieri andarono a uifitarlo & honorarlo come Confolo, e del popolo ancora una parte non picciola fece il fimile, e trouandolo dare il giuramento a' foldati, e che molti di quelli che già erano ftati fotto la militia fua andauano a ritrouarlo uolontariamente, ancora giurarono di non mancare ne dalla fede, ne dalla beneuolenza ch'haueano in uerfo di lui, in modo che molti di quelli, i quali poco auanti nel configlio, ch'hauea fatto il nuouo Cefare, haueano calunniato Antonio, furono ripieni di paura. Dopo quefta cerimonia partito da Tigoli andò molto fplendidamente alla città di Arimino. Era lo efercito fuo, non computando i foldati eletti e condotti da lui ultimamente, di tre

legioni

legioni uenute di Macedonia . Militauano con lui ancora alcuni del numero de' Veterani , in modo che tutti insieme faceuano uno esercito di quattro legioni . Lepido nella Spagna
con quattro legioni , Asinio Pollione con due , e Planco
con tre nella Prouincia superiore de' Celti , dimostrauano
essere uolti al fauore d' Antonio . Con Ottauio erano due
legioni di soldati eletti partiti dalla diuozione di Antonio,
una di nuoui chiamati Tironi , due che da principio si e-
rano accostate a lui , benche non fossero fornite ne di numero , ne di armature . Hauendo adunque Ottauio raunato in Alba tutto questo esercito , mandò a significare al
Senato , che era parato con tutte queste genti d' armi essergli obbediente in beneficio della patria . Il Senato commendò Ottauio della prontezza sua , e dispose che gli farebbe presto intendere quello che fosse da fare ; e già parea manifesto che 'l Senato hauea in animo usare l' opera
d' Ottauio contra Marc' Antonio . Ottauio ancora egli si
persuadeua che i Senatori douessero inclinare in fauor
suo , non per beneuolenza ch' hauessero in lui , ma per l'
odio che portauano ad Antonio , e perche non haueuano
proprio esercito , affermando a i soldati suoi essere certissimo , che 'l Senato li prestarebbe fauor solamente insino a
tanto , che esso uincesse Antonio , e che i percussori di Cesare , & i loro amici , o parenti , che sono del numero
de' Senatori , hauessero riprese le forze , e fattisi gagliardi . Le quali cose conoscendo Ottauio , deliberò mostrarsi
beneuolo & obbediente al Senato , & andare simulando col
tempo , acciocche il Senato non hauesse cagione di torgli il
gouerno dell' esercito per infamia o di uiolenza , o di
contumacia . Stando in questo modo Ottauio in Alba , le
due legioni , che erano partite dalla diuotione di Antonio , e uenute a lui , inuitarono un giorno l' una l'
altra di fare insieme uno torniamento , nel quale diuise a squadre armate di tutte armi , combatterono
non altrimenti ne con altra ferocità d' animo , da ferirsi in fuori , che sia consueto fare nelle uere guerre
in tra i nemici : pe 'l quale spettacolo Ottauio prese letitia , e piacere grandissimo , & donò a ciascuno dram-

E e   me

me cinquecento , e promise ch' hauendo a uenire a guerra
douerebbe cinquemila dramme a chi uinceua . In questo tempo Antonio fece richiedere e quasi comandare a Decimo Bruto che gli consegnasse la Prouincia de' Celti , & andasse al
gouerno di Macedonia , come gli era stato ordinato & imposto , confortandolo a uolere obbedire al popolo & hauere rispetto alla salute sua . Decimo gli mandò alcune ornate lettere scrittegli dal Senato per dimostrargli ch' era piu honesto
e conueniente ch' egli obbedisse al Senato che al popolo , e che
Antonio douea fare questo medesimo , potendo pe 'l tenore delle lettere molto bene conoscere qual fosse la uolontà del Senato . Antonio ueduta l'ostinatione di Decimo gli assegnò , come Consolo e come Imperadore dell' esercito , un breue termine , infra 'l quale , se non obbediua , lo dichiaraua ribello del
popolo Romano , protestandogli , che da quel termine in là ,
lo anderebbe ad assaltare come nemico . Onde temendo Decimo , che uolendosi partire , Antonio non gli serrasse il passo ,
finse hauer riceuute lettere del Senato , che gli comandaua-
no che con ogni prestezza possibile si trasferisse a Roma con
l' esercito , e sotto questo colore prese la uolta d'Italia , & essendo riceuuto in ogni luogo , uenne insino a Modena città felicissima , doue poi che fu entrato , subito comandò che fossero serrate le porte , e fece prouedere la terra di tutte le uettouaglie necessarie pel uito . Fece oltre ciò immolar tutte le
bestie atte a carreggiare , & insalarle , temendo non esser
messo in assedio . Hauea seco una fiorita gente di soldati , &
da far ogni buona pruoua , & gran numero di gladiatori , & erano con lui tre legioni , una di soldati nuoui ,
& due fidatissime & esperte nelle guerre . Antonio intesa
la uenuta di Decimo a Modena , subito caualcò a quella uolta con impeto & con ira non mediocre , & peruenuto olla
città , tutta la cinse con fossi , acciò che niuno potesse uscir
di fuori , per tener Decimo in assedio . In questo tempo furono creati nuoui Consoli Hircio & Pansa , i quali hauendo preso l' ufficio , il primo dì di Gennajo come era consueto subito raunarono il Senato al sacrificio , & poi ch' hebbero
sacrificato , secondo il costume antico , proposero essendo
ancora nel tempio quello che fosse da far contra Marc' Antonio .

tonio . Cicerone & gli amici suoi instauano che fosse dichiarato ribello del popolo Romano per molte cagioni , & specialmente perche hauea con armata mano occupata la Prouincia
de' Celti contra la uolontà del Senato per oppugnar la patria , & perche lo esercito che gli era stato concesso per difesa
della libertà usasse in danno della Repubblica . Lucio Pisone,
il quale difendeua la parte di Antonio assente , cittadino
egregio & nobile ; tutti gli altri fautori di Antonio instauano
che non si conuenisse condannarlo , se prima non era chiamato in giuditio , allegando che era contra le leggi & costume
della patria , che alcuno fosse giudicato se prima non era udito , & che era cosa degna di riprensione , uituperare uno , il
quale hieri hauea deposto l' ufficio del Consolato , & era stato honorato & commendato insino a quel punto . E poi che
alquanto fu disputato nel Senato con diuersi pareri , sarebbe Antonio quel giorno stato confinato per conforti di Cicerone & de' suoi seguaci , se non che Saluio Tribuno giudicò ,
che la cosa fosse diferita al giorno seguente , percioche il Tribuno era potentissimo sopra tutti gli altri magistrati , quanto al proibire una deliberatione . Per la qual cosa tutti i
Ciceroniani lo ripresero acerbamente , & discorrendo pe 'l popolo si sforzauano concitarlo contra Saluio . Ma egli con animo inuitto staua forte nella sentenza sua , tanto che dal Senato fu proibito , il quale temeua che nel popolo non sorges-
se qualche tumulto , hauendo consideratione che Antonio era
pure illustre cittadino , & di grandissima autorità , potenza , & riputatione . Cicerone , & gli altri emuli di Antonio , per leuarsi dinanzi l' ostacolo del Tribuno , mai non
restarono , che con molte persuasioni lo disposero a consentire , che si proponesse la accusa di Antonio . Onde proposte
le sorti fu deliberato da' Senatori , che Decimo Bruto fosse laudato , & commendato che non hauesse uoluto cedere
a Marc' Antonio , & che Ottauio con lo esercito , che hauea , militasse con Hircio & Pansa Consoli , & che gli
fosse dedicata in honore una statua d'oro , & che gli fosse lecito interuenire ne' suffragi al rendere il partito come Senatore , & fu dispensato che potesse chiedere il Consolato dieci anni prima che non era concesso da la legge ,

& che

& che alle due legioni , le quali erano partite da Antonio e
uenute a lui, fosse donato tanto dal popolo Romano, quanto hauea promesso a' uincitori : & poi che da' Senatori fu
fatto questo decreto , il Senato fu licentiato . Per la qual
cosa parendo a ciascuno che per tal deliberatione Antonio in
fatto fosse stato confinato : & che il giorno seguente Saluio
Tribuno hauesse a permettere, che se ne facesse il partito ,
la madre, e la donna di Antonio insieme col figliuolo di tenera età , & i parenti & amici suoi , tutta la notte andarono alle case de' piu potenti cittadini Romani , pregando & supplicando ciascuno per la difesa di Antonio . La mattina dapoi entrarono nel Senato uestiti a bruno, & con lagrime, & grida, inginocchiati a' piedi di ciascuno Senatore
pregauano per Antonio, e già erano gli amici commossi a compassione, & mitigati in buona parte, quando Cicerone sbattuto dal concetto suo , & temendo che la cosa non sortisse
contrario fine, si leuò in piedi, & fece al Senato la infrascritta oratione . Sapete Padri Conscritti le cose che bieri
furono trattate & disputate nel Senato , & come da quelli medesimi Antonio fu giudicato degno d'esser pronunciato
inimico della patria , i quali giudicarono i suoi nemici degni di esser honorati , da Saluio in fuori , il quale impedì
la uostra deliberatione . Costui è da esser stimato o piu sauio di noi , o piu ignorante ; ma pare a me che ci rechi
grandissimo biasimo , se tutti noi saremo tenuti manco prudenti che quest' uno solo huomo Saluio , & egli sia reputato
superiore à noi per beneuolenza uerso la Republica, il quale si conosce che erra per ignoranza. Grandissima ignominia
sarebbe , se il parere di costui fosse anteposto a quello de'
Consoli , de' Pretori, e de gli altri Tribuni suoi compagni,
i quali sono molto superiori a Saluio per ordine , per dignità , per numero , & per età , & che per esperienza co-
noscono meglio Antonio di lui. Debbe ne' giuditj & nelle cause ualere sempre piu il giusto , & honesto . Ma se è necessario che io narri le cagioni , che ci debbono muouere , son
contento farlo breuemente , toccando solamente i capi principali . Dopo la morte di Cesare Antonio occupò tutte le
pecunie del pubblico . Dapoi pigliando da noi l' amministratione

tione di Macedonia , andò con l' esercito contra i Celti
contro alla volontà nostra , & lo esercito concessogli per la
impresa contra i Geti , ha volto contra Italia in ruina della patria . Oltra ciò , secondo il costume di Re , tiene per
guardia della persona sua tanto grande numero di soldati
forestieri . Ha etiandio tratto di Brindisi un' altro esercito , pronto a fare ogni impresa , come quello che aspira al
medesimo fine , che Cesare . Ma vedutosi prevenuto dal nuovo Cesare , si è rivoltato alla Provincia de' Celti per hauer l' adito piu commodo ad assaltar la patria , ammaestrato dall' esempio di Cesare , il qual fece impeto contra
la Repubblica , da questo medesimo luogo , che gli fu come
un prospero augurio a fargli occupare l' Imperio de' Romani . Oltra ciò per tener l' esercito in timore , e per prouar-
lo aderente alla ingiustitia , & crudeltà sua , fece torre la
uita ad alcuni soldati eletti per sorte , non bauendo suscitata
o seditione alcuna , o abbandonato l' ordine suo , dimostrando dilettarsi della morte de' cittadini , i quali esso staua a
ueder morire con riposo & con piacere : perilche da lui si
fuggirono quelli , che poterono farlo commodamente , i quali hieri da noi , come benemeriti della patria , sono stati
premiati & honorati . Coloro a' quali non è stato possibile partirsi da lui , al presente danno opera con Antonio a' latrocinj & violenze per non poter fare altrimenti , come io mi
persuado , ma sforzati da lui ; & hanno assaltata la nostra prouincia , & hanno assediato in Modena il nostro e-
sercito col Capitano : e chi uoi hauete comandato , che
stia alla guardia de' Celti , Antonio l' ha sforzato abbandonar-
la . Vorrei adunque che mi fosse risposto , se noi habbiamo
giudicato Antonio inimico della patria , o se Antonio piu
tosto & piu ueramente ha giudicata egli la patria inimica
a sè , hauendola assaltata da nemico . Et il nostro Tribuno pare che non habbia notitia di queste cose . Adunque as-
petteremo noi che Decimo sia superato , & che una prouincia
sì grande & uicina insieme con l' esercito di Decimo uenga
in potere d' Antonio ? Saluio credo io che uorrà confina-
re Antonio allora , quando il uedrà fatto piu potente di
noi , & che saremo necessitati dargli luogo , & stare alla
                                                        sua

sua discretione & arbitrio con rouina nostra, & di tutta
la Romana Repubblica. Io ho parlato quello che mi occor-
re per satisfare al debito mio uerso la patria. Voi che siete piu prudenti di me, deliberarete quello che ui parrà piu
utile alla Repubblica. Hauendo Cicerone finita la oratione, gli amici suoi leuarono il romore, & non lasciauano
che alcuno dicesse in contrario, insino che leuato Pisone in
piedi, il Senato commosso dalla riuerenza d'un tale cittadino fece silentio, & Pisone parlò in questa sentenza. Comandano le nostre leggi, Padri Conscritti, che il reo sia
ascoltato. Udite adunque chi parla per Antonio, & poi lo
giudicate. Ma io domando che Cicerone potentissimo nell'
orare sia presente, il qual non ha ardire di accusare Antonio alla presenza, & in sua assenza non resta d'incari-
carlo & uituperarlo. Lascierò indietro le cose ambigue, &
m'ingegnerò di mostrare essere al tutto falso quello, che è
stato da Cicerone opposto contra Antonio. Dice ch'Antonio, morto che fu Cesare, occupò il pubblico danajo. A-
dunque Antonio è ladro: la legge dispone, che gli sia dato
bando come a ladro, & che non sia fatto ribello; ma questo è falso. Quando Bruto hebbe morto Cesare, essendo
tra l'altre cose data imputatione a Cesare ch'hauea usur-
pato il tesoro del pubblico, & uuoto l'errario, Antonio statuì, che se ne douesse fare diligentissima inquisitione, &
uoi approuaste la sentenza sua, & faceste mettere pubblico bando di dare la decima parte del tutto a chi lo manifestasse. Se adunque alcun potrà mai prouar che Antonio
habbia la pecunia di Cesare, io prometto fargli pagare il
doppio piu. Quanto alla Prouincia de' Celti, si può dire
con uerità, che il Senato non gliela concedesse? ma chi
non sa che il popolo gliela diede per legge, & Cicerone fu
presente, & questo modo è stato dal popolo osseruato altre
uolte, & questa medesima Prouincia hebbe Cesare dal popolo? Adunque sarà del pari, e che Antonio addimandi
la Prouincia datali dal popolo, & che a Decimo, il quale non uuole obbedire, sia fatta guerra, & che Antonio
usi l'esercito datogli contra i Geti prima in debellare Decimo che gli fa resistenza in dargli la Prouincia de' Celti.

Ma

Ma Cicerone non giudica Decimo Bruto inimico della patria, il qual resiste con l'armi contra la legge, & Antonio fa ribello, perche fa guerra per diffensione della legge. Se Cicerone danna la legge, danna similmente gli autori di quella, i quali si conueniua dissuadere dalla promulgatione, & non biasimargli poi che la legge fu fatta, ne si doueua consigliare il Senato che dasse a Decimo il gouerno della Prouincia de' Celti, il qual era stato cacciato dal popolo, per l'uccisione di Cesare, ne impedir la possessione ad Antonio, hauendogliela concessa il popolo. Non è prudente colui, il qual consiglia che si contenda col popolo in questi tempi dubbj & perigliosi, perche il popolo, secondo l'ordine delle antiche leggi, è Signore di dar la pace, e la guerra, come gli pare, di che per ancora non ci ha imposto necessità alcuna, ma lasciatoci in libertà nostra. Che poi Antonio habbia fatti morire alcuni de' soldati suoi, essendo stato fatto da noi Imperadore dell'esercito, era in arbitrio suo di punire i delinquenti. Ma io non sentì mai, ch'uno Capitano fosse accusato per una simil opera, ne le leggi hanno giudicato esser utile che il Capitano sia obbligato a' soldati al giudicio, ne ancora è lecito che quello, che nella guerra è ordinato, & costituito, sia sprezzato da alcuno; & per questo sappiamo che molti, i quali sono stati uittoriosi, sono stati priuati della uita per hauer combattuto contra la legge militare, & fuori del precetto del Capitano, & non è però stato accusato chi ha fatto torre loro la uita, & al presente niuno degli amici o parenti de' morti si lamentano, ma Cicerone solo se ne duole, non per giustitia, ma per odio contra Antonio: & per quello che Antonio merita commendatione, egli conforta che sia giudicato ribello. Ma in qual modo l'esercito di Antonio habbia senza alcuna legitima causa offeso il Capitano sua, assai lo dimostrano le due legioni, le quali si sono fuggite da lui, & le quali uoi comandaste che militassero sotto lui, & benche sieno contra la legge della militia fuggite, nondimeno sono state premiate & commendate per conforto di Cicerone, che sarebbe stato piu tolerabile, se almeno fossero rifuggite a uoi, & non ad Ottauio. Et in questo modo la priuata inimicitia ha condotto

Cic

Cicerone a simile infania. Ma rispondete: Antonio (per toccare ogni parte) a chi ha tolta la vita come tiranno, che senza udirlo, al presente è posto in tanto pericolo, & condannato senza citarlo? Chi ha Antonio scacciato dalla città, che voi volete scacciare lui? Chi ha condannato, che Cicerone vuole condannar lui? Rispondimi Cicerone, in che ha errato Antonio? Quando esso confermò il decreto fatto, che della morte di Cesare non si ragionasse? quando consentì che a'percussori di Cesare fosse perdonato? quando consigliò che si facesse inquisitione del danajo pubblico? o veramente quando fu operatore che Sesto Pompeo figliuolo di quel vostro illustre Pompeo, fosse restituito alla patria, e che dal pubblico gli fossero restituite le sostanze paterne? o finalmente quando fece assaltare, & tagliare a pezzi quel finto Mario pieno di seditione & d'insidie, della qual cosa fu da tutti ben commendato? Queste son le cose, le quali M. Antonio ha fatte in due mesi continoui in beneficio della Repubblica, essendo il primo cittadino dopo la morte di Cesare. Nel qual tempo se egli fosse stato iniquo, harrebbe facilmente potuto far quello, a che l'appetito l'havesse indotto. Ma non ha mai voluto usar perversamente la potenza sua, ne ha tolta la vita ad alcuno de'nemici, niuno ha cacciato fuori di casa; anzi perdonato loro insino a quanto ha permesso l'honestà, & ha loro concesse, senza alcuna difficoltà, le Provincie date loro dal Senato. Questi sono i delitti grandi, i quali da Cicerone sono opposti contra Marc'Antonio. Queste sono le laudi & commendationi, Padri Conscritti, le quali Cicerone poco innanzi attribuì con tanta eloquenza al Consolato di Antonio. Se Antonio conoscesse haver commesso tal errore, che meritasse lo esilio, come sarebbe stato tanto inhumano & crudele, ch'havesse voluto lasciare a discretione de' suoi emuli tanto cari pegni, la madre, la mogliera, & il figliuolo giovanetto, i quali al presente piangono, ne scusano gli errori di Antonio, perche non gli ha commessi, ma temono la potenza degli avversarj. Ho voluto rammemorare tutte queste cose, Padri Conscritti, in difesa della innocenza di Antonio, & in testimonio della instabilità, & mutatione di Cicerone, acciò che non sia alcuno, il quale

ardisca

ardisca fare ingiuria a Marc' Antonio, & offenderlo iniquamente, perche non è cosa condecente nelle pubbliche attioni, esercitare l'inimicitie priuate, massimamente essendo
la Repubblica inferma, & hauendo bisogno di presta medicina. E pare a me che prima sia da stabilire la città nostra
dentro, che destare tumulto alle cose di fuori. Ma dirà
forse qualch'uno, come potremo noi far questo, se permette-
remo ch' Antonio, mediante la gratia & fauor del popolo,
ottenga la prouincia de' Celti? Chiameremo Decimo a Roma con tre legioni, che son con lui, & manderenlo poi in
Macedonia, ritenendoci le legioni, & parimente piglieremo
per noi le due legioni, le quali si partirono da Antonio, &
in questo modo guardati da cinque legioni, fermeremo lo stato nostro senza fauorir piu le parti di Ottauio, che di
Antonio. E tutto è detto da me senza ambitione, o inuidia, pregando, & confortando ciascuno, che non uoglia per
le priuate contese, & inimicitie deliberare alcuna cosa con
temerità, & inconsideratamente: ne uogliate, Padri Conscritti, essere troppo presti, o precipiti nel giudicare contra gli huomini grandi, & Capitani degli eserciti potenti,
acciò che non ui rechiate la guerra addosso. Ricordateui
dell' esempio di Marco Coriolano, & delle cose fatte poco
auanti da Cesare, il qual essendo stato dal Senato giudicato nemico della patria troppo precipitatamente, fu cagione di farlo ueramente nostro nemico. Habbiate rispetto al
popolo, che poco auanti prese l' armi contra i percussori di
Cesare, ne uogliate in suo uitupero dare loro l' amministratione delle prouincie, ne commendar Decimo, perche ha
dispregiate le leggi del popolo, ne giudicar Antonio uostro
ribello, perche ha riceuuta dal popolo la prouincia de' Celti.
In questo modo parlò Pisone in fauor d' Antonio, & fu
principalissima cagione, che Antonio non fosse dichiarato
ribello del popolo Romano, ma non però potè ottenere, che
fosse proposto al gouerno de' Celti, impedito dagli amici,
& parenti de' percussori di Cesare, i quali temeuano che
Antonio finita la guerra, non uoltasse l' armi poi contra loro, accordandosi con Ottauio, & per questo rispetto piaceua loro, che Antonio, & Ottauio contendessero

F f   insieme.

infieme . Fu bene confentito , ch' Antonio reggeffe la Macedonia in luogo de' Celti . Tutte l' altre cofe furono o per temerità , o per configlio rimeffe al giudicio di Cicerone , & ch' egli ordinaffe le commiffioni de gli ambafciadori a M. Antonio , come liberamente gli pareffe . Onde egli le ordinò & fcriffe in quefto tenore , che Antonio fubito fi leuaffe dall' affedio di Modena , che Decimo haueffe il gouerno de' Celti , che fono dentro al fiume Rubicone , il quale diuide l' Italia dalla prouincia de' Celti : & a quefto fu meffo il termine prefinito , infra il quale il Senato confermaffe quefte cofe . Cofi Cicerone molto ambitiofamente fcriffe tale commiffione , non tanto per l' inimicitia , che teneua grandiffima con Marc' Antonio , quanto per una certa pubblica fortuna , la quale affrettaua il mutamento di quello ftato , & a Cicerone tendeua i lacciuoli . Furono adunque mandati gli ambafciadori a Marc' Antonio , & uergognandofi di efporre l' ambafciata , non ardirono parlare alcuna cofa , ma pofero la commiffione in mano d' Antonio . Subito che Antonio bebbe letta la commiffione , fu accefo da ira , minacciando acerbamente il Senato & Cicerone , & dicendo marauigliarfi molto che 'l Senato haueffe creduto , che Cefare , il qual haueua accrefciuto l' Imperio de' Romani , foffe ftato Re & tiranno , & di Cicerone non credeffero quefto medefimo , il quale Cefare haueua prefo nella guerra & non uccifo , & egli haueffe prepofti i fuoi percuffori a gli amici di Cefare , & che prima haueffe hauuto in odio Decimo Bruto , quando era amico di Cefare , & hora lo amaffe , perche era ftato il principe della morte fua , & preftaffegli fauore in ritenere la prouincia de' Celti , la quale da niuno gli era ftata data , & a fe che l' haueua riceuuta dal popolo , moueffe la guerra , & haueffe configliato & operato che alle due legioni fuggite da lui , foffe fatto honore e dato premio , & perch' io (diffe) confermai la obliuione della morte di Cefare propofta & configliata da lui , conforta il Senato che due nobili & illuftri cittadini , cioè Dolabella & Antonio , fiano giudicati inimici della patria , & dopo alcune fimili querele , rifpofe in quefta forma a gli Ambafciadori , effere difpofto obbedire in ogni cofa cofi al Senato come alla patria . A Cicerone , ch' ha-

ua

nea scritta la commissione, fece rispondere : il popolo per legge mi ha conceduta la Prouincia de' Celti , io ne rimouerò Decimo , il quale non uuole obbedire alla legge , & ricercherò da ciascun la uendetta di Cesare , accioche il Senato uomiti qualche uolta l' odio , dal quale è pieno contra me per rispetto di Cicerone . Tornati che furon gli ambasciadori con la risposta , il Senato subitamente dichiarò Antonio inimico & ribello della Repub. & tutto lo esercito con lui, se non si partiua da esso ; & al gouerno di Macedonia , & della natione di Schiauonia & dell' uno esercito & dell' altro prepose M. Bruto, il quale stipato da proprio esercito, da Apuleio ancora ne riceuè una parte. Oltre di questo raunò naui lunghe & galee sottili , & mise insieme tanti danari , che fecero la somma d' intorno sedicimille talenti , & di gran numero d' armature , le quali Cesare hauea poste in munitione nella città di Demetriade : e tutte queste cose il Senato concesse a Bruto , accioche le potesse usare in beneficio & utilità della patria . A Cassio fu concessa la Soria , e commandatogli che facesse guerra a' Dolabella . Oltra questo fu imposto a tutti quelli , ch' haueano o Prouincie , o eserciti de' Romani , dal mare Jonio insino all' Oriente obbedissero a Bruto & a Cassio . Venendo tutte queste cose a notitia d' Ottauio , fu preso da non mediocre sospitione e timore , perche insino allora hauea stimato che l' obliuione delle cose fatte contra Cesare , fosse proceduta per una conueneuolezza d' humanità , & per compassione de' parenti de' congiurati , & che le dignità state loro attribuite fossero a tempo , & per assicurarli , & che a Decimo fosse stato dato il gouerno de' Celti per notare Antonio di tirannide . Ma ueggendo dapoi che Dolabella era stato fatto nemico della patria , perche hauea morto uno de' percussori di Cesare , & che a Bruto & Cassio era stata data tanta amministratione & potestà sopra tante nationi & soldati , & che haueano cumulati tanti danari , & che tutto questo sforzo tendeua in aumento & fauore della parte Pompejana , & che la parte di Cesare era annichilata , incominciò a temere che non fosse con arte & con misterio hauere dichiarato Antonio nemico & ribello della Repubblica insieme con Dolabella per fabbricare insidie con-

tra

tra se, come contra giouine inesperto nelle cose degli stati, &
del quale dubitassero piu che di alcun' altro per la successione di Cesare, accioche spogliato Antonio delle forze dell' esercito, ch' era con lui, potessero dapoi piu facilmente leuarselo
dinanzi. Considerando, e discorrendo seco medesimo questi
pericoli, senza manifestare con gli altri il consiglio suo, poi
ch' hebbe fatto il sacrificio secondo il costume della patria,
parlò in questo modo all' esercito. Tutto l' honore, il quale
m' è stato fatto dal Senato, io riconosco da uoi soldati &
compagni miei, perche son certissimo, che 'l Senato è stato
mosso piu per gratificare a uoi, che a me, e però io mi reputo obbligato a uoi & non al Senato, & se gli Dei ci saranno propitj, state di buona uoglia che da me sarete pienis-
simamente rimunerati: e così detto uscì al campo. Pansa, uno de' Consoli, raunaua soldati per Italia. Hircio l'altro Consolo, partì l' esercito d' Ottauio, e secondo che dal
Senato gli era stato imposto, secretamente nel partire i soldati, chiese che Ottauio gli consentisse le due legioni fuggite da Marc' Antonio, conoscendo che erano migliori genti
e piu esercitate in guerra, che tutte l' altre; la qual cosa
Ottauio concesse facilmente, & poi che hebbero insieme diui-
solo esercito andarono alle stanze. Essendo già uenuto il fine del uerno, Decimo non poteua piu oltre tolerare la fame:
il che intendendo Hircio & Ottauio, si accostarono con l'esercito a Modena per soccorrere Decimo, accioche Antonio superando Decimo, non unisse seco quello esercito. Essendo la
città diligentemente guardata da Antonio, i soldati che Pansa haueua mandati innanzi al soccorso, non uoleuano appiccarsi con Antonio, aspettando la uenuta del Capitano, benche spesse uolte si facesse qualche scaramuccia. Antonio era
superiore per numero di gente a cauallo, nondimeno era impedito dalla difficoltà della pianura, la quale era diuisa dal
fiume Panaro Mentre che le cose di Modena stauano in questi termini, Cicerone a Roma per l' assenza de' Consoli haueua il gouerno della Repubblica & amministraua ogni cosa, come gli dettaua l' ambitione, raunaua spesso il Consiglio, preparaua armi, adunaua danari, conduceua soldati, & poneua graue somma agli amici de' congiurati di
Anto-

Antonio, i quali ſtauano patienti per fuggir la calunnia, inſino a tanto che Publio Ventidio amiciſſimo d'Antonio ſtato già ſoldato di Ceſare, non potendo piu oltre ſopportare l'acerbità di Cicerone, tentò di porſi le mani addoſo. Onde nacque ſubito grandiſſimo tumulto in modo, che molti per paura traſſero di Roma le donne e i figliuoli, & Cicerone fuggì dalla città. Ventidio al fine dubitando non arriuar male reſtando in Roma, preſe il cammino verſo Antonio. Ma eſſendogli impedito il paſſo da Hircio & da Ottauio, ſi trasferì nella Marca, doue accompagnato da una legione aſpettaua con attentione il fin della coſa. Quelli, che erano intorno al nuouo Ceſare, intendendo che Panſa ſi auicinaua con l'eſercito, mandarono a lui Carſulejo, il quale era capo della ſquadra Pretoria di Ottauio, & della legione Martia, accioche faceſſe ſcorta a Panſa nel paſſare de' luoghi anguſti. Antonio facendo poca ſtima della difficoltà & ſtrettezza del luogo, non li parendo bauere a prouedere altro che uietare il paſſo agli auuerſarj, ſi fè innanzi con gli huomini d'armi con deſiderio di far fatto d'armi, e poſe in aguato preſſo alla ſtrada, per un campo paludoſo & impedito da foſſi, due legioni delle migliori. Era il cammino, onde biſognaua che paſſaſſero gli auuerſarj, anguſto da ogni parte, & fatto per induſtria, & pieno di canne. Carſulejo con la legione Martia paſſate le anguſtie de' luoghi, in ſu 'l far del giorno accompagnato ſolamente da' Martiali da cinque ſquadre, entrò nella uia fatta per induſtria, ueggendola uuota di ſoldati, & mentre conſidera le palude da ogni banda, perche già ſentiua qualche ſtrepito nelle canne, ſubito uide riſplendere tra le canne gli elmetti & l'armature, & in un momento ſe gli fè incontro la ſquadra Pretoria d'Antonio. I Martiali ſono da ogni parte meſſi in mezzo, ne potendo per luogo alcuno diſcorrere, oppoſero alla ſquadra Pretoria d'Antonio la ſquadra ſimilmente Pretoria d'Ottauio, & eſſi diuiſi in due parti ſi affrontarono con le due legioni: da una parte era capo Panſa, l'altra guidaua Carſulejo, & eſſendo ſeparati da due paludi, biſognaua che la battaglia ſi faceſſe in due luoghi: & per eſſer molto ſtretti inſieme, non ſi poteua diſcernere l'un dall'altro, & le ſquadre Pretorie

torie nel paſsare faceuano tra loro un'altra battaglia. La
mente d'Antonio era, potendo bauere nelle mani de'soldati Martiali, farne uendetta & supplicio come di fuggitiui, e traditori. Della qual cosa temendo i Martiali, erano tanto piu feroci al combattere per fuggir lo sdegno &
furor d'Antonio. Dall'altra parte gli Antoniani ſi uergo-
gnauauo, che due legioni foſsero uinte da una. I Martiali conſiderauano douer recare loro grandiſsimo honore &
gloria, ſe uinceuano due legioni. In queſto modo l'una
parte & l'altra combatteua gagliardamente, & con gran
ferocità, contendendo piu toſto per emulatione, che per
odio; & per eſsere eſperti nella militia nel ferirſi inſieme
non faceuano alcuno ſtrepito, come ſe d'acordo percoteſſe-
ro l'un l'altro, ne ſi udiua alcun che mandaſſe fuori pur
una uoce ò nel uincere o nell'eſsere uinto: e non bauendo
il paſso libero, ne la commodità di potere andar diſcorrendo, impediti da foſſi e dalle paludi ne potendo urtar l'un
l'altro, biſognaua che combatteſsero con gli ſtocchi, come
in uno ſteccato, in modo che niun colpo era menato in dar-
no, & in luogo di uoce ſi ſentiuano riſonar ferite, ſoſpiri,
& morti, & chi cadea morto o ferito, ſubito era portato
uia, & in luogo ſuo era poſto un'altro, ne era neceſsario
ch'alcuno foſse animato o confortato, ma ciaſcuno faceua
l'ufficio del buon Capitano. Eſsendoſi in queſto modo affaticati & ſtanchi per lungo ſpatio, s'aſpettauano a reſpira-
re l'un l'altro, & ſenza alcuno indugio di nuouo ritornauano alla battaglia, & combattendo ſopra ogni humana
forza, la ſquadra Pretoria d'Ottauio tutta fu morta. I
Martiali, ch'erano ſotto Carſulejo, finalmente ributtando gli auuerſarj uirilmente a poco a poco ſi ritraſsero dalla zuffa. Quelli, ch'erano alla cura di Panſa, oſser-
uauano quaſi il medeſimo ordine, & ſoſteneuano ugualmente l'impeto da ogni parte, tanto che al fine Panſa fu paſ-
ſato da una uerretta, & come Conſolo fu portato a Bologna.
Allora i ſuoi prima ſi ritirarono indietro, & finalmente uoltarono le ſpalle mettendoſi in fuga; la qual coſa ueggendo
quelli, i quali erano uenuti freſcamente, ſenza ordine alcuno
fuggirono uia, & con gran tumulto & romore corſero allo ſteccato

fatto

fatto poco auanti da Torquato Queſtore , parendogli necesſa-
rio far coſì durando ancora la pugna , accioche i ſoldati baueſſero doue rifuggire al ſicuro , doue ricorſero etiandio gli
altri ſoldati Martiali , meſcolati con gl' Italiani . I Martiali non uollero per la uergogna entrar nello ſteccato , ma fer-
maronſi da preſſo con propoſito di durare alla difeſa gagliardamente inſino allo eſtremo fine . Antonio ſi aſtenne da' Martiali , come da ſoldati bellicoſiſſimi . Ma fatto ogni ſuo sforzo contra tutti gli altri , ne fece una grandiſſima ucciſione .
Hircio inteſa la rotta di Modena eſſendo lontano circa ſeſſanta ſtadj , con quelli che erano ſeco , ſi moſſe con grandiſſima uelocità & impeto per affrontarſi con Antonio . Già tra-
montaua il Sole , e li ſoldati d' Antonio uittorioſi tornauano
agli alloggiamenti cantando , a' quali mentre andauano ſenz'
alcun ordine Hircio impenſatamente ſi fece incontro ſtipato da
una legione intiera & freſca . Gli Antoniani uedutiſi aſſaltati
fuor d'ogni lor penſiero , ſubito ſi rimiſero in ordine , & fecero
marauiglioſa proua di ualenti huomini , ma perche erano ſtanchi non poterono far lunga reſiſtenza , ſiche furono sbaragliati
& rotti , & la maggior parte però per le mani d' Hircio ,
benche non ſeguitaſſe quelli , che fuggirono , ſopraſtando la
notte , e temendo di qualche inſidia per i luoghi paludoſi e
ſtretti . Erano in gran parte que' paludi ripieni di armature , di corpi , e di molti che moriuano continuamente , &
di feriti in copioſo numero , tutti ſoldati d' Antonio , e quelli , che erano ſalui & interi , ſmontati da cauallo , & diſ-
prezzando ogni pericolo & fatica , tutta quella notte quanti
trouauano della loro compagnia , che ſi poteſſero adoperare ,
tanti raunarono inſieme , & rimiſero a cauallo in luogo de'
morti & feriti , confortandogli a non uolere mancare alla
propria ſalute . In queſto modo eſſendo ſtato Antonio uittorioſo , per la repentina uenuta d' Hircio , tutta la ſua uittoria fu diſſipata & annullata , & fermoſſi in una uilla hoggi chiamata Centi . Però nella prima battaglia circa la metà dell' uno eſercito e dell' altro , & della ſquadra Pretoria
d' Ottauio non rimaſe pur uino un ſoldato . In queſta ſeconda furono morti buon numero de gli Antoniani . De' ſoldati
d' Hircio morirono pochi . Il giorno ſeguente ambedue gli eſer-

citi

citi ſi riduſſero intorno a Modena, Antonio hauea deliberá-
to, poi ch' bebbe riceuuta ſi gran rotta, non adoperar piu le
forze unite, ne appiccar fatto d' armi con chi lo ueniſſe a
trouare, ma ſcaramucciar ſolamente co' caualli leggieri, tanto che Decimo Bruto uinto dalla fame foſſe coſtretto uenire
in poter ſuo, la qual coſa conoſcendo Hircio, & Ottauio, deſiderauano grandemente uenire alle mani, & poi ch' bebbero
prouocato molte uolte giá Antonio alla battaglia, ueduto che
non uſciua a campo, andarono da quella parte di Modena,
la qual per l' aſprezza del luogo era manco guardata per far
tutto lo sforzo di entrar nella cittá. Allora Antonio fu neceſſitato uenire alle mani, ma uenne ſolamente co' ſoldati a cauallo, & eſſendo ributtato da' nemici, biſognò che adoperaſ-
ſe il reſto dell' eſercito, & due legioni, come era il deſiderio
degli auuerſarj, temendo che non s' inſignoriſſero della cittá :
& ſubito fu la zuffa; nella qual Ottauio bebbe la uittoria.
Hircio traſcorrendo molto auanti nell' eſercito d' Antonio, combattendo uirilmente fu morto. Ottauio con marauiglioſa preſtezza ricuperò il ſuo corpo da' nemici. La notte Antonio &
Ottauio ſtettero uigilanti. Antonio bauendo riceuuta queſta ſeconda rotta, chiamò ſubito gli amici in conſiglio, da'
quali fu confortato che ſtaſſe fermo nel primo propoſito di ſtri-
gner Modena con l' aſſedio, & nello auenire ſi aſteneſſe dal
combattere, dicendo la rotta eſſer del pari co'nemici, Hircio
eſſer morto, Panſa ferito a Bologna non poter ſcampar dal
male, Antonio eſſer per numero de' caualli molto ſuperiore,
Modena eſſer condotta ad eſtrema fame, & ſenza dubbio eſſer coſtretta a renderſi. Era il conſiglio degli amici di Antonio prudentiſſimo & utiliſſimo, ma la mente di Antonio forſe
per uolontá di Dio non fu capace del conſiglio ; percioche temeua che Ottauio come hauea fatto il giorno auanti, non ten-
taſſe di entrare in Modena per forza in modo, che non lo
metteſſe in mezzo, rinchiudendolo con foſſi o con ſteccato,
hauendo gran copia di guaſtatori da poter far tal opera commodamente, al che gli parea che i ſoldati foſſero poco utili
a riparare. Dall' altra parte dubitaua che ſe la fortuna permetteua ch' egli foſse uinto, Lepido & Planco non lo haueſſero in diſprezio, & laſciaſſinlo in abbandono, & però dice-

ua,

tia , *fe io mi parto dall' affedio di Modena* , *Ventidio ci uer-*
rà fubito a trouare , & *condurrà feco dalla Marca tre legio-*
ni , & *Lepido* & *Planco faranno in noftro fauore* : & *cofì*
detto fi leuò fubito , *non come timido ne' pericoli* , *ma con*
animo fortiffimo & *intrepido* , & *con grandiffima preftezza*
prefe la uolta dell' Alpi. *Effendo in quefta forma Decimo*
Bruto liberato dall' affedio , *Ottauio mutò penfiero* : & *co-*
minciò a temere di fe fteffo , *perche effendo morti i due Con-*
foli , *Ottauio temeua Decimo come nemico fuo* , *effendo fta-*
to un de' percuffori del padre , *per la qual cofa la mattina*
feguente innanzi giorno tagliò i ponti del fiume. Decimo man-
dò ambafciadori ad Ottauio a ringratiarlo del beneficio rice-
uuto , & *confeffando che era ftato autore della falute fua* ,
chiedeua che foffe contento che gli foffe conceffo effer con lui
a parlamento per ifcufarfi , *che per la iniquità della fortuna*
era trafcorfo a congiurar contra Cefare indotto da gli emu-
li fuoi. Ottauio con ira & *ifdegno rifpofe alla domanda dì*
Decimo , & *diffe* , *che rifiutaua le gratie che gli rende-*
ua , *affermando non effere uenuto a Modena per faluar De-*
cimo , *ma per offendere* & *opprimere Antonio* , *col quale af-*
fermaua che non gli farebbe ne difficile , *ne riprenfibile ri-*
conciliarfi , & *che non gli patirebbe l' animo uenire al cofpet-*
to o a parlamento con Decimo , *dicendo* , *faluifi egli fteffo*
mentre che parrà cofì a quelli che gouernano la città. Ef-
fendo quefte parole rapportate a Decimo , *il quale era dal-*
l' altra ripa del fiume , *non molto lontano da Ottauio* , *in-*
cominciò a chiamarlo , *pregandolo che uoleffe ueder le let-*
tere , *che gli erano ftate fcritte dal Senato* , *per le qua-*
li conofcerebbe che il Senato gli haueua conceffa l' ammini-
ftratione della Prouincia de' Celti , & *uietato che in af-*
fenza de' Confoli non paffafe il fiume , & *non fcorref-*
fe nella Prouincia d' altri , & *che non ueniffe alle ma-*
ni con Antonio , *perche era effo a fufficienza a perfe-*
guitarlo. Ottauio non gli fece alcuna rifpofta : & *benche*
gli poteffe porre le mani addoffo , *nondimeno fe ne aften-*
ne per non offendere il Senato , & *prefe la uolta di Bo-*
logna per unirfi con Panfa. Scriffe al Senato per or-
dine tutto il fucceffo di Modena. Il medefimo fece

Panſa , le cui lettere come uenute dal Conſolo furono da Cicerone recitate al popolo, & quelle di Ottauio comandò che foſſero lette nel Senato ſolamente. Onde cinquanta giorni continui fu ſupplicato, & rendute gratie agli Dei per la uittoria acquiſtata contra Marc'Antonio; il che non fu mai fatto per alcun tempo adietro da' Romani. L'eſercito de' Conſoli fu conceſſo a Decimo , benche Panſa foſſe ancora uiuo , ma non reſtaua piu alcuna ſperanza della ſalute ſua . Furono ancora fatti pubblici uoti agli Dei protettori & auuocati del popolo Romano ſe Decimo ſuperaua Antonio ; tanto era fatto grande l'odio uniuerſalmente di ciaſcuno contra Antonio . Furono oltre a ciò confermati , & reiterati i premj alle due legioni fuggite da lui, cioè di dramme cinquemila per ciaſcun ſoldato, & fu loro conceduto che ne' dì ſolenni poteſſero portare in capo la corona fiorita, come a' ſoldati uittorioſi, & ne' decreti non fu fatta alcuna mentione di Ottauio , in tanta poca ſtima era uenuto nel coſpetto del Senato, come ſe Antonio foſſe ſtato interamente combattuto & uinto . Oltre a ciò il Senato ſcriſſe & comandò eſpreſſamente a Lepido , & Planco , & Aſinio Pollione, che eſſendo uicini ad Antonio gli moueſſero guerra . In queſto mezzo Panſa , ueggendoſi uicino alla morte , uſò ad Ottauio queſte parole: Io amai Gajo Ceſare tuo padre non altrimenti che la uita propria , e duolmi inſino al cuore, che non mi fu lecito ajutarlo , quando fu morto, perche fu impoſſibile rimediare al caſo ſuo, tanto fu ſubito , fortuito , & impenſato, & uolentieri haurei preſa la uendetta contra i ſuoi percuſſori, ſe me ne foſſe ſtata data la facoltà , ma è ſtato difficile a pochi reſiſtere a tanti , a' quali ancora tu , come ſauio & prudente , hai ceduto. Ma eſſi dubitando di te, & d' Antonio come amico a Ceſare , hanno nutrita la diſcordia tra te & lui, come quelli, che hanno ueduto queſto eſſere il modo di rouinar l'uno , & l'altro, & ueggendo te come Signore dell'eſercito , ſotto ſpecie d'alcuni piccioli honori, hanno tentato ingannarti, uſando ſimulatione. Dapoi ueggendoti creſciuto in riputatione & grandezza, hanno uoluto che tu ſia ſtato Pretore alla guerra ſotto noi, & hanno

date

date al gouerno tuo due delle migliori e piu esercitate legioni
ch' habbia il popolo Romano, accioche le forze tue fossero
superiori a quelle d' Antonio, persuadendosi per cosa certa,
che se un di uoi fosse uinto, l' altro restasse poi piu debole, perche pensauano essere piu facile uincere uno, che ambidue. Et in questo abbassando la potenza degli amici di
Cesare, hanno in animo far grande Sesto Pompejo. Questo
è tutto il fine loro, a questo cammino uanno tutti i loro
pensieri, & disegni. Hircio & io habbiamo adempiuto quello, che ci era stato imposto, hauendo abbassata l' audacia
d' Antonio. Ma per usar teco l' ufficio di buon amico, pare a me che ti sia sommamente utile, e necessario ricon-
ciliarti con Antonio, la qual cosa giudico, che habbia ad
essere principalissima cagione nell' auuenire della grandezza
& felicità tua. Di questo partito non mi era lecito poco
auanti consigliarti, ma essendo al presente Antonio sbattuto, morto Hircio mio collega, & io uicino alla morte,
mi è paruto non tacere teco queste cose, per satisfare alla
affettione ch' io ti porto, & alla amicitia, che io tenni col
padre tuo, & perche ti ueggo nato sotto felice stella, &
conosco, che la sorte tua sarà felicissima, & fortunatissi-
ma, non perche io ne aspetti da te alcuna gratia o remuneratione, douendo passare di questa uita fra pochissime
hore. Adunque io ti rendo l' esercito, che tu mi desti &
mandasti per soccorso nel passar mio uerso Modena. Da-
reiti ancora quello, che mi fu assegnato dal Senato, se
non che io dubito, che non ti accrescesca inuidia, & però
lo consegniamo piu tosto a Torquato, questo parendo cosa
piu lecita. Dette queste parole, e data la cura degli altri
soldati a Torquato, uisse poche hore. Torquato per obbedire al Senato, consegnò lo esercito datogli da Pansa à Dé-
cimo Bruto. Ottauio mandò a Roma li corpi di Pansa &
Hircio adornati con pompa funebre conuenientissima. In
questo tempo medesimo le cose di Soria, & di Macedonia
erano in questi termini: Gajo Cesare passando per la Soria
ui lasciò una legione, perche infino allora haueua già in animo far l' impresa contra i Parti. Il gouerno di questa legione
haueua dato a Cecilio Basso, ma Giulio Sesto ancora gioui-

netto

netto & parente di Cesare teneua egli in fatto il nome & riputatione di questa legione & disponeuane a modo suo, &
già era trascorso in delicatezza, & in lasciuia. Della
qual cosa facendo Basso querela, Giulio Sesto lo riprendeua
uillanamente chiamandolo piu inutile & uile, che tutti gli
altri. Per il che Basso mosso da sdegno fe uenire a se quelli che haueano corrotto il giouine per castigarli, ma subito
fu fatto tumulto, & dopo il romore si uenne al menar
delle mani. L'esercito non potendo sopportare che al Capo loro fosse fatta uergogna & ingiuria, si uoltarono contra Giulio, & lo tagliarono a pezzi. Della qual uccisione
subito si pentirono temendo l'offesa di Ottauio per rispetto
del parentado. Per il che tutti congiurarono insieme, &
con giuramento obbligarono l'un l'altro, che se non era loro perdonato in modo che ne fossero al tutto sicuri, combattessero per difendersi dalla forza di Ottauio insino alla morte, a che indussero ancora Basso; & accompagnaronsi con
un'altra legione per hauerla in ajuto, & per esser piu gagliardi alla difesa. Alcuni dicono che Libone, partecipe
della militia Pompejana, il qual dopo la rotta riceuuta a
Tiro, uiuea come priuato, corruppe alcuni della sopradetta legione, & indussegli ad ammazzare Sesto Giulio, & a
darsi a Basso. Comunque si fosse, questo è certo che Sesto Murco mandato da Ottauio con tre legioni fu assaltato da loro, & rinchiuso in uno stretto passo in modo,
che Murco chiamò in ajuto Minutio Crispo Pretor di Bitinia. Costui accompagnato da tre altre legioni ueniua per
soccorrer Murco: & già l'un & l'altro haueano assediato
Basso; per la qual cosa Cassio con incredibil prestezza comparì in fauore di Basso, & prese ch'bebbe due delle sue legioni, comandò che due delle legioni ch'erano all'assedio di
Basso obbedissero a se, le quali obbedirono, perche era Cassio Proconsolo, e già, come habbiamo detto, era stato comandato dal Senato, che tutte le legioni, ch'erano in
quelle parti obbedissero a Bruto & a Cassio. In questo tempo Albino mandato da Dolabella in Egitto, conduceua seco
da quella Prouincia quattro legioni, le quali riteneua Cleopatra appresso di se, raunate da Cesare delle reliquie
della

della rotta di Pompejo & di Crasso . Costui adunque fuori
d' ogni sua opinione fu assaltato da Cassio in Palestina , &
costretto darli l' esercito , temendo con quattro legioni combattere contra otto , & cosi Cassio in breuissimo tempo ma-
rauigliosamente diuenne Imperadore d' un' esercito di dodeci legioni , con le quali andò all' assedio di Dolabella , il
qual uscito d' Asia con due legioni , era per amicitia stato
accettato in Laodicea . Il Senato hauendo contezza di tutte queste cose , prese grandissimo piacere & letitia . In Macedonia Gajo Antonio fratello di Marc' Antonio faceua guerra con Bruto , hauendo seco una legione scelta di cittadini
Romani . Bruto simulata la fuga si sforzaua condurlo in
aguato , & per ingannarlo piu facilmente , hauea ammae-
strati gli suoi , che si mescolassero con gli auuersarj , &
facessero loro ogni carezza , & segno di beneuolenza . Et
benche per questa uia gli hauesse alla tratta , nondimeno
fu contento lasciarli andar sicuri , & pigliando altro cammino , a caso di nuouo gli dierono in mano , nondimeno non
gli assaltò , ma con una certa liberalità & humanità si
fece loro incontro come a cittadini . Essi adunque ueduta
la mansuetudine di Bruto & la somma carità congiunta
con singolare sapienza , tutti se gli dierono uolontariamente.
Il medesimo fece Gajo Antonio , il qual fu riceuuto da lui
lietamente & hauuto in honore , insino che non restando di
corrompere il suo esercito & di tentarlo & inuitarlo a ribellarsi da lui , & non si correggendo , benche fosse ripreso,
finalmente fu morto , & cosi a Bruto oltre al primo esercito fu fatto uno accrescimento di sei legioni , & con queste genti si trasferì in Macedonia , doue raunò insieme due
altre legioni . Ottauio in questo tempo sopportando molestamente che Decimo fosse stato in suo luogo eletto dal Senato Capitano dell' impresa contra M. Antonio , occultando
la ira sua , chiedeua per le cose fatte da lui in beneficio della
Repubblica che gli fosse deliberato , & statuito il trionfo ,
ma essendo ripulso dal Senato , & ripreso , che domandasse
cosa non conueniente alla età sua , ne alli meriti , fu
preso da non picciola paura , che , poi che Antonio fosse
uinto & rouinato , non fosse maggiormente dispregiato
dal

dal Senato . Per il che defideraua di uenire a parlamento
con Antonio , ricordandofi del configlio di Panfa . Onde in
cominciò a trattare humanamente e ad accarezzar tutti gli fol
dati ch' hauea prigioni di quelli di Marc' Antonio , & alli
fuoi concesse che potessero andar nel campo di Antonio , ac
ciò che egli intendesse che non era piu irato con lui . Oltre a
ciò non fece alcuna offesa , o forza , come poteua facilmente ,
a Ventidio beneuolo & amico di Antonio , il qual hauea gli
alloggiamenti appresso di lui , ma permise che uolendo potesse
unirsi con lui , o andare a trouar Antonio con tre legioni ch'
hauea seco , pregandolo che quando fosse con Antonio gli fa
cesse fede come egli si doleua che per ignoranza hauesse poco
stimata l' amicitia fua , & posta da parte il rispetto della
comune falute & utilità . Ventidio adunque andò ad Anto
nio con questa commissione . In quel tempo Ottauio honoraua
sommamente un certo Decimo de' primi Condottieri di Antonio
prefo a Modena ; a coftui concesse la liberatione , & riman
dollo ad Antonio , al quale Decimo dimoftrò apertamente per
molti segni , che l' animo d' Ottauio era apertamente inclina
to alla riconciliatione & amicitia con lui . Della qual cosa
Antonio si moftrò content issimo . Con Afinio & con Lepido
fece Ottauio questo medesimo , scusandosi con loro che tutto
quello che hauea fatto in lor disprezio & ingiuria , & in fa
uore de' percussori paterni , era proceduto per timore & per
sospetto , facendogli pregare & confortare , che come beneuo
li di Cesare non uolessero accoftarsi alla parte Pompejana ,
ricordando però loro , che per faluare l' honore & la fede fof
sero obbedienti al Senato , ma anco uolessero accordarsi con
lui , & procurare la comune ficurtà , per quanto la honeftà
lo patisse . Mentre che Ottauio usaua ogni arte & induftria
per unirsi con Antonio , con Lepido , & con Afinio , l' efer
cito di Decimo Bruto dalla fame affannato , era caduto in
uarie infermità , & massimamente di flusso di corpo in modo ,
che Decimo non poteua in alcun modo adoperarlo . A coftui
si fece presso Planco ftipato da domeftico efercito . Decimo
scrisse al Senato , come Antonio andaua uagabondo & non
attendeua se non a cacciare . I Pompejani intendendo queste
cose si marauigliauano , & prometteuano ritornar la patria in

li.

libertà, & ciascun faceua priuatamente sacrificio alli Dei.
Furono etiandio eletti dieci cittadini chiamati il magistrato
della giustitia in punitione d' Antonio, & era questo uno
presagio di frastornare, & annullare tutte le cose ordinate &
fatte da Cesare, perche Antonio hauea fatto da se medesimo
o nulla, o poco, ma tutto hauea operato circa le cose pubbliche, secondo il testamento & dispositione della uolontà di Cesare. Il che conoscendo il Senato di già hauea incominciato
a reuocar qualche cosa, sperando in breue annullare il tutto. Li dieci del magistrato della giustitia mandarono un bando, che chiunque haueße riceuuto alcun dono o premio pel
uigore del testamento di Cesare durando il Consolato di Antonio, doueße manifestarlo sotto certa pena. I Pompejani
chiedeuano che Decimo eßercitaße il Consolato in luogo d' Hircio & di Panƒa per il resto del tempo dell' anno. Il mede-
ƒimo domandaua Ottauio per ƒe, non dal Senato, ma da
Cicerone, confortandolo che uoleße eßer Consolo insieme con
lui, come cittadino più esperto & eßercitato nel gouerno della Repubblica che alcun' altro foße in quel tempo. Onde Cicerone mosso da ambitione, andaua seminando per la città,
come haueua presentito che tra Antonio & Ottauio, Lepido
& Planco, si trattaua accordo, & consigliaua che si doueß-
 se pigliar la parte d' Ottauio per deuiarlo dalla unione d' Antonio & di quegli altri, & si faceße ogni cosa per d' mostrare
di stimarlo & honorarlo, & di uolerlo difendere dall' ingiurie, che gli erano state fatte, & ch' era da considerare Ottauio eßer Capitano d' un grand' eßercito, & per tutti questi
rispetti giudicaua eßer molto utile per la Repubblica crearlo
più tosto Consolo; ancora che non haueße la età legittima,
che lasciarlo stare in su l' armi crucciato contra la patria,
con pericolo della rouina della città, & accioche del Consolato suo si steße più al sicuro, & se ne traheße frutto &
non danno, ricordaua, che se gli daße per collega qualche
cittadino prudente & graue, & pratico nell' amministratione
della Repubblica come un timone & freno della sua adolescen-
za. Il Senato conoscendo Cicerone eßer mosso a dar simile
consiglio per ambitione, se ne rise, & gli amici & parenti
de' percußori di Cesare temendo che se Ottauio foße eletto
　　　　　　　　　　　　　　　　　　　　　Con-

Consolo, non uolesse far la uendetta paterna, non attendeuano ad altro che ad impedir la creatione di nuoui Consoli,
accioche la cosa si differisse in lungo. Antonio in questo
mezzo passò l' Alpi, ottenuto il passo da Culeone uno de'
Capitani di Lepido, & essendo arriuato al fiume, presso
al quale era alloggiato Lepido, non si uolle fortificare ne
con fosso, ne con steccato, per dimostrare essere accostato
a persona amica & non contraria. Mentre erano in questo
modo uicini, mandauano spesso ambasciadori l' uno all' altro, commemorando i beneficj dati & riceuuti & l'amicitia
antica, & Antonio certificaua Lepido, che quando s' intendesse che fossero amici insieme, gli altri amici di Cesare si accostarebbono a loro. Ma Lepido temeua non offendere il Senato, congiugnendosi con Antonio essendo pur dichiarato una uolta nemico della patria, & hauendo hauuto comandamento di offendere & guerreggiare Antonio, &
nondimeno l' esercito suo portando riuerenza alla dignità &
riputatione d' Antonio, & ueggendo l'ambasciate, che l'un
mandaua all' altro, prima cominciò a mescolarsi secretamente co' soldati Antoniani, & in ultimo conuersaua con loro
come con cittadini. Essendo finalmente probibito da' Tribuni a' soldati di Lepido che non praticassero con quelli d'
Antonio, disprezzarono tale comandamento, & per poter
piu facilmente passare il fiume, fecero un ponte in su le naui, & la legione chiamata decima, la quale già fu sotto
il gouerno d' Antonio, fece segno di uoler esser a gli seruitj
suoi. Della qual cosa accorgendosi Laterensio cittadino illustre, mandato dal Senato per ministro di Lepido nell' e-
sercito, gli manifestò il fatto, ma non prestando Lepido
fede alle parole sue, Laterensio lo confortò, che diuidesse
l'esercito in piu parti, accioche facesse proua o della fede o
della perfidia de' soldati suoi. Lepido adunque diuidendo l'
esercito in tre parti comanda a' soldati la notte che escano
fuori a campo per far la scorta a' Camarlinghi, i quali si
diceua che erano uicini, & che ueniuano con danari.
Onde essi usciti fuora armati a modo di chi ha a camuina-
re, assaltarono i luoghi piu forti degli alloggiamenti, &
aperfero le porte dello steccato ad Antonio, il quale con ueloce

loce corso uenne a quella uolta, & entrò nel padiglione di Lepido senza impedimento alcuno, & allora tutto l'esercito supplicaua per Antonio, & pregaua Lepido che uolesse hauer misericordia di lui, & rendergli pace. Lepido uscì dal letto, & così scinto si fè incontro a' soldati suoi, accennando uolere satisfare alla domanda loro, & abbracciò Antonio, & scusò la necessità sua. Sono alcuni che scriuono come Lepido si gittò a' piedi d'Antonio come timido & inuilito. Il che io non troue approuato da molti scrittori, ne a me pare cosa probabile, perche Lepido non hauea fatta contra ad Antonio alcuna opera inimica, onde hauesse ragioneuolmente a temer di lui. Per questa riconciliatione d'Antonio con Lepido, la potenza sua crebbe infino al sommo, & diuenne piu formidabile che mai a' nemici. Conciosiacosache hauea seco quello esercito, il quale gli era restato a Modena, & con esso una compagnìa splendidissima di Caualieri. Pel cammino trouò tre legioni con Ventidio: & Lepido ultimamente era fatto suo confederato alla guerra, col quale caualcauano sette legioni, bene armate, con una moltitudine d'altri soldati a piè simile all'esercito de' caualli. Di tutti Antonio fu contento che Lepido hauesse il titolo di Capitano, & egli gouernaua & disponeua ogni cosa. Subito che a Roma fu intesa questa unione & intelligenza tra Lepido & Marc'Antonio, fu fatta una subita mutatione d'animi, perciocbe quelli, i quali erano prima gagliardi & audaci cadero no in paura, & quelli, che erano timidi diuentarono animosi, & le deliberationi & decreti fatti da' dieci della giustitia incominciarono ad essere non senza contumelia dispregiate, & fu proposta con grandissima instanza la creatione de' Consoli. I Senatori non sapeuano che deliberare, e temeuano assai ch'Ottauio similmente non si accordasse con Antonio, & in ultimo mandarono nascosamente Lucio & Pansa il giouine a Bruto & a Cassio a significar loro in che stato si trouauano le cose, chiedendo che mandassero loro ajuto, & facessero uenire di Barberìa due delle legioni, le quali erano al gouerno di Sesto Pompeo, & la terza si facessero dare a Cornificio Pretore dell'altra parte di Barberìa. Ma perche si ricordauano che questi soldati

H h   era-

erano ſtati ſotto la militia di Ceſare, dubitando della fede
loro, furon quaſi che forzati ſeguitar queſto conſiglio, percioche temendo della fede d'Ottauio, & che non ſi uniſſe con
Antonio, lo crearono di nuouo Pretore ſotto Decimo Bruto.
Ma Ottauio per concitar l'eſercito ad ira contra 'l Senato
diceua, che prima che foſſero ſtate loro pagate le cinquemila dramme, le quali erano ſtate promeſſa a ciaſcun, erano
ſoſpinti ad una ſeconda impreſa, & gli confortò che mandaſ-
ſero al Senato a chiedere che foſſe loro oſſeruata la promeſſa
fede. I ſoldati adunque mandarono i capi di ſquadra, a'
quali il Senato, che ben ſapeua che erano ſtati ſubornati &
inſtrutti da Ottauio, riſpoſe che farebbe loro nota la intentione ſua per ambaſciadori che uoleuano per queſta cagione
mandare all'eſercito, & coſi fece, & la commiſſione degli
ambaſciadori fu, che occultamente parlaſſero con li capi delle due legioni che eran partite da Antonio, & ite ad Ottauio, & le faceſſero caute & accorte che non uoleſſero porre la
ſperanza ſolamente in un cittadino, ma piu toſto obbediſſe-
ro al Senato, la potenza & autorità del quale era immortale, e però s'accoſtaſſero a Decimo, dal quale ſarebbono
loro pagate le cinquemila dramme per ciaſcuno. Dopo queſto eleſſero un'altro magiſtrato di dieci cittadini per far
nuoua diſtributione & impoſitione di danari. Gli ambaſciadori, i quali furono mandati all'eſercito di Ottauio, non
hauendo ardire di parlar con gli capi delle legioni ſecondo la
loro commiſſione, tornaron ſenza fare alcun frutto. Ottauio
dopo la partita degli ambaſciadori fece raunare inſieme tutto
l'eſercito, & fece una lunga & ornata oratione, per la
quale in effetto commemorò tutte l'ingiurie ch'hauea riceuuto dal Senato, dolendoſi ch'haueua perſeguitati tutti gli amici & partigiani di Ceſare per farſi beneuolo il Senato: &
dapoi gli confortò che foſſero cauti & prudenti, & non ſi
laſciaſſero dal Senato ſoſpignere contra quelli che eran di
grandiſſima riputatione & potenti Capitani, benche foſſero
ſtati fatti ribelli del Senato, accioche faceſſero loro guerra
per debilitargli o fargli mal capitare, come era interuenuto a Modena freſcamente, & che ſi perſuadeſſero, che mentre che il gouerno della città & del Senato foſſe in mano
de'

de' percuffori di Cefare & della parte Pompejana, mai non potrebbono poffeder ficuramente quello, che da Cefare in uita, & dopo la morte fua per uigore del fuo teftamento era ftato loro donato & conceffo: aggiungendo, uoi fapete ch' io non fono tirato o uinto da ambitione. nondimeno pare a me che folamente una cofa può ftabilire la uoftra buona fortuna, & recarui falute & utilità, fe per opera uoftra io farò fatto Confolo, perch' io ui confermerò tutto quello che ui è ftato dato dal padre mio, & fupplirò a quello che reftaffe indietro, & da me farete ancora abbondantemente premiati. Furono tutti i foldati per le parole d' Ottauio commoffi in modo che di nuouo mandarono ambafciadori al Senato, i quali chiedeffero che Ottauio foffe eletto Confolo: & rifpondendo il Senato che Ottauio non poteua effer Confolo, perche non era in età legitima, gli ambafciadori, fecondo che erano ftati ammaeftrati, allegauano l' efempio di Coruino, il quale fu fatto Confolo di minore età, che non era Ottauio, il medefimo diceuano del primo & del fecondo Scipione, i quali benche foffero eletti Confoli molto giouani, & contra la difpofitione delle leggi, nondimeno hauean fatto per la patria molte egregie opere, come era notiffimo, & difcendendo a' tempi moderni fecero mentione di Pompeo Magno, & di Dolabella creati Confoli innanzi al tempo debito. In ultimo riferirono il decreto fatto dal Senato, pe 'l quale Ottauio era difpenfato di potere chiedere il Confolato dieci anni prima che non permetteua la legge, & efponendo gli ambafciadori quefte cofe con troppa confidenza & ardire, alcuni del numero de' Senatori non potendo hauer patienza che i foldati parlaffero con tanta infolenza, li riprefero che parlaffero con maggiore honeftà, & riuerenza. Per il che ritornati gli ambafciadori fenza alcuna conclufione, fu l' efercito acceso da grandiffima ira, & chiedeua di gratia che Ottauio gli lafciaffe andare a Roma, perche terrebbono tali modi che farebbono Confolo il figliuolo di Cefare con una forma nuoua di elettione. Ottauio adunque ueggendo tanto feruore & prontezza ne' fuoi foldati, deliberò accoftarfi uerfo Roma, & fpiccate dello efercito otto legioni di fanti, & fufficiente numero di caualli, con tutte le cofe neceffarie

al

ol cammino entrò in Italia per la medefima uia, che tenne il padre, quando andò a Roma alla guerra ciuile.
Diuife lo efercito in due parti, la prima ordinò che lo
feguiffe a poco a poco; l'altra menò in fua compagnia,
camminando con incredibil preftezza per giugner gli auuerfarj improuifti. E già il Senato hauea mandata innanzi
parte del danajo promeffo a' foldati in luogo di premio.
Temendo Ottauio, che quelli che portauano i danari non
foffero cagione di mutar gli animi de' foldati, & di in-
tepidir la caldezza loro, mandò fecretamente alcuni che
metteffero paura a gli apportatori de' danari, i quali
intendendo che era ftato loro pofto lo aguato fra uia, e
che farebbono affaltati alla ftrada, & fualigiati & morti, fubito ritornarono indietro fuggendo. Diuulgata la nouella a Roma della uenuta d'Ottauio, fubito fi leuò gran
tumulto, & nacque non mediocre terrore, & tutta la città uenne in confufione, & le donne co' piccioli figliuolini, &
con le cofe piu fottili parte fi riduffero ne' luoghi piu forti &
piu ficuri di Roma, & parte rifuggirono alle uille. Percioche non era manifefto, fe Ottauio ueniua folamente per
chiedere il Confolato, o per far nouità & per mutar lo
ftato, come pareua piu nerifimile, uenendo con tanta preftezza. Ma il Senato innanzi ad ogni altro temeua oltramodo, ueggendofi effere improuifto & fenza alcun prefidio o
difefa, & Bruto & Caffio effer tanto lontani, & Antonio,
& Lepido effergli alle fpalle. Cicerone, il quale prima foleua effer tanto uiuo & confortare & rifcaldare gli altri,
non fi riuedeua in luogo alcuno, tanto fu grande la mutatione di ciafcuno. E dopo molti pareri, che furono nel Senato, fu deliberato raddoppiare a' foldati le cinquemila
dramme, & darne loro diecimila per uno, & doue quefto
premio fi doueua dar folamente alle due legioni fuggite da
Antonio, ftatuirono che fi daffero ad otto legioni che ueniuano con Ottauio, & che Ottauio foffe eletto nel numero de'
dieci deputati alla diftributione, & che gli foffe lecito chiedere il Confolato in affenza, & mandarono ambafciadori
uolando a fignificar quefte cofe. Erano gli ambafciadori appena partiti da Roma, che il Senato fi pentì della commif-

fione

fione che haue a data loro, parendogli moftrar troppa timidezza, & effer quafi effeminato, & che per quefta uia
chiamaffero di nuouo il tiranno dentro nella città fenza
fuo fudore o fangue. Ricordauafi che non era confueto che
alcuno fi faceffe elegger Confolo per forza, & perfuadenafi
che gli foldati effendo la maggior parte cittadini non doue-
no confentir di effer caufa che col fauore loro altri fotto-
metteffe la patria alla feruitù, & che più tofto era da armare quelli che erano dentro per difefa della città, & da
opporre le leggi contra chi uoleua ufar la forza, & ch'era
più tofto da foftenere ogni fatica & difagio, & lafciarfi condurre in affedio, che ceder tanto uituperofamente & con
tanta ignominia, & darfi a difcretione de' nemici, tanto
che Defimo & Planco haueffero fpatio a comparire in ajuto & difefa della Repubblica. Per il che di nuouo riuocarono ogni deliberatione che haueuano fatta prima, & richiamarono gli ambafciadori con propofito di morir più tofto di-
fendendofi, che perder la libertà uolontariamente, ricordando gli antichi efempi de' Romani, & la perfeueranza
in difender la libertà. Arriuarono in quel giorno in porto
due legioni uenute di Barberìa, il qual augurio gli Romani
accettarono come ordinato da Dio per animarli & ajutargli
alla difefa della libertà. Cicerone fi lafciò uedere, & tutti
quelli ch'erano da portare armi furono fcritti & ordinati
alla guerra, co'quali furono aggiunte le foprafcritte due legioni, & mille huomini d'armi, & un'altra legione lafciata da
Panfa, & quefto efercito fu diuifo in quefto modo. Una parte
fu collocata alla guardia del monte Janiculo, doue erano i danari del pubblico. Un'altra parte fu meffa alla difefa della ripa
del Tenere. Un'altra parte fu pofta per guardia della piazza
& degli altri luoghi più forti, tenendo in ordine molte fchafe &
altri nauili per ufargli effendo uinti, & poterfi faluar mediante la fuga & ridurfi a'luoghi maritimi, & tutte quefte prouifioni fecero con grandiffima preftezza & ardire. Perfuadendofi
potere in quefta forma diminuire in qualche parte l'audacia di Ottauio, & mettergli qualche timore & uoltario dalla fperanza, che haue a nelle forze dell'efercito alla di-
manda del Confolato, o difenderfi da lui gagliardamente,
e mi-

e migliorar la forte dello stato loro, & hauer propitij & fautori gli Dei combattendo per la libertà & per la giustitia. Cercarono di porre le mani addosso alla madre, & alla sorella di Ottauio, ma essendo ascose non poterono mai ritrouarle, & per hauerle usarono ogni industria insino a far tumulto, minacciando chi le tenesse in casa, e hauesse notitia di loro, di punirgli atrocissimamente. Ottauio quando intese le prouisioni che si faceuano a Roma, non solamente non mutò proponimento, ma con maggior animo & prestezza seguiua il camino, temendo solamente della salute della madre & della sorella. Mandò innanzi alcuni de' suoi, come esploratori, a' quali impose, che celatamente assicurassero il popolo a non temere da lui alcuna uiolenza, o nocumento: Della qual cosa ciascun popolare prese letitia & contento d'animo. E già Ottauio era uicino alle porte, & prima occupò quella parte, che è posta di là dal colle Quirinale per la uia, che uà in Romagna, & niun se gli contrapose. Allora fu di nuouo fatto incredibil mutamento: perciochè tutti i principali & più illustri cittadini uscirono fuori di Roma a salutarlo. Et uenendo dapoi la turba del popolo a fare il medesimo, Ottauio lasciando lo esercito di fuora, cinto da conueniente compagnia, si mosse per entrar nella città. Era la strada piena da ogni parte di cittadini, i quali si veniuano incontro salutandolo, non ammettendo alcuna maniera di adulatione & di carezze. La madre & la sorella, ch' erano ascose nel tempio di Vesta, con quelle uergini Vestali uscite del tempio, con marauigliosa letitia & prestezza se gli fecero auanti. Tre legioni del Senato non tenendo conto alcuno de' loro Capitani, gli mandarono ambasciadori, e dieronsi in sua potestà. Cornuto Pretore di una legione, per disperatione si priuò egli stesso della uita; gli altri si rimisero alla clemenza e fede sua. Cicerone pe 'l mezzo d' alcuni amici di Ottauio impetrò di poter uenir sicuro al cospetto suo. Et essendo alla presenza sua, fece con lui molte scuse, confortandolo in ultimo a chiedere il Consolato, facendo fede dell' opera ch' hauea posta in persuadere al Senato, che lo eleggesse Consolo. Ottauio non gli rispose altro, se non che disse marauigliarsi che egli di tutti gli amici suoi fosse stato

l' ul-

l'ultimo a uisitarlo. La notte seguente uenne una uoce, che
due delle legioni d'Ottauio, cioè la Martia, & la quarta
uoleuano entrar dentro, perche non uoleuano consentir che
Ottauio usasse tradimento, & mouesse guerra contra la patria. Il Senato & i Pretori della città prestarono fede alla
cosa, & benche l'esercito di Ottauio fosse uicino, stimando
nondimeno con queste due fortissime legioni & con le altre genti d'armi, ch'haueano alla deuotione loro, potersi difendere, tanto che di qualche luogo sopraueniffero altri fauori di
soldati, come aspettauano, mandarono, essendo ancora di
notte, Acilio Crasso nella Marca a condur soldati, & al
popolo fecero ambasciadore Apulejo, un de'Tribuni della plebe, per confortarlo ad essere in fauor della patria. Il Senato ancora quella notte si raunò, stando Cicerone in su la porta, & con somma Letitia & bilarità riceuendo & confortando tutti i Senatori, ch'entrauano in consiglio. Ma intendendosi dapoi la fama delle due legioni sopradette essere uana,
Cicerone portato in su una lettica fuggì dinanzi alla furia.
Ottauio intendendo queste cose, fu commosso a ridere, &
accostossi con l'esercito alla città in un luogo chiamato Campo
Martio, & nondimeno non mostrò alcuna ira contra i Pretori, ne contra Acilio Crasso, benche fosse trascorso insino al
suo padiglione, & benche gli fosse portato innanzi come prigione con miserabile aspetto, nondimeno per acquistar fama
di clemenza & di benignità perdonò a ciascuno. Il danajo,
ch'era nel monte Janiculo, & quello, che trouò in qualche
altro luogo di Roma, & quello che Cicerone hauea riscosso,
distribuì tutto al suo esercito, assegnando a ciascun soldato
duemilacinquecento dramme; & facendo queste cose si ritenne
dalla offesa della città insino a tanto che fu fatta la creatione de'Consoli, nella qual fu eletto esso, & Quinto Pedio,
come egli ordinò, perche gli haueа lasciata la portione che
gli toccaua dell'heredità di Cesare, & finalmente entrò in
Roma come Consolo, & nel far sacrificio gli apparuero per
augurio dodici auoltoi, quanti ne apparuero a Romulo nell'
edificare, & porre il nome alla città di Roma. Fatti i sacrificj di nuouo accettò l'addottione di Cesare per uigor della legge Curiata, che non significa altro, che la confirmatione

tione fatta dal popolo, dell'addottione, perche i Romani chiamauano Curie, & Tribù la plebe diuisa in piu parti, la qual cosa chiamano i Greci Fratrie. Era questo costume piu legale in fauore di quelli ch'erano pupilli & fatti adottiui, a i quali era lecito, come a figliuoli legittimi, hauer seco i parenti e liberti di quelli, che adottauano. Gajo Cesare adunque come in uita sua haueva tutte le altre cose splendide, così haueva molti liberti ricchi e notabili, i quali Ottauio tutti prese per se per uigore dell'adottione di Cesare. Oltre a ciò, liberò & assoluè Dolabella della ribellione, e fece un decreto che i percussori del padre potessero esser accusati, e puniti per homicidii. Laonde subito furono poste molte accuse non solamente contra i congiurati, ma ancora contra quelli, a'quali era stato perdonato. Furono gli accusati tutti citati pe'l banditore, & assegnato loro il termine della difesa, ma non comparendo alcuno per paura, quanti ne furono trouati, tanti furono presi & incarcerati, & agitandosi le cause dell'accuse in giuditio, niuno fu assoluto, eccetto uno, il qual benche non fosse giudicato, nondimeno poco dapoi fu morto insieme con gli altri condotti alla morte. In questi giorni Quinto Gallo fratello di M. Gallo amico di Antonio Pretore della città fu accusato che teneva trattato contra Ottauio. Onde subito fu priuato della Pretura, & il popolo mise la casa sua a sacco, & il Senato lo condannò a morte. Ma Ottauio lo mandò al fratello: e dicesi, che fu tolto tra uia, e non fu piu riueduto. Hauendo Ottauio fatte queste gran cose, riuoltò l'animo alla riconciliatione con Antonio, essendo già certificato Bruto hauer fatto un' esercito di uenti legioni, e pensaua di ualersi del fauore di Antonio all'impresa contra i percussori paterni: per la qual cosa uscito di Roma, prese la uolta uerso il mare Jonio, & in suo luogo lasciò alla cura della città Pedio, il quale in assenza di Ottauio confortaua i Senatori che stassero uniti insieme, e uolessero riconciliarsi con Lepido, & con Antonio. Il Senato conoscendo i conforti di Pedio non tendere in utilità della patria, ma in rouina di Bruto e di Cassio per ordine di Ottauio, mostraua dolersi di tal riconciliatione, ma finalmente costretti dalla necessità furono contenti i Senatori annullare tutte le cose fatte per de-

creto

creto contra Antonio e Lepido e loro ministri e soldati. Per
la qual cosa Ottauio scrisse all' uno & all' altro congratulan-
dosi con loro , & offersesi in fauore di Antonio contra Decimo Bruto, bisognandoli alcuno suo ajuto. Fu risposto da loro con pari adulatione , & ringratiato dello auuiso , & della offerta. Antonio in disparte rescrisse ad Ottauio , che per
amor suo era contento non molestar Decimo , & Planco la-
scierebbe stare per suo proprio rispetto , & quando gli piacesse si unirebbe seco. Ma non molto dapoi Antonio uoltò l' armi contra Decimo , & Asinio Pollione uenne in suo fauore
con due legioni armate , & fu mezzano a riconciliare Planco
con lui , il qual si accozzò con Antonio con tre legioni , in
modo che era già Capitano d' un potente esercito. Decimo hauea dieci legioni , delle quali quattro le migliori &
piu bellicose erano quasi inutili per la fame sopportata da loro & per la malattia. Le altre sei per esser di soldati nuoui & non esperti eran di poco momento. La qual cosa considerando Decimo , temea di uenir alle mani , & però deliberaua fuggire a Bruto in Macedonia , & far la uia non per
le Alpi , ma da Rauenna , & per Aquila. Ma inteso dapoi , come Ottauio andaua a quelle parti , elesse un cammino molto piu lungo & piu difficile , & essendo in uiaggio , i
soldati nuoui chiamati altrimenti Tironi , stanchi pe 'l caldo
& per la fame , abbandonarono Decimo , & fuggirono ad
Ottauio. Dopo loro le quattro legioni fecero il medesimo , &
andarono nel campo di Antonio , & finalmente l'altra moltitudine de' soldati suoi , dalla guardia in fuora della persona sua,
i quali erano Celti , lo lasciarono , & a quelli che rimasero
con lui partì tutto il danajo , & tesoro , che hauea seco,
& diede licenza a chi si uoleua partire : & con trecento solamente che gli restauano , si condusse lungo il fiume Reno ,
ma essendo difficile il passarlo , la maggior parte di quelli
trecento si partirono , & lasciaronlo con pochi , & questi ancora l' abbandonarono , in modo che restò solamente con dieci ,
& allora mutò habito , & uestitosi come uno de' Celti , perche sapeua la lingua loro , & con tale habito si fuggì , &
prese la uolta indietro uerso Aquileja , sperando con quelli
pochi potere iscampare , & non essendo camminato molto lon-

L l

tano , fu prefo da certi affaffini , & uedendofi prigione & le-
gato , domandò che gente foffero , & chi era il loro Signore ,
& intendendo ch' erano fudditi a Camillo , facendo affai ffi-
ma di lui , impetrò di effere menato al cofpetto fuo . Ca-
millo riconofcendolo gli fece in dimoftratione molte carezze , &
riprefe acerbamente quelli , che l' baueano con tanta uillanìa
legato , & dall' altra parte mandò fecretamente a M. An-
tonio offerendogli di far di Decimo quello , che gli piacefse .
Antonio moffo da compaffione & dalla mutatione della fortu-
na non foftenne di uederlo prigione ; ma richiefe Camillo ,
che gli togliefse la uita , & mandaffegli la tefta , la quale
ueduta ch'hebbe , la fece fubito feppellire. Tal fu il fine di De-
cimo Bruto fecondo dopo Trebonio del numero de' percufsori di
Cefare , che fu punito della colpa commefsa , effendo paffati
mefi diciotto dal dì della morte di Cefare. Fu Decimo già
Prefetto de' Caualieri di Cefare , & fotto lui era ffato Go-
uernatore della Prouincia antica de' Celti , & era ffato elet-
to da lui nel feguente anno Proconfolo dell' altra Prouincia
de' Celti . In quefto tempo medefimo Minutio Bafilio , anco
ra egli percufsore di Cefare , fu morto da' proprj ferui.

IL FINE DEL TERZO
LIBRO.

APPIA-

APPIANO
ALESSANDRINO
DELLE GUERRE
CIVILI DE' ROMANI.

LIBRO QUARTO.

DUE de' percussori di Gajo Cesare essendo in magistrato, & superati per guerra, furono morti nel modo, ch' habbiamo scritto nel Libro di sopra, Trebonio in Asia, & Decimo Bruto ne' Celti. Il presente Libro quarto contiene la distruttione di Cassio, & di M. Bruto, i quali furono i primi autori della congiura contra Cesare : e dopo la fuga loro di Roma uennero in tanta potenza, che possedeuano dalla Soria insino a' confini di Macedonia, & haueano raunato grande & potente esercito per mare & per terra, erano Capitani di uenti legioni bene in ordine, & per numero di naui & per quantità di danari erano molto potenti. Essendo questi due cittadini dopo la uittoria d'Ottauio stati condannati a morte a Roma,

ma , furono propofte contra loro tali inquifitioni & fup-
plicj , quali nelle difcordie & guerre de' Greci & de' Romani nelle paffate difcordie ciuili mai non furono udite ne pen-
fate : eccetto che ne' tempi di Silla , il quale fu il primo , che introduffe quefto modo crudele contra i fuoi auuerfarj , & Mario ancora usò fimili fceleratezze . Ma ritornando all' ordine della biftoria , poi che Ottauio fu creato
Confolo & uenuto in grandiffima riputatione , depofto l' odio
contra Marc' Antonio , contraffe con lui ftrettiffimo intendimento , & amicitia , & l' uno & l' altro fi accozzarono
infieme preffo a Modena in una picciola Ifoletta del fiume
Labinio . Ciafcun di loro baueua feco cinque legioni , benche
l' uno & l' altro paffaffe il ponte accompagnato folamente
da trecento . Lepido , il quale non era molto lontano per in-
ueftigar quello che faceffero Antonio & Ottauio infieme , fi
accoftò al luogo , & trattafi la foprauefte fece fegno che l' uno
& l' altro ueniffe a lui . Effi adunque lafciati i trecento
della guardia a piè del ponte di Labinio , andarono dou'
era Lepido , & fermaronfi in luogo largo & aperto , & po-
ftifi a federe, mifero Ottauio in mezzo , come Confolo , &
iftettero infieme due giorni interi dalla mattina alla fera .
Nel qual tempo trattarono & conchiufero unitamente le in-
frafcritte cofe . Che Ottauio deponeffe il Confolato , & foffe chiamato Ottauiano . Che Ventidio in luogo fuo foffe Confolo pe 'l refto del tempo dell' anno . Et che finito il tempo
di quell' anno , Lepido , Antonio , & Ottauio baueffero
cinque anni interi la medefima autorità , che foleuano bauere i Confoli , & che non fi eleggeffero altri Confoli . Che Antonio baueffe la podeftà di tutta la Prouincia de' Celti . Lepido poffedeffe la Spagna, Ottauio teneffe la Barberia, la Sardigna , & la Sicilia . Et in quefto modo quefti tre cittadini diuifero tra loro l' Imperio de' Romani , lafciando da parte i luoghi di là dal mare Jonio , per rifpetto di Bruto &
di Caffio , i quali teneuano quelle Pronincie . Et di piu ; che
Antonio & Ottauio faceffero la guerra contra Bruto & Caffio ; che Lepido reftaffe al gouerno della città di Roma , &
riteneffe per guardia della città tre legioni ; che di fette legioni che reftauano di quelle di Lepido , Antonio foffe al go-

uerno.

uerno di quattro, e Ottauio n'bauesse tre. Et in questo modo l'uno & l'altro conduceua seco alla guerra uenti legioni,
& per bauere l'esercito piu fedele, & pronto alla guerra,
promisero a' soldati in luogo di premio, essendo uittoriosi, le
babitationi & i beni di città diciotto delle migliori & piu
ricche & belle che fossero in Italia, tra le quali furono Capua, Reggio, Venosa, Beneuento, Nocera, Rimino, &
Jopponio. Hauendo statuite & deliberate queste & molte altre cose nefande & scelerate, gli Dei ne dimostrarono sdegno; perciocbe in Roma certi cani furono sentiti urlare a modo di Lupi; pe'l foro & per la piazza furono ueduti correre alcuni Lupi; un Bue mandò fuora una uoce bumana; &
un fanciullo nato da poche bore innanzi parlò, come grande
& alleuato; alcune statue de' cittadini Romani furono uedute sudare, & gittare alcune gocciole di sangue; udiuansi
per aere uoci bumane, strepito d'armi, & corsi di Caualli; nel Sole apparirono segni spauenteuoli; piouè dal cielo
molti sassi; caderono molte saette in su i tempj, & in su le
statue & simulacri degli Dei. Per cagion de' quali prodigj
il Senato fece uenir gl'indouini di Toscana, i quali annuncia-
rono, che douea tosto ritornare il gouerno degli antichi Re,
& la libertà esser soggiogata. Hauendo questi tre cittadini ordinate le cose al lor modo, non restaua loro altro a far grande & piena la crudeltà loro, che consentir l'un all'altro la
morte di quelli, i quali baueano in maggior odio; & fu tra
loro chi per poterfi uendicar del nemico consentì la morte de'
proprj amici, domestici, & parenti; tanto era il furor &
rabbia loro; & perche Bruto & Cassio erano signori delle en-
tratte d'Asia; & tutti i Re & Principi di quella regione
corrispondeuano a loro de' tributi, & ancora perche l'Europa
& spetialmente Italia era consummata & uuota per le passate
guerre, & per le assidue grauezze, bisognò che questi tre
Monarchi per far danari ponessero le mani insino agli ornamenti delle donne, & ponessero la grauezza insino agli artefici & mercenarj. Oltre a ciò mandarono in esilio molti de' piu ricchi cittadini, & molti ne condannarono alla morte per ualersi delle sostanze loro, tra' quali furono
piu che trecento Senatori, & intorno duemila Caualieri.

In

In ultimo hauendo condannati alla morte dodici, alcuni scri-
uono diecisette de' primi & de' piu eccellenti cittadini, tra'
quali fu Cicerone, mandarono subito a Roma chi gli ammaz-
zasse, de' quali quattro furono morti essendo a mensa; e
mandarono cercando degli altri, & per ritrouargli entran-
do per forza & nelle case & tempj, subito fu ripiena la
città di tumulto & di romore. Sentiuesi diuerso strepito,
scorrerie, lamenti, strida, & pianti, non altrimenti che
far si soglia nelle città prese, & saccheggiate; & alcuni
ueggendo i cittadini esser presi e morti con tanto straccio &
crudeltà, già baueano deliberato metter fuoco nelle case
proprie, & in quelle de' uicini per commouere il popolo a
compassione in ajuto de' miseri cittadini. Et già haurebbono
fatto & questo & qualche altro segno di disperatione, se
non che Pedio Consolo cominciò a discorrer per la città, & por
freno a tanta licenza & furore, ma fu tanta la fatica & strac-
chezza, che sostenne in quella notte, che uinto dal caldo &
dal disagio cascò morto. Essendo la misera & lagrimeuole cit-
tà Romana in tanti trauagli, soprauennero li tre Satrapi e
Monarchi, Ottauio, Antonio, & Lepido, i quali entrarono
separatamente in tre dì l' uno dopo l'altro, ciascuno accom-
pagnato da una legione. Nella entrata loro, la pouera cit-
tà fu subito ripiena d' armi e di soldati, e poi per loro co-
mandamento fu raunato il popolo dnanzi al cospetto loro.
Publio Titio Tribuno propose una legge, che il Consolato s'
intendesse uacare per anni cinque sotto il gouerno di questi
tre cittadini, i quali s' intendessero essere per cinque anni in
luogo de' Consoli, & senza alcun interuallo fu ottenuta la leg-
ge, & quella medesima notte oltre alli diecisette che habbiamo
detti di sopra, furono sbanditi cento e trenta cittadini, &
non molto dapoi ne furon confinati altri centocinquanta, i quali
non hauendo spatio al fuggire, tutti furono & presi, & morti,
& le lor teste furono portate a i tre gran Satrapi, da' quali fu-
ron premiati gli uccisori: il premio di quelli che ammazzauano
era questo; a chi era libero era data una libra d'argento per ogni
corpo morto, & al seruo la libertà, & l' argento: & chi oc-
cultasse i condannati o gli difendesse in alcun modo, era sot-
to alla medesima pena. Il tenore del bando contra gli sbandi-
ti &

ti & condannati alla morte fu quefto. Marco Lepido, M.
Antonio, & Cefare Ottauiano, per commune utilità & comodo della Repubblica & per riformare lo ftato in miglior
termine, fanno pubblicamente bandire & manifeftare, che
fe gli fceleratiffimi & maluagi cittadini, i quali fotto fpecie
di congiurar contra la felice memoria di Gajo Cefare, congiurarono in fatto contra la patria, non foffero ftati giudicati da chi era fimile a loro degni di perdono, & di mifericordia, & non foffero ftati rimunerati della crudeltà loro,
non farebbono dopo la morte di Cefare feguiti tanti mali alla
città Romana. Ma gli Dei hanno cofi permeffo per la ingiu-
ftitia & ingratitudine di quelli, che douendo punire i delinquenti gli hanno efaltati & honorati, & fe gli autori di tanta & fi abbomineuol fceleratezza foffero ftati in qualche parte ricordeuoli o grati de' beneficj riceuuti, certamente non
harebbon morto Cefare, il quale hauendogli giuftamente
prefi in guerra, per fua innata clemenza & pietà, non folamente perdonò loro, ma riceuendoli in luogo d'amici, con-
ferì loro grandiffimi beneficj, mandando parte di loro al gouerno delle Prouincie, & a parte dando magiftrati, & alcuni honorando con fplendidiffimi doni: & noi al prefente non
farefimo coftretti per punir fi graue peccato far quello, che la
giuftitia & l'oneftà ci perfuade & comanda. A quefto fi ag-
giungono le ingiurie, ch'habbiamo come amici di Cefare riceuute da loro, & il rifpetto della propria falute, oltre allo intereffe comune della Repubblica per l'infidie, le quali ci
hanno preparate & preparano continuamente contra la Repubblica, & contra noi. Onde fiamo neceffitati ad effere impla-
cabili contra loro, & preuenire la malignità & iniquità loro prima che fiamo preuenuti da effi; & acciò che non fia
alcuno, il quale ragioneuolmente ci accufi o riprenda come
crudeli & inhumani, riuolti gli occhi della mente alle cofe,
ch' hanno immaginate & contra Cefare & contra la patria.
Hanno tagliato a pezzi Gajo Cefare nel mezzo del tempio chiamato il Senato, nel cofpetto degli Dei immortali, lacerando il
corpo fuo con uentitre ferite, non hauendo rifpetto ch'egli era
Imperadore dell'efercito Romano, & Principe & Sacerdote de'
facrificj, & ch' hauea domate & fottopofte al popolo Romano
genti

genti indomite & formidabili , & era stato il primo de' Romani , il quale passò il mare insino allora non nauigabile ,
& nauigando di là dalle colonne di Hercole aperse & manifestò a' Romani molti paesi & genti incognite : non bauendo rispetto che erano stati presi in battaglia da lui , & saluati & bonorati & lasciati nel suo testamento partecipi dell'
eredità sue , & nondimeno gli altri posti nel medesimo odio
banno in luogo di supplicio innalzati questi sceleratissmi cittadini , & ridotti a somma potenza & principato , fatti
Imperadori degli eserciti , data loro l' amministratione di
tante Prouincie , & essi , come scelerati , usando questa
grandezza in danno della Repubblica banno usurpati i pubblici danari , con li quali banno apparecchiati gli eserciti
contra noi , & condotte per soldati genti barbare nemicis-
sime per natura al nome Romano . Ma noi per uolontà &
permissione diuina babbiamo già puniti alcuni di loro , &
fatto cb' banno sopportata merita pena , e speriamo col fauore di Dio giusto far la uendetta ancora di tutti gli altri,
come uedrete per isperienza . Habbiamo dal canto nostro la
giustitia , babbiamo le forze , babbiamo alla diuotione nostra la Prouincia de' Celti , la Spagna , & tutta la Italia :
è uero che la impresa contra questi ladroni è opera faticosa & difficile , essendosi fatti forti di là dal mare con proponimento di muouere guerra alla patria . Laonde noi , non
ci parendo sicuro ne per uoi ne per le cose uostre , andando
noi a ritrouarli , lasciarci dietro alle spalle gli altri nemici nostri , & fautori & partigiani di Bruto & di Cassio ,
acciocbe in nostra assenza non ci possano nuocere , babbiamo giudicato utile & necessario leuarceli dinanzi . Perciocche essi banno fatto questo medesimo contra noi & contra
gli amici , & parenti nostri nel principio della guerra passata , dicbiarandoci non solamente & nemici & ribelli della
patria , ma confinarono insieme con noi tante migliara di
cittadini , non si curando ne dell' ira degli Dei , ne della
inuidia degli buomini ; nondimeno l' odio nostro non è contra
la moltitudine , ne babbiamo uoluto bauer per nemici tutti
quelli , che sono stati loro adberenti , & banno prese le armi contra noi , ne siamo al presente mossi alla uendetta per

ana.

auarizia, & cupidità di ricchezze, e delle foftantie de gli auuer-
farij noftri, o per ambitione d'honore: ma uogliamo folamente
uendicarci contra quelli, che fono in maggior colpa, &
questo facciamo non manco per utile, & ben uoftro uniuerfale,
che per noftro priuato commodo. Ma è neceffario che per le
difcordie uoftre con l'afprezza & feuerità della giuftizia,
diate qualche folleuamento & refrigerio alle menti dell'efercito in fatisfatione dell'ingiurie ch' ha riceuute, & benche noi
poteffimo lecitamente porre le mani addoffo a'delinquenti fubitamente nondimeno habbiamo eletto piu tofto condannargli che
affaltargli alla fprouista, & questo facciamo per amor uoftro,
acciochè fiate piu ficuri uoi dal furor degli armati alla uendetta, & non fia lecito agli efecutori della giuftitia punir confufamente chi non è condannato. E pero habbiamo
prefinito il numero, acciochè fia lor noto da chi fi hanno
da aftennere. Felice è dunque la fortuna di quelli, che
non fon defcritti in questo numero. Ma non fia alcuno,
il quale prefuma riceuere, nafcondere, difendere, o faluar alcuna de' condannati, perchè chiunque fara trafgreffo-
re di questo noftro comandamento, fara comprefo nel numero de' condannati, & chiunque prefenterà al cofpetto noftro
la tefta d'alcun di loro, effendo libero, harrà in premio
dramme uenticinquemila per ciafcuno, effendo feruo harrà
diecimila dramme, & la libertà del corpo, & la medefima
ciuiltà ch' ha il fuo padrone, & i medefimi premj faranno
dati a chi paleferà alcun che fia occultato, & fara temuto fecreto. Il primo che pubblicò i nomi de' condannati,
fu M. Lepido, & il primo che fu nominato da lui fu Paolo
fuo fratello. Il fecondo alla pubblicatione fu Marc'Antonio il
quale nominò pel primo Lucio Antonio fuo Zio. Il terzo,&
il quarto furono Planco & Plotio fratelli. Il quinto fu Mario
fuocero di Afinio Pollione. Il fefto Torano gia Cancelliere di Cefare, & acciochè niuno poteffe fuggire, erano guardati tutti
i luoghi fofpetti della città, tutte le ufcite, i porti, gli ftagni,
& paludi, & le foffe fotterranee, & fubito che fu fatto
la pubblicatione de' condannati, fi uide i foldati deputati
alla beccaria & macello de' miferi cittadini, con armata
mano andar, come cani rabbiofi, & furie infernali difcor-

ren-

rendo per tutta la città, & cercando i condannati, & gia
si uedeuan presi molti, & chi era strascinato, & chi legato &
menato di peso. Sentiuansi sospiri, pianti, strida, e lamenti di quelli ch' erano percossi, feriti, e morti & decol-
lati, & chi auea intorno la madre, chi la donna, chi li
fratelli, chi le sorelle, & chi li figlioli, ne l' uno poteua soccorrer l' altro, cosa tanto crudele, & scelerata, che al
mondo non fu mai udita o fatta simile, che haurebbe mosse
a compassione le pietre, le fiere, & gli animali indomiti &
siluestri, & nondimeno non mouea gli animi di quelli fieri, &
desiderosi del sangue de' lor cittadini, & parenti, tanto
era grande la rabbia, & la furia loro. Erano uarie le ma-
niere & le qualità delle morti. A chi era tagliata la testa,
a chi tratta la lingua & gli occhi, a chi il cuore, a chi
l' interiora. Molti per fuggire tal furore si gittauano ne' pozzi, alcuni si cacciauano nelle cauerne oscurissime, alcuni si
nascondeuano nelle gole de' camini, & sotto i tegoli del tetto, & nelle sepolture. Vedeuansi li Senatori, i Pretori, i
Tribuni & gli altri magistrati fuggir, chi in uno luogo,
chi in un' altro, molti de' quali si gittauano in ginocchioni
a piè de' proprj serui con pianti & lamenti, chiamando i
serui Signori, e padroni, e saluatori, & raccomandandosi
loro tenerissimamente. La qual cosa parea tanto miserabile, quanto che non erano solleuati, o ajutati da alcuno. In
questo modo era il caso piu infelice, che gli infelicissimi condannati non sapeuano di chi si fidare, ne doue ricorrere, &
perchè non haueano manco sospetto de proprj serui domestici &
familiari, che de' ministri della giustitia, conciosiacosache
gli uedeuano diuentati in un tratto d' amici & domestici,
nemici, o per timore, o per la cupidigia del premio
proposto a chi gli uccideuano, o per auarizia d'insignorirsi
dell' oro & argento ch' era nelle case loro. Onde ciascun era
corrotto & senza alcuna fede, & anteponeua la propria utilità alla beneuolenza. E se pure alcuno era fedele o beneuolo,
non ardiua prestar fauor, ad alcuno, o nasconderlo, o darli
soccorso, per la crudeltà del supplicio, il qual era proposto a chi gli ajutaua in parte alcuna, & ciascun temeua
della propria salute. Et benchè non fossero nel numero de' con-

dan-

dannati, nondimeno pareua loro ueggendo far tanto ſtraccio, uedere che i miniſtri della giuſtizia del continuo metteſſero loro le mani addoſſo. Molti per guadagnar ſi meſcolauano tra ſoldati, & faceuano de' condannati, come di prede alla caccia. Alcuni correuano alle caſe de' morti per rubarle & metterle a ſacco, & gia era tutta la città in grandiſſima confuſione: ogni coſa era piena di dolore, & molti erano morti nella furia in iſcambio di altri. Furono trouati alcuni aſcoſi in certi luoghi, doue erano morti di fame. Alcuni erano trouati impiccati da ſe medeſimi. Alcuni ſi gittauano nel Teuere o nel fuoco. Alcuni ſi precipitauano dalle fineſtre o da' tetti, & alcuni altri uolontariamente porgeuano il collo a' carnefici per morir piu toſto, e quanti corpi erano trouati, tutti baueano ſpiccato il capo dal buſto; perchè era di comandamento che tutte le teſte foſſero portate in piazza, dou' era pagato il prezzo a chi ue le portaua. Conobbeſi in queſto macello & beccaraia la uirtu di molti, i quali morirono uendicati, perchè difendendoſi ne ammazzarono alcuni. Furono alcuni altri, che per fuggir ſi miſero a paſſar il fiume, & nel paſſare ſi annegarono moſtrandoſi loro la fortuna auuerſa in ogni coſa. Molti di quelli, i quali prima erano ribelli della città & confinati con Marc Antonio tornauano in Roma con trionfo & magnifienza, & erano dati loro gli honori & li magiſtrati non aſpettati, & in queſto modo quaſi in un momento la iniqua & uolubil fortuna mutò & riuoltò ſottoſopra lo ſtato Romano. Saluio Tribuno, il quale da principio fece ogni forza & reſiſtenza, che Antonio non foſſe giudicato nemico della patria, perche dapoi fu ubbidiente a Cicerone in ogni coſa, come inteſe la coſpiratione & intendimento de' tre Monarchi & la uenuta loro con tanta preſtezza, fece uno ſplendido conuito a' ſuoi parenti & amici, come quello che conoſceua non douer piu oltre ritrouarſi con loro, come interuenne ſubito, perche eſſendo ancora a menſa fu piena la caſa d'armati, & leuandoſi in pie tutti i conuitati, il Bargello comandò che ciaſcun ſtaſſe fermo al luogo ſuo, & dapoi preſo Saluio pe capelli lo ferì in piu luoghi, & coſi a menſa gli leuò la teſta. Dopo Saluio fu morto Minutio Pretore eſſendo nel tribunale per render ragione, il qual ſen-.

sentendo che gli armati veniuano per pigliarlo, scese dal
tribunale, & nel fuggir mutò il uestimento, & entrò in
bottega d'uno artefice rimouendo da se i clienti, & i donzelli, & famigli, i quali haueano il segno del magistrato,
per non esser riconosciuto. Ma essi & per uergogna & per
compassione non uollero abbandonarlo: onde fu piu facilmente ritrouato, preso, & decollato. Annale un altro de'
Pretori, fu abbandonato da' suoi ministri, intendendosi ch'era
nel numero de' condannati, onde fuggì in una picciola &
uil casetta d'uno suo donzello, posta ne' sobborghi quasi in
luogo incognito doue si nascose con una scure in mano, &
essendo stato ueduto dal proprio figliolo fu palesato da lui il
quale fu tanto crudele che menò seco i birri & fecegli porre
le mani addosso; & fu presente a uedergli tagliar la testa, per
la qual inaudita & nefanda sceleratezza fu da' tre Satrapi in
luogo di premio creato Edile. Ma costui essendo non molto
poi imbriato dal uino, & tornando a casa si scontrò in alcuni
di quelli ch' haueano morto il padre, i quali ueggendolo far
molte pazzie, lo tagliarono a pezzi per dispregio, & credo
io che fosse giudizio di Dio in punizione del suo grauissimo
peccato. Turanio il qual da pochi giorni hauea lasciata la
Pretura, padre d'un giouinetto molto bello, ma lasciuo &
impudico il qual per disonesta cagione era molto caro ad
Antonio & in lui potea assai, uedendosi preso da gli armati pregò il Capo loro che uolesse differir in darli la morte
tanto che 'l figliuolo il chiedesse in grazia a M. Antonio. I
percussori si misero a rider dicendo, noi siamo contenti, ma
dacci prima il capo, & così detto gli tagliaron la testa. Tullio
Cicerone, il qual dopo la morte di Cesare crebbe in somma
potenza & riputazione per quanto fu possibile in una Monarchia popolare, fu ancora egli del numero de' condannati, &
insieme col figliuolo di Cicerone & Quinto Cicerone suo fratello, & col nipote figliuolo del fratello, & con tutti i parenti, clienti, & amici suoi per fuggir montò in su una picciola schassa, ma ributtato dalla fortuna, & tempesta del mare, non sapendo in che luogo fuggire, si ridusse in certe sue
possessioni presso a Capua, il qual luogo io Appiano Ales-
sandrino, scrittore della presente historia, hò uoluto uedere,

ne

ne lo potei uedere senza cordialissima compassione per la memoria di tanto ualente huomo. Essendo Cicerone in questo luogo, Antonio ch' hauea maggior desiderio di hauer lui, che tutti gli altri condannati insieme, & per hauerlo usaua ogni studio & diligenza, haueua mandati in diuersi luoghi molti cercatori, & massimamente in tutte le parti, doue Cicerone haueua le sue possessioni. Onde accostandosi a questo luogo con silentio i satelliti, & armati d' Antonio, una moltitudine di corui soprauolando quiui, cominciarono a far strepito, e suegliar Cicerone, & auuentatisi a quello gli tirauano in guisa la ueste di dosso con i becchi, & con gli unghioni, che i serui, & gli altri che erano con esso lui, ueggendo questo segno, & persuadendosi, che Dio lo hauesse mandato dal cielo, subito presero Cicerone, & postolo in su la lettica, presero la uia del mare per una profondissima selua per saluarlo, & mentre fuggiuano, del continuo compariua gente al luogo della possessione, onde era leuato Cicerone, & domandauano, se alcun l' hauesse ueduso, ma s' alcuno del paese a caso lo haueua incontrato, diceua, che era stato menato uia da' nemici, & non sapere per qual uia fossero camminati, tanta era la beneuolenza, che da ciascun gli era portata, & la compassione che gli era hauuta. Ma come la inuidiosa fortuna uolle, uno scarpettaio cliente di Clodio, acerbissimo nemico di Cicerone, hauendolo ueduto portar uia da' serui, insegnò il cammino a Publio Lena Capo di quelli, che erano uenuti per ammazzarlo, ma essendo con pochi rispetto al numero de' serui, i quali accompagnauano Cicerone, cominciò secondo il costume de' soldati a chiamar con la trombetta gli altri, che erano sparsi pe 'l paese; alla qual uoce corsero molti a lui. Il che ueggendo i serui di Cicerone, impauriti, fuggirono lasciando il padrone in abbandono. Lena allora, il quale era stato difeso & assoluto gia da Cicerone in una accusa per la uita, come ingrato, e crudele fu il primo che s' accostò alla lettica, & prese Cicerone per la gola, & in tre colpi gli leuò la testa, piu rosto segandoli il collo, che tagliando. Gli tagliò ancora la destra mano, con la quale haueua scritte contro Marc' Antonio quelle ornatissime, & eloquentissime orationi, & inuettiue, chiamate
te

te Filippiche, a similitudine di quelle, che hauea fatte prima Demostene Oratore contra Filippo Re di Macedonia. Subito adunque che Cicerone fu morto, quelli che erano interuenuti al fatto, chi montò a cauallo, & chi in schafe, & a garra contendeuano essere ognuno il primo a portar la nouella a Marc'Antonio. Lena portò seco la testa & la mano di Cicerone, & giunto a Roma, presentò questo scelerato dono ad Antonio che era a sedere, pe'l quale spettacolo Antonio dimostrò grandissima letitia, & in segno di rimuneratione pose in capo a Lena una corona d'oro, & donogli dugentocinquanta migliaja di dramme attiche, perche hauea morto il piu feroce, & capitale, et maggiore nemico che hauesse al mondo. La testa, & la mano di Cicerone fece stare appiccata nel foro in quel luogo, doue Cicerone soleua orare per buon spatio. A questo miserabile spettacolo, correua tutto il popolo per ueder la testa sua. Dicesi che Antonio dapoi fece porre la testa, & la mano in su la mensa sua per satiare l'animo suo. In questo modo Cicerone eloquentissimo oratore di tutti gli altri, che sieno stati infino a questa età, il quale era stato Consolo, & hauea liberata la patria da grauissimi pericoli (onde meritò essere il primo cittadino, che hauesse il nome di padre della patria) fu crudelmente morto dagli auuersarj. M. Cicerone suo figliuolo fuggì in Grecia a Bruto, Quinto Cicerone suo fratello insieme col figliuolo fu preso, & pregaua i percussori che gli facessero gratia d'ammazzare prima se che 'l figliuolo, & all'incontro il figliuolo supplicaua, che fosse data la morte a lui prima che al padre. Onde furono separati l'uno dall'altro, & morti in un medesimo punto. Egnasio & il figliuolo ammazzarono se medesimi per non uenire alle mani de' carnefici, i quali soprauenendo poco dapoi, & trouatili morti, spiccarono loro il capo, & i busti lasciarono abbracciati insieme. Blauo per non esser preso col figliuolo, il confortò che fuggisse per la uia del mare, dicendo che gli uerrebbe dietro con qualche interuallo, ma essendo annunciato, o per temerità del messo o per ingannarlo, che 'l figliuolo era stato preso, tornò indietro, & fece uenir li percussori che gli togliessero la

ui-

uita . Il figliuolo seguitando il cammino & entrato in mare perì per fortuna . Aruntio ricusando il figliuolo fuggir seco, non poteua persuadergli che si saluasse, & la madre lo condusse con molti preghi e con difficoltà fuori della porta, & appena era partita da lui, che uenne la nouella che Aruntio era stato morto . Laonde la madre richiamò il figliuolo che uenisse a seppellire il padre, ma di gia il pouero figliuolo era morto di fame in mare, la qual cosa come hebbe intesa la madre, subito si tolse la uita . Due fratelli chiamati Ligarj, essendo nascosi si addormentarono; l'un de' quali fu morto da' serui, l'altro fuggito dalle mani loro, & intesa la morte del fratello, si gittò dal ponte nel Teuere, & essendogli intorno i pescatori per ajutarlo, credendo che non uolontariamente, ma a caso fosse cascato nel fiume, fece ogni resistenza per non esser ajutato da loro, & del continouo si tufaua sotto l'acqua . Ma alfine soccorso da' pescatori, et posto fuora dell'acqua in luogo sicuro, disse, uoi hauete creduto saluarmi, et siete stati cagione di condannare alla morte uoi, come son condannato io, et mentre parlaua fu sopragiunto da' birri, e decollato . Inseruemme un altro miserabil caso di certi altri fratelli, perciochè un di loro gittatosi nel Teuere, un seruo suo con grandissima diligenza attendeua a ripescare il corpo, et finalmente essendo già passati cinque giorni lo ritrouò, et spiccolli il capo dal busto per hauere il premio ordinato . Un altro si gittò nella fossa dell'agiamento, et un seruo chiamò in casa i percussori et mostrò il luogo doue era il padrone, i quali non uolendo entrar la giù pel puzzo et fettore, con gli hami et con le punte delle lancie aduncinate lo trassero dal fondo, et così come era pieno di sterco, et di bruttura li leuarono la testa . Un altro ueggendo preso il fratello non sapendo che era stato condannato con lui, corse per ajutarlo, dicendo, ammazzate me in suo luogo . Il che intendendo il Bargello, rispose, tu chiedi cosa giusta, perche fosti condannato prima, che questo tuo fratello, et così detto tagliò la testa all'uno et all'altro. Ligario essendo stato nascoso dalla moglie, fu tradito da una serua partecipe del segreto, et poi che fu decollato; la moglie

glie andaua gridando dietro a quello, che portaua uia la testa del marito, et diceua con alta uoce, io son quella, ch' hauea ascoso Ligario mio sposo, e però sono incorsa nella pena del capo, adunque fatemi ragione, ma non essendo alcun ch' hauesse animo a torle la uita, andò ad accusare se medesima a' giudici, et uedendo non esser punita secondo la legge del bando, si lasciò morir di fame. Narrerò un esempio contrario: la moglie di Settimio adultera d' un parente, et amico d' Antonio, desiderando congiugnersi per matrimonio con l' adultero, s' adoperò tanto, che Settimio fù scritto nel numero de' condannati: di che hauendo egli notitia, non sapendo però l'inganno della moglie, si metteua in ordine per fuggire. Ella fingendo uoler saluare et nascondere il marito, lo rinchiuse in casa, et tanto lo tenne serrato che gli percussori comparsero, et in un dì medesimo fu morto Settimio, et la donna scelerata celebrò le nozze crudeli con l' adultero. Salasso hauendo perduta la speranza della fuga, si nascose nella camera del portinajo, d' onde fece chiamar la moglie che uenisse a lui; essa fingendo temere di non esser ueduta dalle serue, disse che anderebbe da lui la mattina seguente auanti giorno, al qual tempo l' impudica moglie fece uenire i percussori. Il portinajo parendogli che ella tardasse a uenire, uscì dalla camera et andò per solecitarla. Salasso temendo non essere ingannato uscì dal luogo et salse in su 'l cumignolo del tetto, et ueggendo la donna uenir con i percussori, per disperatione si buttò a terra dal tetto, et così morì. Fuluio fu tradito da una serua, la qual fu prima sua concubina, et poi fece libera et presela per donna. Stasio Sannite essendo ricco et nobile, fu messo nel numero de Senatori, hauendo gia passati anni ottanta della sua età. Costui adunque fu condannato, solo perchè era ricchissimo, et subito ch' hebbe la trista et infelice nouella, aperse l'uscio al popolo, et lasciò portar di casa a' serui quello che piaceua loro, & egli gittò fuora di casa molte ricchezze, & poi che la casa fu uuota, ui attaccò il fuoco, & arseui dentro, & fu il fuoco tanto grande che si dilatò ne' luoghi uicini, & abbrucciò molte altre case. Cepione staua armato

den-

dentro all'ufcio, & quanti fe gli faceuano incontra per por-
li le mani addoſo tanti ne ammazzaua, & poi ch' hebbe
morti aſsai, non potendo piu reſiſtere, ammazzò fe medeſimo.
Mentre che in Roma ſi faceua la beccaria de' miſeri cittadini,
Vitulino ſi fece Capo di molti condannati, i quali erano
ſcampati ſalui nel fuggir fuor di Roma, & con aſsai buon numero di armati fece campo groſso preſso a Reggio, in fauore
de' quali concorſero le dieciotto città conceſse in preda a' ſoldati & agli eſerciti de' tre Satrapi. Da' quali furono mandate alcune ſquadre di caualli per combatterli, ma uenendo
alle mani furono rotti & morti da Vitulino. Ma ſoprauue-
nendo più maggor forze, Vitulino fuggì con li compagni a
Seſto Pompeo in Sicilia, il quale baueua in ſuo poter quella
Iſola & daua ricetto uolontieri a tutti quelli, che rifuggiuano ſotto il ſuo ajuto. Ma coſtui fu poi morto a Meſſina per
tradimento. Naſone ſcoperto da un ſuo liberto, del quale era
già ſtato innamorato, tolſe il coltello di mano ad un de' ſoldati ch'era uenuto per torli la uita, & morto ch' hebbe il traditore liberto, porſe uolontariamente il coltello a' percuſsori.
Amato hauendo naſcoſo il padrone in una cauerna doue li pareua che foſse ſicuro, ſi trasferì al porto di Oſtia per condurre una barca, in ſu la quale uolea fuggire col padrone. Tornato & trouato il padrone morto, che ancora ſpiraua alquanto, gridò con alta uoce dicendo, ritieni o mio padrone un poco lo ſpirito, & coſi detto aſsaltò il Capo de' birri, & poſe-
ſelo morto a' piedi, & in un medeſimo tempo percoſse ſe ſteſſo col coltello, & morendo ſi uoltò al padrone & diſse, padrone mojamo uolontieri, perche habbiamo pur preſo qualche
ſolleuamento alla noſtra morte. Lucio laſciato in guardia il
teſoro a' ſuoi fedeliſſimi liberti, preſe la uolta del mare, ma
uedendo non hauer tempo a ſaluarſi, ritornò indietro, & per
ſe ſteſso ſi diè nelle mani degli inquiſitori & fu decollato. Labieno, il quale haueua morti aſsai de' condannati da Silla della
ſetta di Mario, meritamente ſarebbe morto con uituperio, ſe
non foſse ſtato in queſto numero ancora egli de' condannati,
perche uedendoſi priuato d'ogni ſperanza della uita, uſcì di
caſa, & andò in piazza, & poſtoſi a ſeder nel trono de'
Pretori, aſpettò la morte intrepidamente, & con uolto alle-

gro & giocondo, & con animo uirile. Ceftio era nafcofo in
una fua poffeffione & guardato da due benigni ferui. Coftuì
ueggendo per una picciola fineftra i bargelli andar difcorrendo
intorno con molte tefte di morti, fu prefo da fi gran paura,
che pregò i ferui, che rizzaffero una ftipa, & dentro ui
attacaffero il fuoco, & diceffero poi hauerui dentro a fo il
padrone. Li ferui fecero quanto era ftato loro impofto, credendo che Ceftio con quefta aftutia fi uoleffe faluare. Ma
com' egli uide accefo il fuoco, fubito ui fi gittò dentro con
animo generofo. Aponio benche foffe afcofo in luogo ficuro,
nondimeno effendoli uenuta in recrefcimento la uita, ufcì
fuora, & dettefi nelle mani de' percuffori, & parendogli che
tardaffero troppo a dargli la morte, ritenne tanto il fiato
che gli fcoppiò il core. Lucio Meffana fuocero d' Afinio Pollione allora Confolo era già montato in barca & fuggiua per
mare, ma non potendo reggere alla marea, fi gittò in mare & s'annegò. Sifinio fuggiua dinanzi a' birri, & gridando diceua non effere del numero de' condannati, ma che era perfeguitato da chi uoleua rubbarli i fuoi danari. Onde effendo
prefo fu menato alla tauoletta, in fu la qual erano fcritti i
nomi de' condannati, & poi che fu coftretto leggere il nome
fuo, gli fu fubito leuata la tefta. Emilio non hauendo ancora notitia d' effer condannato, uedendo i birri che correuan
dietro un' altro, gli domandò chi foffe quello, che uoleuan
pigliare. Effi ueduto Emilio in faccia rifpofero, tu fei quello, che noi cerchiamo, & cofì detto lo prefero & decollaro-
no. Cillo & Decimo Senatori ufcendo fuora del Senato, uedendo i nomi loro fcritti nella tauola, fubito preferla uia uerfo la porta & fuggirono. Ma fopragiunti da' birri non fecero
alcuna refiftenza, anzi da loro medefimi porfero il collo al
boia. Icelio, il quale già era ftato giudice fotto Bruto &
Caffio, intefa la fua condannagione, usò quefta aftutia fingolare prima che foffe cercato. Vide un cataletto con un corpo morto che era portato da quattro alla fepoltura fuori della città: onde egli ancora con una certa domefichezza &
confidenza fi accoftò al cataletto, & ui mife fotto la fpalla
fingendo fare cofì per ajutar gli altri. Le guardie della
porta, uedendo il numero di quelli che portauano il morto mag-

gior che il consueto, presero sospetto, & uollero ueder se nel
cataletto fosse portato qualche uiuo in luogo di morto, &
scoperta la bara, & certificati del dubbio, lasciarono andare la cosa al cammino suo. Quelli, che portauano il cataletto, hauendo ueduto l'impedimento ch'era stato dato loro
per colpa d'Icelio, gli dissero uillania & rimosserlo dalla bara, & in questa contesa Icelio fu riconosciuto dalle spie &
preso, & morto in un momento. Varo scoperto dal seruo saltò di casa, & con grandissima prestezza di monte in monte
andò tanto scorrendo, che si condusse alla palude Minturna,
doue ricreatosi si nascose. I Minturnesi andando cercando intorno alla palude degli assassini & de' ladroni, trouarono Varo
& lo presero, il qual per non manifestare la condition sua,
confessò essere assassino & fu condannato alla morte; ma essendo dapoi menato al supplicio, hebbe in horror quella specie
di morte ignominiosa, & uolendola schifare, disse queste parole: Io ui comando, o Minturnesi, che uoi non mi diate la
morte, perch'io son cittadino Romano, & sono stato Consolo,
& ero nascoso non come ladrone, ma per fuggir la morte essendo di quelli che sono stati condannati da' tre Principi de'
Romani, & però se per colpa uostra non mi è lecite fuggire, elego piu tosto uoler morire insieme con gli altri miei
compagni condannati, che perire per le uostre mani con tanto uituperio & uergogna; & mentre che Varo parlaua, soprauenne un de' bargelli, & conobbe Varo, al quale subito
leuò la testa, & portolla seco, & il busto lasciò a' Minturnesi. Largo fu preso da questo medesimo bargello, il quale non
cercaua lui, ma un'altro. Onde hauendogli compassione essendogli capitato innanzi senza cercarlo, lo lasciò andare,
confortandolo che fuggisse per la uia de' boschi, ma essendo
seguitato dagli altri compagni del bargello per pigliarlo, esso
accorgendosi del fatto, corse uerso loro, dicendo: Voi, che
prima hauete uoluto saluarmi per compassione, hora mi uolete ammazzar per conseguir il premio della mia morte, &
io per renderui merito dell'humanità, che mi usaste poco innanzi, son uenuto uolontieri alle uostre mani, accioche mi
togliate la uita & possiate conseguire il premio apparecchiato
dalla legge: & in questo modo Largo morì uolontieri. Ruffo

bauea una bellissima, & ornatissima casa, uicina a quella di
Fuluia donna d' Antonio, la qual piu uolte bauea richiesto Ruffo che gliela uendesse. Il che egli al tutto prima bauea ricusato; ma dapoi in quella strage di cittadini, credendo assicurarsi dal pericolo, gliela donò liberamente: e
nondimeno fu condannato e morto: & essendo portata la testa al cospetto d'Antonio, disse che non si apparteneua a lui,
ma a Fuluia, la qual fece appiccar la testa di Ruffo alla
finestra della casa sua. Oppio bauea una possessione molto piaceuole, & ornata, dou' era una selua molto bella e profonda,
e forse fu condannato per ordine di chi desideraua questa sua
uilla. Era costui in quella selua per pigliare il fresco: un
seruo suo ueggendo dalla lunga uenire i percussori, corse al
padrone, & fecelo nascondere nel piu folto luogo & denso del
bosco, & egli si mise indosso una delle uesti del padrone, fingendo di essere Oppio, & mostraua di temere di uolersi nascondere con animo di lasciarsi ammazzare per saluar il padrone, se non che da un' altro seruo fu scoperta l' astutia, &
Oppio fu preso e decollato. Il popolo bauendo notitia della
costanza di questo seruo, non restò mai di reclamare, sino che
ottenne da' tre Principi, che quel seruo che manifestò la cosa fu crocifisso, & l' altro ch' era stato tanto fedele, fu fatto libero. Aterio fu tradito dal seruo, il qual fatto libero
subito priuò i figliuoli di Aterio & tolse loro l' beredità paterna. Il perche douunque andauano, tacitamente si doleuano,
piangendo l' infelicità loro. Il popolo mosso a compassione pregò
per loro i tre Satrapi, i quali restituirono la sostanza a' figliuoli di Aterio, & il seruo fecero ritornare al giogo della
seruitù. Questi sono gli esempi delle calamità & crudeltà
degne di piu memoria, usate contro a' miseri cittadini condannati. Toccò ancora la fortuna di quella tempesta gli or-
fani & pupilli, che erano piu ricchi. Uno de' quali andando
col pedagogo al precettore, fu morto insieme con lui, mentre
che 'l pedagogo teneua abbracciato stretto il fanciullo per difenderlo dalla morte. Attilio bauendo lasciata la pretesta,
la quale era una ueste che portauano i giouinetti insino che
perueniuano all' età uirile, & douendo pigliar la toga babito
uirile, andaua accompagnato da molti amici & parenti com'

era

era di confuetudine per entrar nel Tempio, & facrificare & metterfi poi la toga. Ma fubito uenne una fama che effo era del numero de' condannati: onde fu lafciato folo da ogni huomo. Il pouero giouine ueggendofi abbandonato, rifuggì alla madre, la qual temendo non uolle darli ricetto. Il perche egli uedendo effer ftato cacciato dalla madre, inuilito fuggì a' luoghi montuofi, & cacciato dalla fame andò tanto cercando che trouò un malandrino, il quale andaua alla ftrada, dal qual fu riceuuto & poi affuefatto alla preda. Ma dopo alquanti giorni non potendo durar ne fopportar la fatica effendo ftato nutrito in delicatezza fuggì nafcofamente dal ladrone, & fcefo in piano fu trouato da' birri e morto. Lepido in quefto mezzo deliberò trionfar per la uittoria ch'hauea acquiftata contra gli Spagnuoli. Onde fubito mandò un bando, comandando, che ciafcuno, pofto da parte il dolore & la malinconia, faceffe fegno di fefta e di letitia, & faceffe facrificio, & attendeffe a conuitar l'un l'altro. & chi non obbediffe, s'intendeffe condannato come gli altri. Il perche dando opera ciafcuno a' facrificj, & conuiuj, Lepido celebrò il trionfo ftando il popolo con allegri gefti, ma con la mente trifta & dolorofa. Dopo il trionfo i beni de' condannati fi uendeuano all'incanto. Ma pochi comperatori fi trouauano, perche alcuni fi uergognauano accrefcer pena agli afflitti, ne credeuan poter goder felicemente tai beni. Alcuni temeuano l'inuidia, & dubitauano ch'effendo ricchi & moltiplicando in ricchezza, non daffero cagione a chi defideraua ufurpar quello d'altri, che gli faceffero capitar male, & appariua loro fe effer ficuri di poffeder quello, ch'era di loro, non che comperar quel d'altri. Solamente furon alcuni, che per infolenza comprarono alcune cofe minute. La qual cofa fopportauano moleftamente i tre Monarchi, perche hauendo una uolta deliberato far l'impresa contra a Bruto & Caffio prima, & poi contra a Sefto Pompeo, uedeuano mancare loro almeno dugentomila Sefterti. Onde confultata la cofa infieme, & hauuti diuerfi pareri, finalmente per far maggiore la loro crudeltà & fceleratezza, condannarono millequattrocento donne della città di Roma, tra madri, mogliere, forelle & figliuole, & parenti de' condannati per torre le doti

& le

& le sostanze loro, eleggendo però le piu ricche, & dalle quali speravano poter trarre piu numero di danari, havendo in comandamento di dare in nota a certo magistrato deputato a questa cura tutte le lor sostanze cosi mobili, come immobili, & pagar per l'uso della guerra tanto quanto fossero tassate, & a quelle che usassero fraude, o non pagassero fra 'l termine, era posta la pena del doppio, & a chi le accusasse era ordinato il premio. Le misere donne adunque ragunate insieme & piene di sospiri, pianti, & lamenti, non trovando al mal loro altro rimedio, deliberarono raccomandarsi alle donne piu congiunte & accette a' tre Principi. Onde non furono ributtate o scacciate ne dalla sorella di Cesare, ne dalla madre d'Antonio. Solamente furono con molta villania e dispregio spinte dall'uscio di Fulvia moglie di Antonio; per la qual cosa andarono in piazza, & volendo entrar nel tribunale, furono ributtate dalle guardie. Ma al fine essendo fatta loro spalla dal popolo, Hortensia, la quale era la prima nel numero delle condannate, salita in certo luogo eminente, parlò in nome dell'altre in questo tenore. La vostra infelicità e miseria ci ha costrette ricorrere alla misericordia vostra; voi sapete la qualità nostra, e conoscete che noi fummo già beate e felici sotto il buon stato de' nostri padri, de' figliuoli, de' mariti, & de' fratelli, hora siamo vedove, abbandonate, e poste in tanta calamità; siamo private della dolcezza della compagnia, e del refrigerio degli huomini nostri i quali ci sono stati morti con tanto vituperio & crudeltà: restanaci qualche parte delle nostre doti, e sostanze proprie, e queste hora ci son tolte con tanta ingiustitia & impietà. Siamo rifuggite al favor delle donne de' Signori nostri, e non solamente non habbiamo trovata in loro alcuna parte di misericordia o di clemenza, ma Fulvia moglie d'Antonio ci ha scacciate, come se noi fossimo pubbliche meretrici. Onde ricorriamo a voi pregandovi, che ajutiate il nostro fragil sesso, & non sopportiate che siamo lacerate & depredate con tanta vergogna. Se noi habbiamo a sopportar la pena de' nostri mariti & figliuoli, e giudicate che noi siamo degne di punitione, almeno siate contenti far di noi quel medesimo, ch'havete fatto de' nostri padri, figliuoli, e mariti, perche non

ci

ci restano altro , che un poco di sostanza , la quale appena
ci basta per sostentar la uita , se questa ancora hauete deliberato che ne sia tolta , è molto meglio che perdiamo ancora
la uita , che uiuere in pouertà e miseria , & esser costrette
mendicar il uitto . Ma se noi non habbiamo offeso alcun di
noi , per qual cagione siamo condannate ? e se hauete bisogno
di danari per la guerra , perche siamo noi obbligate sommini-
strar il nostro non participando noi ne dell' imperio , ne degli
honori , ne degli eserciti , ne del gouerno della Repubblica,
la qual uoi hauete ridotta in tanta calamità & ruina ? Se
uoi temete la guerra , diteci chi è cagione di questa guerra?
che habbiam noi a far con la guerra ? che siamo donne deboli
& assuefatte alla rocca & al cucire . Ma uoi direte che
le madri nostre fecero questo medesimo altra uolta , quando
la città era in pericolo nella guerra di Cartagine . Confessiamo esser uero , ma esse allora souuennero spontaneamente
al bisogno della Repubblica , & non per forza , ne furon costrette lasciar le possessioni , priuarsi delle doti , torsi le case
della propria habitatione & spogharsi delle proprie masseritie,
senza le quali cose la uita è misera & acerba , ma solamente
donarono alla patria gli ornamenti souerchi delle persone loro, come son uesti, gioje, & ricami, & altre cose simili, il che fecero
uolontariamente , come ho detto , & non condannate , o accu-
sate , o forzate come siam noi. Ma che timore o necessità ui
induce alla guerra ? niuna , se non quella che uoi eleggete
uolontariamente per discordia ciuile , & per ambitione . Se
noi uedessimo sopraftare alla patria qualche guerra pericolosa,
crediate che noi non saremo piu fredde & peggiori , che le
madri nostre al soccorso della Repubblica , & le guerre ciuili
non son nate da noi , le quali non siamo uenute alle mani con
uoi , ne habbiamo prese l'armi in fauor degli auuersarj nostri. Cesare e Pompeo contesero insieme , & fu la guerra loro di grandissima spesa & intolerabile ; nondimeno le donne
non ui hebbero a contribuire alcuna cosa. Silla , Mario , &
Cinna , come è notissimo , combatterono l'un con l'altro , &
le donne non sentirono alcuna spesa , & uoi soli lo fate sotto
specie di uoler riformar la Repubblica . Non potè Hortensia
dir piu oltre , & le parole sue rimasero imperfette , impedita
da

da i tre cittadini : i quali intendendo che Hortensia oraua
pubblicamente. & con marauigliosa eloquenza, & ch'era ascol-
tata con somma attentione , mandarono a imporle silentio ,
dubitando che non incitasse il popolo a qualche tumulto : &
per mitigar gli animi della plebe , doue prima hauean condannate mille & quattrocento donne, ridussero tal numero solamente a quattrocento , & tra cittadini & forestieri di diuerse città suddite a' Romani & liberti , & serui de' piu
ricchi, fecero un numero de' condannati d'intorno a centomila o piu , tra' quali mescolarono Sacerdoti & ogni sorta di
huomini senza hauer rispetto a grado di persona , & la condannagione fu che ciascun contribuisse per la spesa della guerra la terza parte di tutte le sue facoltà . Pagarono la condannagione i Romani solamente . Tutti gli altri fecero resistenza : ma perche erano sparsi in diuersi luoghi , fu facil
cosa sforzarli ; onde furon uendute lor le case, le possessioni,
& masseritie : & questo fu il ristoro delle calamità passate :
delle quali uolendo io uenir al fine per non esser piu oltre te-
dioso , scriuerò molte cose che interuennero a molti fuora d'
ogni opinione, acciocche sia nota la uolubilità & mutation della fortuna , & che con scano quelli che leggeranno la presente historia , esser uero il prouerbio , che dice , che chi scampa da una furia , scampa da molte altre . Di quelli adunque , i quali hebbero facoltà di fuggire , una parte si ridussero sotto il presidio di Bruto & di Cassio , & alcuni andarono a trouar Cornificio in Barberìa , il qual teneua ancora
la parte popolare. Ma la maggior parte si ridusse in Sicilia,
come in un luogo uicino all' Italia , doue erano riceuuti da
Sesto Pompeo con molta carità & humanità singolare , il
quale haueua mandati bandi in molti paesi , chiamando a se
ciascuno , & promettendo a chi gli saluaua la metà piu del
premio , il qual era stato proposto a' percussori , & per li mari circostanti haueua ordinate molte sorti di nauilij per riceuere chi fuggiua . Oltre a ciò teneua per mare alcune galee sottili con la sua bandiera per insegnare il uiaggio a chi nol sapea , & egli facendosi incontro a chi uenìa a trouarlo , pro-
uedea ciascuno & di uesti , & d'ogni altra cosa necessaria .
Et quelli , ch'erano piu degni , faceua o Pretori , o Com-
missari

missari del campo, o Capitani dell'armata, & fatta dappoi triegua con i tre cittadini, uolle che gli fosse lecito dar ricetto a quelli che rifuggiuano a lui; & così fu utilissimo cittadino all'infortunata patria, onde acquistò somma gloria, & fama. Gli altri fuggendo in altri luoghi, & nascondendosi parte per le uille, parte per le sepolture, & parte in luoghi cauernosi stettero occulti insino che furon saluati fuora di ogni speranza, & uenuti poi in palese, & in pubblico, furono causa che si conoscessero amori incredibili delle donne uerso i mariti, de' figliuoli uerso i padri, & segni di carità sopra natura de' serui uerso i padroni. Paolo fratello di M. Lepido scampò per la riuerenza, la qual bebbero i percussori uerso di lui, essendo fratello di tanto gran Principe & cittadino; & per la uia di mare andò a ritrouar Bruto, & dapoi essendo a Mileto, fu chiamato dall' esilio per intercessione degli amici di Lepido. Lucio Antonio zio materno di Marc'Antonio, inteso che era nel numero de' condannati, fuggì palesemente nelle braccia della sorella madre di Antonio, la qual comparì in piazza, & uenuta al cospetto del figliuolo, che era in compagnia di Lepido & di Ottauio, parlò in questo modo: Io accuso me stessa confessando hauer dato ricetto a Lucio mio fratello, & hauerlo appresso di me, e uolerlo tener tanto, che o tu gli perdonerai, o uolendo farlo morire ammazzerai me insieme con lui. Antonio rispose, io ti lodo come amantissima al tuo fratello, & riprendoti, come madre poco amoreuole & poco fedele al tuo figliuolo. Ma io son contento per tuo rispetto perdonare a Lucio, benche esso non hauendo rispetto a me, ne a te, consentì ch'io fossi giudicato nemico della patria; & per consolar la madre ordinò, che Planco allora Consolo assoluesse Lucio Antonio. Messala giouane illustre fuggì a Bruto. I tre cittadini facendo gran conto della prudenza sua, lo liberarono con questo decreto. Dapoi che noi habbiamo trouato che Messala, secondo la relatione de' parenti & amici suoi, era assente, quando Gaio Cesare fu morto, comandiamo che sia leuato & cancellato dal numero de' condannati; nondimeno egli con animo generoso disprezzò questa assolutione. Ma poi che Bru-

M m   to

to & Caffio furono superati in Macedonia, restando la maggior parte dell'esercito loro ancora intero, & molte naui & galee, & danari, i primi dell'esercito chiesero Messala per Capitano & amministratore, la qual cosa non accettò, ma confortò i soldati che cedessero alla fortuna, & che si unissero con Marc'Antonio, per la qual cagione fu abbracciato da Antonio con somma beneuolenza, & mentre era con lui, non potendo sopportar di uedere Antonio tanto inuiluppato nello amore di Cleopatra, si partì da lui, & si ridusse ad Ottauiano, dal qual fu fatto Consolo in luogo di Antonio, che in quel tempo essendo Consolo fu un'altra uolta giudicato nemico della patria, & ultimamente essendo alla cura di Ottauiano contra'l Pretore di Antonio presso al promontorio Attio, fu mandato contra i Celti, i quali si erano ribellati: contra quali hauendo Messala acquistata la uittoria, Ottauiano gli concesse il trionfo. Bibulo fu riceuuto in gratia insieme con Messala, e gouernò l'armata di Antonio, dapoi fu eletto da lui Pretore della Prouincia di Seria, doue finì il corso della uita. Acilio fuggì occultamente da Roma, & essendo palesato dal seruo, corruppe i ministri della giustitia, con prometter loro tutto il suo danajo, & mandò un di loro alla donna con certo segno, acciocche la donna gli prestasse fede, & gli consegnasse i danari. Essa fu obbediente al marito, onde Acilio fu condotto per la uia di mare saluo & sicuro nell'Isola di Sicilia. Lentulo facendogli instanza la moglie, che la menasse uia insieme con lui, & per questo osseruato da lei con somma diligenza, non uolendo metterla in pericolo, nascosamente fuggì senza lei in Sicilia, doue fu riceuuto cortesemente & con somma giocondità & letitia da Sesto Pompeo: & fatto da lui Pretore del campo, mandò a significare alla donna, come era saluo & Pretore di Pompeo. Ella hauendo inteso il luogo, doue era Lentulo suo marito, lieta oltramodo deliberò andarlo a ritrouare, & ingannò la madre, che la guardaua, perche fuggì occultamente accompagnata da due serui, & con fatica grande, & con somma pouertà uestita come seruo, camminò tanto che peruenne a Messina, essendo già tramontato il Sole, & fattosi

in-

insegnare il padiglione di Lentulo, entrò dentro, & trovò il marito in su 'l letto. Onde appalesatasi a lui con molte lagrime che per dolcezza gli abbondarono, abbracciò il marito, il qual stupefatto nel primo aspetto, non potendo appena creder tanta costanza, & amore di lei, non potè per la molta letitia ancora egli contener le lagrime, & in questo modo fu consolato dello incredibil desiderio, che bauea della compagnia sua. Apulejo fu minacciato dalla moglie che lo tradirebbe, se non la menaua seco: onde benche contra la voglia sua fuggì insieme con essa, & pe 'l cammino non gli fu dato alcuno impedimento accompagnato da' servi & dalle ancille. La mogliera di Antio lo nascose in una coltrice, la qual mandò in su un carro al porto di Ostia con altre masseritie, & essendo egli condotto in mare, uscì saluo della coltrice, & fecesi portare in Sicilia. Regino fu ascoso di notte dalla donna in una fossa di acquajo, & la notte seguente lo trasse fuora, & bauendo apparecchiato un' asino con due bigoncie, empiè le bigoncie di quella immonditia & bruttura, ch'era in detta fossa, & uestì Regino a uso di quelli che uotauano i pozzi neri, & mandollo uerso la porta per saluarlo con questa astutia. Ella seguiua con alquanto interuallo portata in su una lettica: un della guardia della porta dubitando che in quella lettica non fosse qualcheduno de' condannati, incominciò a cercarla. Temendo Regino, ch'era poco innanzi & già uscito di fuora con l'asino, che alla donna non fosse fatta ingiuria, corse là con la pala in mano, & come buomo incognito, pregaua il soldato guardiano, che non uolesse molestar in tal guisa le donne: il soldato facendosi beffe di Regino, come di uota pozzi, rispose con ira dicendo, ua attendi al tuo esercitio: ma poi che lo uide in faccia, conobbe che era Regino, perche era stato suo soldato nel tempo che Regino fu Pretore di Soria; nondimeno fu preso da tanta compassione, ueggendolo in così uile & brutto babito, che deliberò lasciarlo andare: & però disse, ua uia lietamente Capitano mio, per dimostrargli ch' egli l'bauea riconosciuto. La moglie di Scipione giouane, bella, & pudica infino a quel tempo, per saluar il marito commise adulterio

con

con Marc' Antonio, il qual per amor di lei perdonò a Scipione. Getulio per scampar Geta suo padre, mise fuoco in casa per dimostrar, che 'l padre ui fosse arso dentro, & la mattina auanti l'hauea nascoso in una sua uilla, ch'hauea comprata di nuouo dentro di Roma, & traselo fuora, & conduselo in luogo sicuro. Oppio essendo uecchio & debole fu portato dal figliuolo in su le spalle, tanto che lo trase saluo fuora della città, & con grandissima fatica per luoghi occulti: & fuori di strada il conduse in Sicilia. E fu tanta la compassione, che mouea ciascuno ueggendo tanta pietà nel figliuolo che portaua il uecchio padre in su le spalle, che da niuno gli fu dato impedimeuto pel cammino. Et fu questo esempio simile a quello di Enea, che portò il padre Anchise fuora di Troja in su le spalle per saluarlo dallo incendio trojano. Il popolo Romano adunque lodato il giouane, lo creò Edile; & perche le sostanze paterne erano state confiscate & non potea supplire alla spesa necessaria di tal magistrato, gli artefici contribuirono a quella spesa con tanta larghezza & magnificenza, che al giouane non solamente fu data la facoltà di poter spendere quello che bisognaua per celebrare i pubblichi giuochi, come disponeua la legge dello Edile, ma ancora gli auanzò tanto, che rimase ricchissimo. Il figliuolo di Ariano benche non fosse condannato, nondimeno per saluare il padre fuggì con lui insieme, non curando incorrere nella medesima pena. Furono due Metelli il padre & il figliuolo; il padre stando a soldo di Antonio, fu preso nella rotta di Attio promontorio, & fu serbato con molti altri prigioni, benche allora non fosse conosciuto; il figliuolo era in questo medesimo tempo soldato & Pretore di Ottauiano, & dopo la uittoria, ch'hebbe contra Marc' Antonio, uolendo dar la sentenza di tutti i prigioni, fè uenir ciascuno auanti al suo cospetto; tra quali era il uecchio Metello con i capelli & con la barba sì lunga, & mutato in modo, che non si poteua riconoscere; ma essendo dal banditor citato & chiamato per nome, il figliuolo appena lo conobbe, & uinto dall'amore, & carità naturale, subito corse, & abbracciò il padre, & non potendo contener le lagrime, parlò ad Ottauiano in questo tenore:

re: Coftui o Cefare Ottauiano è ftato tuo nemico, & io fono ftato tuo compagno nella guerra. E' cofa ragioneuole che coftui fopporti merita pena, & che io fia premiato. La remuneratione ch' io ti domando è, che tu perdoni al padre mio, & in luogo del fupplicio fuo, dia a me la morte. Ottauiano adunque ueggendo, che tutti quelli che erano prefenti furon moffi a compaffione, fu contento riceuer Metello a gratia, benche li foffe inimiciffimo. M. Pedio fu tenuto afcofo da' clienti con fomma clemenza & benignità tanto, che paffato il termine de' condannati, uenne in palefe & fulli perdonato. Ircio fuggì di Roma con molti fuoi amici & familiari, & difcorrendo per tutta Italia traffe di carcere molti prigioni, & mettendo infieme buon numero di quelli ch' erano fuggiti dinanzi alla furia, affaltò alcune caftella, & prefele, & in ultimo fi fece in modo forte, che s' infignorì di Brindifi; ma effendogli poi mandato contro un potente efercito, rifuggì faluo a Sefto Pompeo. Mentre che Reftione credeua fuggire, fu nafcofamente feguitato da un feruo, il quale era ftato alleuato, & nutrito da lui, & trattato prima in ogni cofa bumanamente, & dapoi per alcuni fuoi delitti & nequitie fu fegnato col marchio barbaro fecondo l'ufo di quei tempi, & effendo Reftione afcofo in una palude il feruo lo fopragiunfe. Onde mife terrore al padrone ragioneuolmente, e il feruo per affcurarlo gli diffe: Stimi tu padron mio ch' io mi ricordi piu de' fegni, & delle bollature, che de' benefici riceuuti? & cofi detto entrò nella fpelonca e prefe la cura nobilmente del fuo padrone, e con merauigliofa prudenza andaua cercando delle cofe neceffarie al uitto. Interuenne che uedendo il feruo apparir uicini alla fpelonca intorno a due miglia alcuni armati, dubitando che non cercaffero Reftione, usò quefta fingolare aftutia. Hauendo non molto lontano ueduto un uecchio uiandante, effendo già tramontato il Sole, gli andò dietro tanto, che uedutolo condotto in luogo da poterli porre le mani addoffo fonza pericolo, fe gli fece incontro, & in un momento gli tolfe la uita, & fpiccogli il capo dal bufto, & la mattina feguente andò tanto cercando, che trouò gli armati, a' quali apprefentò la tefta, affermando effere il capo di Reftione fuo padrone, & bauerlo morto per confeguire il premio. Gli

ar-

armati prestando fede al seruo presero la testa, & il seruo
ritornato al padrone non restò mai, che lo condusse saluo in
Sicilia. Essendo Appione ascoso in una stalla, e uenendo
gli armati per pigliarlo, il seruo si mise una sua ueste, &
fingendo esser il padrone, si pose a giacer in sul letto, & uolontieri si lasciò ammazzar per saluar Appione. Essendo entrati gli armati in casa di Menenio, il seruo entrò nella lettica sua, & fece uenir alcuni suoi conserui, che fingessero uolerlo portar uia. Onde fu preso, & morto in iscambio di Menenio, il qual hebbe per questa uia facoltà di fuggire in Sicilia. Filomene liberto ascose nell'armario in casa sua In-
nio suo padrone, & la notte gli apriua e daualì da mangiare,
doue lo tenne tanto, ch'hebbe spatio a scamparlo. Vn'altro
liberto tenne il padrone & la padrona rinchiusi in un sepolcro, tanto che furono salui, & fuggirono in Sicilia. Lucretio
accompagnato da due serui fedeli, essendo ito alquanti giorni
per luoghi incogniti, & hauendo grandissima difficoltà del
uitto, ritornò in dietro alla moglie condotto da' serui in un
cataletto a modo d'infermo, & essendo arriuato alla porta, doue il padre già confinato da Silla era stato preso, impaurì per la memoria del luogo, & ecco in un momento comparire una torma di soldati. Onde Lucretio subito si nascose in una sepoltura insieme con un de' serui: & accostandosi non molto dapoi alla sepoltura quelli, che andauan cercando i luoghi sospetti, il seruo uscì fuora per esser preso,
tanto che a Lucretio fu dato spatio di uestirsi con habito
seruile, & si condusse occultamente alla donna, la quale il
tenne ascoso tanto, che poi fu assoluto, & al fine meritò la
dignità del Consolato. Sergio stette occultato in casa tanto che
per preghi di Planco allora Consolo fu liberato. Pomponio si
adornò in forma di Pretore & uestì i serui ad uso di Ministri, col segno di tale magistrato, & con questo habito messo
in mezzo da' serui, come Pretore, andò per la città, & condotto alla porta montò sul carro pubblico e passò molti luoghi
d'Italia, & in ciascuno fu riceuuto & honorato, come
Pretore, tanto che saluo si condusse a Sesto Pompeo. Apulejo &
Aruntio uestiti, come soldati, corsero alla porta come cercatori
de' condannati & usciti fuori di Roma andauano a' luoghi

del-

delle carceri, & trabeuane doue uno, & doue un' altro,
in modo che in pochi giorni molti de' condannati sparsi & nascosi in diuersi luoghi, incominciarono a ricorrere a loro, &
fu tanto grande il concorso, che l'uno & l'altro si fece Capo d'un sufficiente esercito. E già erano splendidi & ornati
di stendardi, & d'armi, & haueano creati li magistrati
della militia, & diuiso il campo, & ciascuno era alloggiato
in sul lito del mare presso ad un monticello, & stando in questo modo, interuenne ch' una mattina in sul far del giorno,
essendo entrato sospetto che l'un non uolesse ingannar l'altro, uennero alle mani, e mentre combatteuano si guardarono in faccia, & furono presi da tanto dolore, che non si
poterono astenere dalle lagrime. Onde poste giù l'armi si abbracciarono insieme, dolendosi della impietà della loro fortuna, la quale fosse lor tanto iniqua & contraria, che gli
hauesse uoluti sforzare a combattere insieme, essendo prima
si fedeli amici, & finalmente l'uno andò a ritrouar Sesto
Pompeo, & l'altro Bruto. Ventidio fu preso, & legato
da un suo liberto, come se dar lo uolesse nelle mani de' percussori. Ma la notte seguente raunò insieme tutti i serui di
casa & tutti gli armò a similitudine di soldati, & Ventidio
uestì come un Capo di squadra, & con tale habito lo trasse
fuori della città, & condusselo per Italia, & poi insino in
Sicilia, & era in modo trauestito che qualche uolta alloggiò
con alcuni altri soldati inquisitori de' condannati in una medesima osteria, ne mai fu conosciuto. Offilio fu ascoso dal
seruo in un sepolcro, ma non parendo che fosse sicuro,
il condusse in una picciola casetta, non molto lontana all'
habitatione d'un de' Capi de' percussori. Il che intendendo Offilio mutò luogo, & d'uno estremo timore uenne in marauiglioso ardire, & fecesi radere i capelli, & mutato habito si
acconciò in Roma per pedagogo accompagnando il discepolo
per tutta la città, & così stette tanto, che riconosciuto dopo alquanti mesi fu liberato. Volusio fu condannato, mentre che
era edile. Costui si fece prestar la stola da un suo amico Sacerdote della Dea Iside, & misesi una ueste lunga insino a'
piedi, & con tale habito uscì saluo di Roma, & andò a ritrouar Sesto Pompeo. Caleno è una città presso a Capua miglia

glia quattordeci. Sittio era per antica origine nato di quefto luogo. Onde effendo del numero de' condannati, fuggì
alla patria antica. I Caleni non folamente lo riceuettero,
ma con fingolar diligenza lo guardarono, perche già baue a
loro donata una buona parte delle foftanze fue, & uenendo i percuffori per bauerlo furono ributtati, e tanto difefe-
ro Sittio, che effendo già mitigata l'ira de' tre cittadini,
i Caleni mandarono loro ambafciadori, i quali ottennero che
Sittio fcacciato da tutto il refto d'Italia, poteffe babitare
in Caleno fua patria. M. Varrone fommo Filofofo, Hifto-
rico fingolare, & nella militar difciplina efercitatiffimo &
cittadino Pretorio, non per altra cagione, fe non perche
forfe era ftimato nemico alla Monarchia, fu meffo nel numero de' condannati. Et effendo gli amici & domeftici fuoi
in contefa, di chi foffe il primo a riceuerlo, Caleno finalmente l'accettò in cafa fua, e teneualo in una uilla, nella quale Antonio andaua qualche uolta a follazzo: nondimeno non fi trouò alcun de' ferui di Caleno o dello fteffo
Varrone che lo manifeftaffe a Marc' Antonio. Virginio, il
quale era nel dir molto eloquente & foaue, dimoftrò a' ferui
il carico & la maleuolenza, nella quale incorrerebbono, fe
per guadagnar un picciol prezzo foffer traditori del loro padrone, ma che fe lo faluaffero, ne barrebbon immenfa gloria, & fariano tenuti ferui fedeli, & pietofi, & acquifte-
rebbon molto maggior guadagno & piu ficuro. Perfuafi adunque dalle parole di Virginio con lui infieme fi mifero in fuga
bauendolo ueftito come feruo. Ma per la uia fu conofciu-
to da' percuffori, & benche i ferui faceffero ogni poffibil difefa, nondimeno fu prefo, & mentre era menato al macello, diffe a' foldati, che non era condannato alla morte per
alcuna offefa ch' baueffe fatta a' tre cittadini, ma per la
inuidia che gli portauano. Dapoi affermò loro, che uolendo condurlo al mare guadagnarebbono molto piu giuftamente
& con maggiore abbondanza, che togliendoli la uita, perche, diffe, la donna mia mi afpetta al lito del mare con
una barca carica di teforo & di danari. I foldati uinti da
quefta fperanza, prefero la uia del mare. La donna già
era uenuta al mare, come le era ftato impofto dal marito,

Ma

Ma uedendolo tardare, & ftimando che foſſe andato per altra uia, era partita con la barca alla uolta di Pompeo,
bauendo laſciato al lito un ſeruo, che ſignificaſſe la partita
ſua a Virginio; il ſeruo ueggendo comparir Virginio, li moſtrò la barca, la quale era già da lontano & feceli l'imba-
ſciata che gli era ſtata impoſta dalla donna. Per il che Virginio conforta i ſoldati che aſpettino alquanto ſino che facci
ritornare la donna indietro, o che uadano con lui a pigliar
li danari promeſſi. I ſoldati adunque ſi accoſtarono alla ſcafa, & entrati dentro, uogarono a gara tanto ch'arriuarono con Virginio ſalui in Sicilia, doue fu loro oſſeruata la
fede; ne mai ſi uollero partire dal ſeruitio di lui, tanto che
al fine fu richiamato dallo eſilio. Un marinajo bauendo riceuuto dentro alla naue Rebulo per condurlo in Sicilia, minacciò di darlo nelle mani de' nemici, ſe non gli daua la
metà de' ſuoi danari. Rebulo fece come Temiſtocle, quando
fuggiua, perche minacciò ancora egli il marinajo, che l'ac-
cuſarebbe, bauendolo riceuuto in ſu la naue per danari; per
tale cagione ſpauentato il nocchiero conduſſe Rebulo a Pompeo. M. Siluio fu condannato, perche già era ſtato Pretore ſotto Bruto. Coſtui eſſendo preſo finſe, che era ſeruo,
onde fu comprato da uno chiamato Barbula, il qual ueggendolo ſollecito & prudente, lo prepoſe a tutti gli altri ſerui, & diegli la cura del danajo; & conoſciutolo atto ad
ogni coſa ſopra la natura de' ſerui, & buomo di grandiſſimo
gouerno, ſi perſuaſe che foſſe de' condannati, & però gli
promiſe di ſaluarlo, ſe ingenuamente gli confeſſaua la uerità. Ma ſtando pertinace, & affermando che era ſeruo:
e nominando alcuni padroni, a' quali bauea ſeruito, Barbula comandò che andaſſe con lui a Roma, ſtimando che ri-
cuſaſſe di andarſeco, eſſendo condannato. Ma egli il ſeguì-
tò intrepidamente, & eſſendo in Roma, un' amico di Barbula ſe gli accoſtò all'orecchio, & diſſe, che quello ch'era
con lui ueſtito come ſeruo era Marco Siluio cittadino Romano, & del numero de' condannati. Barbula ueduta la co-
ſtanza & fortezza di Marco impetrò gratia per lui da Ottauiano per preghi di M. Agrippa, & fu poi molto familiare di Ottauiano, & non molto dapoi fu fatto Pretore contra

Marc'

Marc' Antonio nella battaglia fatta preſſo al promontorio Attio, & la fortuna permiſe che in queſto medeſimo tempo Barbula era Pretore d' Antonio, al quale interuenne il medeſimo eſempio & caſo di fortuna. Perche eſſendo uinto da Marc' Antonio, Barbula fu preſo da' nemici, & ſimulando eſſer ſeruo, M. Siluio il comperò nol conoſcendo allora. Ma poi che Barbula ſe gli diede a conoſcere, impetrò per lui perdono appreſſo ad Ottauiano, & in queſto modo li rendè pari beneficio & remuneratione. Marco Cicerone figliuolo di Marco Tullio Cicerone, era ſtato dal padre mandato in Grecia preuedendo la rouina & la calamità ſua futura, e dapoi ſi partì di Grecia, & andoſſene a Bruto. E dopo la rotta di Bruto ſeguitò Seſto Pompeo, & dall' uno prima & poi dall' altro fu creato Pretore. Et finalmente dopo il conflitto di Pompeo fu riceuuto a gratia da Ottauiano, & reſtituito alla patria, & fatto Pontefice Maſſimo, & poi Conſolo per dimoſtrare & ſcuſarſi che non hauea conſentito alla morte di Cicerone ſuo padre, & in ultimo lo fece Pretore di Soria, & quando Marc' Antonio fu ſuperato da Ottauiano preſſo al promontorio Attio, era Cicerone ancora Conſolo, & rendè ſpeſſe uolte ragione al popolo, & ſedè in quel luogo, dou' era ſtata appiccata la teſta & la mano del padre. Appio diſtribuì a' ſerui le ſoſtanze ſue, & con loro montò in naue per fuggire in Sicilia: i ſerui agitati & moleſtati dalla fortuna del mare per ſaluare il teſoro, fecero ſmontare Appio, & poſerlo in ſu una picciola barca, moſtrando di darli da intendere che portaua manco pericolo, non ſi curando in fatto della ſalute ſua ma di ſaluar il teſoro. Interuenne che Appio contra la opinion di ciaſcuno ſcampò dalla fortuna, & la naue doue erano i ſerui andò a trauerſo, & tutti quelli che ui erano ſopra s' annegarono. Queſti eſempi uoglio che ſieno a baſtanza di quelli che eſſendo condannati perirono, & d' alcuni altri, che fuora d' ogni ſperanza ſcamparono, laſciandone indietro molti altri, per non eſſer tanto lungo e tedioſo. Da queſte ſeditioni, e turbulenze fu data origine & cagione a molte guerre, e diſſenſioni fuori d' Italia, delle quali noi faremo mentione d' alcune degne di piu memoria. Cornificio combatteua in Barbarìa contra

Sestio, Cassio in Soria contra Dolabella, & Sesto Pompeo molestaua tutta la Sicilia. Quella parte di Barberìa, che tolsero i Romani a' Cartaginesi, è chiamata Libia antica. Et un'altra parte, doue fu il Reame posseduto da Juba, che ne fu priuato da Cesare, è nominata nuoua Libia, altrimenti Numidia. Sestio adunque Prefetto della nuoua Libia sotto Ottauiano faceua forza di rimouer Cornificio di Libia antica, come se nella diuisione del triumuirato tutta la Barberìa fosse toccata per sorte ad Ottauiano. Cornificio diceua non hauer notitia di tale diuisione, affermando che la Prouincia che gli era stata data dal Senato, non uoleua consegnare se non al Senato. E per questa cagione Sestio & Cornificio faceuano guerra insieme. Le forze di Cornificio erano maggiori. Sestio haueua minore esercito, e però andaua scorrendo tutti i luoghi fra terra, inuitandoli, che si ribellassero da Cornificio: & mentre andaua come uagabondo, fu rinchiuso & assediato in una città da Ventidio Prefetto di Cornificio. Lelio l'altro Prefetto pure di Cornificio molestaua la nuoua Libia, che obbediua a Sestio, & era a campo intorno alla città di Cirta. Laonde tutti i popoli, i quali erano sotto il gouerno di Sestio conoscendo essere inferiori, mandarono ambasciadori al Re Arabione, & alle genti Sittiane a' confini di Barberìa, & essendosi collegati insieme, Sestio accompagnato con le forze loro, uscì dell'assedio, & uenne a campo aperto, & appiccò il fatto d'armi con Ventidio, & ruppelo. Lelio intesa la nouella, subito si leuò dall'assedio di Cirta, & andò a ritrouare Cornificio. Sestio insuperbito per tal uittoria, mosse l'esercito alla uolta di Utica per affrontare Cornificio, il quale sospettando della uenuta di Sestio, mandò Lelio innanzi con gli huomini d'armi. Sestio mandò all'incontro Arabione; egli stipato dalle genti a cauallo attrauersò i nemici, & mise loro tanto terrore, che Lelio temendo che non gli fosse serrata la uia al potere ritornare indietro, benche non fosse ancora inferiore di forze, si ridusse sopra un monticello, doue Arabione subito corse & circondò con le genti sue il monte. Della qual cosa accorgendosi Cornificio, andò al soccorso di Lelio con tutto lo sforzo. Sestio gli fu subito alle spalle, & in questo modo fu appiccata la zuffa prima, che Cornifi-

cio

cio si potesse unire con Lelio. In quel mezzo Arabione ancora egli affrontò l' esercito di Cornificio. Roscio, il qual
era stato lasciato alla guardia degli alloggiamenti, essendo assalito dentro allo steccato fu scannato da un fante a
piè. Cornificio stanco già per la fatica del combattere, fece
forza d'unirsi con Lelio; della qual cosa accorgendosi i soldati d' Arabione, subito l'assaltarono: & egli difendendosi gagliardamente, al fin fu morto. Lelio stando nella sommità
del monte, ueduta la morte di Cornificio, ammazzò se medesimo. Quelli, che del numero de' condannati erano nell'e-
sercito di Cornificio si ritrassero in Sicilia; gli altri fuggirono in diuersi luoghi. Sestio fece molti doni al Re Arabione, & a' Sittiani: & le città, che erano sotto il gouerno di
Cornificio fece suddite ad Ottauiano, perdonando a ciascuna. Hora tratteremo della guerra di Bruto & di Cassio.
Hauea Dolabella mandato Albino in Egitto, perche menasse seco quattro legioni, le quali erano restate delle reliquie
dell'esercito di M. Crasso morto da' Parti, & di Pompeo
Magno superato da Cesare; & erano state lasciate da Cesare sotto la cura & protettione di Cleopatra. Onde Albino
conducendo seco le dette quattro legioni per unirsi con Dolabella fu assaltato impetuosamente da Cassio in Palestina, &
fu costretto dare in suo poter l'esercito, non li bastando l' a-
nimo con quattro legioni contender con otto. Et già era fatto Cassio Capitano di dodici legioni. Oltre a ciò si accostarono con lui buon numero di Parti balestrieri a cauallo, perche hauea Cassio acquistata molta riputatione presso a i Parti, quando fu Questore sotto M. Crasso, & era tenuto molto piu prudente & piu cauto che Crasso. Dolabella, poi ch'
hebbe morto Trebonio, staua in Jonio riscotendo i tributi &
le grauezze di quelle città, & attendeua a preparare una
armata, la qual conducea a prezzo da' Rodiani, da' Licj, da' Panfilj, & da' Cilicj, & hauendo già ogni cosa in ordine, deliberò assaltar la Soria. Per terra menaua due legioni, & l' armata guidaua Lucio Figulo, & intesa pel cammino la grandezza delle forze di Cassio, prese la uolta di Laodicea città amicissima sua, congiunta a Chersoneso, doue
giudicaua potere hauer facile commodità della uettouaglia
per

per la uia del mare, & poterſi in queſto luogo condur con
l'armata doue gli piaceſſe ; della qual coſa bauendo Caſſio notitia, & dubitando che Dolabella non ſcampaſſe dalle ſue
mani, ſubito moſſe l'armata contro eſſo Dolabella, mandando innanzi in Fenicia, in Licia, & a Rodi tutta la
matteria neceſſaria per la conſeruatione delle naui & galee ;
l'un l'altro bauea abbondante numero di nauilj accommodati
al combattere, & Dolabella in ſu l'arriuar di Caſſio gli tolſe per furto cinque naui con tutta la ciurma. Caſſio per farſi
piu forte mandò ambaſciadori a Cleopatra Regina di Egitto,
& a Serapione Capitano dell'eſercito che tenea in Cipri Cleopatra, per chieder fauore. Serapione adunque, & i Tirj,
& gli Aradj, ſenza farne intender a Cleopatra alcuna coſa,
mandarono in ajuto di Caſſio tutte le naui, ch'erano al gouerno loro. La Regina riſpoſe agli ambaſciadori di Caſſio,
che non poteua dare altro ſoccorſo che la fame & la peſte
che in quel tempo oppreſſaua Egitto, come quella ch'era diſpoſta in tutto a fauorir Dolabella, per la familiarità ch'bauea tenuta con Gajo Ceſare, & però facilmente & uolentieri conſentì mandarli per le mani di Albino le quattro legioni, delle quali habbiamo fatta mentione di ſopra, & un'
altro eſercito tenea in ordine per ſeruirſene biſognando. I
Rodiani & i Licj affermauano non uoler preſtare fauore ne
a Bruto, ne a Caſſio, & che non oſtante baueſſer accommodate alcune naui a Dolabella, acciò poteſſe paſſare, non però baueano fatta con lui alcuna confederatione. Caſſio a-
dunque con quelli ch'erano con lui ſi preparò alla battaglia,
e con l'eſercito diuiſo in due parti uenne alle mani con Dolabella, e con aſpro odio e furore incominciarono la battaglia. Dolabella ſubito apparue inferiore per mare. Caſſio
con alcune macchine percoſſe talmente le mura di Laodicea da
una parte, ch'erano per cadere. Marſo era poſto alla
guardia di notte, il qual Caſſio non potè corrompere con
alcun prezzo, onde non ceſſò mai che induſſe alla uoglia
ſua i capi della guardia del dì. Ripoſandoſi adunque Marſo il giorno, furono aperte a Caſſio le porte dall'altre guardie, e con gran tumulto e moltitudine entrò dentro, e preſa
la città, Dolabella porſe il capo a un della guardia del corpo
ſuo

suo & impofegli che gli leuaffe la tefta , e prefentaffela a Caffio . La guardia obbedì al padrone , e tagliato che g'i beb- be il capo , ammazzò fe medefimo , e Marfo parimente fi priuò della uita . Caffio unì feco l'efercito di Dolabella , e fece mettere a facco tutta la città di Laodicea , e fece mo- rir tutti i primi cittadini , e gli altri aggrauò con intolera- bili grauezze e tributi , e conduffe quella città ad una eftre- ma calamità e miferia . Caffio dopo la prefa di Laodicea moffe lo efercito in Egitto , intendendo che Cleopatra con grande pompa di efercito andaua a trouare Ottauiano , e M. Antonio , perfuadendofi poterli uietare il nauigare , e uen- dicarfi di lei , hauea oltra ciò notitia che Egitto era op- preffo dalla fame , e non effere in quella Prouincia alcun foldato foreftiere . Ma mentre che Caffio era innalzato dalla fperanza e dalla felicità della uittoria acquiftata contra Do- labella , Bruto gli fcriffe che con fomma preftezza ueniffe a ritrouarlo , perche hauea intefo che Ottauiano & Antonio paffauano il mare Jonio . Caduto adunque Caffio da tanta fperanza , licentiò da fe gli baleftrieri de' Parti , e gli ri- mandò a cafa con molti doni , e con loro mandò ambafciado- ri al Re de' Parti per inuitarlo a unirfi feco . Scorfe la So- rìa & alcune altre uicine nationi infino all'Jonio , e poi riti- randofi indietro , lafciò in Sorìa il nipote figliuolo del fra- tello con una legione , e mandò innanzi gli huomini d'armi in Cappadocia , i quali affaltarono improuifamente Ariobarza- ne , & li tolfero molti danari , & altri apparati da guer- ra , & ogni cofa mandarono a Caffio . In quefto tempo la città di Tarfia era diuifa , perche parte de' cittadini erano amici di Caffio , parte erano ftati in fauor di Dolabella , on- de furono per tale diuifione condotti a una fuprema calamità , e Caffio poi che hebbe uinto Dolabella , impofe loro un tribu- to di millecinquecento talenti , & effendo inabili a poter pa- gar tanta gran fomma , & effendo ogni dì moleftati da' fol- dati di Caffio al pagamento , furono coftretti uender tutte le cofe del pubblico cofi le facre , come le profane : le quali non effendo a baftanza , bifognò che uendeffero fe medefimi , perciochè prima incominciarono a uender , & per picciolo prez- zo , gli fanciulli e le fanciulle non maritate , poi le donne , e final-

e finalmente gli buomini & i uecchi tanto che tornando Caffio di Soria, & uenendo a Tarfia, ueduta quella città
condotta in tanto infortunio & calamità, bebbe compaßione
di lei, & l'affoluè, & la liberò dal refto del tributo. Effendo Caßio & Bruto uniti infieme, & bauendo efaminati molti modi circa la guerra, & fatti molti configli, a Bruto
parea di mutar luogo & trasferirfi in Macedonia, acciò che
l'imprefa foffe maggiore, conciofiacofache i nemici baueffero
uno efercito di quaranta legioni, delle quali otto erano andate alla uolta dell'Jonio fotto il gouerno di Cecilio & di
Norbano. Caßio giudicaua che non foffe da tener molto conto di loro, affermando che per effer fi gran moltitudine, facilmente fi confumerebbono per la fame, & però gli parea
da mouer prima la guerra contra Rodi & Licia come nationi
beneuole agli auuerfarj, & far ogni sforzo per infignorirfi dell'
armata, & porti di quelle due patrie, acciocbe lafciando-
fegli alle fpalle, non foffero poi meßi in mezzo, & accordatifi finalmente a quefto configlio, diuifero tra loro lo efercito, & Bruto tolfe l'imprefa contra Licia, & Caßio contra
Rodi, nella qual Ifola fu già nelle Grecbe lettere ammae-
ftrato; ma bauendo a combatter per mare con buomini for-
tißimi, apparecchiò l'armata fua, & efercitò le naui l'una
con l'altra nel combattere, acciocbe poi gli buomini foffero
piu efperti effendo ancora nell'Ifola di Gnido. I cittadini di
Rodi piu prudenti temeano uenir all'armi co' Romani; le naui loro erano trentatre, raunate infieme alcune altre ne baueano mandate a Gnido, facendo confortar Caßio, cbe non
uoleffe mouer loro guerra; percbe la città loro fempre fi era
uendicata dell'ingiurie, ricordandogli oltre a ciò, che era
in lega co' Romani, la quale non baueuano, uiolata in parte
alcuna. Caßio rifpofe che non bifognaua ufar parole, doue
bifognauano fatti, & cbe non era uenuto per romper la lega, ma per uendicarfi dell'ingiuria riceuuta da loro, effendo ftati contra lui in fauor di Dolabella, & cbe fe uoleano fuggire la guerra, foffero in ajuto fuo contra i Tiranni
della città di Roma, i quali fperaua che tofto fopporterìano
la pena della loro crudele & fcelerata tirannide, & i. Rodiani infieme con loro, fe non faceano con preftezza quello
di

di che erano richiefti. Intendendo tal rifpofta quelli, che
erano di piu fano configlio, incominciarono molto piu a temer delle forze di Caffio. Ma la moltitudine con un certa
impeto inconfiderato precipitaua alla guerra, domandando
per Capitani Aleffandro & Manaffe, affermando che non
era da temer di Caffio, perche effendo ne' tempi pafsati
la città loro ftata affaltata da Mitridate & da Demetrio
con molto maggior armata & piu formidabile, nondimeno
fi erano difefi. Onde eleffero Aleffandro per loro Capitano
& Manaffe fecero Prefetto dell' armata. Mandarono Archelao ambafciadore a Caffio, il qual era già ftato fuo precettore nelle lettere Greche in quella Prouincia, a confortarlo, che uoleffe rimaner dalla imprefa. Era coftui buomo Greco, & giocondo, & molto piu graffo che non era Caffio. Et uenuto al cofpetto fuo come noto & domeftico, lo
prefe per mano pregandolo con quefte parole: O amico de'
Greci non uoler ufar la forza contra la città Greca; o
amator della libertà non difpregiar Rodi, la libertà della
quale infino al prefente mai non è ftata diminuita, ne uoler dimenticar l'hiftoria, la qual imparafti & a Roma, &
a Rodi, quando i Rodiani per faluar la libertà, per la
quale tu dici che al prefente ti affatichi, furono inefpugna-
bili contra le forze prima di Demetrio, & poi di Mitridate. Ricordati ancora delle guerre ch' habbiamo hauute
con uoi & con Antioco Magno, e tu hai uedute in cafa noftra
le colonne marmoree, nelle quali fono fcolpite le guerre fatte gloriofamente da noi, doue fi dimoftra la felicità della
noftra libertà durata infino a quefto tempo. Et quefto fia
detto per quello che fi appartiene in generale al popolo Romano. Ma in particolare dico a te, o Caffio, che tu uoglia ri-
durti alla memoria, come tu fofti già nutrito & ammae-
ftrato in quefta città, uerfo la qual doureffi hauer qualche
riuerenza, hauendola tu habitata come proprio albergo, &
acquiftatiui i precetti delle Greche lettere & difcipline, &
della medicina, & però non confentire di cadere in quefta
infamia d'ingratitudine & di crudeltà, uoltando l'armi
contra Rodi, come contra la patria tua, acciche non
interuenga una di due cofe con tuo grandiffimo carico,

&

& uergogna, o che i Rodiani fiano uinti & disfatti da te,
o che tu fia uinto & superato da loro : & pensa che gli
Dei saranno propitj alla giusta causa nostra. Et poi che'l
uecchio hebbe parlato, non lasciaua la mano a Caffio, ma
la bagnaua con le lagrime in modo, che Caffio non ardiua
guardarlo in uiso per uergogna, & era uinto da tal conscienza e passione di animo, che appena potè rispondere
in questa forma: Se tu non hai consigliati i Rodiani, che
non mi facciano ingiuria, hai ingiuriato me, ma se tu con
ammaestrargli & insegnar loro, non hai potuto persuaderli
che rimangano di offendermi, io ti perdono; ma chi può negare ch'io non sia stato apertamente ingiuriato, essendomi
stato dinegato fauore da quelli, da' quali sono stato nutrito & ammaestrato, come tu dici? Chi non sà, che i Rodiani m'hanno anteposto Dolabella, il qual non fu da loro nutrito o ammaestrato? Ma quello, che è manco tolerabile,
è, che non solamente uoi Rodiani ui siete dimostrati contrarj a me, & a Bruto, & a tutti gli altri cittadini ottimi
Romani, & Senatori, i quali uedete, ch'habbiamo fuggita
la tirannide, & combattiamo per la libertà della patria,
ma hauete anteposto a noi Dolabella, il qual ha fatto ogni
sforzo per tener la patria in seruitù, & dispregiati quelli
a' quali douete esser beneuoli & propitj, allegando far ciò
per non ui mescolar nelle guerre ciuili. La guerra che noi
facciamo al presente, è della Repubblica la qual contende
contra la Monarchia: e uoi abbandonate quelli, che sono in
fauor della Repubblica, & non hauete alcuna compassione di
chi combatte per l'osseruanza, & difesa delle leggi & per
la libertà. Ne potete negar di non hauer notitia, che pe 'l
decreto del Senato è stato imposto & commandato a tutte
le genti & popoli orientali, che siano in fauor nostro, & che
obbediscano a Brutto & a me, & uoi che siete nel numero
de' primi amici del Senato, siete ancora i primi, che ci di-
negate ajuto, a' quali si conuenìa, se pur non uoleuate esser
in nostro fauore, che almeno per la utilità & salute della
Repubblica Romana non ajutaste quelli, che uogliono usurpar
l' Imperio de' Romani. Vogliate adunque esser con noi in tanto graue caso & pericolo della libertà nostra. Cassio è quel-

O o

lo, che u'inuita alla confederatione, che ui chiama per compagni alla difesa del Senato, cittadino Romano, Pretore de' Romani, & Capitano & Oratore de' Romani. Questo medesimo fa Bruto & Sesto Pompeo. Di questo medesimo ui richieggono, pregano, & confortano tutti i nobili cittadini & Senatori scacciati da' tiranni, & ricorsi parte a Bruto & parte a Pompeo. Sapete che per uigor della lega, la qual è tra' Romani & uoi, siete obbligati a prestarci fauore. Ma se uoi non ci riputate ne Pretori, ne cittadini Romani, ma ci stimate piu tosto fuggitiui sbanditi & condannati, adunque uoi non siete in lega con noi, ma con gli auuersarj del popolo, e della libertà de' Romani, & noi non come Romani, ma come forastieri & alieni sciolti da ogni confederatione lecitamente ui faremo guerra, se non uorrete obbedirci in ogni cosa. Et con questa risposta fu Archelao licentiato da Cassio. Onde Alessandro & Manasse Capitani de' Rodiani, con trentatre naui fecero uela & presero la uolta uerso Gnido, con disegno di mettere spauento a Cassio assaltandolo fuori della sua opinione. Il primo giorno, che scorsero a Gnido, fecero solamente la mostra dell' armata per pompa. Il seguente dì andarono contra all' armata di Cassio, della qual cosa merauigliandosi egli subito si riuoltò contra gli auuersarj, & dall' una parte, & dall' altra fu cominciata la zuffa con pari uirtù & ardire. I Rodiani da principio combatterono con le galee sottili, & i Romani con le naui grosse, con le quali offendeuano molto le galee de' Rodiani, tanto che preualendo Cassio nel numero de' nauilj, mise l' armata de' nemici quasi che in mezzo, in modo che non poteano senza difficoltà ritirarsi tanto, che tre galee delle loro furono prese con gli huomini, due affondate, & l'altre furono costrette fuggir uerso Rodi essendo mezze fracassate. Et l'armata di Cassio uenne nel porto di Gnido, doue rassettarono & restaurarono alcuni legni laceri da' Rodiani. Poi ch' hebbe restaurata Cassio l'armata, andò a Lorina castello de' Rodiani, e mandò innanzi alla uia di Rodi Fannio & Lentulo con le naui maggiori, & egli accompagnato da ottanta naui horribile, dirizzò il corso a Rodi, oue si fermò senza usar alcuna forza, come se i nemici uolessero

dar-

darfegli uolontariamente. Ma effendo effi d' incredibile ardire fi uoltarono alla pugna, & nel primo incontro perderono
due naui, & uedendo non poter con l'armata refiftere alle
forze di Caffio, fi ritornarono indietro alle mura della città,
coprendo ogni cofa d' armi, & moleftando continuamente quelli, che erano con Fannio in ful lito; & perche le naui di
Caffio non erano fornite in modo da poterle accoftare alle
mura da quella parte oue era il mare, fece uenire alcune torri di legname, le quali comandò che fubito foffero ritte: &
cofi Rodi ueniua ad effere da due eferciti affediata per mare, & per terra. E perche i cittadini ueggendofi rinchiuf
cofi improuifamente & in un fubito, quafi fi erano abbandonati, non era dubbio che in breue quella città o per fame, o
per forza farebbe uenuta in potere di Caffio; la qual cofa
confiderando i piu fauj & prudenti, uennero qualche uolta a
parlamento con Lentulo & con Fannio. Mentre che le cofe
ftauano in quefti termini, Caffio, non fe ne accorgendo alcuno di quelli di dentro, fu ueduto nel mezzo della città con
l'efercito piu eletto, non bauendo ufata alcuna forza o opera di fcale all'entrare dentro. Fu opinione di molti che le
porte gli foffero aperte da gli amici & fautori fuoi, moffi da
pietà & da compaffione, temendo non morir di fame. In quefto modo Rodi fu prefa, & Caffio fubito fedè nel tribunale con l'hafta ritta in fegno che la città foffe ftata prefa
per forza. Nondimeno comandò a' foldati, che niuno fi moueffe, imponendo la pena della morte a chi ufaffe alcuna uiolenza o preda. Et cofi fatto, fece uenire al cofpetto fuo cinquanta cittadini, i quali effo chiamò per nome, & quelli,
che non comparfero, condannò alla morte, quelli, che fuggirono, confinò; tolfe tutto l'oro & l'argento che era ne' luoghi
pubblici & facri, & a' priuati comandò & affegnò un termine
nel quale doueffero dargli la nota di tutti i beni che poffede-
uano, & a chi occultaua alcuna cofa pofe la pena della uita, & a chi gli manifeftaua promife la decima parte, &
a' ferui la libertà. Furono molti nondimeno i quali giudicando che tale comandamento non baueffe a durar molto, nafcofero molte delle robbe loro: ma ueggendo che a'
manifeftatori era dato il premio, per timore manifeftaro-

no ogni cofa, & poiche Caſſio hebbe ſpogliati i cittadini di
Rodi di quello, che gli parue opportuno, laſciò Lucio Var-
ro alla guardia di quella città, & egli lieto oltra modo
per la preſtezza, con la quale preſe Rodi, & per la copia grande ch'hauea raunata di danari impoſe una grauezza di dieci anni a tutte le città di Aſia, & comandò
che ſubito gli foſſe pagata, & coſi fu oſſeruato perfetta-
mente da ciaſcuno. In quel mezzo hebbe nouelle, Cleopatra
con grandi eſerciti maritimi, e terreſtri hauer deliberato u-
nirſi con Ottauio, & con Marc'Antonio per mare, anteponendo la loro amicitia a tutte le altre per la memoria
di Ceſare, & tanto piu affrettaua il partire, quanto piu temeua della uenuta di Caſſio. Onde mandò Murco uerſo il
Peloponneſſo accompagnato da una legione d'armati con alcuni baleſtrieri & con ſeſſanta naui, & gl'impoſe che ſi fer-
maſſe a Tenaro, & di quindi ſcorreſſe & predaſſe tutto il
Peloponneſſo. Ora uenendo a Bruto, le coſe le quali egli fece contra i Licj, furono di poca importanza. Il principio fu
queſto. Hauendo riceuuto lo eſercito di Apuleio, come noi
dicemmo di ſopra, & poſti inſieme tanti danari delle grauezze & tributi d'Aſia, che aſcendeuano inſino al numero
di ſedicimila talenti, paſſò con l'eſercito in Beotia. Et eſſendogli dapoi conceſſo dal Senato, per decreto, che uſaſſe i
detti danari a'preſenti biſogni, & datagli l'amminiſtratione di Macedonia & di Illirio, tolſe dell'eſercito, che era in
Illirio, tre legioni per le mani di Vatinio, il qual era allora
al gouerno d'Illirio. In Macedonia ancora hebbe una legione
di Gajo fratello d'Antonio, & a queſte ne aggiunſe quattro
altre, & coſi fu fatto Capitano di otto legioni, delle quali la maggior parte hauea combattuto ſotto Ceſare. Hebbe oltre ciò una
moltitudine grande d'huomini d'armi & di caualli leggieri,
& di baleſtrieri, & di Macedoni, i quali armò a modo d'I-
taliani. Mentre che Bruto raunaua eſercito & danari,
gl'interuenne in Traſia queſta felicità. Polemocratia moglie d'un certo Signore morto da'nemici, eſſendo rima-
ſta uedoua con un figliuolo in faſcia, temendo le inſidie de'
nemici, andò a Bruto & diede ſe, il figliuolo, & tutto il teſoro del marito in poter ſuo. Bruto mandò a nutrire il fanciullo

tiutto a Cizico tanto, che fosse in età di gouernare il Regno
paterno, & trouò in quel tesoro gran quantità d'oro & d'argento, il quale messe in zecca, & ne fè battere moneta. Essendo Cassio uenuto a lui, & hauendo deliberato mouer
guerra contra i Licj, & i Santj, Bruto tolse l'imprese de' Santj, i quali intesa la uenuta di Bruto fecero sgombrare i
sobborghi, dapoi attaccarono il fuoco nelle case per torre a
Bruto la commodità de gli alloggiamenti, & de' legnami,
& intorno alla città cauarono i fossi, de'quali il fondo era
piedi cinquanta & la larghezza adequaua il fondo in modo, che stando quelli della terra da una parte de'fossi dal
lato delle mura, &, i nemici dall'altra parte, erano diuisi,
come da un fiume profondo. Bruto usando ogni forza per
auanzare la difficoltà de'fossi, fece fare molte fassine, non
lasciando alcuna diligenza, fatica, o sollecitudine indietro tanto, che circondò le mura intorno da ogni banda con
fortissimo steccato, & fece in breui giorni quello, che non
speraua poter fare in molti mesi, essendo continuamente impedito da'nemici. Hauendo adunque fornita l'opera desidé-
rata, pose i Santj in assedio, i quali usciuano spesso fuori dalle porte, & combatteuano in su i fossi con macchine &
altri instrumenti bellici, benche spesse uolte fossero da' Romani ributtati & rimessi fin dentro alle porte; ma scambiando l'un l'altro, & rinfrescandosi, faceuano merauiglio-
sa difesa, benche ogn'hora molti fossero feriti. Brutto hauendo già rouinate alcune terri delle mura, uolendo ingannare i nemici simulò uolersi tirare in dietro. Onde subito comandò a'soldati che abbandonassero l'ordine del combattere,
& si discostassero da' fossi, lasciando le macchine loro in abbandono. La qual cosa pensando gli Santj che procedesse
da negligenza & da stracchezza, la notte seguente uscirono
fuora, & con le fiaccole accese corsero alle macchine. I Romani subito uennero loro incontro, & spinsergli infino alle
porte. Le guardie per paura che i Romani non entrassero
dentro alla mescolata, chiusero le porte in modo, che molti di quelli della terra restarono di fuori, onde fu fatta di
loro grandissima uccisione. A mezzo giorno seguitando i Romani il medesimo ordine di finger la fuga, usciron della città

molti

molti altri soldati & con incredibile impeto & prestezza at-
taccaron il fuoco alle macchine, a' quali nel tornar addietro furono aperte le porte, acciocbe non interueniffe loro,
come a' primi. Nell' entrare dentro si mescolarono insieme
con effi circa duemila Romani, & fu tanta la furia & la
calca nell' entrare & tanta confusione, che gli usci, i quali serrauano la porta, rouinarono in modo, che ui restarono morti sotto molti de' Romani, & de' Santj, & non
si potendo piu serrare quella porta, Bruto si fece auanti &
spinse dentro degli altri de' piu gagliardi & arditi, i quali
essendo ridotti nell' angustia & strettezza dell' antiporto,
erano combattuti da' Santj dalla parte di sopra, tanto,
che uinta la difficoltà, furono costretti rifuggire in piazza,
dou' essendo aspramente percossi dalle saette, non hauendo
ne archi ne freccie da difenderfi, corfero subito a Sarpidonio per non effer racchiusi da ogni parte. I Romani, che
stauano di fuora, ueggendo quei di dentro posti in tanto
pericolo, deliberaron usare ogni forza & industria per soc-
correrli. Ma trouando la porta già turata & attrauersa-
ta con trauoni & altri legnami grossissimi, & con altri ripari molto forti, & non hauendo oltra ciò ne scale, ne
torri, o macchine di legnami da potere montare per le mura, perche erano loro arse come habbiamo detto di sopra,
appoggiauano traui alle mura in luogo di scale, in su le
quali si sforzauano salire. Alcuni appiccauano alle funi uncini di ferro e gli gittauano sotto le mura, & attaccando-
sene alcuni saliuano per le funi, & in questo modo fecero
tanto, che certi entrati dentro per forza corsero alla porta con tanta generosità d'animo & uirtù, ch' hebbero ardire d'incominciare a rompere i ripari, & crescendo il numero di continouo, in un medesimo tempo & dentro &
fuora combatteuano la porta, ne mai cessaron che guastarono i ripari, & leuarono tutti gl' impedimenti & le difese
in modo, che apersero la uia al potere entrar dentro. La
qual cosa ueggendo i Santj, con grandissimo furor corsero
addosso a' Romani, i quali erano rifuggiti a Sarpidonio.
I Romani che combatteuano alla porta, temendo della salute di quelli di Sarpidonio, spinti, come da una certa ferocità

rocità d'animo a torme, impetuosamente entraron nella terra, essendo già il Sole per tramontare, gridando ad alta uoce, acciocbe quelli cbe erano dentro conoscessero il segno del soccorso. Essendo adunque presa la città, i Santj corsero alle proprie case, & uccisero le donne, & le piu care persone, per non uederli capitare nelle mani de' nemici. Onde sentendosi per tutta la terra pianti & strida immense, Bruto dubitando, cbe la città non fosse messa a sacco, subito comandò pe'l trombetta cbe niun de' suoi toccasse pur una stringa sotto pena della uita. Ma intesa dapoi la cagione del tumulto, fu tocco da tanta compassione, come cittadino amatore della libertà, cbe gli fè confortare a non dubitare della salute loro, & promise far pace con loro. Ma non sperando trouar perdono, seguirono nella incominciata crudeltà, ne mai restarono cbe tolsero la uita a tutti i suoi di casa, dapoi bauendo ciascuno apparecchiata la stipa in casa ui mise dentro fuoco, & scannandossi per la gola si gittarono nella fiamma, & in questo modo miseramente perirono. Bruto fu studioso cbe tutte le cose sacre fossero riguardate. Prese solamente i serui de' Santj, & trouò uiue solamente circa centocinquanta donne libere, ma non legitime. Tre uolte i Santj, per non uenire in seruitù, priuarono se medesimi della uita. La prima uolta, fu quando furon assediati da Arpalo Medo Capitano del magno Ciro, cbe per non uenire serui spontaneamente ammazzarono l'un l'altro. Simil rouina sentirono sotto Alessandro Magno, non potendo sopportare di seruire ad un Signore, Principe, & dominator di tanti popoli, & nationi: & la ultima uolta fu questa. Poi cbe Bruto bebbe uinta la città de' Santj, andò all'impresa de' Patarei, città simile a quella de' Santj, & bauendo loro posto il campo, gli ricbiese cbe obbedissero a i suoi comandamenti, se non uoleuano sopportar la medesima sorte, cb' baueano bauuta i Santj. Presero tempo a rispondere due giorni, & Bruto si discostò con l'esercito. Essendo uenuto il termine, Bruto si accostò di nuouo alla città. I Patarei dalle mura risposero essere apparecchiati obbedire. Bruto allora chiese, cbe gli aprissero le porte, & cosi fu fatto; & entrato dentro

tro

tro comandò a' soldati, che non facessero uillanìa a persona;
non consentì che alcun andasse in esilio. Solamente uolle tutto l'oro, & l'argento così del pubblico, come de' priuati,
facendo uno editto, che chiunque non li presentasse l'oro &
l'argento, cadesse in certa pena, & chi manifestasse i delinquenti hauesse certo premio nel modo che fece a Rodi Cassio. Fu un seruo, il quale accusò il padrone, perche hauea
occultato molto oro, & menando seco il Tribuno di Bruto li
mostrò il tesoro. Et essendo condotto al suo cospetto il giouane, di chi era l'oro insieme col tesoro, la madre per saluare il figliuolo gli staua appresso gridando, & affermando
lei hauer occultato l'oro. Il seruo la riprendeua, come bu-
giarda, e mendace, e giuraua con molta instanza, che 'l
figliuolo, e non la madre era in colpa. Bruto adunque come
pietoso sdegnato contra al seruo scelerato, liberò il giouane non
solamente dalla pena, ma lo rimandò saluo a casa con la
madre insieme, e gli restituì l'oro intieramente, & il seruo fece impiccar per la gola. Lentulo in questo tempo era stato mandato innanzi alle Smille, doue già spezzate le catene del porto, entrò nella città, e fattasi dar buona somma
di danari si partì, e ritornò a Bruto. In quel tempo medesimo uennero a lui gli ambasciadori di Licia, offerendo uoler far lega con esso, e prestargli ogni ajuto possibile. Ris-
cosse adunque da loro alcune grauezze, e riceuè le naui, le
quali mandò alla uolta di Abido, & egli con tutta la fanterìa per la uia di terra seguiua appresso, per aspettare in
questo luogo Cassio, il qual doueua uenire di Jonia, con animo di passare il mare tra Sesto & Abido. Murco in quel
mezzo trascorse con l'armata in Peloponnesso, per osseruare
Cleopatra che nauigaua. Ma intendendo come la Regina era
stata nel mare di Barberìa da maritima tempesta sbattuta,
e ch'hauea perduta quasi tutta l'armata; e uedendo che alcuni nauilj per fortuna erano trascorsi insino in Lacedemonia,
e che Cleopatra appena era potuta condursi nel proprio regno essendo ammalata, per non perdere il tempo indarno, con
tanto grande esercito prese la uolta di Brindisi, doue essendo
fermo teneua serrato il passo alle uettouaglie, che erano condotte in Macedonia. Onde M. Antonio uenne per affrontare

te Murco accompagnato da alcune naui lunghe non però molte. Ma uedendo esser inferiore, chiamò in ajuto Ottauiano,
il quale era in Sicilia con l'armata. Sesto Pompeo come habbiamo scritto di sopra, figliuolo minore di Pompeo Magno,
fu da Gajo Cesare dispregiato, e lasciato in Spagna come
giouane inesperto, & da tenerne poco conto, e da principio
andò in corso, e fu preso, benche allora non fosse conosciuto. Ma ridotto in libertà, in proce'so poi di tempo appa-
rendo in lui molti segni di uirtù, e d'ingegno singolare, incominciò hauere tal seguito e riputatione, che diuentò Capo
di una moltitudine da non stimarla poco. Laonde non gli parue da tenere piu celato il nome suo, & allora si manifestò
figliuolo di Pompeo. Onde in breuissimo tempo hebbe grandissimo concorso, e tutti quelli che erano stati soldati, o del padre, o del fratello, andarono a trouarlo, & a riconoscerlo
per suo Capitano. Arabione ancora di Barberìa spogliato de'
beni paterni, come habbiamo detto di sopra, uenne a lui,
& era tanta la riputatione e la gloria del nome di Pompeo
suo padre per tutta la Spagna, che i ministri & ufficiali, i
quali gouernaron quella Prouincia per Gajo Cesare, teme-a-
no uenir con lui alle mani. Della qual cosa hauendo notitia
Gajo Cesare, mandò Carinna in Spagna con un potente e-
sercito, per espugnare Sesto Pompeo, il quale subito se gli
fece auanti, & appiccato con esso il fatto d'armi lo ruppe,
& col fauore & riputatione di quella uittoria s'insignorì di
alcune città & castella. Onde Cesare fu costretto mandar
per successore di Carinna, accioche resistesse alla forza di
Pompeo, Asinio Pollione, il quale nel tempo che Cesare fu
morto, faceua guerra a Sesto Pompeo, & come trattammo di
sopra, fu dopo la morte di Cesare richiamato dall'esilio dal
Senato, & essendo fermo a Marsilia aspettare il fine delle
contese ch'erano uenute in Roma per l'uccisione di Cesare,
fu dal Senato eletto Capitano del mare, come era stato prima
il padre. Ma non uolle ritornare a Roma, temendo le insidie de'nemici, & auuersarj paterni. Solamente prese in gouerno tutte le naui ch'erano in porto, & le unì con quelle
ch'haueua prima, e con questa armata si mosse di Spagna,
& uenne in Sicilia, essendo già nata la tirannide de'tre cit-

P p   ta-

tadini, & assediò Bitinico Pretore di quella Isola, il qual
ricusaua dargliela in potere infino a tanto che Hircio, &
Fannio del numero de' condannati fuggiti da Roma, persuasero a Bitinico che dasse la Sicilia a Pompeo, & in questo modo acquistò quella Isola, hauendo copia di molti nauili, &
essendo uicino all' Italia, & stipato da grande essercito de' liberi e serui, qual non hebbe mai alcun fuoruscito di Roma.
Oltra ciò molti Italiani andauano a trouarlo sotto speranza
della uittoria, & in questo modo crebbe in somma potenza. Era oltre a ciò seguitato, e fauorito da tutti quelli, i
quali haueano in horrore, & in odio la Signoria de' tre cittadini, & temeano la crudeltà & tirannide loro, & per ispu-
gnerli haurebbono fatta ogni cosa, & per questo occultamente
tendeano insidie contra di loro, & con questo animo si partiuano dalle loro città, & andauano a trouar Pompeo, non si
curando ritornar più nella patria; tanto era Sesto in quel
tempo accetto a ciascuno. Andauano etiandio a lui molti marinai & di Barberìa, & di Spagna huomini esperti nel mare:
& in questo modo Sesto Pompeo era copioso di Capitani, di
naui, di caualli, di fanterie, & di danari. Le quali cose
intendendo Cesare Ottauiano & dubitando della grandezza
di costui, mandò in Sicilia Saluideno con grande armata,
& egli si partì d'Italia, & uenne a Reggio per ajutar Saluideno bisognando. Sesto Pompeo con una potente armata se gli
fece appresso, & essendo uenuti alle mani, le naui di Pompeo, & per agilità & destrezza, & per prestezza & esperienza de' marinai, & de' nocchieri apparuero superiori, &
quelle de' Romani erano per la loro grandezza, & grauità
molto impedite. Et uenendo la marea maggiore, che 'l consueto, le naui di Pompeo per esser più leggiere si difendeano
meglio. Quelle di Saluideno come più graui erano manco potenti a resistere al mare, ne si poteano sanza grandissima
difficoltà ualere di uele e di remi. Per questa cagione Saluideno in su 'l tramontar del Sole fu costretto ritirarsi con le naui, & Pompeo fece il simile essendo del pari le naui perite.
Saluideno con quelle, ch' haueano bisogno di ristoro, si condusse nel porto del mare Baleatico. In questo mezzo soprauenne
Ottauiano promettendo a quelli di Reggio & a gli Iponensi fare
gli

gli esenti dalle gravezze della condanna, se voleano esser in
suo favore, perche facea grande stima di questi due popoli,
essendo le loro città in su la marina. Ma essendo in questo
tempo chiamato da Marc'Antonio, lasciò stare ogni altra
cosa, & con somma prestezza andò a trovarlo a Brindisi, essendo Pompeo dalla sinistra parte della Isola di Sicilia, al
quale havea al tutto deliberato mover guerra. Murco adunque vedendo comparso Ottaviano, per non esser messo in mezzo & da lui, & da Antonio, a poco a poco si discostò da
Brindisi, osservando nel passar su le navi maggiori, le quali haveano imbarcato l'esercito ch'era mandato da Brindisi in
Macedonia, & queste navi erano mandate sotto la scorta
delle galee sottili; ma havendo il vento prospero, posta da
parte la paura, presero alto mare, lasciando la scorta in dietro. Per la qual cosa Murco turbato oltra modo aspettava
la ritornata loro per impedirle, accioche non potessero levare
il resto dell'esercito, ma ritornando una volta, & piu col
vento favorevole, & con le vele gonfiate imbarcarono tutto
l'esercito, & insieme con loro Ottavio & Antonio. Murco
adunque stimando esser impedito, & offeso da qualche demonio, aspettava come disperato l'altro esercito, che dovea venir d'Italia con la vettovaglia per impedire il passo. In questo tempo si unì con lui Domitio Aenobarbo avolo di Nerone
Imperadore, un de' Capitani di Cassio, il qual sopravenne come ad opera utilissima, & necessaria accompagnato da cinquanta navi & da due legioni con molti balestrieri & arciè-
ri, stimando con queste genti & apparecchi poter impedire che
ad Ottaviano non fossero condotte le vettovaglie per la via
d'Italia. In questo modo Murco & Domitio con cento trenta navi lunghe, e con molti altri legni infestavano il mare.
In quel mezzo Ceditio, & Norbano, i quali dicemmo dise-
pra essere stati mandati da Ottaviano, & da Antonio in
Macedonia con otto legioni, affrettandosi d'occupar i monti
di Tracia, erano già allontanati da Macedonia circa millecinquecento stadj: e passati la città de' Filippi, & insignoriti
del passo e de' luoghi angusti de' Torpidori, de' Sapcori, mem-
bri del Reame di Rascupoli, onde solamente è il passaggio
d'Asia in Europa, e di qui impedivano il cammino a soldati

di Caßio, che uoleano paßar d'Abido a Seſto. Raſcupoli e Raſco erano fratelli Re d'una parte ſola di Tracia, ma eran contrari inſieme, perche Raſco ſeguiua la parte d'Antonio, e Raſcupoli era in fauor di Caßio: e ciaſcun baueaſeco tremila Caualeri bene ad ordine. Domandando quelli, ch'erano con Caßio, del camino, Raſcupoli riſpoſe in queſto modo: Il cammino dritto piu breue & uſitato a condurſi ne luoghi ſtretti de' Sapeori eſſer per la uia di Neno & di Maronia, ma eſſer pieno di gente d'armi, & ſerrato da'nemici, il circuito eſſer piu lungo tre uolte, & piu difficile, ma che i nemici non uerrebbono loro incontro per la careſtìa delle uettouaglie. Da queſta ragione perſuaſi quelli di Caßio preſero il cammino per Neno, & Maronia per la uia che conduce in Liſimachia, & Cardia, le quali città fanno lo Iſtmo del Cheronneſe di Tracia, quaſi come due porte. Il ſeguente dì andarono al Seno chiamato Nero, nel qual luogo facendo la raſſegna delle genti d'arme, trouarono bauer legioni decimoue, otto di Bruto, & noue di Caßio, l'altre due erano di piu pezzi; in modo che in tutto l'eſercito tra a piè, & a cauallo erano ſettanta mila perſone. Il numero de' caualli dell' uno & dell'altro era del pari. Con Brutto erano quattromila caualli de' Franceſi & de' Portogalleſi, & duemila di Trani, d'Illirj, di Partenori, & di Theſſaglia. In compagnìa di Caßio eran duemila caualli di Spagnuoli, e di Franceſi, & quattromila arcieri a cauallo di Arabi, Medi, e Parti; compagni & confederati della guerra erano i Signori de' Galati ch'habitano in Aſia, i quali baueano ſeco gran numero di fanterìe, & intorno a cinquemila caualli. Con queſto grande eſercito, Bruto & Caßio, ſi prepararono alla guerra, & bauendo ordinata, & compoſta ogni coſa, e diuiſo l'eſercito inſquadre, Caßio perche era di piu età che Bruto, fatto imporre ſilentio, bauendo intorno al tribunale molti Senatori, parlò in queſta ſentenza: Non è minore, commilitoni, la ſperanza, la qual babbiamo nella uirtù, & fede uoſtra ſingolare, che nelle forze. La preſente guerra è comune a tutti noi, perche ſi tratta della ſalute di ciaſcuno. Accreſce la ſperanza noſtra la giuſtiſſima cauſa noſtra, & la nequitia, crudeltà, & ſceleratezza degli auuerſarj. Vedete

dete la grandezza dell' apparecchio nostro, della uettouaglia, dell' armi, delle pecunie, delle naui. Vedete i fauori & ajuti de' nostri confederati, de' Re, & delle nationi potenti. Niuna altra cosa ci manca, se non che come
la necessità dell' impresa ci congiunge insieme, così la unione
& la concordia congiunga gli animi nostri a una medesima
prontezza & uolontà. Hauete contezza per qual cagione siamo perseguitati da' tre cittadini, & prouocati da loro alla
guerra. Sapete che noi siamo quelli che combattendo sotto
Cesare essendo Pretore, lo inalzammo a tanto grande Imperio, & continuamente gli fummo amici in modo, che non
si può con uerità affermare che per alcuna nimicitia noi gli
apparecchiassimo l' insidie, & confessiamo, che mentre non
scoperse l' animo & studio suo essere uolto alla Monarchia,
stemmo contenti della gloria, & riputatione sua, & in
quel tempo fummo da lui honorati. Ma dapoi che esso si uestì intieramente dell' habito del tiranno, ne hauea lasciato
piu alcun luogo alle leggi, alla dignità, & ornamento della
Repubblica anco soggiogata intieramente, & spenta la libertà Romana, ci ricordammo del giuramento de' nostri antichi padri, quando hauendo cacciati i Re giurarono che mai
piu riceuerebbono in Roma alcun' altro Re: al qual sacramento accostando i loro figliuoli & descendenti, & scaccian-
do da se la maledittione paterna, non hanno potuto sopportar che nella città loro sia contra 'l giuramento antico riceuuto nuouo Re, benche fosse loro amico, & utile, ueggendo
ch' hauea trasferiti a se i danari pubblici dell' esercito, e tolta al popolo Romano la creatione de' magistrati, & al Senato il principato delle genti, dimostrando palesemente esser
egli datore delle leggi, in luogo di osseruatore di quelle, esser
Signore in uece del popolo, esser Imperadore in luogo del Senato. Alcun forse di uoi ha poco considerate queste cose, hauendo conosciuta la uirtù di Cesare solamente nell' armi. Hora
uogliate considerare & pensar bene quali siano state l' opere
sue nella ciuilità & dentro alle mura della città uostra,
& confessarete esser uerissimo quello, che al presente ui
narriamo. Ma acciò che intendiate meglio, considerate gli
esempj delle cose andate. Soleua il popolo Romano hauer

per

per superiore i magistrati, cioè i Consoli, i Tribuni, & i Pretori, & negli eserciti obbediuano i soldati a' comandamenti del Senato, erano puniti i delinquenti, & i buoni & uittoriosi premiati, ciascuno staua contento & patiente al freno delle leggi. Con questo modo di uiuere l'Imperio nostro peruenne a sommo grado di felicità & di potenza. Scipione in testimonio della sua uirtù fu dal popolo creato Consolo, & mandato all'impresa di Cartagine, & così molti altri uostri cittadini illustri furono per i meriti loro esaltati, i nomi de' quali ui debbono esser notissimi, & però gli taccio. Ma dapoi che Cesare prese la tirannide, ne uoi, ne il Senato, ne il popolo hauete potuto secondo le uostre leggi eleggere alcun magistrato, non Pretori, non Consoli, non Tribuni. Niuno è stato premiato secondo la sua uirtù, ne punito secondo i suoi demeriti. Ma quello che è piu detestabile, è, che i buoni sono stati perseguitati, & i rei honorati & aggranditi. Ne ui fu lecito difender i uostri Tribuni oppressi da contumelia, acciò, che non ui restasse alcuna stabile dignità, & perche noi ci siamo sforzati uendicarui da tante ingiurie, & liberarui da seruitù, hauete ueduto che per insidie, & comandamenti di un solo siamo stati cacciati, la qual cosa il Senato ha sempre dimostrato sopportar con molestia, il quale ueggendo che Cesare hauea attribuito a se intieramente quello che era della Repubblica, deliberò spegnere tanto pernitiosa, & abbominanda tirannide: & però congiurò nella uita sua; & poi che fu morto, non uolendo scoprire l'animo suo, testificò solamente tale opera essere stata di pochi, ma di cittadini ottimi, & amatori della libertà. Ma non potè alfine astenersi che non manifestasse la uolontà sua, quando fece per decreto che gli uccisori del tiranno fossero guiderdonati, & comandò che della morte di Cesare non si potesse ragionare, & che da niuno si potesse proporre o trattare della uendetta, & a noi concesse il gouerno & amministratione di nationi potentissime, & uolle che a noi obbedissero tutti i popoli, che son dall'Ianio fino a Soria. Oltre a ciò, non solamente prouide di richiamar dall'esilio Sesto Pompeo figliuolo di Pompeo Magno, ma ancora gli restituì il prezzo de' beni paterni del danajo del pubblico, & fecelo Capitano

tano generale del mare, acciò che bauesse qualche magistrato essendo giouane popolare, & imitator della paterna
gloria & libertà. Quale più manifesto segno adunque ricer-
cate uoi della mente del Senato? Qual più chiara dimostratione? Ma in che modo poi da' uiolatori della libertà,
& da' seguaci del tiranno i nostri cittadini siano stati trattati, lo dimostra la nuoua & scelerata crudeltà, lo stratio
fatto del sangue di tanti egregj & illustri cittadini, i quali sono stati decapitati nelle case, negli antiporti, & ne'
templi degli Dei immortali da' soldati, da' serui, da' nemici, & in piazza sono state appiccate le teste de' Consoli,
de' Pretori, de' Tribuni, degli Edili, de' Senatori, de'
Caualieri, & a' ministri di tanta sceleratezza sono stati
dati li premj. Non fu mai più ne' tempi passati udita simil
crudeltà, & di tanto uituperio sono stati autori questi tre
egregj non cittadini, ma tiranni, non tiranni, ma cani,
tigri, & aspidi uelenosi, & sitibondi del sangue bumano,
& della carne innocente lupi rapacissimi, i quali si sono lasciati uincer da tanto furore, & da tanta insania: che
l' un ha tradito, l' altro, chi il fratello, e chi il zio. Ditemi quando una città è presa da gente barbara, possono
esser commessi delitti simili a questi? Quando i Francesi
presero la città nostra, non tagliarono il capo pure a un
seruo. Non uietarono il nascondere, o il fuggire pure a un
fante a piè. Et noi in tutte le città, le quali habbiamo
preso, non solamente habbiam fatto alcun simile trattá-
mento, ma ne consentito, o persuaso che altri l' habbia fatto. Quale error fece Tarquinio superbo simile a questi?
Niun certamente, & nondimeno fu priuato del regno per
l' ingiuria, che riceuè una donna tradita, & uiolata per
forza, & uiolenza d' Amore. Et per questa sola colpa, non
sua, ma del figliuolo, il popolo Romano non uolle ch' egli
regnasse più oltre. Et questi tre sceleratissimi predoni, &
assassini hanno tanta audacia, & insolenza che hanno preso
l' armi contra i defensori delle leggi & della libertà Romana: & poiche Pompeo sente con noi, & è popolare, è da
loro parimente insidiato. Ma ditemi, le donne, che hanno congiurato contra Cesare, che sono da loro state condannate

nate in tanto numero di danari? Il popolo infieme con molti altri popoli d'Italia in che ha errato? Che è stato condannato infino al numero di centomila perfone a pagar ciafcun chi una fomma, & chi un'altra, benche molti fiano efenti dalle grauezze? Et benche habbiamo ufurpati molti danari, nondimeno non hanno adempiuti i promeffi doni pure a quelli, che fono a' foldi loro. Et noi, da' quali non è ftata commeffa alcuna cofa ingiufta, ui habbiamo offeruata la fede delle cofe promeffe, & fiamo prefti oltra la promeffa rimeritar le fatiche uoftre con maggiore, & piu ampia retributione, & cofi Dio ci prefti l'ajuto fuo come a perfone le quali operiamo fecondo la giuftitia. Dallo efempio adunque di Dio imparare douete quello, che fi conuiene agli huomini, & riuoltar gli occhi a' uoftri cittadini, i quali hauete fpeffe uolte ueduti i uoftri fuperiori, quando erano pofti in dignità di Pretori, di Confoli, & in fommo grado d'honore, cittadini commendati, & efaltati, & hora gli uedete ricorfi al foccorfo uoftro, come a mifericordiofi, & fautori del popolo, & della libertà, i quali defiderano per uoi ogni felicità & letitia. Molto piu giufti premj fon da noi promeffi a' conferuatori della libertà, che da quelli, che fon difenfori & autori della feruità, & tirannide, i quali non confiderano che Dio, come difenfor della giuftitia, ha meffo negli animi noftri tanta coftanza, che ci fiamo uirilmente moffi ad uccidere con le noftre mani Gajo Cefare, perche hauea ufurpata la Republica Romana. Onde è da ftimare che quefto medefimo per diuina permiffione habbia ad auuenire a' fautori della tirannide fua, i quali noi dobbiamo riputare di niun prezzo, fperando che noi fiam quelli, i quali con l'ajuto di Dio difenderemo le giufte caufe, & habbiamo a reftituir alla Repubblica le fue leggi, & la libertà, fe non uorremo mancare a noi medefimi, i quali habbiamo prefe l'armi per opprimere i tiranni, & per uendicar la mifera patria da feruità. La principale fperanza che fi conuiene hauer nelle guerre, & il primo fondamento, deue effer nella giuftitia, & honeftà della impreſa. Ne ui ritardi dal debito uoftro il ricordo di effere ftati qualche uolta fotto la militia di Ce-

fare:

sare, perche non fosse soldati suoi, ma della patria, & gli
stipendj, & premj che da lui ui furono dati, non erano
suoi, ma della Repubblica, come al presente ancora questo esercito non è di Bruto, o di Cassio, ma del popolo Romano, anzi noi siamo nostri compagni, & commilitoni,
benche Pretori de' Romani. Le quali cose se fossero bene
considerate da quelli, che ci perseguitano, & essi, & noi
porremmo giù l'armi, & lascieremo il gouerno, & la cura
de' nostri eserciti al Senato, & eleggeremo quello ch' è piu
utile alla patria & a noi. Di che noi gli habbiamo già
piu uolte confortati. Ma hauendo essi deliberato perseuerar
nella rapina, & crudeltà loro, siamo costretti uendicar l'
ingiuria. Andiamo adunque a trouarli, fedelissimi, &
carissimi compagni, con certa speranza di uittoria, non
con animo uile, ma forte & inuitto, combattendo per la
libertà, & salute del Senato, & popolo Romano. Essendosi a queste parole leuata una concorde, & unita uoce di
tutti i soldati, & gridando ciascuno andiamo, andiamo,
Cassio rallegrato per la prontezza loro, di nuouo fece pe 'l
trombetta imporre silentio, & soggiunse le parole infrascritte. Tutti gli Dei guide, & Duci delle giuste guerre ui
rendino, o commilitoni, condegne gratie della fede, &
prontezza uostra singolare. Delle cose che si appartengono
alla humana prouidenza de' Capitani noi ne habbiamo molte piu & migliori che i nemici nostri. Habbiamo di legioni
armate numero pari alle loro, & habbiamone ancora lasciate al presidio de' luoghi opportuni piu di loro: di caualli, & d' armata siamo loro superiori. Habbiamo piu confederati di loro, piu Re, & piu nationi dal canto nostro infino a i Medi, & i Parti. I nemici solamente ci soprasta-
no dalla fronte, & noi siamo loro alle spalle. Habbiamo
dal canto nostro Sesto Pompeo in Sicilia, & Murco in Jonio, & ancora in fauor nostro Domitio Aenobardo con
grande esercito, & con abbondanza di uettouaglia, accompagnato da due legioni, il quale seguono gli arcieri, & balestrieri, molestando assiduamente l' armata de' nemici, &
lasciando dopo noi il uiaggio netto & espedito per mare,
& per terra. Ne ci mancano danari, i quali sono

chia-

delle guerre, & gli auuersarj ne hanno grandissima carestia,
ne possono satisfare al pagamento de' soldati loro ; e sono
loro succedati a uuoto a' beni de' condannati, perche pochi
si sono trouati ch' habbiano uoluto comprarne. Non hanno
piu doue si riuolgere. Italia è afflitta, & oppressa da infiniti mali, da intolerabili grauezze, e tributi, da' dissensioni, e da molti altri affanni. Hanno oltra ciò il bisogno
delle uettouaglie con grandissima difficoltà, & solamente per
la uia di Macedonia, & di Tessaglia per luoghi mon-
tuosi. Noi senza alcuna fatica ogni giorno n'habbiamo abbondanza per terra, & per mare dalla Tracia insino al fiume
Eufrate senza alcuno impedimento, non hauendo lasciato dietro alle spalle alcuno nemico. Et però concludiamo che è in nostro
potere o affrettar la battaglia, o macerare gli auuersarj con
la fame. Hauete tutti questi prouedimenti, o Commilitoni, &
noi ui osseruaremo abondantemente tutto quello che ui habbiamo promesso, & compenseremo la uostra fede, e uirtù con
la grandezza del premio. All' huomo d'armi daremo mile-
quattrocento dramme italiane, al capo di squadra il quinto
piu, & al tribuno il doppio. Andiamo adunque lietamente e
di buona uoglia alla battaglia, la qual essendo presa da noi
col fauore de gli Dei, dobbiamo sperarne certissma uittoria.
Poi ch' hebbe Cassio posto fine all' oratione, tutto l' esercito ad
una uoce commendò Bruto, e Cassio con somme lodi, & ciascuno si offerse operare uirilmente, ne ricusare alcuna fatica
o pericolo per la salute loro. Allora Bruto, & Cassio senza
altro indugio pagarono il promesso danaro, auuiando di mano
in mano tutti quelli, ch' erano pagati, e poi ch' hebbero satis-
fatto a ciascuno, e mandata innanzi la maggior parte de' soldati, essi poco dapoi seguirono il cammino. E' fama che duo
Aquile uolarono in su li uessilli argentei, & col becco & con
l'unghie laceranano l'una l'altra. Alcuni altri scriuono, che
l'una osseruaua l'altra, e che da' Pretori furono nutrite alquanti giorni, & che 'l dì auanti alla battaglia uolarono uia.
Due giorni consumò l'esercito nel passare il negro seno spar-
gendosi per tutti li luoghi maritimi insino al monte Serrio :
& Bruto, & Cassio presero la uia per luoghi fra terra,
& a Tullio Cimbro imposero ch' andasse scorrendo, &

uol-

volteggiando le marine con una legione armata & con alcuni arcieri. Tullio adunque osseruando il comandamento, anda ua speculando il paese, lasciando alla guardia de' porti quella parte di soldati & di nauilj, quali giudicaua necessarj. Norbano adunque, il quale haue a abbandonati questi luoghi, come inutili, & angusti, commosso dal dubio delle naui di Tullio trouandosi ne' luoghi stretti de' Sapeori, chiamò in ajuto suo Cecidio che era co' Turpilj. Della qual cosa bauendo Bruto notitia, mandò innanzi a quella uolta una parte de' suoi: il che intendendo Norbano & Cecidio, fornirono i luoghi de' Sapeori con somma prestezza & di soldati & di munitione in modo, che a' soldati di Bruto fu interamente serrato il passo, i quali disperandosi del passare, dubitauano di non essere forzati entrare nel circuito, che da principio baueano ricusato, & camminar per luoghi occupati da gli auuersarj da ogni banda. Rascupoli adunque ueggendoli posti in tale difficoltà, diede loro questo consiglio, essere un camino di tre giorni presso al monte de' Sapeori, ma essere difficile a tenerlo per l'asprezza delle ripe & de' balzi, & per essere luoghi senza acqua & pieni di selue. Nondimeno uolendo portar seco dell'acqua, & camminar per quei sentieri stretti, andrebbono sicuri, & passerebbono ad ogni modo, perche non sarebbono uditi o ueduti pur da uno uccello per la condensità degli arbori, & profondità delle selue, & il quarto giorno facilmente si condurrebbono ad un fiume chiamato Arpesio, il qual mette in Nermo; onde poi una giornata si condurrebbano a' Filippi, & preuerrebbono i nemici all'improuiso, e romperebbonli senza rimedio. Piacendo a' soldati il consiglio di Rascupoli, benche temessero della difficoltà del cammino, nondimeno inuitati dalla speranza di poter sperare i nemici per questa uia, mandarono innanzi una parte di loro sotto Lucio Bibulo in compagnia di Rascupoli. Costoro adunque con molta fatica procedendo nel cammino, il quarto dì stanchi già dall'asprezza della uia, e tormentati dalla sete, perche già mancaua l'acqua ch' baueano portata seco per tre giorni, incominciarono a temere, & dubitar non esser condotti nelle reti; perilche mossi da ira, incolpauano Rascupoli riprendendolo come autore dell'inside, benche esso gli confortasse

tasse

tasse a non dubitare. Bibulo similmente gli pregaua che uolessero patientemente sopportar il resto del cammino. Era già
uicina la sera, quando quelli, che andauano innanzi bebbero uista del fiume. Onde subito per la letitia fu leuato
il romore com' era conueniente. Questa lieta uoce peruenne insino a quelli ch' erano da ultimo. Bruto, & Cassio intesa la cosa, col resto dello esercito pressro il medesimo uiaggio, camminando per luoghi diserti, & aspri con incredibile
prestezza. Questo romore fu palese a gli auuersarj in modo
che non poterono esser preuenuti. Percioche Rasco fratello
di Rascupoli, accorgendosi della cagione dello strepito, fu preso da grandissimo stupore, marauigliandosi, anzi parendogli
impossibile, che un' esercito tanto grande fosse potuto passare
per luoghi senza uia, & senz' acqua, e tanto difficili, &
oscuri per le molte & spesse selue, che non ch' altro le fiere
sarebbe impossibile che passare le potessero. Rasco adunque
ueduti già arriuati i nemici ne diede subito auuiso a Norbano, & a gli altri, i quali fuggiti la notte da' luoghi de' Sapeori, si condussero alla città d' Anfipoli. In questo modo
l' uno, & l' altro di questi due fratelli furono in ajuto non
picciolo della parte sua, Rascupoli col menare l' esercito di
Cassio, & di Bruto per luoghi incogniti, Rasco nel dar la
soprascritta notitia a Norbano. I soldati di Bruto in quel
mezzo con marauiglioso ardire scesero ne' campi Filippici, doue peruenne ancora Tullio Cimbro. In questo luogo adunque
si accampò tutto l' esercito di Bruto, & di Cassio. La città de'
Filippici anticamente fu chiamata Dato, & prima fu nominata Cremido, la qual è posta a piè d' un colletto, onde nas-
cono più fontane con acque salubri, & abbondanti. Questo luogo Filippo Re di Macedonia elesse, come opportuno, & accommodato alla impresa della Tracia, & fecegli intorno uno
steccato, & da se lo chiamò Filippi: & è come habbiamo dette in su un colle, compreso tutto dalle mura della città: e da
Settentrione ha balzi, & boschi: & da questa parte Rascupoli confortò Bruto che si ponesse con l' esercito. Dal mezzo
dì ha una palude, & dopo lei il mare. Da Leuante sono
li stretti di Sapeori, & de' Turpilj. Da Ponente è una
pianura amplissima & spatiosa, la quale si distende da Mur-
cino

tino infin a Drabifco, & al fiume di Strimone per ifpatio di
ſtadj trecentocinquanta, & è abbondantiſſima di gramigna,
& l'aſpetto ſuo è diletteuole, & ameno, doue è fama che
fu rapita Proſerpina, raccogliendo i fiori. Pel mezzo paſ-
ſa il fiume Zigacio. Dal colle de' Filippi è un' altro colle non
molto lontano chiamato Dioniſio. Piu oltre intorno dieci ſtadj ſono due altri colli ſeparati l'uno dall' altro per ſpatio
di ſtadj otto. In un di queſti colli, che guarda al mezzo dì,
Caſſio preſe gli alloggiamenti, & nell' altro Bruto, non ſi curando ſeguire Norbano che del continuo fuggiua loro dinanzi,
perche già ſi diceua che Marc' Antonio ſi auuicinaua, eſſendo
allora Ottauiano ammalato in Epidano. Era la pianura, la
quale habbiamo deſcritta, molto accommodata al combattere,
& i colli molto opportuni agli alloggiamenti, nel circuito
de' quali da una parte erano ſtagni & paludi infino al fiume di Strimone, dall' altra erano luoghi anguſti, & ſenza
entrata. Tra l'uno & l'altro colle era una pianura di ſtadj
otto, come habbiamo detto, molto facile a camminarla, d'onde è il paſſo & uſcita come da due porte in Aſia, & in Europa. Bruto & Caſſio fortificarono queſta pianura da ſteccato,
a ſteccato, laſciando in mezzo alcune porte in modo, che
due eſerciti, ne' quali diuiſero il campo loro, pareuano ſolamente uno. Correua in detto luogo un fiume chiamato Gan-
ga ouero Gangiti, & dalla parte di dietro era la marina,
onde poteano hauere l'entrata, & l'uſcita di tutte le neceſſarie prouiſioni: la munitione delle uettouaglie haueuano meſſa nella città di Taſo, come in un loro granajo, la quale era
lontana circa cento ſtadj. Marc' Antonio hauendo notitia di tutti queſti prouedimenti, ſi faceua innanzi con l'eſercito con ſomma preſtezza, con animo d'inſignorirſi di Anfipoli, come di
città molto opportuna al biſogno della guerra. Ma intendendo come queſto luogo era guardato, & fortificato da Norbano, ne preſe grandiſſima letitia, & con Norbano laſciò Pinaro con una legione, & egli con incredibile ardire
continuando il cammino, preſe gli alloggiamenti preſſo a quelli de' nemici intorno otto ſtadj. Allora ſi potea uedere le qualità dell' uno eſercito, e dell' altro. Bruto & Caſſio erano in luogo freſco e piaceuole. Antonio era nell' infima parte
del

del piano . I soldati di Bruto , & di Cassio haueuano la commodità del fiume . Quelli d' Antonio traheuano l'acqua da' pozzi , i quali haueuano cauati lor medesimi . La uettouaglia di Bruto , & di Cassio veniua da Taso . Agli Antoniani era portata d' Anfipoli , lontano piu che stadj trecentocinquanta : la uenuta di Marc' Antonio si repente , e lo ardire che dimostrò nell'accamparsi tanto presso a' nemici, recò loro non mediocre spauento . Con somma prestezza adunque fecero alcuni castelli di legname , i quali fortificarono con fosse , & con steccati . Antonio ancora si fece forte dentro agli alloggiamenti , & hauendo l' un campo , & l' altro fatte quelle prouisioni che pareuano necessarie , fu dato principio a fare alcune scaramuccie con la fanteria , e con alcuni caualli leggieri . In questo mezzo comparse Ottauiano , benche egli non fosse ancora confermato nelle forze in modo , che si potesse esercitare il corpo , percioche si fece portar in campo nella lettica . Subito i soldati della parte sua ordinaron le squadre . I soldati di Bruto , i quali erano in luogo piu eminente , si misero ad ordine non però con proposito di calare al basso , o di uenir alle mani, ma con speranza di espugnare i nemici pe'l mezzo della carestìa e difficoltà delle uettouaglie . Erano nell' una & nell' altro asercito diecinoue legioni , benche Bruto ne hauesse minor numero . Marc' Antonio , & Ottauiano haueano ottomila Caualieri di Tracia , & Bruto & Cassio uentimila in modo , che per moltitudine di soldati , & per uirtù & ardire de' Capitani , & per apparecchio d' armi nell' uno esercito , & nell' altro si uedea uno splendidissimo , & ornatissimo spettacolo , & benche l' una , e l' altra parte stasie apparecchiata alla battaglia , rimasero nondimeno piu giorni senza far alcuna cosa memorabile , perche i soldati di Bruto non attendeano ad altro che a uietar il passo della uettouaglia a' nemici , hauendo Bruto e Cassio l' Asia in loro fauore ; onde haueano la commodità di tutte le cose necessarie . Agli auuersarj auueniua il contrario , perche in Egitto era carestìa & fame , di Barberìa & di Spagna non poteano hauer pure una soma di grano per rispetto di Pompeo , ne d' Italia per cagione di Murco & di Domitio .

So-

Solamente era fomminiftrata loro la uettouaglia di Macedonia, & di Teffaglia, benche non foffero per durar lungamente. La qual difficoltà conofcendo Bruto, & Caffio faceano ogni ftudio per tener gli auuerfarj in tempo. Antonio adunque preuedendo il pericolo, deliberò prouocare i nemici alla battaglia, potendo aprirfi la uia per la paludo nafcofamente per ferrare il paffo della uettouaglia, che ueniua da Tafo. Ordinati adunque i fuoi fubito alla zuffa, furono da ogni parte meffe in ordine le fquadre, & ciafcun ufcì a campo. Antonio mentre che i foldati ftauano in armi, impofe ad una parte de' fuoi, che non attendeffero ad altro, che a fare una uia per la palude con fafcine, & con graticci, facendo di mano in mano tagliar certa fpetie di canne, nate nella palude, & riempiere di faffi, & di terra gittati in fu i graticci, & doue era maggior fondo, fortificaua con certi legni incrocicchiati, la qual opera era fatta con marauigliofo filentio, perche l' altezza & fpeffezza delle canne nafcondeua agli auuerfarj l' afpetto della cofa. Et hauendo in dieci giorni fornita ogni cofa, mandò a dirittura in tempo notturno innanzi l' aguato, & prefe lo fpatio, che era in mezzo reftato uacuo, & dirizzò alcuni caftelli di legnami, i quali forni, & fortificò fecondo il bifogno. Caffio marauigliandofi del macchinamento, & fraude dell' opera, & affrettandofi gittar per terra i caftelli fatti da Marc' Antonio, circondò con muro tutto il reftante della palude, empiendo ogni cofa di fafcine, & di ghiaja, & di pietre dagli alloggiamenti fuoi infino alla marina, rizzando certi ponti & ponendo fteccati ne' luoghi piu fodi, & piu forti, nel qual modo ueniua a priuare Antonio della commodità della uia fatta da lui in forma, che li foldati che la guardauano non poteano ne partirfi, ne fcorrere in luogo alcuno, ne porgere ajuto agli altri, ne effere ajutati. Era già mezzo giorno, quando Antonio bebbe notitia di quefti prouedimenti di Caffio. Per la qual cofa moffo da ira, & da fdegno fenza alcuno indugio con incredibile impeto riuolfò indietro l' efercito, il qual tenea armato dall' oppofta parte, & meffelo contra lo sforzo, & apparecchio di Caffio pel mezzo dell' efercito & della palude, portando feco fcale, & ferramenti d' ogni ragione.

gione, come quello ch' haue a deliberato romper lo steccato
per forza, & assaltar gli alloggiamenti di Cassio. Fatto adunque impeto con pari ardire dall' uno esercito, &
dall' altro nel mezzo della pianura, i soldati di Bruto
recandosi a uergogna, & uituperio che gli auuersarj tanto
arditamente fossero uenuti a ritrouarli, infiammati da
ira ferirono tutti quelli, che sorgeano pe 'l trauerso. Et
essendo già dato principio alla battaglia, l' esercito di Ottauiano, che era posto dalla fronte, fu in un tratto
messo in mezzo. Onde fu necessario che si riuoltasse indietro, & si mettesse in fuga, non ui essendo Ottauiano.
Antonio ueggendo appiccata la zuffa, & i soldati già sparsi
in piu luoghi, sentì non mediocre letitia, come quello che
uedendosi mancar il bisogno della uettouaglia, conosceua essere necessitato a fare esperienza delle forze, & senza piu indugio prouocare i nemici alla battaglia, & per far qualche
egregia opera, con impeto marauiglioso si fece auanti con la
squadra sua, facendosi seguir dagli altri a squadra a squadra, & uenendo alle mani, non senza grandissima fatica,
& pericolo sostenne la forza degli auuersarj, tanto che alfine si mescolò con lo squadrone di Cassio, il quale era tutto
intiero, & staua forte nell' ordine suo, marauigliandosi dell'
ardire di Marc' Antonio, come di cosa fuora di ragione:
& hauendo combattuto per alquanto spatio, alfin sbaragliò
detto squadrone, & con grande animo si spinse auanti al
muro dello steccato nel mezzo del campo della palude, e con
incredibile forza ruppe lo steccato, e col terreno riempiè il
fosso con mirabil prestezza, facendo crudel straccio di quelli,
ch' erano alla difesa dello steccato, schermendosi da tutti i
colpi di uerrette, di dardi, & d' altre sorti d' offese, che
gli erano fatte da' nemici. Finalmente con animo intrepido,
& gagliardo entrò nello steccato: e questa proua fece Antonio con tanta uirtù & prestezza, che gli altri soldati nemici, i quali erano sparsi pe'l campo, uolendo andare al soccorso dello steccato, ancora che ui corressero con uelocità, non
furono a tempo, & nondimeno gli Antoniani si fecero loro incontro, & ributtarongli infino agli alloggiamenti di Cassio, i
quali trouando guardati da pochi, Antonio facilmente se ne
in-

insignorì. Perche i soldati di Cassio, parendo loro già essere uinti, non fecero alcuna resistenza, ma uedendo presi gli alloggiamenti, senza alcun ordine si dierono a fuggire. Bruto in questo mezzo hauea rotta la sinistra schiera de'nemici, & occupati i loro alloggiamenti. Ma Antonio hauendo superato Cassio con marauiglioso ardire, attendeua a mettere in preda gli alloggiamenti degli auuersarj, & era la zuffa & la uccisione uaria da ogni parte, & per la grandezza della pianura & per l'abbondanza della poluere (la qual era, come una folta nebbia) i soldati poteuano appena scorgere, o conoscere l'un l'altro, & bisognaua che dimandassero l'un l'altro chi sei tu, tanto che a questo modo ciascun si riduceua al segno suo. Et perche la maggior parte degli Antoniani era attenta alla preda, pareuano nel ritornar più tosto portatori, che soldati, & era tanto grande la confusione per non si conoscere insieme, che temerariamente l'uno amico assaltaua l'altro per torgli la preda. In questa battaglia furono morti de' Cassiani intorno a tredicimila: di quelli di Ottauiano due uolte altrettanti. Cassio spogliato degli alloggiamenti, non potendo ritornar più all'esercito, ascese in sul colle de' Filippi, per poter meglio ueder quello, ch'era stato fatto, ma per la poluere non potea bene discernere ogni cosa. Vedeua solamente gli alloggiamenti suoi presi da' nemici. Laonde uinto da disperatione, comandò a Pindaro suo scudiere che trahesse fuori la spada, & s'affrettasse di darli la morte. Facendo Pindaro resistenza, uenne a lui un messo significandogli, come Bruto dall'altra parte hauea acquistata la uittoria, & come egli saccheggiaua gli alloggiamenti degli auuersarj. La qual nouella intesa Cassio solamente rispose: Dì a Bruto che noi habbiamo uinto, ma che la uittoria è tutta sua. Et così detto, si uoltò a Pindaro, dicendogli perche indugi? che stai tu a uedere? perche non mi leui tu tanto uituperio, nel qual mi uedi trascorso? & dette le parole porse la gola a Pindaro, il qual ubbidì al padrone, dandogli la morte. In questo modo scriuono alcuni esser morto Cassio. Alcuni altri dicono, che uenendo a lui certi soldati di Bruto per annunciarli la uittoria, dubitan-

da

do che non foſſero nemici, mandò Titinio, che ricercaſſe la
uerità, il qual eſſendo da' detti ſoldati meſſo in mezzo
con letitia & fattegli carezze come amico, Caſſio non ſapendo altrimenti la cagione, ma ſtimando che ueramente foſſero i nemici, & ch' haueſſero poſte le mani addoſſo a Titinio,
diſſe queſte parole. Noi habbiamo ſopportato, che in ſu
gli occhi noſtri ſia ſtato preſo uno amico fedele, & cariſſimo.
Et che dapoi entrò ſolo con Pindaro in un padiglione,
doue fu trouato morto, & che Pindaro non fu poi riueduto da perſona. Onde alcuni credono che Pindaro lo am-
mazzaſſe uolontariamente, & non forzato ne inuitato
da lui. Tal adunque fu la morte di Caſſio il medeſimo giorno che fu il natale ſuo. Titinio inteſa la morte di Caſſio per il dolore, e per l'amore immenſo che gli portaua, priuò ſe ſteſſo della uita. Bruto hauuta la doloroſa
nouella del miſerabil fine di Caſſio, lo pianſe con amariſſime
lagrime, come ottimo cittadino, & amico fedeliſſimo, &
amantiſſimo, affermando che niun piu ſi potrebbe trouar pari a lui per le ſue uirtù ſingolari, eſſendo ſtato in tutte le
faccende prontiſſimo & ſollecito, chiamandolo beato, eſſendoſi liberato da tante cure & penſieri, i quali l'hauea condotto
al fine di tanta immenſa fatica, & opera, & dapoi conſegnò
il corpo ſuo a gli amici, & comandò che naſcoſamente foſſe
ſeppellito, accioche i ſoldati uedendolo morto, non foſſero com-
moſſi alle lagrime, & a triſtitia, & egli conſumò tutta quella notte in raſſettare, & confermar le ſquadre di Caſſio
ſenza mangiare o dormire. Il giorno ſeguente in ſul leuar del
Sole facendo i nemici ſegno di apparecchiarſi alla battaglia,
per dimoſtrare che non foſſero indeboliti per numero ne inuiliti, Bruto conoſciuta là loro aſtutia, diſſe, armiamoci ancora noi, accioche con pari ſimulatione noi dimoſtriamo non eſſere inferiori a loro. Onde uſcito a campo con l' eſercito, gli
auuerſarj ſi tirarono in dietro. A' quali Bruto ſorridendo diſſe, coſtoro ci inuitano come ſe noi foſſimo ſtanchi, nondimeno non ci aſpettano; & in quel giorno, che fu combattuto ne'
campi Filippici, nell' Jonio fu commeſſa grandiſſima battaglia. Domitio Caluino conduceua in ſu certe naui da
mercato due legioni di Ottauiano, le quali per l' ardire &

uirtù

uirtù loro erano chiamate Martie , & lo squadrone pretorio di soldati duemila , & quattro squadre di caualli &
un' altra moltitudine condotta a prezzo per la guerra con
alcune galee sottili. Alla quale armata & carico di soldati uenne incontro Murco , & Demitie con centotrenta naui lunghe , & affrontarono i nemici strenuamente , & delle naui loro poche , & le prime fatta uella fuggirono.
L'altre , mancando loro il uento ad un tratto, e restate nel
mare tranquillo, furono prese , & uennero in poter de' nami-
ci , i quali tentauano mettere in fondo ciascuna di dette naui , & le galee sottili rimbiuse da ogni banda per esser picciole non poteuano dare alle naui alcuno ajuto . Era adunque da ogni parte grande , & uario il conflitto di quelli , che
periuano , & le naui faceano ogni forza , & studio di collo-
garsi insieme con li caui, per esser piu forti , & potersi meglio
difendere da gli auuersarj . Et essendo già congiunte l'una
con l'altra , Murco uolendole spiccare , & tagliar le legature,
attacco il fuoco a' caui con uerrete, alle quali erano appiccate
certe fiaccole accese , nel qual modo subito le naui si sciolsero
l'una dall'altra ; il fuoco era composto di certa materia , che
non potendosi spegnere , penetrò ne' corpi delle naui . De' soldati, i quali erano in su questi legni , ueggendosi perire con
tanta uergogna, parte si gettauano per disperatione in su la
fiamma per morir piu tosto, parte si metteano a nuoto, & alcuni nuotando saltarono in su le galee de' nemici , & per morire uindicati prima , che fossero morti , ammazzarono gli
altri . Le naui essendo già mezzo arse furono disperse in uarj luoghi, delle quali fuorono trouate alcune con molti corpi
morti , quali abbrusciati , & quali mancati per la fame, alcuni abbracciando gli fragmenti de' nauilj , & delle antenne,
furono e trasportati in luoghi diserti, o ributtati in sul lito.
Trouaronsi alquanti scampati miracolosamente . Furono certi
che soprauissero piu giorni succhiando la pece, le uele, & le
funi, tanto che poi finalmente, uinti della fame, finiuano la
uita . Furono molti, i quali spontaneamente datisi a' nemici furono macerati crudelmente . Caluinio essendo in su
la naue pretoria, il quinto giorno arriuò a Brindisi, essendo riputato morto. In questo modo in un medesimo giorno,

&

& ne' campi Filippici & nell' Jonio fu fatto tanto grandissimo conflitto o naufragio, o battaglia maritima che noi la vogliamo nominare. Bruto il dì, che successe alla morte di Cassio, chiamò tutto lo esercito a parlamento, & fece l' infrascritta oratione. Niuna battaglia è, o compagni soldati, nella quale voi non siate stati superiori a' nemici, eccetto che in quella d' hieri. Deste principio alla zuffa prontissimamente, ributtaste infino dentro a gli alloggiamenti la quarta legione, il nome & riputatione della qual presso a' nemici era celebre, & honorato. Et non ch' altro, con molta prestezza, & con grandissimo ardire essaltaste li loro alloggiamenti, & li meteste a sacco in modo, che la vittoria vostra da quella banda fu maggiore che la rotta, la quale noi ricevemmo nel corno sinistro. Ma in questo solamente commetteste manifestissimo errore, che potendo in quella battaglia sola finir tutta la presente guerra, voleste piu tosto attendere alla preda, che perseguitare, & spegnere i nemici. Ma la maggior parte di noi lasciandoli addietro, drizzarono il corso alle case loro. Et fu tanto grande la confusione, la qual intervenne per la cupidità della preda, che in un medesimo tempo foste occupati, cosi gli nostri medesimi, come gli avversarj: & benche la fortuna mettesse in podestà nostra tutte le forze de' nemici, nondimeno per la imprudenza vostra il danno fatto a gli avversarj ci costa il doppio. Et quanto noi fossimo loro superiori in ogni cosa facilmente lo potete conoscer da' prigioni, & dalla carestia della vettovaglia, & dalla debole loro speranza, essendosi per disperatione messi a combattere. Percioche non possono havere il bisogno del vitto, ne di Sicilia, ne di Sardigna, ne di Barberia, ne di Spagna per rispetto di Pompeo, di Murco, & di Aenobarbo: i quali con dugentosessanta navi hanno loro interchiusa la commodità del mare; onde hanno già vuota di frumento la Macedonia. Resta loro la Tracia, ma incominciano ad haverne mancamento. Et però quando vedrete ch' essi affrettino la battaglia, stimate allora che la fame li cacci, & che portino la morte in mano. Noi all' incontro pensiamo che la fame combatta in nostro favore, & stiamo preparati, & in ordine, acciò che noi possiamo virilmente

farci

farci incontro a questi affammati cani. Ne uogliamo affret
tarci, ne ancora esser piu lenti, o pigri che l'esperienza
ci ammaestri, & sopra tutto habbiamo l'occhio a conseruare la
commodità del mare, il quale ci somministra si grande e-
fercito, & tanta abbondanza di uettouaglia, la qual cosa
ci dà senza pericolo la uittoria di questa guerra la qual si
uuole aspettare, & non dobbiamo diffidarci di andare a
trouargli, se ci prouocheranno alla battaglia, essendo tanto piu deboli di noi, come dimostrò il fatto d'armi che fa-
emmo hieri. Ponete da parte adunque ogni timore usando
la prontezza uostra consueta, ne ui mouete, se non quando
io ue lo commanderò. Il premio della uittoria sarà tale uerso
di uoi, che ce ne rimetteremo al giudicio uostro, & per la
uirtù la qual hieri dimostraste prometto donare a ciascun
soldato mille dramme, & a' condottieri, & contestabili altrettanto. In questo modo parlò Bruto, & non molto dapoi
pagò quello ch'hauea promesso. Sono alcuni che scriuono Bruto hauer promesso all'esercito dare loro in preda Lacedemonia, e Tessalonica inclite, & nobili città. Ottauiano &
Marc'Antonio conoscendo il consiglio di Bruto essere di tener-
gli in tempo, & differire il combattere, deliberarono inuitarlo alla zuffa, onde raunarono insieme tutto l'esercito. Al
quale Antonio usò l'infrascritte parole: Hauete o miei soldati & compagni, potuto manifestamente conoscer per la esperienza del giorno passato quale sia il timore degli auuersarj
nostri, & quale l'imperitia, & ignoranza della militare disciplina. Hanno cinto con muro gli alloggiamenti, e come timidi e pigri si contengono dentro de' padiglioni; & il primo loro
Capitano, & il piu esperto per disperatione ha morto se stesso, & della calamità & paura loro è grandissimo inditio,
che essendo inuitati da noi, non ardiscono uscire a campo.
Per la qual cosa carissimi soldati nostri habbiate l'animo
franco, & come hieri con grandissima uostra gloria faceste,
così fate al presente, ritrategli, benche contro la uoglia
loro, sforzateli a uenire con uoi alle mani, considerando
quanto sia ignominioso cedere a chi fugge. Ricordateui oltra ciò, che uoi non siete uenuti in questo luogo per consu-
mare tutto il tempo della uita uostra in questi campi. Pensate,

che

che quanto piu stiamo a questo modo, tanto piu ci manca il bisogno del vitto; è ufficio di buomini prudenti spedire la guerra con prestezza, per poter viuere piu luugo tempo in pace. Mostrate adunque la vostra fede & virtù: la vittoria nostra è posta nella prestezza: & però senza piu metter tempo in mezzo, andiamo a ritrouare i nemici, i quali certamente non ui aspetteranno, & noi siamo preparati rimunerare al doppio i meriti vostri, & promettiamo dare a ciascuno soldato cinquemila dramme, & a' Condottieri & Contestabili il quinto piu, & al Tribuno il doppio. Il giorno susseguente mosse tutto lo esercito contra Bruto, ma non uscendo a campo gli auuersarj, Antonio ne bauea grandissimo dispiacere. Bruto per non essere costretto a combatter per forza, faceua guardare tutti i luoghi, per li quali Antonio potesse farseli piu propinquo. Era non molto lontano dall' esercito di Cassio un certo colle, il quale Antonio deliberaua occupare, ma era impedito dalla propinquità di molti balestrieri, che con le uerrette faceuano stare i nemici discosti. Questo colle fu da Cassio con grandissima diligenza guardato, accioche i nemici non se ne insignorissero. Ma Bruto non tenendone molto conto fece uenire a se gli detti balestriri per esser piu forte in su gli alloggiamenti. Onde Antonio la notte seguente prese il soprascritto colle con quattro legioni: & essendouisi fatto su forte, mandò uerso la marina, per uno spatio di circa cinque stadj, dieci legioni per serrare da questa banda a' nemici il passo delle uettouaglie. Della qual cosa Bruto accorgendosi, prese noui alloggiamenti all' incontro d' Antonio in modo, che il disegno d'Antonio cadde in uano. Onde la fame già incominciaua a preualere, & ogni dì piu cresceua. Ne poteuano bauer piu uettouaglia per la uia di Tessaglia, & per la uia di mare baueano perduta ogni speranza, essendo le naui inimiche sparse per tutte quelle marine. In questo medesimo tempo uenne la nuoua della rotta riceuuta nell' Jonio, la quale fece il timor molto maggiore. A questo si aggiugneua l' incommodità del uerno, che già s' auuicinaua. Dalla qual consideratione mossi Ottauiano

& An-

& Antonio mandarono una legione in Achaja, perche gli
prouedesse da quella banda delle cose necessarie al uitto,
& le mandassero con somma prestezza. Ma non bastando
ancora questo prouedimento, & parendo loro esser posti in
manifesto pericolo, ne potendo tolerare piu oltre la fame,
& mancando loro macchine da poterfi difendere dentro agli
alloggiamenti, uscirono al campo con grandissimo strepito &
romore, & facendosi presso a Bruto, lo riprendeuano, dicendogli parole piene d'ingiuria, & di contumelia, &
chiamandolo uile, & timido, & assediato. Onde Bruto
allora conobbe piu chiaramente la necessità, che sforzaua
i nemici alla zuffa, & lo stimolo della fame, & la uittoria acquistata in Jonio, & che la disperatione gli menaua all' armi. Per la qual cosa fu tanto maggiormente confermato nel proposto suo, deliberando sopportar piu tosto
ogn' ultra cosa, che uenire alle mani con disperati, & cacciati dalla fame, & i quali fi metteuano alla morte, hauendo posta ogni loro speranza nel combattere. Ma i soldati di Bruto, come poco esperti, erano di contrario parere, sopportando molestamente, & dolendosi di hauere a
star rinchiusi dentro allo steccato, come donne paurose.
Adirauansi i Capi loro, i quali benche approuassero, &
commendassero il consiglio di Bruto, nondimeno non pareua
loro da dubitare della uittoria, essendo tanto superiori di
forze a nemici, & tanto meglio in ordine. Daua loro animo la facilità, & clemenza di Bruto uerso di ciascuno,
il che non era in Cassio, il qual era austero di natura,
& piu duro in ogni cosa, & gli era da tutti i soldati
prestata grandissima obbedienza, ne mai se gli opponeuano
in cosa alcuna, ne ricercauano le cagioni delle sue deliberationi, ma faceuano appunto ciò, che esso ordinaua. Bruto pe'l contrario in tutte le cose ricercaua il consiglio, &
parere de' suoi soldati, tanto era grande l' humanità, &
benignità sua. Crescendo adunque la querela per tutto l'
esercito, e dicendo ciascuno, che pensa far questo nostro
Imperadore? Bruto dimostraua non fare stima di questa
tal uoce, per non parer di esser con diminutione della dignità sua costretto dalla imperitia a far quello, che non
fosse

foſſe honoreuole, e contra l' ordine della ragione. Ma perſeuerando alfine i primi dell'eſercito nella loro pertinacia, & confortando Bruto che uoleſſe uſare la prontezza de' ſoldati, & ſperare ch' haueſſero a far qualche ſplendido, & magnifico fatto, ſdegnato Bruto, maſſimamente contra i primi, gli riprendea che con molta poca prudenza, & cautione conſigliaſſero il ſuo Capitano, potendo ottenere indubitatamente la uittoria ſenza pericolo. Ma non giouando alcun ſuo conſiglio o rimedio, fu coſtretto di cedere alla temerità & inſolenza de' ſuoi, dicendo queſte ſole parole: Io ſon sforzato da' miei ſoldati combattere contra mia uoglia, in quel modo a punto che fu coſtretto Pompeo. Credo io che la cauſa, la quale fè cedere Bruto alla uolontà de' ſoldati, foſſe, perche temeua aſſai nel ſecreto del petto ſuo, che facendo troppa reſiſtenza, molti de' ſoldati, che erano con lui, & prima auuezzi alla militia di Ceſare, per indignatione non l' abbandonaſſero, & non andaſſero nel campo nemico. Bruto adunque indotto da queſti riſpetti, benche sforzato, & mal uolontieri, uſcì al campo con l' eſercito, ordinando le ſquadre, & ponendole dauanti al muro dello ſteccato, imponendo a ciaſcuno che non ſi diſcoſtaſſero dagli alloggiamenti, accioche biſognando poteſſero facilmente ritrarſi dentro, & affrontare i nemici con maggior uantaggio. Era dall' una parte & dall' altra l' apparecchio grande, & incredibile il deſiderio di uenire alle mani. Quelli di Ottauiano & d' Antonio la paura della fame, e quelli di Bruto infiammaua lo ſtimolo della riuerenza, conoſcendo hauerlo neceſſitato alla pugna fuori della deliberation ſua. Bruto montato in ſu un belliſſimo cauallo, andaua intorno a ciaſcuna ſquadra, & con ſeuera faccia diceua: Voi hauete eletta la battaglia, & contra 'l parer mio mi hauete tirato a far fatto d' armi, potendo uincere dormendo. Non uogliate adunque fraudare, & me, & uoi della conceputa & promeſſa ſperanza. Hauete dalla fronte il colle come uno forte, & ſiete ſignori di tutta la campagna ch' habbiamo alle ſpalle. I noſtri nemici ſono in luogo dubbio, & in mezzo di uoi debilitati & conſummati dalla fame. Et mentre parlaua, ſi uoltaua hora in un luogo,

& hora

& hora in un'altro, come Capitano dell'età sua eccellentissimo, il qual da tutti i soldati era confortato che sperasse bene, & stasse di buona voglia, & ciascuno gridaua, Bruto, Bruto, uiua Bruto, & era commendato con marauigliose lodi. Ottauiano, & Antonio dall'altra parte, discorrendo ancora essi intorno a' soldati loro, & pigliandoli per mano, gli confortauano, & incitauano all'armi dicendo : Habbiamo, come uoi uedete, o nostri soldati, & compagni, tratti li nostri nemici fuora dello steccato, come noi desiderauamo. Non sia adunque alcun di uoi, che uituperosamente si uolti in fuga, o che tema le forze de'nemici, ne uoglia piu tosto combatter contra la fame, male ueramente crudele, & inespugnabile, di quello che contra l'armi, e gli corpi de'nostri nemici, i quali doueuano pur cedere al nostro ardire, o piu tosto estrema disperatione. Il primo, e principal rimedio del nostro male presente, è la prestezza ; però è necessario che quello, che dobbiamo far, si faccia hoggi piu tosto, che domani. Hoggi bisogna che noi usiamo l'ultime nostre proue : hoggi è quel giorno, il quale ha a dar la sentenza, o della uita, o della morte. Chi sarà uittorioso in questo giorno, haurà abbondanza di uettouaglia, di danari, di naui, di eserciti, & conseguirà il premio di tanta uittoria. Adunque tutto lo sforzo nostro, e tutto l'ingegno sarà, che nel primo assalto noi allontaniamo i nemici dalle porte degli alloggiamenti : & facciamo ogni cosa per uoltargli alla china, accioche habbiamo il uantaggio di sopra, e togliamo loro la commodità di ritrarsi nello steccato, & di priuarci della occasione del combattere, perche siamo certi che ogni loro speranza è posta nello astenersi dalle armi per uincere noi con la fame. In tal modo Ottauiano & Antonio incitauano & animauano i suoi, i quali riputauano a uergogna mostrarsi con gli effetti di manco animo, & prontezza, che i loro Imperadori ; dall'altra parte per fuggir la fame, la qual uedeano già cresciuta in immenso, per la rotta riceuuta in mare, eleggeuano morire piu tosto nella battaglia uirilmente, che mancare uituperosamente, & con morte horrenda per la fame. Et stando l'uno esercito, & l'altro in questi termini, uoltauano gli occhi l'uno inuerso l'altro : & quanto piu si guardauano, maggiormente erano

ripie-

ripieni di ardire , & ferocità d'animo , non curando ò
ftimando , che foſſero cittadini inſieme di una medeſima
patria , ma come nemici , & di natione diuerſa ſi guardauano con uolto crudele , & iracondo ; tanto hauea un certo
repentino furore ſpenta in ciaſcuno la ſolita forza , & con-
giuntion della natura . Solamente penſauano che quel giorno & quella zuffa douea dar la ſentenza a chi haueſſe a
reſtar gouernatore & principe della Romana Repubblica.
Eſſendo già la nona hora del dì , due Aquile uolarono pe 'l
mezzo della pianura combattendo l' una con l' altra , il
qual moſtruoſo ſpettacolo ciaſcuno ſtaua a uedere con ſilentio , & marauiglia. Fuggendo dappoi quella , che era dalla parte di Bruto ſi leuò grandiſſimo romore , & l' uno , &
l' altro eſercito rizzò i ueſſilli , & fu in un momento fatto
da ogni lato incredibile impeto di ſaette , di ſaſſi , & di
dardi , & d' altre ſorti di armi da lanciare con marauiglioſo ſtrepito & tumulto : & già era cominciata crudele
ucciſione , già ſi udiuano profondi ſoſpiri , & miſerabili lamenti. Da ogni parte erano portati fuora del campo molti
chi feriti , & chi morti. I Capitani, i quali diſcorreuano
intrepidamente in ogni luogo , & metteuanſi ad ogni pericolo , infiammauano i ſoldati a portarſi ſtrenuamente , &
maſſimamente , con grande amore confortauano quelli , che uedeuano poſti in maggior fatica, & iſcambiauano
quelli , che erano già ſtanchi , accioche gli animi loro continuamente ſtaſſero ben diſpoſti : & hauendo già combattuto alquanto ſpatio , i ſoldati d' Ottauiano ſpinti per timore
della fame , e ajutati dalla felicità d' Ottauiano urtan-
do , & ſoſpignendo lo eſercito nemico, come una graue mac-
china , il quale hora ſi ritiraua indietro, & hora ſi faceua innanzi, non altrimenti che ſuole far l' onda del mare,
ſimilmente ruppero l' ordine di Bruto , & incominciarono
a ſpiccar l' una ſquadra dall' altra : & cominciando dalla prima , poi dalla ſeconda , & dalla terza , andarono
ſeguitando tanto , che le ributtarono , & ſpinſero da' luoghi loro, & meſcolandoſi tra nemici gli miſero in tanta confuſione & diſordine , che conculcati , & da' nemici & da
ſe medeſimi apertamente ſi miſero in fuga . I ſoldati a'

Otta-

Ottauiano ueduta la fuga degli auuerſarj, non ſenza pericolo aſſaltarono le porte degli alloggiamenti. Per la qual coſa confuſi i nemici, che ui erano poſti alla guardia, alcuni fuggirono uerſo la marina, & parte alla montagna lungo il fiume Zigacio. Eſſendo in queſto modo ſtato l' eſercito di Bruto meſſo in rotta, Ottauiano ſtaua dauanti agli alloggiamenti; & quanti rifuggiuano a quella uolta, tanti ne ributtaua, eſſendone preſi, feriti, & morti grandiſſimo numero. Antonio era preſente in ogni luogo, & del continouo ſi faceua incontro a chi fuggiua: & dubitando che gli auuerſarj di nuouo non ſi riuniſſero inſieme in qualche luogo forte, & non ſi rimetteſſero ad ordine, rifacendo & riſtaurando le forze, preſe queſto eſpediente. Mandò in piu pezzi de' ſuoi a tutti i paſſi con ordine, che quanti ue ne capitaſſero, a tanti poneſſero le mani addoſſo, o gli tagliaſſero a pezzi. Molti adunque ſotto la guida di Raſco camminauano da monte a monte, il quale era ſtato eletto a tale opera, come pratico del cammino, & camminando per luoghi aſpri, & ſilueſtri faceuano ad uſo di cacciatori, cercando per ogni luogo, & quando trouauano alcuni de' nemici gli riteneuano. Alcuni andauano dietro alle pedate di Bruto. Lucilio ueggendo, che non reſtauano di correre, ſi fermò alquanto, & in un momento i nemici li furono addoſſo, & ueggendoſi prigione fingendo eſſer Bruto, chieſe di gratia eſſer menato non ad Ottauiano, ma a Marc' Antonio, la quale ſimulatione fece tanto maggiormente credere a chi la baueua preſo, che eſſo foſſe Bruto, come quello che deſideraſſe di non uenire al coſpetto di Ottauiano, come di nemico implacabile, & ſenza miſericordia. Antonio bauendo notitia che Bruto era condotto a lui, ſe gli faceua innanzi con ordine molto compoſto, penſando ſeco medeſimo alla fortuna, e dignità di tanto eccellente, & illuſtre cittadino, ornato di tante uirtù, & penſando in che modo lo doueſſe riceuere. Ma eſſendo Lucilio auuicinato, & finalmente uenuto alla preſenza di Antonio, diſſe con molto ardire. Bruto non è ſtato preſo, perche la uirtù ſua mai non ſarà preſa dalla malitia d' altri. Io che bo ingannati queſti tuoi ſoldati, perſuadendo loro eſſer Bruto, ſono uenuto a te; fa di me quello che ti

pia-

piace. Antonio uedendo i soldati, i quali baueano stimato
bauer preso Bruto, uergognarsi per le parole di Lucilio, per
consolarli disse; o cacciatori, uoi hauete presa miglior preda,
che non credete: & cosi detto diede Lucilio in guardia a un
suo parente: & perche fu già stretto familiare, & amico suo,
non solamente gli perdonò la uita, ma lo riceuè a gratia, &
usò dapoi l'opera & consiglio di Lucilio, come di fedele amico. Bruto in quel mezzo accompagnato da non picciola moltitudine, si ridusse ne' monti, con proposto di rifare in quella notte l'esercito & ridurlo insieme, & di pigliar poi la uolta del mare. Ma poi che trouò guardati tutti i passi, uolse la faccia uerso il cielo, dicendo: Gioue tu sai chi è cagione di tanti mali, & della rouina della Romana Reppubblica & libertà. Sola questa gratia ti dimando con suppliche-
uole cuore, che tu non lasci impunito si graue delitto. Con
queste parole Bruto uolle notare Marc'Antonio, perche potendo unirsi con lui, & con Cassio alla conseruatione della
Reppubblica dopo la morte di Cesare, elesse piu tosto farsi
ministro della crudeltà e tirannide di Ottauiano tirato dall'
ambitione: il che fu ancora causa poi della morte & rouina
sua. Dicesi che Marc'Antonio, il quale hebbe notitia di questi preghi di Bruto, se ne ricordò, & allegolli quando poi uedutosi condotto in guerra contro Ottauiano, & posto in
estremo pericolo, si pentiua dell'errore commesso, & della
fallacia, che hauea presa in fauorire la parte di Ottauiano. Quella notte medesima Antonio stette del continuo armato
per torre a Bruto ogni commodità di fuggire, & fece intorno al luogo, doue era Bruto, quasi come uno steccato di spo-
glia, & di corpi morti. Ottauiano intorno alla mezza notte
uinto dal male, non potendo piu stare in campo, commise la
cura dell'esercito suo a Norbano. Nel processo della notte
Bruto uedutosi quasi che, assediato, ne potendo ualersi piu
che di quattro legioni, confortò i primi capi dello esercito, i
quali uedeua confusi & uergognosi, perche tardi riconosceua-
no il suo errore, che potendo s'ingegnassero assaltar le guardie
al primo passo, & facessero ogni proua per aprirsi la uia
per forza, per ueder se la fortuna era disposta mutarsi, &
conceder loro facoltà di ricuperar gli alloggiamenti, e unirsi

con

con gli altri foldati fparfi per la campagna. Ma benche i foldati fuoi confeffaffero ingenuamente hauer indegnamente co-
firetto Bruto alla battaglia, & ch'l configlio loro era ftato
pernitiofiffimo, & ch'erano ftati cagione di tutto quefto male, nondimeno rifpofero, che effendo abbandonati dalla fortuna,
& hauendo perduto contra ogni ragione, non uedeuano di potere hauer piu alcuna fperanza alla falute loro. Bruto intefa tal rifpofta fi uoltò uerfo gli amici piu cari, & diffe, dapoi che alle cofe noftre non è piu rimedio, & io ueggo mancato già l'animo & la uirtù di ciafcuno, a me non refta,
fe non uincere tanta infelicità, & tanto maligno corfo di
fortuna, con la uolontaria morte piu tofto, che afpettare che
i miei nemici habbiano di me il defiderato folluzzo. Non
effendo io adunque piu utile alla patria, Stratone accoftati
a me, & come cariffimo amico, dammi la morte. Stratone
rifpofe, prima eleggerò tormi fa uita, che far quello, di che
tu mi richiedi. Ma uedendo pure Bruto deliberato, & ch'
hauea fatto chiamare un feruo, & comandatogli quel medefimo, diffe allora Stratone. Tu non hauerai bifogno o Bruto
dell'opera del feruo a'tuoi ultimi comandamenti, ne io fop-
porterò che tu muoja per le mani d'un feruo; & però io come
amico fidatiffimo fon contento fatisfare al defiderio tuo, dapoi
che cofi uole la peffima, & fcelerata fortuna & mia, & tua.
Et dette quefte parole non fenza amaro pianto, & compaffione lo percoffa col ferro nel lato manço. In quefto modo Caffio, & Bruto, due nobiliffimi, & chiariffimi cittadini, finiro-
no il corfo della uita loro, effendo uiffuti fempre uirtuofa-
mente. Il Senato continuamente amò fopra tutti gli altri
quefti due cittadini, & dopo la morte loro ne dimoftrò grandiffimo dolore, & moleftia marauigliofa. Et per loro rifpetto
folo fece per decreto che della morte di Cefare non fi poteffe
fare alcuna mentione, & poi che furono coftretti partirfi da
Roma, conceffe loro il gouerno delle prouincie, acciochè non
foffero tenuti fuggitiui o confinati. Et finalmente fu tanto
grande lo ftudio & affettione del Senato uerfo Bruto & Caffio, & hebbe l'uno, & l'altro in tanto honore, che ne uenne
in fofpitione & nota di calunnia. Di tutti quelli, i quali
furono confinati per la morte di Cefare, Bruto & Caffio furono

rono ftimati ottimi & piu degni, & fe non eguali, almeno
uicini a Pompeo, & oltra ciò reputati degni di perdono di
quello ch' haueano fatto contra Cefare, & al fine poi ch' effi fi uidero priuati di fperanza di trouare appreffo gli auuerfarj loro alcun luogo di reconciliatione, fopraftando la neceffità di prouedere alla falute loro, con la qual riputauano
congiunta la falute della Repubblica fi fi difcoftarono in lontani
paefi; & non effendo ancora finiti due anni interi, fecero
un' efercito di uenti legioni, & di uentimila caualieri, dugento naui lunghe o piu, & raunarono tutte le altre prouifioni
di danari, di fanterie, di arteglierie, & di munitioni conuenienti a tanto grande impreſa & apparato. Efpugnarono
molti popoli, & città, dilatando l' Imperio loro da Macedonia
infino al fiume Eufrate. Oltra ciò tutte le città fuperate
da loro non folamente trattauano benignamente, (da quelli in
fuori ch' afpettauano l' affedio, o la forza) ma fe le faceuano confederate & fedeliffime. Hebbero in loro ajuto & fauore nella guerra alcuni Re & Principi, tra' quali furono i
Parthi, natione nemica al nome Latino; & quefto fu nelle cofe minori. Ma quando poi riuoltarono l' animo alle cofe grandi, non uollero ufare al bifogno della guerra gente Barbara
contraria al popolo Romano. Ma quello, che è degno di grandiffima ammiratione, fu, che la maggior parte de' foldati loro
era dell' efercito ftato già di Cefare, defiderofo del nome fuo,
& della fua felicità & beneuolenza: & nondimeno benche
Bruto, & Caffio foffero ftati li primi percuffori di Cefare, fe
gli fecero con l'humanità, & liberalità loro tanto affettiona-
ti, & beneuoli, che concitarono in modo gli animi loro contra
Ottauiano figliuolo addottiuo di Cefare, che in tutta quella
guerra gli hebbero prontiffimi, & fedeliffimi. Perche niun di
loro fu trouato, il quale abandonaffe Bruto, & Caffio ancora
poiche furno uinti. Et nondimeno lafciarono prima Antonio a
Brindifi, fchifando la fatica della guerra. Furono Bruto,
& Caffio con Pompeo Magno nella guerra contro a Cefare,
& dapoi come habbiamo fcritto di fopra, non per loro propria utilità, ma per lo ftato, & nome popolare, & per
la libertà prefero la guerra contra gli auuerfarj, benche il
fine foffe inutile. Et poi che manifeftamente conobbero che

non

non poteuano giouar piu oltra alla patria, difpregiarono la uita. Nel gouerno & amminiftratione delle facende, Caffio fu molto diligente, & incommutabile, & pronto alla guerra, & nella conuerfatione era duro & auftero, & ne' penfieri, & cure fiffo, & acuto. Bruto era in ogni cofa facile, & piegheuole, & con ciafcuno amoreuole, & benigno, come quello ch' hauea data opera alla. Filofofia, & fu cofa marauigliofa che in due cittadini di cofi diuerfi coftumi, & natura foffe tanta unione, & concordia. Ma fu molto piu degno di ammiratione quello che fecero contra Gajo Cefare, amico & benefattor loro, huomo di tanta grandezza & potenza, Imperadore di fi grande efercito, & in quel tempo Pontefice Maffimo, & ueftito di habito facerdotale & facro, & nel cofpetto del Senato. Onde, & all' uno, & all' altro apparuero molti fegni, per li quali pareua che qualche demonio gli riprendeffe del commeffo errore. Un littore porfe a Caffio il diadema fottofopra, mentre purgaua l'efercito. Un' altra uolta gli cafcò di mano uno anello d' oro, in ful qual era infculta la immagine della uittoria. Sopra l'efercito loro furono fpeffe uolte ueduti corui, & altri uccelli di peffimo augurio con canti lugubri, & mefti, & quafi del continuo uolaua loro intorno qualche fciame di pecchie. Trouafi fcritto che celebrando Bruto in Samo il fuo natale, effendoui con l'armata, gli uenne inconfideratamente detto, & quafi caduto di bocca un uerfo di Homero proferito per bocca di Patroclo, mentre che moriua, il qual dice cofi: La mia infelice forte, & il figliuolo infante di Latona m'ha fatto perire. Oltra quefto effendo per paffar con l'efercito d' Afia in Europa, la notte, effendogli fpento il lume, gli apparue una terribile immagine, laqual dimandata intrepidamente da Bruto qual huomo foffe, o qual Dio, rifpofe: Io fono o Bruto il tuo cattiuo Angelo, & riuedrami ne' campi Filippici. Et cofi gli interuenne; conciofia cofa che quefta medefima figura di nuouo gli apparue dauanti all'ultima battaglia a' Filippi. Ultimamente, quando l'efercito ufcì degli alloggiamenti per appicarfi co' nemici, il primo rifcontro fu un' Ethiopo, il quale i foldati, come peffimo augurio tagliarono a pezzi con grandiffimo furore. Parue ancora cofa data da' cieli

cieli che essendo ancora la battaglia in dubbio, & la uittoria incerta, Cassio in un momento perdesse ogni speranza, & del tutto li mancasse l'animo. Bruto fu da suoi per forza riuolto dal suo ottimo & salutare consiglio ch'hauea presa di tener gli auuersarj in tempo, e domargli con la fame, & fu costretto gittarsi nelle mani di huomini disperati, & che moriuano di fame, hauendo esso abbondanza di uettouaglie, & essendo per mare, & per terra molto superiore di forze. Et finalmente l'un & l'altro fu autore della propria morte. Et questo fu il fine di Bruto, & di Cassio. Antonio poi ch'hebbe ritrouato il corpo di Bruto, lo fe riuestir di porpora, & secondo il costume de' Romani gli rizzò una pira, in su la qual l'abbrucciò, & le reliquie mandò a Seruilia sua madre. I soldati suoi com'hebbero la certezza della morte sua, mandarono ambasciadori ad Ottauiano, & Marc'Antonio chiedendo perdono, da' quali furono riceuuti a gratia, & congiunti con l'esercito loro, che fu un numero di circa quattordicimila persone. De' cittadini piu illustri, ch'erano con Bruto, alcuni perirono in battaglia, altri si diedero spontaneamente a discretione, tra quali fu Lucio Cassio nipote del primo Cassio, & Catone figliuolo di Catone Uticense; il qual poiche molte uolte si fu appiccato co' nemici, ueduto al fine che i suoi incominciauano a fuggire, si trasse l'elmetto, o per esser conosciuto, o per morir egregiamente. Labeone illustre per nome di sapienza, padre di quel Labeone, il quale è celebratissimo per la dottrina, & esperienza delle leggi, cauò nel padiglione una fossa tanto grande, quanto era la statura del corpo suo, la qual manifestò solamente alla donna, & a' figliuoli. Dapoi ammonì li serui suoi, & diede loro molti saui documenti, & scrisse molte lettere a molti suoi amici, & familiari, & finalmente prese per la destra mano uno de' piu fedeli serui, & liberatolo dalla seruitù secondo il costume de' Romani gli pose in mano il coltello, & porsegli la gola. Il seruo esegui il commandamento, & morto, fu sepolto da' figliuoli nel padiglione nella già ordinata fossa. Rasco hauea per gli monti condotti nell'esercito molti prigioni, e per rimuneratione della fede, & meriti suoi, chiese

di

di gratia che a Rascupoli suo fratello fosse perdonato: la
qual cosa li fu concessa liberamente. Il perche è assai manifesto, che questi due fratelli dal principio non erano altrimenti contrarj, e nemici insieme, ma dapoi conoscendo essi
la grandezza, e forza delli due eserciti contrarj, & che
doueuano passar necessariamente per la regione loro, & dubitando dello auuenimento della guerra, diuisero la fortuna
tra loro, accio che il uincitor potesse saluare il uinto. Por-
tia moglie di Bruto, & figliuola di Catone Uticense, intesa la morte del marito, fece manifesto segno di uolersi dar
la morte; della qual cosa accorgendosi i suoi di casa, la guardauano diligentissimamente. Ella adunque uedendosi tolta la
commodità del ferro, essendo un giorno al fuoco subito s'em-
pì la bocca di carboni accesi, & in poche hore morì. Di
quelli, ch'erano a Taso di miglior conditione, una parte si
congiunse con Messalla, con Cornificio, & con Lucio Bibulo suo
collega, per seguir la uoglia loro, & un'altra parte si diede
allo arbitrio di Antonio, che ueniua alla uolta di Taso, doue trouò grande somma di danari, & assai munitione d'armature, di uettouaglia, & di prouedimenti di guerra. In
questo modo Ottauiano, & Antonio, per singolare ardire in
due battaglie per terra, acquistarono tanto eccellente, & gloriosa uittoria, simile alla quale è manifesto, che niuno altro
bebbe ne' passati secoli. Percio che pe'l passato non si accozzarono mai due eserciti di cittadini Romani in tanto copioso numero, combattendo per discordia ciuile huomini tutti eletti, &
esercitati in guerra, i quali già piu tempo haueuano fatta
molte uolte nell'armi esperienza insieme, soldati d'una medesima lingua, assuefatti a souuertire, & domar le barbare
genti, & nationi, d'una medesima disciplina militare, d'una
simile esercitatione, toleranza, & uirtù, i quali haueuano im-
parato esser tra loro inespugnabili, ne si legge, che mai piu
due eserciti di medesimo sangue usassero nella guerra tanto
grande impeto, & ardire, cittadini d'una patria, domestici,
& amici, & parenti insieme, assuefatti al soldo sotto i medesimi Capitani. Lo argomento, & testimonio di queste cose è
la moltitudine de' morti, conciosia che il numero de' morti,
che si trouarono nel campo d'Ottauiano, & di Antonio fu

pari,

pari, & eguale a quello di Caſſio, & di Bruto. I ſoldati d'Ottauiano, & d'Antonio uſando le perſuaſioni, & conforti de' loro Capitani in un ſolo giorno, & in una ſola opera, permutarono, & conuertirono lo eſterminio della fame, & la paura della morte in abbondanza di uettouaglia, & in ſalute ferma, & ſtabile, & in uittoria nobiliſſima. Auuenne di queſta guerra quel fine, che fu predetto, & preueduto da' piu ſauj, & prudenti Romani, che la Repubblica douea, e ricuperare la ſua intera libertà, uincendo Bruto, & Caſſio, o conuertirſi totalmente in Monarchia e ſeruitù uincendo Ottauiano, & Marc' Antonio.

IL FINE DEL QUARTO LIBRO.

APPIA.

APPIANO
ALESSANDRINO
DELLE GUERRE
CIVILI DE' ROMANI.

LIBRO QUINTO.

Opo la morte di Caſſio, & di Bruto, Ottauiano ritornò in Italia, & Marc' Antonio andò in Aſia, nel qual luogo uenne a lui Cleopatra Regina di Egitto, il cui aſpetto piacque tanto a M. Antonio, che ſubito fu acceſo del ſuo amore, il quale amore inuolſe l'una, & l'altro inſieme con tutto l'eſercito in eſtrema calamità, & miſeria; per la qual coſa ſarà Egitto una parte del preſente Libro benche picciola, & non molto degna di eſſere ſcritta da me che ſono cittadino di Aleſſandria in Egitto, hauendo a commemorare la rouina, & la uergogna della patria mia. Dopo Bruto, & Caſſio nacquero di nuouo altre guerre ciuili ſenza guida però, o capo degli altri, ma furono fatte partigianamente, & ſenza alcun' ordine, inſi-

no

no che Sesto Pompeo figliuolo del Magno Pompeo, raccoglitore
delle reliquie di Bruto, & di Cassio, fu ancora egli superato, & morto, & M. Lepido un de' Triunuiri fu sbattuto,
& priuato del principato suo, onde poi tutta la forza, &
potenza de' Romani finalmente peruenne in Antonio, &
Ottauiano. Le quali cose tutte procederono nel modo infrascritto. Cassio chiamato Parmigiano lasciato da Bruto,
& da Cassio in Asia per raunare naui, soldati, & danari, morto Cassio, & restata uiua, & uerde la speranza
di Bruto raunò insieme trenta naui di Rodiani, con le
quali si partì d'Asia. Clodio mandato da Bruto a Rodi
con tredici naui, ueggendo che i Rodiani erano solleuati a cose nuoue, perche già Bruto era morto quando Clodio arriuò
là, trasse di Rodi il presidio di tremila soldati, posti in
detto luogo da Bruto alla guardia di quella città, & con essi,
& con gli altri, ch'hauea seco, andò a ritrouar gli altri
nauilj, & amici, della medesma fattione, & unissi con To-
rulo, stipato da piu altre naui. Molti altri ancora, i quali
habitauano ne' paesi di Asia, concorreuano partigianamente
a questo ministerio, come ad una certa potenza, & signoria,
& con quelli armati, che poteuano, & con marinai fatti
di serui, & di prigioni nauigando per l'Isola s'ingegnauano
riempiere l'armata. Venne in questa compagnia Cicerone,
figliuola di M. Tullio Cicerone, & qualunque altro piu nobile di quelli, che erano fuggiti da Taso, & in questo modo in breue tempo fu fatto un concorso, & una moltitudine
di Capitani di eserciti, & di naui da stimarlo assai. Et pigliando oltra questo altre genti d'armi da Lepido andarono
a ritrouare Murco, & Domitio con una potente armata,
con la quale anaauano scorrendo per tutto il Mare Jonio. Una
parte di loro nauigarono in Sicilia sotto Murco, & accreb-
bero grandemente la potenza di Sesto Pompeo. Un' altra parte restando con Domitio, fecero una certa separata setta, &
fattione, & in tal modo le reliquie di Bruto, & di Cassio
fermarono, & stabilirono le forze loro. Ottauiano, & Antonio dopo la uittoria acquistata a' Filippi fecero sacrificio a
gli Dei immortali splendidissimamente, & con grandissimo
ornamento, & magnificenza. Dapoi commendato, & laudato

dato lo esercito, & premiato ciascuno secondo il merito della virtù, Ottauiano, come habbiamo detto, ritornò in Italia per diuidere a' soldati suoi le possessioni, & case de gli
auuersarj. Antonio prese il cammino alle nationi di là dal
mare con animo di mettere insieme quanti piu danari gli
fosse possibile. In questo mezzo fu diuulgata la famma
che M. Lepido si era accordato con Pompeo, & fatta lega
con lui, & nondimeno Ottauiano, & Antonio haueuano liberata, & licentiata dal soldo una moltitudine non picciola di
soldati, da ottomila in fuori, i quali Ottauiano, & Antonio diuisero tra loro. Onde l'esercito, che restò loro, fu di
undici legioni, & di quatordicimila altri soldati a piè, & a
cauallo. De' quali Antonio menò seco diecimila e sei legioni.
Ottauiano quattromila, & cinque legioni. Antonio arriuato
in Efeso, adempiè i voti fatti a Gioue, con magnificenza
grandissima, & essendo nel tempio perdonò a tutti i prigioni
ch' haueua seco, di Bruto, & di Cassio, essendosi raccomandati a lui supplicheuolmente, da Petronio, & Quinto in
fuora: Petronio, perche si dice che fu nella congiura contra Cesare: Quinto, perche tradì Dolabella a Cassio nella
città di Laodicea. Dopo questo fece un commandamento generale a tutte le città, & nationi, le quali habitauano in
Asia uerso Pergamo, che ciascuna mandasse ambasciadori alla presenza sua, & essendo comparsi fece loro la infrascritta
oratione. Attalo Re di Pergamo, come uoi sapete o Greci,
lasciò il popolo Romano per testamento herede del suo Regno,
& subito che uoi ueniste sotto l'Imperio de' Romani, trouaste
da noi migliori conditioni, che non haueste sotto il gouerno di
Attalo. Percioche foste da noi liberati da quelle grauezze,
le quali prima pagauate al uostro Re, infino che leuandosi
poi contra noi alcuni ambitiosi cittadini. & hauendo noi bisogno di danari, fummo costretti rascuotere da uoi alcune grauezze, non secondo la facoltà & ricchezze uostre, ma una
picciola parte di quello, che poteuate pagare. Ma gli emuli
nostri fuori della autorità del Senato hanno riscosso da uoi
con somma ingiuria molto piu che non era conueniente, &
che le forze uostre non poteuano sopportare, facendo il contrario di quanto haueua fatto prima Gajo Cesare, il quale

per

per la sua liberalità ui rilasciò, & restituì indietro la terza
parte di danari, che da uoi li furono portati, & fu contento che uoi poteste riscuotere da' nostri cittadini la quarta parte de' frutti loro, & perche Cesare fu clemente, &
liberale uerso di ciascuno, fu chiamato dagli emuli suoi
tiranno, a' quali dopo la morte sua uoi hauete sommini-
strati molti danari, benche fossero percussori di Cesare uostro benefattore, & nostri nemici capitalissimi, perche uo-
lemmo uendicar la morte di tanto buomo, come era conue-
nientissimo. E' dunque cosa ragioneuole, che uoi sopportiate qualche punitione del commesso errore. Ma perche noi
conosciamo ch' ~~hauete~~ errato non uolontariamente ma costretti da necessità, siamo contenti astenerci dalla maggior pena.
Il bisogno nostro è grandissimo, perche siamo obbligati di dare i promessi premj a' soldati: & però ci son necessarj non
solamente i danari, ma le possessioni, & le città, per
darle in premio a' nostri eserciti. Habbiamo al gouerno, &
sotto l' Imperio nostro uentiotto legioni, le quali computando gli altri soldati condotti per l' uso della guerra, eccettuandone i Caualieri, fanno un numero di centosessantami-
la persone, oltre ad una moltitudine diuersa d' uno esercito. Potete adunque considerare per la moltitudine di tanti
soldati, qual sia la necessità nostra. Ottauiano per tal cagione è andato in Italia per diuidere ad una parte di questi soldati le possessioni, & le città de' nostri auuersarj,
ma per dire in una parola, è andato per riformare tutta
l' Italia. Noi per non hauere a spogliarui de' beni nostri,
delle città, delle case, de' tempj, & de' sepolcri paterni,
habbiamo deliberato condannarui solamente in danari, non
però di quanti uoi ne hauete, ma di una debole parte. La
qual cosa douerà esser grata a quelli, i quali son piu prudenti, & di miglior giuditio. Dichiariamo adunque per
decreto, & per sentenza, che il danajo, & tributo, che uoi
pagaste in termine di due anni a' nemici nostri, pagbiate
a noi in termine di un solo anno, & tanto pagherete con
effetto in luogo di punitione, la quale mai non può esser
tanto grande, che sia eguale al peccato. In questo tenore
parlò Antonio desiderando satisfare alla gratia di uentiotto

legioni, le quali io ho letto in autore degno di fede, che furono già quarantre, quando Antonio si riconciliò a Modena con Ottauiano. Ma la continua rouina della guerra le hauea ridotte a questo minor numero. Hauendo Antonio data la seuera, & dura sentenza, gli ambasciadori, i quali erano presenti, subito si inginocchiarono in terra lagrimando, & scusandosi, che essendo stati costretti & forzati da Bruto, & da Cassio, ne hauendo errato spontaneamente, non parea loro meritare alcuna punitione, ma essere piu tosto degni di compassione, & misericordia, & che di buona uoglia ajuterebbono li loro benefattori, se hauessero la commodità, ma che erano stati spogliati da' nemici, da' quali erano stati forzati contribuire non solamente il danajo, ma qualunque altra cosa necessaria per la guerra insino gli ornamenti proprj di casa, & de' tempj, & del dosso, ch' erano, o d'oro, o d' argento, i quali da' ministri di Bruto, & di Cassio erano stati messi in zecca, & battuti per farne danari; & finalmente pregauano, & supplicauano, che almeno fosse prolungato loro il tempo del pagamento, da uno anno a noue. Mentre che Antonio era occupato in fare prouisioni di danari nel modo ch' habbiamo scritto, Lucio fratello di Cassio, & alcuni altri, i quali per timore stauano ascosi, inteso il perdono, che era stato dato in Efeso agli altri, presero animo, & presentaronsi al cospetto d' Antonio, i quali furon tutti da lui riceuuti a gratia, eccetto quelli che erano stati compresi nella congiura di Cesare, contra i quali Antonio fu sempre duro & implacabile. Consolò & ristorò molte città oppresse da immensa calamità, fece esenti dalle grauezze i cittadini di Licia, confortò i Santj, i quali erano scampati dalla rouina, & distruggimento della patria, che restaurassero, & rifacessero la città loro, offerendo l' ajuto, & fauor suo. A' Rodiani donò l' infrascritte Isole, cioè Andro, Teno, Nasso & Gnido, delle quali poi furono spogliati da quelli, che per sorte n' hebbero il gouerno, & signoria piu legitimamente. Concesse ancora piu giustamente immunità de' tributi a quelli di Tarso, & di Laodicea, & ricomperò li Laodicei ch' ei trouò essere stati uenduti per serui. A

gli

gli Ateniefi donò Egina. Ma Ico, Ceo, Sciato, Pepare-
to, Epifaro, Frigia, Mifia, i Galati ch' habitano in
Afia, Cappadocia, Cilicia, Soria inferiore, & Paleftina,
Terreona, & tutte l' altre nationi di Soria, afflifse con
intolerabili tributi, e grauezze, le quali feparatamente
impofe a diuerfi Re, & popoli, come in Cappadocia, al
Re Ariarate, & a Sifino, al quale era già ftato fautore
in fargli acquiftare il regno inuitato dalla bellezza, & ue-
nuftà della madre. Delle città di Soria, cacciò tutti li
tiranni. In Cilicia uenne a lui Cleopatra; della quale egli
fi dolfe, che non bauefse uoluto fentir alcuna parte delle
fatiche d'Ottauiano. Ma ella non fi purgò tanto della colpa, quanto rendè ragione, & commemorò le cofe fatte da
fe, bauendo date le ftanze in cafa fua a quattro legioni
per Dolabella, e tenuto in ordine un' efercito intiero, col
quale ueniua in fauor d'Ottauiano, fe non fofse ftata impedita dalla fortuna del mare, non temendo le minaccie di
Caffio, o di Murco, i quali teneuano occupati tutti quei
mari, & in ultimo raccontò che per l' auuerfa tempefta
perdè tutte le naui fue, & ella ne cafcò in infermità gra-
uiffima, per la qual fu uicina alla morte. Ondeche diffe,
io merito piu tofto efser commendata, & ringratiata, che
riprefa in alcuna parte. Antonio adunque oltre all' afpetto
di Cleopatra molto leggiadra, & gratiofa, reftò in modo
ftupefatto della prudenza, & eloquenza fua mefcolata con a-
nimo uirile, & generofo, che fubito con giouanile ardore fu accefo dell' amore di Cleopatra, benche già fofse di età di anni
oltre a quaranta; ma da natura fu fempre inclinato a' piaceri della carne. E' comune opinione, che quando M. Antonio andò fotto Gabinio Prefetto de' Caualieri alla guerra
di Aleffandria, efsendo allora giouanetto uedefse Cleopatra,
che era uerginella, & marauigliofamente fofse prefo dalla
fua bellezza. Subito adunque la cura & diligenza, la
quale Antonio foleua bauere marauigliofa in tutte le cofe,
fu fpenta in un momento. Faceua fenza difficoltà o rifpetto ciò che pareua a Cleopatra, fenza penfare altrimenti,
fe era giufto o ingiufto bonefto o riprenfibile, & lafcioffi trafcorrere in tanta pazzia, che per fatisfare, & piacere a
Cleo-

Cleopatra, fè morire Arfinoe forella d' effa nel tempio di Diana, & Serapione Prefetto di Cipri che haueua combattuto per Caffio, & era uenuto a lui per fupplicar perdono in Tiro, coftrinfe dare effi Tirj in potere di Cleopatra per tradimento: tanta mutatione di natura fece Antonio fubitamente in ogni cofa, la qual paffione d' animo, & di mente, chiamata amore, fu principio, & caufa di tutte le fue rouine, & finalmente del fuo miferabile & uituperofo fine. Ritornata poi Cleopatra in Egitto, Antonio mandò parte dello efercito a Palmira città pofta non molto lontana dal fiume Eufrate, & fecela mettere a facco, & fe ne infignorì, perche era luogo finitimo à confini de' Romani, & de' Parti, & accommodato alle imprefe dell' uno & dell' altro. Li mercatanti, i quali ui habitano, conducono le mercantie da India, & d' Arabia. Et però fotto fpecie di uolere procurare la utilità de' Romani, ma in fatto per darla in preda a' foldati, ui mandò il campo come habbiamo detto: I Palmieri intefo il penfiero d' Antonio, pofero una parte de' loro foldati dall' oppofta parte del fiume, de' quali la maggior parte erano arcieri, nel quale efercitio fon tenuti prontiffimi. Dapoi fgombrarono tutta la città, & lafciaronla non folamente uacua di robbe, & mercantie, ma ancora di habitatori. Onde foprauenendo poi l' efercito, & trouando la città uuota, & fpogliata d' ogni cofa, tornarono indietro con le mani piene di uento. Antonio ftimolato dall' amore di Cleopatra, & pofta da canto ogn' altra cura, mandò i foldati alle ftanze, & egli caualcò in Egitto. Cleopatra hauendo notitia della uenuta fua, fe gli fece incontro, & lo riceuè con magnifico, & fplendido apparato nella città di Aleffandro, doue confummò tutta quella uernata uiuendo non come perfona pubblica, o come Imperadore dell' efercito, ma come priuato, non penfando ad alcuna altra cofa, fe non di foddisfare a Cleopatra, & per piacerle portaua la uefte fecondo il coftume di quella patria, con la ftola quadrata ad ufo di Greco. Portaua calciamenti bianchi, quali fogliono portar gli facerdoti Ateniefi, & Aleffandrini. Frequentaua tutti i tempj, e le fcuole, conuerfando, e difputando con Greci, e con Sophifti, accompagnato quafi fempre da Cleopatra. Mentre che

Antonio era in Egitto, Ottauiano ritornando a Roma, fu pe'l cammino oppreſſo da graue infermità in modo, ch'eſ-ſendo non ſenza pericolo della uita condotto a Brindiſi, ſi diuulgò una fama che era morto. Ma ricuperate finalmente le forze, entrò in Roma, e preſentò le lettere che gli haueua date Antonio a i Prefetti ſuoi, i quali per comanda-mento di Antonio impoſero a Caleno, che conſegnaſſe due le-gioni ad Ottauiano. Mandarono oltra ciò in Barberìa a Se-ſtio, & comandarongli che ſi partiſſe da quella Prouincia, & laſciaſſela in potere di Ottauiano, & coſì fu mandato ad effetto. Ottauiano trouando, che M. Lepido non haueua fatta alcuna coſa indegna della comune fede, & amicitia, gli conceſſe la Barberìa. Et uolendo finalmente attendere a diſtribuire i ſoldati per Colonie, & conſegnare loro in luogo di premio le poſſeſſioni, era turbato da graue ſolecitudine, & cura di animo. Percioche chiedeuano i ſoldati, che foſ-ſe date loro in premio della guerra le città ſtate loro promeſ-ſe, la qual coſa uolendo Ottauiano adempiere, gli biſognaua metter tutta l'Italia in preda, & laſciarla ſottopoſta alla li-bidine, & alle rapine de'ſoldati, o mandargli ad habitare in altra Prouincia. Il che gli recaua nota d'infedeltà, & di mancator di fede. Oltra ciò aſpettauano, che foſſero lo-ro conſegnate le poſſeſſioni de'priuati non hauendo alcuni da-nari. Delle quali coſe eſſendo la notitia fatta paleſe, fu fatto incredibil concorſo di giouani, & di uecchi, i quali di tutti i luoghi ueniuano a Roma, & le donne co'piccioli fi-gliuoli in braccio ſtauano & in piazza, & ne'tempj ſacri la-grimando, & raccomandando le coſe loro, & affermando, che non hauendo commeſſo alcuno errore, le città loro non meritauano tanta, & ſì aſpra, & crudel punitione, quanta intendeuano eſſer loro apparecchiata, conciofiache foſſe ſtato deliberato ſpogliarli & delle patrie loro, & de'domicilj anti-chi delle caſe, & delle poſſeſſioni come ſe foſſero ſtati uinti, & preſi in guerra giuſtiſſima da'nemici. Venendo adunque agli orecchi de'Romani queſte pietoſe, & miſerande que-rele, commoueuano gli animi loro a compaſſione, & molti non poteuano contener le lagrime, conſiderando maſſimamen-te, che tal coſa non portaua alla città alcuna utilità, &

che

che per difetto, & mancamento della mutatione della Repubblica doueua patire chi non baueua errato, & conosceuano queste cose essere introdotte, accioche lo stato popolare al tutto fosse spento, & lasciata a' soldati, & agli eserciti la briglia sciolta a far tutto quello, che per appetito, & libidine loro desiderassero. Et benche Ottauiano mostrasse hauer molestia, & dispiacer di esser costretto contre all' animo suo uenire a questa necessaria deliberatione, nondimeno non potè ritener i soldati, che non usassero la forza, perche presero tanta licenza, & furono in modo insolenti, che assaltarono hostilmente molte città, & luoghi, occupando molto piu, che non era stato promesso loro, confondendo ogni cosa con preda, & con rapina. In che pareua che ad Ottauiano fosse imposto silentio, & che non potesse porui rimedio, perche i soldati conoscendo, che Ottauiano non poteua reggere lo stato suo, ne mantenersi in quella potenza, & grandezza, senza le spalle dell' esercito, non baueuano alcun rispetto di lui, ne lo stimauano in parte alcuna, insino che finalmente Ottauiano si mostrò clemente, & facile uerso loro, & non solamente consentì, che si attribuissero le cose profane, ma consentì che usurpassero le sacre, & dedicate al culto degli Dei, facendo ogni dimostratione di star contento, che ciascun si pigliasse quello, che uoleua, & affermando uoler al tutto consegnar loro le promesse città, possessioni, & danari, non curando ne inuidia, ne carico alcuno, pure che satisfacesse allo appetito de' soldati, & se gli rendesser fedeli, & beneuoli; & però è uera quella sentenza che dice, Che i Re & Principi per conseruatione degli stati, & Imperio, hanno bisogno della protettione degli eserciti, & son costretti sopportar la licenza de' soldati in molte cose, che son loro moleste, & graui. Era Consolo in questo tempo Lucio Antonio fratello di Marc' Antonio, il qual riducendo nella mente sua tutte queste cose insieme con Fuluia mogliera d'Antonio, & Lucio Murco fautore d'Antonio, accioche non paresse ch' ogni cosa si gouernasse per opera di Ottauiano, & ch' egli solo si acquistasse la gratia, & beneuolenza de' soldati, & Antonio non fosse dimenticato, incominciarono a persuadere, & a mettere innanzi,

che

che la diftributione delle città, & delle poffeffioni promeffe
agli eferciti fi differiffe in altro tempo, effendo Marc' Antonio affente, & appartenendofi parimente ancora a lui. Et
acciocbe quefto loro difegno fortiffe piu facilmente l'effetto,
pregauano tutti quelli foldati, i quali conofceuano effer fautori di Antonio, ch' ajutaffero tal' impresa, ne uoleffero di-
menticarfi della benignità d' Antonio, & de' beneficj, i quali baueuano da lui riceuuti. Era certamente uenuta in fomma riputatione la gloria, che Antonio baueua acquiftata nella guerra de' Filippi, la qual opera tutta, percbe Ottauiano era allora ammalato, era attribuita alla uirtù d' Antonio ; per la qual cofa Ottauiano bencbe baueffe notitia di
quefte mormorationi contra di lui, nondimeno per amor di
Antonio ftaua patiente tanto, che finalmente fu dato principio a nuoue contentioni, & difcordie. In quefto tempo la
città Romana era oppreffa dalla fame, percbe per la uia
di mare non poteua effere condotta a Roma alcuna forte di
uettouaglie per rifpetto di Sefto Pompeo, ne di Italia effendo uuota per le guerre paffate, & per molti affanni, i quali
durauano continuamente. Et era oltra ciò la città di Roma
moleftata nel tempo della notte da molti ladroni, & quello
ch' era peggio, erano affaffinati nel cbiaro giorno molti d' ogni
qualità, & la cagione era attribuita a' foldati, i quali fenza alcun freno o timore manometteuano ciafcuno indif-
ferentemente. Et già le bottegbe ftauano ferrate, ne gli artigiani, ne li magiftrati efercitauano alcuna cofa, come auuiene nelle città uuote, & defolate. Adunque Lucio Antonio
buomo popolare bauendo in odio grandiffimo la tirannide, & intolerabile Monarcbìa, & potenza de' Triunuiri, non reftaua
di biafimarli, & deteftarli con promettere, & affermare,
che mai non refterebbe, mentre che la uita gli duraffe, di
perfeguitargli. Il perche molti pigliando animo, & ardire
dalla difpofitione di Lucio Antonio offendeuano fpeffo Ottauiano & con parole, & con fatti, & ogni giorno germo-
gliauano molte riffe, & difcordie. Tutti quelli, che erano
ftati cacciati, & priuati de' loro beni, ueniuano a Lucio,
dal qual erano non folamente riceuuti, & confortati, ma
promeffo loro ajuto, & fauore, & effi medefimamente promet-

teuano

teuano uoler esser seco & alla uita, & alla morte. Perilche lo esercito di Antonio si dolse grauissimamente di lui.
A questo si aggiunse che Manio asertore del consiglio di Lucio Antonio subornò, & riuolse Fuluia donna di Marc'Antonio a pigliar pericoloso partito, per uolgerla alla sua intentione. Costui persuase a Fuluia, che mentre Italia si ri-
posasse, & stasse in pace, Marc'Antonio suo marito mai non
si partirebbe da Cleopatra. Ma se Italia si riuolgesse in
qualche importante guerra, senza dubbio ritornerebbe subitamente a Roma. Fuluia adunque presa da feminil passione di animo, come tenera del marito, mai non cessò che
spinse Lucio Antonio a suscitar nuoua contesa. Onde andando fuori Ottauiano per compartire a' soldati quello ch'
baueua già loro promesso, & deliberato, mandò con Lucio i figliuoli di Marc'Antonio, perche lo seguissero, per dimostrar
che la uolontà sua era, che i soldati non bauessero gli figliuoli
di Antonio in minore stima, & autorità, che se stesso proprio.
Essendo adunque i soldati di Ottauiano già arriuati alle marine di Abbruci, le quali Sesto Pompeo baueua già predate,
Lucio Antonio con grandissima prestezza discorse per tutto le
città, & luoghi, i quali erano sotto la protettione, & tutela di Antonio suo fratello, & bauendo fatto capo grosso di
molti amici, & partigiani d'Antonio, daua carico ad Ottauiano appresso i soldati, dicendo che s'era al tutto scoperto nemico, & auuersario di Marc'Antonio. Il che intendendo Ottauiano si sforzaua persuadere il contrario, affermando che con
Antonio baueua ogni cosa commune, & pacifica. Ma che Lucio
con sinistra intentione, & a fine peruerso, cercaua seminare
discordia tra lui, & Antonio, per opporsi al Triunuirato. Intendendo queste cose i capi de gli eserciti, uennero a parlamento con Ottauiano nella città di Tiano: & dopo lunga disputa uennero in questa sentenza & deliberatione. Che Ottauiano disponesse per decreto; i Consoli bauessero solamente
la cura di prouedere alle cose necessarie alla patria, & che
niun de'Triunuiri potesse loro impedir tal gouerno. Che niun
di quelli, i quali bauessero militato ne' campi Filippici potesse tra loro partire le possessioni. Che niun potesse toccare
i danari ridotti nel pubblico. Che lo esercito di Marc'Antonio

mio si distribuisse per Italia ugualmente con quello di Ottauiano: che Ottauiano pigliasse impresa contra Sesto Pompeo,
& Antonio lo seruisse di due legioni: che 'l passo dell' Alpi
stasse aperto a quelli, i quali uenissero ad Ottauiano per la
uia di Spagna, & che Asinio Pollione non potesse prohibirlo
piu oltre, o ueramente serrarlo, & che Lucio Antonio stasse contento a questo decreto, & rimouesse da se la guardia
che tenea per la persona sua, & fossegli lecito senza pericolo, o timore alcuno uiuer quietamente in Roma. Ma di tutte queste cose niuna hebbe luogo. Et Saluideno passò l' Alpi.
Lucio andò a Preneste, dicendo temer dell' insidie di Ottauiano, il qual per mantenere il suo principato staua stipato
dall' armi: & uoleua ch' egli uenisse a discretione sua senza
alcuna guardia, o difesa. Partissi ancora Fuluia dicendo
pigliare esempio da M. Lepido, & uoler saluar gli figliuoli,
& tutte queste cose furono significate per lettere a Marc
Antonio. Li Prefetti adunque, & capi de gli eserciti ueggendo pure risuscitar la discordia tra loro Capitani, obbligarono
l' un l' altro con giuramento di giudicare, & statuire di loro
propria autorità quello, che paresse loro necessario & giusto per ridurli a concordia; alla qual cosa inuitarono quelli, ch' erano con Lucio, che douessero concorrere insieme
con loro. Il che ricusando essi, Ottauiano con molta inuidia se ne dolse con li capi de gli eserciti, & con tutti i
primi cittadini. Per tale sdegno adunque i soldati di Lucio
senza alcuno interuallo andarono a lui, pregandolo che uolesse hauer compassione non solamente di Roma, ma di
tutta Italia, accioche di nuouo non fosse necessario spargere
il sangue de' cittadini col furor delle guerre ciuili. Lucio
non sapeua che rispondere per la uergogna delle cose, le
quali erano riferite de' modi di Antonio suo fratello: & Mario con molta audacia riprendeua esso Antonio incaricandolo ch' haueua abbandonata la cura della patria, & da-
tosi alle delitie, dando opera solamente a raunare danari,
& all' amor di Cleopatra: & Ottauiano all' incontro esser ritornato a casa, & non attender se non a farsi i suoi
soldati beneuoli, & fedeli con dar loro molti doni, & con
beneficargli in ogni cosa, & ch' haueua fatta libera la prouincia

cincia de' Cielti, non oftante che prima foffe ftata concefia
a Marc' Antonio, & oltre a ciò baueua donate a' fuoi foldati dieciotto città d'Italia, & date loro le foftanze per tren-
taotto legioni, benche non foffero piu uentiotto, & non folamente baueua meffe a facco le poffeffioni, & beni de' priuati, ma ancora fpogliati gli facri templi, & che faceua ogni
dimoftratione di uolere efpugnare, & leuarfi dinanzi il giouane Pompeo, & finalmente faceua ogni opera per concitare
gli animi de' foldati contra Marc' Antonio. Ottauiano hauendo particolar notitia di quefti carichi, & calunnie, che
gli erano date da Lucio Antonio, & da Manio, & uedendo che già manifeftamente era perfeguitato da loro, temeua non poco effi, & preparauafi a refiftere contra gli loro sforzamenti. Teneua in Ancona due legioni ftate già di
Gajo Cefare, & poi fotto Antonio, i capi delle quali fentendo quefti nuoui apparecchi, & folleuamenti, mandarono
ambafciadori & ad Ottauiano, & a Lucio Antonio, perche faceffero proua di riconciliargli infieme. Ottauiano rifpofe, non combattere con Lucio, ma effer combattuto da
lui. Per il che furono mandati ambafciadori a Lucio da'
primi de gli eferciti, i quali haueuano in commiffione di citarlo a comparire in giudicio infieme con Ottauiano; & già
era palefe quello, ch' haueuano in animo di fare, quando
Lucio ricufaffe. Ma accettando egli il partito, fu ftatuito
il luogo per la deffinitione della caufa, il quale fu la città de' Gabj, che è in mezzo tra Roma, & Prenefte, &
fu affegnato il tribunale a' Giudici, dauanti al quale furono
pofte due ringhiere, una per Ottauiano, l'altra per Lucio
Antonio, accioche l'uno, & l'altro poteffe orare, e difender la caufa fua. Effendo Ottauiano prima comparfo, mandò alcuni de' fuoi al luogo, pe'l qual Lucio doueua paffare,
perche cercaffero fe da Lufio gli foffero ftate apparecchiate
alcune infidie. Coftoro effendofi rifcontrati con alcuni foldati di
Lucio, i quali da lui erano mandati innanzi per la medefima cagione, uennero con effi alle mani, & amazzaronne
alquanti. Il che intefo ch' hebbe Lucio, fofpettò in modo che
ritornò addietro, e benche dapoi foffe richiamato da' Prefetti
de gli eferciti, e promeffagli ogni ficurtà ch' egli fapeua do-
manda-

mandare, nondimeno non uolle acconfentire. Et in quefto
modo fu renduta uana l'opera de' foldati, la qual con molto
ftudio interponeuano per la riconciliatione de' capi loro. Et in
un momento gli animi dell'uno, e dell'altro furono accefi alla
guerra, e l'un mordeua, e minacciaua l'altro con accerbif-
fime, e uelenofe lettere. Haueua Lucio uno efercito di fei
legioni, le quali effo raunò infieme nel tempo che doueua
entrare nel magiftrato del Confolo, e con quefte erano aggiunte undici altre di Marc'Antonio, delle quali era gouernatore Caleno, e tutte erano fparfe e deftribuite alle
ftanze per Italia. Ottauiano haueua quattro legioni a Capua, e con la perfona fua erano alcun' altre legioni Pretorie, & fei n' haueua menate Saluideno di Spagna. Sefto
Pompeo in quefto tempo era peruenuto a fommo grado di
gloria, & potenza, percioche la maggior parte di quelli che
erano fpogliati & de' beni, & della patria loro, rifuggiuano fotto il prefidio fuo. Un' altra giouentù tirata dallo appetito
del guadagno, correua a torme al foldo fuo, & egli daua
ricetto a ciafcuno, trouandofi danarofo, & abbondantiffimo
d'ogni prouedimento neceffario alla guerra, & con molta
ricchezza, maffimamente per moltiffime prede, le quali ac-
quiftaua pe'l mezzo del mare, percioche haueua grandiffimo numero d'ogni forte di nauilj. Murco òltra ciò fi accoftò con lui hauendo feco molti danari, due legioni, cinquecento baleftrieri, & ottanta naui, & di Cefalonia ueniua
a trouarlo un' altro efercito. Sono alcuni i quali ragioneuolmente giudicano, che fe Pompeo in quefto tempo foffe uenuto in Italia, che era quafi tutta oppreffa dalla fame, &
piena di contefa, & di difcordie, fenza molta fatica fe ne
farebbe infignorito, maffimamente ancora che la Italia per
la uerde memoria, e riputatione del padre era molto in-
chinata al fauor fuo, a che fi aggiugneua l'odio uniuerfale de' Triunuiri. Ma, o per imperitia, & negligenza, o per
difetto della giouanile fua età, o per la inefperienza delle
cofe belliche, fi lafciò fuggir di mano tanta felice forte, &
occafione in modo, che poi caduto dalla fua riputatione, &
gloria, uenne in declinatione. In quefto medefimo tempo
Seftio maeftro de' caualieri d'Antonio, effendo in Barberia

per

per comandamento di Lucio, baueua confegnato l'efercito a Fagione Prefetto d'Ottauiano, & hauendo poi mandato Seftio, che richiedeſſe a Fagione il detto efercito, & non uolendo Fagione reſtituirlo, uennero a guerra inſieme, nella quale interueniua un buon numero di Barbari in fauore di Seftio, & eſſendo uenuti alle mani Fagione fu rotto, & ſuperato, & per non arriuare in potere del nemico, ammazzò ſe medeſimo. Seftio con la riputatione di queſta uittoria acquiſtò l'una, & l'altra Barberìa. Lucio Antonio ſubornò Bocco Re de' Mori, che mouefſe guerra contra Carina, il quale hauea data la Spagna in poter d'Ottauiano. Domitio Aenobarbo con ottanta naui, con due legioni, & con gran copia d'arcieri, di frombolieri, & di gladiatori ſcorreua, & predaua tutto il mare Jonio, & mettea a ſacco tutti i luoghi, i quali obbediuano all'Imperio de' Triunuiri, & una uolta traſcorſe inſino a Brindiſi, doue trouate alcune galee d'Ottauiano le aſſaltò, & preſene una parte, & una parte ne abbruciò, & poſto in terra predaua tutta quella regione ſtando rinchiuſi gli Brindiſini per timore dentro alle mura della città. Per la quale ingiuria commoſſo Ottauiano, mandò una legione di ſoldati a Brindiſi, & richiamò a ſe con grandiſſima preſtezza Saluideno, il quale andaua in Spagna, & Lucio, & Ottauiano continuamente mandauano per Italia chi raunaſſe ſoldati, & l'uno, & l'altro ſollecitaua le prouiſioni ſue, & chiamaua in ajuto gli amici, & partigiani ancora de' paeſi fuora d'Italia, & delle nationi lontane, & eſterne, & ſpeſſe uolte ſi ſcopriuano inſidie ordinate l'un contra l'altro. Ma ſenza dubbio il fauore, & la beneuolenza de gl'Italiani era molto piu uerſo di Lucio, che di Ottauiano, & non ſolamente le città, che erano ſtate conſegnate agli eſerciti da Ottauiano, ma tutta Italia preſa da timore che non interueniſſe ſimil fine alle altre città, era mal diſpoſta contra il nome di Ottauiano; & uenne la coſa in luogo, che alcuni popoli fecero impeto contra quelli ch'haueuano per comandamento d'Ottauiano ſpogliati tutti i templj, & cacciarono i ſoldati fuori delle loro città con ucciſione di molti, & tutti queſti tali ricorreuano ſotto il preſidio di Lucio. Ottauiano dunque ueggendo queſti peſſimi ſegni,

X x   &

& dubitando di qualche graue pericolo allo stato suo, fece
raunare il Senato, & l'ordine de' Caualieri, & alla
presenza loro parlò nel modo infrascritto: Io ueggo manifestamente, che io son disprezzato da quelli, che sono
con Lucio Antonio, come s'io fossi uenuto in tal debolez-
za, & timore, che non potessi uendicarmi dell'ingiuria,
ch'essi mi fanno. Ma quanta sia la temerità loro, la potete
facilmente comprendere; conciosiacosache ogni dì lo esercito nostro moltiplica di forze, & e'in podestà mia farne
egregia uendetta. Dio sa ch'io non piglio piacere di combattere con guerra ciuile, se già la necessità non mi sforza. Della qual cosa non si potrà dire con uerità, che io
ne sia cagione, perche mi rincresce infino al cuore, che Italia, la quale ha per le ciuili discordie perduti tanti nobili
cittadini, & ualenti huomini, habbia di nuouo a sopportar
le medesime calamità. Di che io confesso dubitare assai,
& affermo non hauere incitato Lucio Antonio con alcuna ingiuria. Onde ui conforto che uoi riprendiate & lui &
li seguaci suoi, & riuoltiate l'animo suo da tanto pernitiosissi-
mo consiglio, & fate ogni opera per riconciliarne insieme;
dalla qual cosa io non solamente non sono alieno, ma la
desidero grandemente per la quiete, & utilità della patria;
& se pure non uorrà prestarui fede, io son disposto fare in
modo che ciascuno conoscerà, che io son forte, & non timido,
& uoi potrete esser ueri testimoni della integrità mia appresso a Marc'Antonio. Il Senato, & i Caualieri hauendo ben
considerate le parole di Ottauiano, & facendo uero giudicio della mente sua uolta a contendere con le armi, subito
mandarono a Preneste ambasciadori a Lucio, per confortarlo alla pace, & riconciliatione con Ottauiano, a' quali
fu risposto da Lucio, che non uolessero lasciarsi ingannare
dalle buone parole d'Ottauiano; ma, come prudenti, misuras-
sero lo animo, e la natura sua dalle sue opere passate, & che
a niuno doueua essere dubbio, che esso non si hauesse proposto
nell'animo leuarsi dinanzi Marc'Antonio: il che dimostrauano chiaramente molti segni, ma in particolar la legione, che
haueua mandata a Brindisi per chiudergli il passo, & il
ritorno in Italia, & dopo molti conforti usati dagli ambascia-
                                                          dori

dori per placare la mente di Lucio, finalmente ritornarono a Roma senza conclusione. Ottauiano adunque non gli
parendo sicuro star piu su le pratiche, ma prepararsi all'armi, lasciò M. Lepido con due legioni alla guardia di Roma, & egli andò all'impresa de' nemici. In quel tempo la
maggior parte de' piu illustri cittadini biasimauano grandemente il Triunuirato, & il medesimo faceuano quelli, che
erano amatori della libertà, in modo che quasi tutti si scopersero in fauore di Lucio. Il principio della presente guerra fu questo. Erano nella città di Alba due legioni di Lucio Antonio, tra le quali nacque grandissima discordia,
& cacciati da se li capi loro fecero segno di uolersi ribella-
re. Ottauiano & Lucio affrettauano di preuenire l'un l'altro in tirar dalla sua le prefate due legioni. Ma Lucio fu
innanzi, il quale & con danari, & con promesse confermò
gli soldati nella fede. Dopo questo Firmio uenendo con un
altro esercito a Lucio, fu tra uia assaltato da Ottauiano;
onde Firmio tirandosi in dietro si condusse la notte alla città di Sentia fautrice della parte di Lucio. Onde Ottauiano temendo non incorrere in quella notte in qualche pericolo
di aguato, aspettò che'l giorno apparisse, & la mattina seguente pose l'assedio a Sentia. Lucio prese la uolta di Roma,
mandandosi innanzi tre squadre, le quali entrarono in Roma
di notte con tanto silentio, che non furono scoperte, & dapoi
comparse Lucio accompagnato da grande esercito di caualieri, & gladiatori, & da Nonio, che era alla guardia delle
mura, fu intromesso per la porta chiamata Collina. Lepido ueduto il tradimento usatoli da Nonio, subito fuggì ad
Ottauiano. Lucio discorrendo per la città parlaua al popolo,
affermando che haueua deliberato punire Ottauiano, e Lepido
dello scelerato, & nefando loro magistrato, & che Antonio
suo fratello era disposto rinuntiare uolontariamente il Triunuirato, & in luogo di tale officio eleggere il Consolato come
piu legale, & dignità piu legitima per ispogliarsi interamente
della nota, & infamia di tiranno. Per li quali conforti li
Romani si dimostrauano oltramodo pieni di letitia, & giocondità, gridando ciascuno che il Triunuirato si dissoluesse, col
quale fauore fu dal popolo nominato, & eletto Imperado-

re

re dell' esercito, & con questa riputatione uscì di Roma, & passando per molti luoghi partigiani del fratello, raunò un' altro esercito, & riceuè alcune città in suo potere, & intendendo che Saluideno partito dalla Prouincia de' Celti andaua con grande esercito per unirsi con Ottauiano, se li fece incontro. Ma Asinio Pollione, & Ventidio Pretori di Marc' Antonio, i quali seguitauano Saluideno, li uietarono il passare piu auanti. M. Agrippa amicissimo di Ottauiano, temendo che Saluideno non fosse messo in mezzo, prese Subrio luogo accommodatissimo al proposito di Lucio, stimando che per questo Lucio lasciasse l'impresa contra Saluideno, per andare alla ricuperatione di Subrio. Ne fu il disegno di Agrippa uano, perche Lucio uedendosi mancata la speranza, prese la uolta uerso Asinio, & Ventidio. Ma essendo dall' un lato, & dall' altro assaltato da Saluideno, & da Agrippa, & dubitando non esser condotto in qualche angusto luogo, & in insidie, non ardì appiccarsi con loro, anzi si tirò tanto indietro, che a saluamento si condusse dentro a Perugia città forte & per sito, & per molti soldati che ui erano alla guardia, doue poi ch' hebbe alloggiato l'esercito sopragiunsero poco dapoi Agrippa, Saluideno, & Ottauiano; & con tre campi circondarono tutta la città, & con grandissima prestezza Ottauiano raunò di molti luoghi uicini un' altro esercito come quel che giudicaua in questa sola impresa consistere tutta la importanza della guerra: & perche dubitaua che Ventidio non comparisse al soccorso di Lucio, mandò una parte de' suoi a uietargli il passo. Lucio uedendosi posto in assedio, mandò secretamente ad Asinio, & a Ventidio sollecitandoli che con quanta piu prestezza poteuano uenissero a soccorrerlo, & a Tissinio un de' suoi Capitani scrisse che con quattromila Caualieri andasse predando tutte le terre, che erano alla diuotione di Ottauiano, per diuertire la guerra, & lo assedio di Perugia, & egli si fece forte dentro alle mura, con proposito di starui quella uernata, quando la necessità lo stringesse a sostener lo assedio tanto, che Ventidio comparisse al soccorso. Ma Ottauiano con incredibil prestezza cinse Perugia con fossi, & con steccato & prese uno spatio di stadj cinquantasei

ſei per la montata della città, diſtendendoſi inſino al Teue-
re, accioche niuno poteſſe entrare o uſcir di Perugia. Lu-
cio all' incontro ſi faceua forte ancora egli con ripari, & con
foſſi, & ſteccati. Fuluia eſſendo molto anſioſa della ſalute di
Lucio affrettaua Ventidio, Aſinio, & Atejo, che ueniſſero
in ajuto ſuo, & ella non perdendo punto di tempo, non reſtò
inſino a tanto, che in pochi giorni fece un' eſercito, & man-
dollo ſotto il gouerno di Planco alla uolta di Perugia. Plan-
co ſcontrando Ottauiano ch' andaua a Roma, perdè una legio-
ne intera. Aſinio, & Ventidio procedeuano freddamente al fa-
uore di Lucio, perche non erano ancora certi della mente di
Marc' Antonio. Ma deſti dapoi, & incitati da Fuluia,
& da Manio, deliberarono affrettare il cammino, & ſoccor-
rer Lucio Antonio; la qual coſa intendendo Ottauiano ſi
partì da Perugia in compagnìa di Agrippa per farſi in-
contro a Ventidio, & Aſinio. I quali non uſando ne uirtù,
ne ardire in appiccarſi co' nemici, ne prudenza in tirarſi in-
dietro con quella preſtezza, che ſi conuiene, l' uno fuggì a
Rimini, l' altro a Rauenna, & Planco a Spoleto. Otta-
uiano laſciato al rincontro di ciaſcuno di loro quella parte di
ſoldati, la quale gli parue neceſſaria per interchiuder loro il
paſſo, & perche non poteſſero unirſi inſieme, di nuouo, ritor-
nò a Perugia, & fortificò gli foſſi con grandiſſima preſtezza,
& cauolli nel fondo la metà piu, che non erano da principio,
& la larghezza era di trenta piedi, & a lato a' foſſi fece un
muro alto, & lungo, ſopra il quale rizzò millecinquecen-
to torri di legno, alte ciaſcuna piedi ſeſſanta. Benche, men-
tre che Ottauiano faceua queſte, & ſimili altre prouiſioni,
quelli di dentro ſpeſſe uolte montaſſero in ſu' i ripari di den-
tro, & con artiglierie, & molte altre ſorti di offeſe feriſſe-
ro, & ammazzaſſero molti degli auuerſarj, i quali ancora
eſſi faceuano il ſimile contra i nemici. Poiche Ottauiano beb-
be fornita l'opera, Lucio fu aſſalito dalla fame, la quale ogni
dì creſceua come interuiene nelle città aſſediate. Il che inten-
dendo Ottauiano, faceua con ogni eſtrema diligenza guarda-
re, che in Perugia non poteſſe eſſere meſſa alcuna coſa.
Era uenuta la uigilia della feſta ſolenne dell' anno de'
Romani. Lucio adunque ſtimando, che i nemici doueſſero
quel

quel giorno far la guardia con piu negligenza, la notte corse alle porte, & assaltò le guardie, che erano dall'opposta
parte, dou'era una legione, la qual subbito leuato il romore
deftò Ottauiano. Onde con lefquadre Pretorie corfe con molta preftezza al tumulto in modo, che Lucio fu ributtato
dentro. In quefti medefimi giorni la plebe Romana moleftata
dalla fame fi leuò a romore, & con armata mano corfe alle cafe de' cittadini, per cercare del grano, & quanto ne trouò, tanto ne mife a facco. Oltre a ciò i foldati di Ventidio
recandofi a uergogna, che Lucio foffe oppreffo dalla fame,
prefero la uolta uerfo Perugia, per leuare Ottauiano dall'
affedio. Ma uenendo loro incontro Agrippa, & Saluideno
con maggiori forze, temendo effer meffi in mezzo, fi ritraffero a
Fuligno, il qual luogo non è lontano da Perugia oltra uenti miglia, doue effendo offeruati da Agrippa, fecero molti
cenni col fuoco, acciocbe Lucio Antonio baueffe notitia della uenuta loro. Ventidio, & Afinio configliauano che foffe
da tentare di aprirfi la uia per forza. Planco perfuadeua
che effendo in mezzo tra Ottauiano, & Agrippa, foffe da
foprafedere qualche giorno, per non fi mettere a difcretione della fortuna. Vinfe finalmente il parere di Planco. Quelli, che
erano in Perugia ueduto il fegno del fuoco, ne prefero grandiffimo conforto nel principio. Ma uedendo che paffeggiaua,
dubitauano che non foffero impediti, & finalmente ceffando il
fuoco credettero che foffero ftati rotti & diffipati. Per la qual
cofa Lucio un'altra uolta ufcì fuora, & dalla prima guardia
infino all'aurora combattè da ogni parte l'offefe de i nemici.
Ma ributtato come prima, fu coftretto ritirarfi; & parendo
difficile il foccorfo, fece mettere in un luogo folo tutte le cofe
da uiuere: & uedendo la fame crefciuta al fommo, & molto
ftretta, comandò ch'a' ferui non foffe dato nulla da uiuere,
nondimeno che foffero guardati diligentemente, acciocbe niuno poteffe fuggire, & dar notitia a' nemici dell' eftrema difficoltà, nella qual era condotta la città. Perilche fu trouata una
gran moltitudine di ferui, quai non hauendo da mangiare caf-
carono morti per la fame: tra quali furono alquanti che cercando di cibarfi pafceuano le herbe, come beftie: & tutti quefti Lucio fe fepelire in un grandiffimo foffo, acciocbe nello ardere

dere secondo il costume gli corpi loro, i nemici non hauessero
inditio del fatto, o ueramente accioche il fetore de' putrefat-
ti corpi non fosse cagione di produrre o morbo, o altra infermità. Ma conciosia che non si uedesse il fine o della morte, o della fame, turbati gli soldati per la sopraftante rouina, uennero al cospetto di Lucio, confortandolo, & pregandolo che di nuouo facesse proua d'assaltar l'offese de' nemici
perche sperauano poterle torre uia. Lucio commendata la
prontezza loro, disse: Era conueniente commilitoni uenir alle mani con gli auuersari nostri, prima che ci facessero uenir
in questa necessità. Hora siamo condotti in luogo che bisogna
o darci a discretione, o se questo ci pare peggiore esterminio
che la morte, combattere col ferro, & difenderci uirilmente
insino alla morte. Ciascuno adunque elesse uoler piu tosto morir in battaglia, che renderli uituperosamente; & però fu
ordinato che l'esercito uscisse fuora all'aurora. Et così Lucio
si mosse innanzi giorno portando seco molti strumenti di ferro, & scale d'ogni qualità per rouinar il muro, & l'altre
bastie, & ostacoli fatti da Ottauiano, portaua ancora certe
macchine di legname uncinate da una parte per gittarle dall'
opposta parte de' fossi, acciocche fossero in luogo di ponte al poter passar dall'altra ripa. Haueua ancora certe torri di legno
fesse dalla parte di sotto per scauallare le mura, dardi, armi
da lanciare d'ogni ragione, sassi, grattici & conj, & altre
specie di biette, & moltissima copia di stipa, & correndo con
grandissimo impeto a' fossi gli riempierono senza alcuno interuallo, & gittando macchine uncinate al trauerso del fosso passarono dall'altra canto, & fatti uicini al muro chi attendea a
rompere lo steccato, & chi appoggiaua le scale, & chi acco-
staua le torri di legname, & senza alcun rispetto della morte
combatteano con sassi, frombole, & uerrette, & ueggendo
che i nemici erano sparsi in molti luoghi & deboli alla difesa,
crescendo in loro l'ardire, incominciarono con trauoni chiamati
arieti a percuotere il muro con grandissima uiolenza, & non senza pericolo, & finalmente usando incredibil forza alcuni sali-
rono in su'l muro, i quali furono subitamente seguiti da molti,
& certamente haurebbon fatta qualche marauigliosa proua
se non che li migliori dell'esercito di Ottauiano uennero all'

in-

incortro & con inuittissimo animo, & singolar virtù opponendo le macchine contra i nemici ributtarono a terra tutti quelli, che già erano salui in su'l muro, con grandissima loro ignominia, percioche percotendo in terra, non solamente fracassauano le armi, ma tutto il corpo era macerato in modo, che mancaua loro la uoce a chiamar soccorso, benche mentre duraua in essi lo spirito, non pretermettessero in difenderfi alcuna prontezza. Vedendo gli altri soldati, i quali erano appresso, far tanto stratio de' suoi compagni, & ch' erano restati in su le mura alcuni corpi morti, a' quali erano state spogliate l'armi, non potendo sopportar tanta uergogna, ma conturbati per l'aspetto pensauano in qual modo potessero recuperar l'honore, & mentre che stauano in questo pensiero, Lucio Antonio hauendo compassione di loro, fece sonar la trombetta a raccolta, & facendo per questa cagione li soldati di Ottauiano segni di letitia con grandissimo strepito d'armi come si suol far nella uittoria, i Luciani presi da compuntione, & da dolore, & da sdegno, presero di nuouo le scale, & guidati come da una certa disperatione, si accostarono al muro de i nemici. Ma non potendo far alcun frutto, Lucio andaua loro intorno pregandogli che non uolessero affaticarsi indarno, & non senza difficoltà & contra loro uoglia & sospiranti gli ritrasse dal combattere. Et in questo modo l'assalto fatto contra'l muro da principio con tanto impeto & furore riusciuano. Ottauiano acciò che i nemici con simile ardire non ritornassero un'altra uolta alla espugnatione del muro, collocò l'esercito che si era adoperato alla battaglia tutto su pe'l muro. Per il che il dolore de' Luciani crebbe al doppio: & parendo loro non hauer piu alcuna speranza di salute, incominciarono ad essere negligenti & quasi che abbandonare le guardie della città in modo, che per tal negligenza alcuni hebbero occasione di saltar fuori della terra & fuggir nel campo de' nemici, non solamente de' piu uili & abietti, ma de' principali. Lucio conoscendo il suo già presente pericolo, uoltò l'animo alla riconciliatione con Ottauiano, commosso da misericordia di tanto numero di cittadini, & di soldati, i quali periuano ogni giorno per la fame. Ma tosto mutò tò sentenza persuaso da alcuni, i quali essendo nemici di Ottauiano conosceuano che la pace non faceua per loro. Nondimeno poi che uide Ottauiano riceuer benignamente tutti quelli che fuggiano a lui, & l'impeto di molti inchinare alla riconciliatione, incominciò a dubitare, che contrastando alla uolontà della maggior parte, non fosse tradito, & uolle dimostrar di farne esperienza, accioche fosse noto che da lui non restaua. Adunato adunque in un luogo medesimo l'esercito parlò nel modo che segue. Il desiderio & primo mio instituto, & proposito è stato, o commilitoni, restituirui la libertà della patria, & lo stato della Repubblica popolare, e liberarui dal principato & dalla tirannide de' Triunuiri. Ma la occasione mi è mancata per la morte di Bruto, & di Cassio, & essendo già stato spogliato M. Lepido della parte del suo magistrato, & Antonio mio fratello in modo lontano da Italia, che ueramente si può affermare che Ottauiano sia restato solo, conciosiache solo gouerna ogni cosa secondo l'arbitrio & uolontà sua, & la Romana Repubblica è fatta simile ad un'ombra, & diuentata ridicola. Per il che desiderando io con uoi insieme ridurre nel termine suo la primiera libertà & stato del popolo Romano, ho fatta mentre sono stato in Roma ogni opera per dissoluer questa abbominanda Monarchia, essendo io Consolo. Ma come uoi toccate con mano, la militia & l'efferato & crudele animo di costui, nemico & insidiator della patria sua & della sua ciuilità & libertà, ha con gli inganni suoi & con la naturale sua ambitione potuto piu che l'honestà & giustitia nostra. Vedete che noi siamo superati & uinti non da lui, ma dalla fame & dall' iniqua fortuna, & siamo stati abbandonati da tutti gli amici, & confederati nostri. Ma benche noi siamo in tanta angustia & periglio, nondimeno son disposto sino che lo spirito durerà in questo corpo, & insino all'estremo & ultimo fiato souuenir la patria, e morir con honesta laude, & niun di uoi abbandonerò essendo stati fautori della gloria mia. Et accioche niun mi possa dar calunnia che per mia durezza e colpa la pace non habbia luogo, son contento mandare a significar la mia intentione a colui, nelle mani del quale è tutta la potestà e l'arbitrio del Romano Imperio, e che può coman-

dare

dare & porre le leggi & il freno non che a gli huomini, ma
alla fortuna, dapoi che così vuole il suo felicissimo fato, e di
gratia gli chiederò che vi perdoni, e faccia pace con voi, stati gia suoi cittadini, e soldati, e tutta l'ira sua rivolti contra me, dandomi quella sorte di morte, che liberamente
gli piacerà, la qual io non ricuserò per impetrar la salute vostra. Ne prima hebbe posto fine alle parole sue, che senza alcuno indugio mandò ad Ottaviano tre Ambasciadori de principali del campo suo. Costoro arrivati al cospetto di Ottaviano raccontarono l'uno & l'altro esercito essere d'un medesimo
sangue, d'una medesima patria, & essere stato già sotto i medesimi Capitani. Commemorarono l'affinità i & parentadi
ch'erano da ogni parte, & che per tal rispetto l'un non
douea esser implacabile con l'altro, per la naturale inclinatione alla riconciliatione de gli animi di ciascuno, &
molte altre cose riferirono simili a queste, per placar l'animo d'Ottaviano, & in ultimo esposero, tutto quello, che Lucio Antonio hauea detto nel fine del suo parlar, esser disposto
fare, pur che Ottaviano perdonasse con la morte sua a tutti gli altri, i quali erano seco. Ottaviano rispose secondo il
costume suo artificiosamente e doppio, dicendo esser contento perdonar liberamente a tutti quelli che fossero stati soldati di Marc'Antonio per far a lui questa gratia. Ma che
tutti gli altri volea si rimettessero alla volontà & discretione
sua; & poi ch'hebbe fatta tal risposta, chiamò da parte Furnio un de'tre ambasciadori; al qual fece intender secretamente esser ottimamente disposto verso Lucio Antonio, e tutti gli
altri amici suoi, da'proprj nemici & parenti suoi in fuora.
Ritornati gli ambasciadori con la risposta, misero gli animi di
tutti in maggior confusione, perche hauendo Furnio fatto
palese quello, che da Ottaviano gli era stato detto da canto, ciascun chiedea o che pace si facesse in modo & con
tali conditioni che comprendesse ogn'uno, o che tutti fossero uniti a difendersi gagliardamente infino alla morte, perche Ottaviano douea esser riputato così nemico di tutti, come di pochi, essendo commune nemico & di loro, & della patria.
Lucio commendata la concordia di ciascun volendo in fatto dimostrar di stimare piu la salute de'suoi che la propria,
disse

disse hauer deliberato andare egli personalmente ad Ottauiano, toccando piu a se che a niuno altro il trattamento & pratica dello accordo; & così detto si mise in cammino con pochi eletti & chiamati da lui, non menando pur un trombetta o alcun' altro segno di magistrato, & essendo già lon-
tanato dalle mura della città, alcuni corsero ad Ottauiano
significandogli la uenuta di Lucio. Ottauiano marauigliandosi di questo impensato & subito mutamento di Lucio, se
gli fece incontro. L'uno & l'altro era spettabile, preclaro,
& illustre, & ornato di medesimo habito, & uestimento militare. Lucio auuicinato ad Ottauiano lasciò da parte la compagnìa da due donzelli in fuori chiamati Littori, uolendo
dall'aspetto dare inditio della mente sua. Lo esempio del
quale Ottauiano uolle immitare, come se fosse beneuolo uerso
di lui. Dapoi uedendo che Lucio affrettaua accostarsi allo
steccato per manifestar a tutti esser inchinato alla riconciliatione & ottimamente disposto a riceuerlo come amico, preue-
nendo Lucio passò lo steccato in modo, che a Lucio fu data
libertà di consigliare & giudicar di se stesso. Et essendo a-
mendue fermi in su'l fosso & salutato l'un l'altro, Lucio
fu il primo a parlare. S'io fossi forestiere & non Romano, a
Ottauiano, mi riputerei a grandissima uergogna & uituperio
esser stato uinto da te in questo modo, & molto piu uitupero-
sa & ignominiosa opera stimarei che fosse stata l'essermi dato
così facilmente in tua potestà, & uenuto nelle forze tue, hauendo io potuto leggiermente schifar questa uergogna col combattere egregiamente, & col morire in battaglia con honore piutosto che uenir nell'arbitrio tuo. Ma esaminando io, & ri-
pensando che la contentione mia è stata con un cittadino & collega mio & per la patria, certamente non mi par cosa di uergogna, s'io son caduto dalla mia impresa. Ne uoglio che
tu creda ch'io parli in questo modo, perche io uoglia ricusar
di patire quello che piace a te, perche non sarei uenuto nelle
forze di tanto grande esercito senza alcuna sicurtà, come ho
fatto, ma son uenuto al cospetto tuo non per mia salute, la
quale una uolta io ho posta in abbandono, ma per impetrar
perdono per quelli che mi sono stati in fauore, non per offender
te, ma per satisfare & compiacere a me, perche hanno creduto

esser

esser in beneficio della patria, acciocche tu intenda tutta questa colpa esser mia & tutta la punitione convenirsi a me, & la tua ira douersi sfogare contra il capo mio. Non voglio ancora che tu stimi ch' io riprenda & accusi me stesso sotto speranza di addolcire l' animo tuo, ma per non mi partire dalla verità. Presi la guerra contra te, non con animo di pigliare il Principato vincendoti, ma per riformare a miglior stato la mia Repubblica spenta, & annullata dalla potenza de' Triunuiri, il che sò che tu ragioneuolmente non puoi riprendere, perche quando voi congiuraste insieme contra la nostra libertà, fu tanta la forza del vero, che non poteste fare che non confessaste apertamente questo vostro Imperio essere iniquo, & degno di riprensione, ma essere necessario per vincere la conditione del tempo, & per torui dinanzi Bruto & Cassio, emuli alla potenza & tirannide vostra insopportabile, con li quali mai non voleste cercar di riconciliarui, conoscendo che mentre fossero uiui, le forze uostre erano per mancare, essendo essi difensori della libertà. Ma poi che furono morti, e che furono spenti li seguaci loro, la Repubblica nostra fu al tutto messa a sacco. La qual cosa non potendo io tolerare, veduto che già erano passati anni cinque del nostro Imperio, pensai tentare ogni via per ridurre la nostra città alle sue antiche leggi, & a'costumi de' nostri padri. Ma dapoi che la fortuna ha deliberato, che quello, che è commune di tutto il popolo, sia particolar di Ottauiano, & mi ha condotto in questi termini, son contento inchinar le spalle & dar luogo allo impeto & uielenza sua. Tale adunque è stata la cagione della mia impresa contra di te, la qual ho uoluto narrarti, rimettendomi all' arbitrio tuo, acciocche tu possa, com' ho detto, deliberare di me quello che ti piace. Solamente ti priego che a quelli, che sono stati meco in compagnia, tu non voglia esser duro & implacabile, anzi riceuergli a gratia, perche essi non hanno uolontariamente commesso contra di te alcuno errore; & non hanno prese l' armi iniquamente per offendere, ma per constringerti alla pace con me, credendo procurar la salute non solamente della patria, ma ancora la tua. Se alcun delitto accusi in loro, io ne son uera & sola cagione: in

me

me satia l'ira tua, in me conuerti il ferro; & con questa
speranza son uenuto al tuo cospetto. La risposta di Ottauiano fu in questo modo. Subito, ch'io intesi o Lucio Antonio
la uenuta tua, io uscì de' proprj alloggiamenti, & fecimiti
incontra con pochi, acciò che tu potessi parlar meco liberamente quello, che ti andaua per la mente. Et dapoi ch'io
ueggo che con tanta confidenza & liberalità ti sei dato alla
podestà mia, confessando il tuo errore nel modo che fanno i
delinquenti, tu non mi hai lasciato alcun luogo a poterti riprendere; & certamente di tutte l'ingiurie, le quali tu mi hai
fatte insino al presente, niuna reputo esser maggior di questa,
perche mi hai legate le mani e tolta ogni forza & uia alla
uendetta, & non come uinto, ma come uincitore mi hai imposta necessità a riceuer da te la riconciliatione, & pacificar-
mi teco non come se io hauessi da te riceuuta ingiuria, ma beneficio, hauendo sottomessi all'arbitrio mio & gli amici, &
l'esercito tuo, nel qual modo hai spenta l'ira in me, & tol-
tami ogni facoltà di trattarui come nemici. Farò adunque
uerso di te quello che è degno d'Ottauiano, e per gl'immortali Dei, & per la conscienza mia non sopporterò tu che resti ingannato dalla speranza, con la quale io sò che tu sei uenuto
a me. Et così detto commendò Lucio, come cittadino d'animo generoso & di uirtù ammiranda, hauendo parlato con tanto ardire & non come timido o uile nelle cose auuerse. Lucio lodò singolarmente la modestia, & magnanimità d'Ottauiano, & la breuità delle sue parole. Dapoi mandò alli Tribuni de' caualieri secondo la conuentione fatta prima con Ottauiano che uenissero con l'esercito disarmati; & arriuati al
cospetto d'Ottauiano il salutarono come lor Cipitato. Ottauiano sacrificò alli Dei, secondo il costume Romano, inco-
ronato di lauro, il che è il segno della uittoria. Dapoi po-
stosi a seder in su'l tribunale, comandò a ciascheduno che
deponesse l'armi; il che fu fatto di subito, & in un momento
i soldati dell'una parte e dell'altra si congiunsero insieme,
baciando & abbracciando l'un l'altro con tanta letitia, che la
maggior parte non potè contener le lagrime; essendo in questo
modo Lucio Antonio con li suoi uscito di Perugia, Ottauiano
ui lasciò la guardia. I Perugini li mandarono Ambascia-
tori

tori chiedendo perdono. Ottauiano fu contento che ciascuno potesse liberamente uscir della città, & portare seco quello che li piacesse, da Senatori in fuora i quali fece trattener, e non molto dapoi tutti furono morti, eccetto Lucio Emilio. Hauea deliberato Ottauiano dare Perugia a sacco a' soldati suoi. Ma un certo Cesto piu insolente che gli altri mise fuoco nella propria casa, & fu sì grande la fiamma, che 'l uento, il quale allora soffiaua gagliardamente, incominciò a spargerla intorno alle case uicine in modo, che senza alcun rimedio il fuoco si dilatò per tutto, & arse in breue spatio di tempo tutta Perugia. Solamente restò intero il Tempio di Vulcano. Tale fu l'esito di Perugia, essendo città molto nobile & per antichità & per nome & gloria delle cose passate, la quale fu anticamente edificata in Italia da' Tirreni, & è connumerata tra le dodici prime città d'Italia: & doue prima Giunone era auuocata de' Perugini, quelli che restaurarono dapoi la città elessero Vulcano per loro protettore in luogo di Giunone. Questo fu il fine dell'assedio di Perugia, & in questo modo tra Ottauiano & Lucio Antonio fu finita la guerra, la qual si temeua che in Italia non fosse piu graue, & piu lunga di tutte le altre. Percioche subito Planco & Ventidio, Crasso & Ateio, & tutti gli altri capi di quella fatione & setta con esercito non mediocre, cioè con tredici legioni, & con mille cinquecento caualieri eletti comparsero alle marine, alcuni a Brindisi, alcuni a Rauenna, & alcuni a Taranto. Furono alcuni altri, i quali andarono a ritrouar Murco & Domitio Aenobarbo, & altri si trasferirono a Marc'Antonio seguitati continuamente da gli amici d'Ottauiano, i quali promettenano loro la pace, & Agrippa condusse Planco a dargli due legioni, le quali erano alla guardia di Camerino. Fuluia donna di Marc'Antonio fuggì co'figliuoli in Dicearchia, & da detto luogo si condusse a Brindisi seguendola tremila caualieri, i quali da' Pretori di Antonio gli erano stati mandati come una guida & compagnia, & da questo luogo accompagnata da cinque naui lunghe uenute di Macedonia con altre cinque, le quali erano a Brindisi, prese il cammino insieme con Planco, abbandonando per temenza il resto del suo esercito, il quale elesse per Capitano Ventidio. Asinio &

Aeno-

Aenobarbo deliberarono contrarre amicitia con Marc' Antonio, confortandolo al uenire in Italia con ogni prestezza, & promettendogli passo & uettouaglia. In questo tempo Ottauiano persuadendosi che Antonio già li fosse diuentato auersario & nemico, tentaua tirare dal canto suo Fusio Caleno, il quale conducea seco una buona parte dell' esercito d' Antonio, pensando quando Antonio perseuerasse seco in amicitia, con seruarli lo esercito, & quando pure fosse nemico, fare questo accrescimento alle forze sue & diminuire quelle di Antonio. Ma hauendo già conchiuso, morì Caleno. Per il che Ottauiano non uolendo perdere questa occasione andò personalmente a trouar l' esercito di Caleno, & in modo confortò i primi condottieri, che facilmente si congiunsero con lui, non facendo alcuna stima di Antonio. Dopo queste cose s' insignorì delle prouincie de' Celti, & della Spagna, le quali prima obbediuano ad Antonio. Così Ottauiano con una sola opera acquistò felicissimamente & senza alcuna difficoltà dodici legioni & due potenti & gran Prouincie, & mutati li Pretori & stabilite le cose da quella banda, prese la uolta di Roma. Marc' Antonio, hauendo già qualche notitia di queste cose, benche non interamente, partì d' Alessandria & andò a Tiro, & da Tiro a Cipri, & da Cipri a Rodi, & ultimamente nauigò in Asia, doue intese il successo di Perugia. Di che attribuì la colpa a Fuluia & a Lucio suo fratello. Trouò che Fuluia era ferma in Atene, & che Giulia sua madre era rifuggita a Pompeo. Lucio Libone suocero di Pompeo, & Saturnino confortauano Antonio che uolesse far lega, & amicitia con Pompeo, & uoltar le forze contra Ottauiano, dimostrandoli con molte ragioni quanto egli doueua temer per la potenza sua, e quanto era grande il pericolo che li soprastaua, se Ottauiano non fosse in qualche parte abbassato. Antonio rispose ringratiar sommamente Pompeo ch' hauesse riceuuta la madre con tanta humanità & amoreuolezza, e che a tempo lo ristorerebbe. Che hauendo a pigliar la guerra contro Ottauiano userebbe Pompeo per compagno & confederato. Ma che se Ottauiano staua nell' osseruanza & fede delle cose promesse in modo che restassero amici, farebbe ogni cosa & darebbe opera per riconciliarlo

con

con *Pompeo*. *Poiche Ottauiano fu arriuato a Roma, beb-*
be da chi ueniua d' Atene auuiso della sopradetta risposta
di Marc' Antonio. Laonde incominciò a prouocare & in-
citare gli animi de' cittadini contra Antonio, opponendogli
tra le altre cose, come egli tentaua rimetter nella città tut-
ti quelli, che erano stati spogliati delle possessioni: de' qua-
li era una quasi infinita moltitudine con Sesto Pompeo; e
benche tale calunnia facilmente entrasse nella opinione di
ciascuno, nondimeno non si trouaua chi uolesse palesemen-
te pigliar l' armi contra Antonio; tanta gloria & riputa-
tione gli baueua data la uittoria acquistata ne' Filippi.
Ma Ottauiano benche si conoscesse molto superiore di forze
a Marc' Antonio, a Pompeo, & Aenobarbo, percioche
bauea in quel tempo piu che quaranta legioni, nondimeno
non bauendo alcuna armata, & mancandoli il tempo a po-
terla ordinare, & gli auuersarj bauendo un' armata di piu
che cinquecento naui, temeua non senza ragione, che scor-
rendo una tale armata per li mari dell' Italia non fosse
causa di assediarla di fame. Hauendo consideratione a que-
ste difficoltà, & essendogli offerte in matrimonio molte nobi-
li uergini, commise a Mecenate che conchiudesse il paren-
tado con Scribonia sorella di Lucio Libone suocero di Sesto
Pompeo, accioche bisognandoli riconciliatione con l' uno & con
l' altro bauesse l' occasione piu pronta & parata; la qual
cosa intendendo Libone scrisse a' parenti, che ad ogni modo
fermassero il parentado. Ottauiano presa bonoreuole occasio-
ne prouidde mandare in diuersi luoghi sotto specie di beneficio
& d' utilità molti de gli amici famigliari & soldati di M.
Antonio, de' quali baueua qualche sospitione, principalmente
mandò M. Lepido in Barberìa datali per decreto, il quale ba-
uea seco sei legioni di Marc' Antonio delle piu sospette. Chia-
mando dapoi a se Lucio Antonio, il confortò che douesse
mantenersi in carità e beneuolenza col fratello solamente per
tentar l' animo suo, & per ritrarre da lui se bauea alcuna
certezza quale fosse la dispositione & uolontà d' Antonio uer-
so di se; & rispondendo Lucio non ne bauere alcuna noti-
tia, Ottauiano lo chiamò ingrato, dicendo che non ostante
che fosse da lui bauuto in sommo bonore, & riceuuto tanto
libe-

liberamente a gratia, non gli bauea uoluto fare palese l'accordo seguito tra'l fratello Marc' Antonio, & Sesto Pompeo, & finalmente disse, io bo manifestamente compreso lo inganno di tuo fratello, & però bo deliberato uendicarmi di lui, & se tu uuoi andare a ritrouarlo, da bora te ne concedo pienissima licenza. Lucio con la sua consueta generosità d'animo rispose nella sentenza che gli bauea parlato prima a Perugia: Io bauendo in odio & in borrore la tua Monarchìa, usai Fuluia donna di mio fratello accompagnato da gli eserciti suoi alla tua rouina. Onde se mio fratello è parecchiato & disposto uenir alla tua rouina per estinguer la tua potenza & tirannìa, sono disposto andare a lui & palesamente & di nascoso, con animo di farti di nuouo guerra per saluar la libertà della patria, benche io ti babbia prouato benefattore uerso di me. Ma se tu sei in proposito di uiuere priuatamente & come si conuiene alla uera ciuilità, & Antonio mio ba in animo tenere uita & modo di tiranno, teco insieme uoglio pigliar l'armi contra di lui, perche sempre posporrò al beneficio & utile della patria qualunque rispetto & consideratione di parentado & d'amicitia, non temendo alcun pericolo benche grauissimo. Ottauiano inteso di nuouo l'animoso parlar di Lucio, se ne marauigliò molto maggiormente che prima, dicendo che non uolea in alcun modo sforzarlo, ma che era disposto commettere alla fede di tanto buomo tutta la cura & amministratione della Spagna, & dell'esercito che ui era alle stanze, benche ui fossero Pretori Peduceo & Lucio. Così Ottauiano licenziò da se Lucio Antonio con bonore & dignità. Marc' Antonio in questo tempo lasciò Fuluia ammalata in Sicione, & egli di Corfu passò in Jonio con l'armata, & non con molto grande esercito, nauigando solamente con dugento naui, le quali bauea fabbricate in Asia. Sentendo dapoi come Aenobarbo con grande esercito & non con minore armata ueniua per trouarlo, continuò nondimeno il suo uiaggio, benche alcuni fossero di parere che non fosse molto da fidarsi di lui, perche era stato Aenobarbo di quelli che nella causa, la qual fu agitata per la morte di Cesare, fu messo nel numero de' condannati, & ne' Filippi bauea prese l'armi contra Ottauiano. Trattaua Marc' Antonio, per dimo-

strar

star hauer fede in lui, se gli fece auanti con cinque delle
piu egregie naui, & comandò che 'l resto dell'armata gli
uenisse dietro con alquanto interuallo, & affrettandosi Aenobarbo uenirgli incontro, Planco uedendosi propinquo Aenobarbo, fu ripieno di timore : & confortò Antonio che non
uolesse procedere piu auanti, se prima non mandaua qualch'uno per certificarsi qual fosse l'animo di Aenobarbo.
Per il che Antonio si gouernò secondo il consiglio di Planco, e mandato ad Aenobarbo, & riceuuta da lui la fede, uolendosi auuicinar di nuouo gli fu messo sospetto. Ma
esso rispose uoler piutosto morire, che tirandosi addietro
per paura saluarsi; & già era uicino ad Aenobarbo, quando le naui, in su le quali erano l'un & l'altro, si congiunsero insieme, & allora Antonio & Aenobarbo si porsero
la destra mano, & s'abbracciaron lietamente insieme. L'e-
sercito di Aenobarbo chiamò Antonio Imperadore, & allora ancora Planco fu sicuro. Antonio riceuuto Aenobarbo nella propria naue nauigò in Paloenta, dou'era la fanteria sua, & da questo luogo si trasferirono a Brindisi,
la qual città era guardata da' soldati d'Ottauiano. Li
Brindisini chiusero le porte ad Aenobarbo come uecchio nemico, & a Marc'Antonio, perche menaua seco il nemico.
Antonio turbato nell'animo stimando che tal ingiuria li
fosse fatta per comandamento d'Ottauiano circondò l'Ist-
mo con muro & con fosso. E' questa città a similitudine
d'Isola aggiunta alla terra, circondata da uno stagno in
forma di Luna in modo, che tagliato il colle & fortificato il muro, non ui si può andar per la uia di terra.
Antonio adunque attorniò il porto di Brindisi, & l'Isole
che ui son dentro da ogni parte con spesse guardie di soldati, & mandando a tutti i luoghi maritimi d'Italia, in-
citaua tutti i popoli contra Ottauiano. Confortaua oltra ciò
Pompeo che uenisse con l'armata in Italia, & mouesse la
guerra in tutti i luoghi che potesse. Perilche Pompeo prestando fede a' conforti di Antonio, mandò in Italia Menodoro
con una potente armata incompagnia di quattro legioni, & nel
cammino occupò l'Isola di Sardegna, la qual obbediua ad Ottauiano, doue anco tirò dalla sua banda due legioni ch'erano

in

in detto luogo , le quali dubitando che Antonio non hauesse
fatta lega con Pompeo, non fecero alcuna resistenza , & gli
Antoniani, ch' erano in quella parte d' Italia che si chiama
Ausonia, presero una città chiamata Sagiunta, e Pompeo
assaltò Turina & Cosenza. Ottauiano intendendo così repentino assalto in tanti luoghi , mandò M. Agrippa al soccorso de gli Ausonj. Agrippa mentre era pe'l cammino si facea uenir dietro molti soldati a piè & a cauallo comandati
di diuersi luoghi. Ma essendo poi fatto loro intender che
quella guerra era mossa per ordine di M. Antonio , tutti nascosamente & alla sfilata ritornauano indietro alle proprie
habitationi : la qual cosa recò ad Ottauiano non picciolo timore . Per il che con grandissima prestezza caualcò a Brindisi , & per la uia trouando molti de' soldati comandati che
tornauano a casa, tutti li fece ritornare indietro , con molte
promesse & conforti ; i quali proposero di fare ogni opera possibile per riconciliare Antonio con Ottauiano , con animo che
restando l' accordo per colpa d' Antonio , sarebbono in fauore di Ottauiano, il quale essendo stato alcuni giorni ammalato nella città di Cariosa, & ripresa la prima sanità , parendogli esser ad ogni modo superiore agli auuersari, si accostò
a Brindisi, & trouandolo circondato nella forma ch' habbiamo detto di sopra, prese gli alloggiamenti al dirimpetto, osseruando gli andamenti de' nemici. Antonio parendogli hauer
presi tutti i luoghi piu forti, & hauendo speranza potere
espugnar la città , mandò con somma uelocità per lo esercito
ch' hauea in Macedonia. In quel mezzo una sera deliberò
empire di molta ciurma nascosamente una parte delle sue
naui & lunghe & rotonde, per farle far uela il dì seguente l' una dopo l' altra come se fossero bene armate, & come se
allora & in quel punto uenissero di Macedonia, per dar spauento & meter paura ad Ottauiano in modo ch' egli fosse
sforzato tirarsi indietro & lasciare in abbandono le macchine & artiglierie, ch' hauea recate in campo, sperando in-
signorirsene & con esse espugnar li Brindisini , & costringerli
a douersi arrendere, uedendosi abbandonati dal presidio di Ottauiano. Ma quella medesima sera uenne la nouella nell'
un campo & nell' altro che Agrippa hauea ripresa Sagiunta,

&

*& che gli Pompejani erano stati ributtati da' Turini, e che
Agrippa hauea posto il campo a Cosenza ; pe 'l qual auuiso Antonio fu grandemente turbato. Intendendosi dopo questo, come Seruilio era passato dal canto di Ottauiano con
milledugento caualieri, Antonio essendo a cena, senza alcun' indugio si leuò, & con gli amici piu pronti & piu fedeli in compagnìa solamente di circa quattrocento caualli, assaltò con grandissimo ardire circa millecinquecento caualieri, che erano a dormir fuori della città d' Iria, & senza
colpo di spada se gli fece arrendere, e ben contenti e uolontieri si diedero alla fede & gouerno suo, con i quali il dì medesimo ritornò all'assedio di Brindisi; & in questo modo crescea
ogni dì piu la fama di Marc'Antonio, come di Capitano inuitto & tremendo, & era l'opinione & riputatione sua tanto grande, ch'era temuto da ciascuno ; per la qual sua gloria somma & singolare le squadre Pretorie, le quali militauano con lui, bebbero ardire andar insino nel campo di Ottauiano, & riprender ingiuriosamente li soldati suoi che fossero
tanto ingrati che bastasse loro la uita a' pigliar l'armi per
offender Antonio, il qual gli hauea saluati nella guerra de'
Filippi. Da questo nacquero molte querele de' soldati da ogni
lato : gli Antoniani commemorauano l'esclusione di Brindisi
fatta a M. Antonio & l'esercito di Caleno toltogli da Ottauiano; i soldati di Ottauiano rimprouerauano l'assedio di
Brindisi, & la caualcata fatta nella parte di Ausonia, &
la lega & amicitia contraria di Marc'Antonio con Aenobarbo un de' percussori di Cesare, & con Sesto Pompeo, nemico loro comune. Escusandosi finalmente che seguiuano
Ottauiano per beneuolenza, ma che non s'haueano dimentica-
te le uirtù d'Antonio, & ch'erano desiderosi della riconciliatione di amendue. In questo tempo soprauenne la nuoua
della morte di Fuluia, la qual per disdegno & dolore ch'
hauea sentito dalle riprensioni, & querele che Antonio le hauea fatte cascò ammalata; nondimeno Antonio partendosi da
lei non si curò pur di farle motto, o uisitarla, onde Fuluia
ne prese tanta ira & confusione di mente, che il mal prese
grandissimo augumento, & morì come disperata. Fu giudicato da ciascun che la morte sua fosse molto utile alle cose*

occor-

occorrenti in que' tempi, perche era donna ambitiosissima &
piena di seditione , & la qual per gelosia di Cleopatra su-
scitò in Italia una guerra tanto grande & perigliosa . Dimostrò Antonio sopportar la morte sua molto leggiermente,
& farne poca stima, come quello che sapea hauer data cagione alla morte sua. Era Lucio Coccejo parimente amico
ad Ottauiano & a Marc' Antonio, il qual nella state passata
era stato mandato da Ottauiano Ambasciadore in Fenicia
insieme con Cecinna a Marc' Antonio. Costui essendo ritornato ad Antonio, & Cecinna ritornato ad Ottauiano , ueduta la graue discordia nata tra due tali huomini & Capitani,
simulò uoler andar a uisitare Ottauiano per uederlo, con animo di ritornare. Consentendolo Antonio Coccejo gli dimandò , se uolea che per parte sua riferisse ad Ottauiano piu
una cosa ch'un altra, & dargli alcune lettere. Antonio rispose , & che possiamo noi scriuer l'uno all' altro essendo
fatti nemici, se non mordere , minacciare, & dolerci l' un
dell' altro ? sorridendo mentre parlaua . Io non consentirò
mai, disse Coccejo, che tu chiami Ottauiano nemico tuo, il qual
si è dimostrato tanto beneuolo & affettionato uerso Lucio tuo
fratello, & uerso tutti gli altri amici tuoi. Allora Antonio rispose, chiami tu mio amico quello , che mi ha fatte
serrar contro le porte a Brindisi? & ch'ha tolti dall' obbedienza e
diuotione mia tanti popoli & nationi , & un' esercito cosi
grande ch'era al gouerno di Caleno? Giudichi tu che costui
sia beneuolo a gli amici miei? Non uedi tu che non solamente
esso cerca di tormi gli amici, ma in luogo di molti & singolari beneficj, i quali ha riceuuti da me , si sforza spegner ogni
mia gloria? Coccejo intendendo i particolari, di che Antonio
si dolea, non li parue tempo da prouocar la sua accerbità con
scusar Ottauiano, ma prese licentia da lui, & andò ad Ottauiano, il qual subito che lo uidde, mostrò marauigliarsi ch'
hauesse differito tanto a ritornar a lui, dicendo , io non ho
conseruato il tuo fratello, ne perdonata l' ingiuria, perche tu mi
diuentassi nimico. Allora Coccejo rispose, che uuol dir questo?
Chiami tu gli amici nimici? Spogli tu gli amici de gli eserciti
& delle prouincie? Ottauiano a queste parole si riuoltò a Coccejo, dicendo: Egli non fu necessario dopo la morte di Ca-

leno,

leno, essendo assente Antonio, consegnare al figliuolo tanto grande esercito, accioche uenendo in poter di Lucio suo fratello & d' Asinio & d' Aenobarbo lo potessero usare in nostra rouina: & per tal cagione con somma prestezza tolse a Planco una legione, perche non si unisse con Sesto Pompeo. Coccejo rispose, dalle parole agli effetti u'è gran differenza, & Antonio come prudente osserua li modi tuoi & non le parole, perche facilmente ha potuto far giudicio dell' animo tuo uerso di lui, essendo stato escluso da Brindisi come nemico. Ottauiano allora affermò non hauer data mai tal commissione, prouandolo con questo argomento, perche non hauea alcuna notitia della uenuta d' Antonio a Brindisi, ma ch' hauea lasciati alla guardia di Brindisi alcuni de' suoi soldati per contener Aenobarbo dalle scorrerie, & che se haueano probibita la entrata nella città a Marc' Antonio, l' haueano fatto da loro medesimi, & non per suo comandamento, forse perche haueano inteso che Antonio era in compagnia d' Aenobarbo percussore del padre mio, e ch' hauea fatta intelligenza con Pompeo comune nemico. Coccejo allora scusando Antonio dicea ch'esso non hauea fatta alcuna compagnia con Pompeo, ma solamente promesso che quando si uedesse offender da Ottauiano piglierebbe la difesa contra di lui insieme con Pompeo, affermando, ch' ogni uolta che Ottauiano uolesse andar con Antonio a buon cammino, Antonio farebbe il simile uerso di lui, e d'un ragionamento in un' altro astutamente gli diede notitia della morte di Fuluia, e della cagione della morte sua, e come Antonio se n' era dimostrato contento, ne mai restò sino che placò l' animo d'Ottauiano confortandolo che come piu giouane uolesse o mandare, o scriuere a M. Antonio, e fargli intendere la sua buona dispositione uerso di lui. Ma non parue ad Ottauiano honoreuole, massimamente non hauendo Antonio scritto a lui; dolendosi apertamente della madre, ch' essendoli congiunta per parentado, e nata dal medesimo sangue & honorata & amata da lui piu che da niun' altro fosse fugita d' Italia, & ita a trouar Pompeo, non hauendo alcun' altro a chi douesse ricorrere, se non a se, dal figliuolo in fuori. La qual cosa Ottauiano raccontò studiosamente accioche tal querela fosse da Coccejo rapportata a Marc' Antonio.

Coccejo

Coccejo parendogli già hauer mitigato Ottauiano, ritornò a
Marc' Antonio, & poi che con molte parole & persuasioni
hebbe fatta una larga & piena fede della buona intentione
& costante beneuolenza di Ottauiano uerso di lui, per commouerlo maggiormente gli disse, che quando pur uolesse star
duro o ostinato, gli facea saper che la maggior parte de' soldati suoi gli sarebbe contro, & in fauor di Ottauiano, &
finalmente lo confortò che facesse ogni opera per rimouer Pompeo dall' animo delle cose d' Italia, & persuadergli che ritornasse in Sicilia, & per leuarsi d' addosso Aenobarbo, lo
mandasse ambasciadore in qualche luogo, o a qualche impresa. A questi conforti di Coccejo si aggiunsero i preghi di
Giulia sua madre, nata della stirpe de' Giulj, in modo che
Antonio finalmente si lasciò consigliare, & principalmente
fece ritornar Pompeo in Sicilia promettendogli d' osseruargli
quanto gli hauea promesso. Et Aenobarbo mandò Prefetto
dell' Isola di Bitinia. Venendo queste cose a notitia degli
eserciti di Ottauiano, deliberarono mandare ambasciadori
all' uno & all' altro, i quali togliessero uia tutte le calunnie & querele, & riducessero tra loro buona unione & concordia: & questa cura diedero a Coccejo, come a comune
amico di amendue, & per la parte d' Ottauiano elessero
Asinio Pollione, per la parte di Antonio fu deputato Mecenate. Questi tre cittadini si adoperarono tanto, che fecero
la pace tra l' uno & l' altro. Et essendo di pochi giorni innanzi morto Marcello (il qual hauea per donna Ottauia
sorella di Ottauiano) congiunsero per matrimonio essa Ottauia a Marc' Antonio, & fatta la pace, & contratto parentado, si accozzarono insieme & abbracciaronsi, & salu-
taronsi con grandissima dimostratione di beneuolenza & di
letitia, & subito dall'uno esercito & dall' altro si leuarono
lietissime uoci, & tutto il giorno & quella notte i soldati
non attesero ad altro, che a lodare & commendar l'uno Imperadore & l' altro. I quali dopo questo ultimo accordo di nuouo partirono insieme il Principato de' Romani. Li termini
dell' Imperio statuirono che fosse Codropoli dell' Illirj, la qual
città è posta nel mezzo de' confini del mare Jonio; & che i popoli d' Oriente insino al fiume Eufrate, e tutte l'Isole di sopra

ob-

obbedissero a Marc' Antonio : & ad Ottauio tutti li paesi
di Ponente infino al mare Oceano : & a M. Lepido con-
cessero , ch' hauesse la signoria di tutta la Barberìa , e
che Ottauiano pigliasse l'impresa della guerra contra Sesto
Pompeo , & Antonio andasse contra la natione de' Parti
per uendicar l' ingiuria della morte e rouina di M. Crasso ,
& che ad Aneobarbo fossero osseruate le medesime conditioni , & compositioni che Antonio hauea prima statuite con
esso . Queste furono le conditioni della pace tra Ottauiano
& Antonio , e senza alcun' indugio l'uno e l' altro si preparò all' impresa ordinata . Antonio mandò innanzi Ventidio alla uolta di Asia , acciochè raffrenasse gli Parti &
Labieno loro Capitano , i quali molestauano in quel tempo
la Sorìa . Ma queste cose habbiamo trattate in quel Libro ,
doue si contengono le guerre de' Romani co' Parti . In questo
tempo Menodoro Pretore di Pompeo leuò dall' impresa di
Sardegna Eleno Pretore d' Ottauiano , che la danneggia-
ua con gran forza & impeto . Della qual cosa Ottauiano
prese tanta alteratione , ch' essendo già inchinato per li conforti d' Antonio a far pace e riconciliarsi con Pompeo , al
tutto ne rimosse l' animo e 'l pensiero . Essendo finalmente
amendue ritornati a Roma , celebrarono solennemente le
nozze d' Ottauia sposata a M. Antonio . Dopo le nozze
Antonio fece morir Manio , perche hauea concitata Fuluia
alla guerra per dare calunnia a Cleopatra . Accusò oltra
ciò di perfidia Saluideno appresso ad Ottauiano , opponendogli ch' hauea tentato ribellarsi da lui , quando hauea una
parte dell' esercito d' Ottauiano in su 'l fiume Rodano .
Queste cose diedero carico a M. Antonio ch' hauesse per priuata nimicizia cercata la rouina di due così nobili cittadini . Ma non è marauiglia , perche era Antonio per natura
subito all' ira , e molto piu inclinato all' odio , che alla beneuolenza . Ottauiano adunque per satisfar ad Antonio ,
e per mostrar che prestaua fede alle sue parole , fece uenire
a se con somma prestezza Saluideno , mostrando hauer bisogno della presenza sua . Et hauendogli dette alcune cose ,
lo rimandò subito indietro alla cura dell' esercito , e fat-
tolo poi di nuouo ritornare a se , e detteli parole molto in-
giu-

giuriofe , lo fece tagliare a pezzi: e l'efercito, ch'era fotto
Saluideno , concefse a M. Antonio. In quefto tempo Roma
fu opprefsa da grandiffima fame , non potendo uenire alcun
mercatante dalle parti Orientali per fofpettò di Pompeo , il
qual bauea la Sicilia in fuo potere , ne ancora di uerfo Ponente per rifpetto della Sardegna & della Corfica , le quali
Ifole obbediuano a Pompeo , ne dalla parte della Barberìa
fuperiore , perche l'armata fua moleftaua il mare da ogni
banda. Per la qual cofa la città di Roma era piena di uarie & graui querele, e la ragione era recata a lui delle difcordie e contentioni ciuili, le quali il popolo riprendea acerbamente , e per quefto moleftauano & incitauano Ottauiano & Antonio alla pace , e riconciliatione con Pompeo . Ma
Antonio uedendo l'animo d'Ottauiano alieno dalla concordia , il confortaua che affrettafie la imprefa della guerra
contra Pompeo , acciocbe fuperato Pompeo , Roma e tutta
Italia fofse libera dalla fame . Nondimeno non bauendo tanti danari quanti erano necefsarj a tale imprefa, fecero una
impofitione a'priuati di quefta forta , cioè , che ciafcun cittadino ch'bauefse tanti ferui che fofsero di prezzo di uenticinque dramme l'uno , pagafse al pubblico la metà della ualuta . Il che fi dice , che altra uolta fu fatto nella guerra contra Bruto & Caffio . Et quello ancora , il
qual bauefse confeguito in fpatio di dieci anni il frutto de'te-
ftamenti , pagafse la quinta parte . Era appena ftata fatta la defcrittione di tale impofta , che il popolo Romano
turbato , & accefo da impeto furiofo tolfe i Libri della impofta, e lacerogli in pezzi, querelandofi, che quelli ch'baueano uuotata di danari la camera del pubblico, mefse a facco , & in preda le Prouincie , & opprefsa Italia, & guafta
con tributi & grauezze intolerabili , non bauefsero poi al
bifogno danari da poter far le guerre per fignoreggiare , ma
fofsero crudeli contra i loro cittadini , come contra proprj
nimici per la loro difcordia & ambitione , per caufa della
quale baueano commefsi tanti efilj , uccifioni , & fami con
ogni generatione d'inganni . Gridauano & chiamauano a-
dunque con grandiffimo ardire , & inuitauano l'un l'altro
al fare refiftenza , minacciando di faccheggiare & arder le

A a a   cafe

case di quelli, che non uolessero concorrere insieme con loro.
Mentre che la moltitudine era in questo periglioso tumulto,
Ottauiano entrò in mezzo con alcuni amici & scudieri, facendo forza di uoler parlare, & intender la ragione della
querela. Ma non fu prima arriuato, che uituperosamente fu
ributtato in modo, che caddè in terra: e furono alcuni tanto
arditi & insolenti che fecero forza di manometterlo, menan-
dogli alcuni colpi di stocchi; se non che fu difeso da quelli
ch'erano seco. La qual cosa intendendo Antonio, subito si
mosse per andare a soccorrere Ottauiano, e liberarlo dal
pericolo; & essendo già nella contrada chiamata Via Sacra,
non fu ributtato come Ottauiano, perche era opinione ch'egli
fosse ben disposto uerso Pompeo & inchinato alla pace con esso, ma da' cittadini & dal popolo fu confortato che uolesse ritornare a casa, & non uolendo fare a modo loro, finalmente
fu sforzato a tirarsi indietro, & nondimeno raunò subito
molti armati per uendicarsi dell'ingiuria, e per non lasciar
Ottauiano nel pericolo: ma non essendo lasciato passare a-
uanti, gli soldati suoi si diuisero in piu parti, & attrauer-
sando le uie, presero la uolta di piazza, percotendo e feren-
do chiunque si paraua loro auanti. Ma essendo al fine circondati dalla moltitudine, ne potendo fuggire, fu incominciata grandissima uccisione, e per tutte le strade si uedeuano
molti feriti, & ogni cosa pareua piena di lamenti, & di
strida, & Antonio hebbe appena facoltà di ritirarsi dal pericolo & di leuarsi dinanzi a tanta furia, nondimeno mai
non restò che al fine liberò Ottauiano da così soprastante &
manifesto pericolo, & saluo il condusse a casa sua; e discorrendo la moltitudine per la terra, accioche lo aspetto della
cosa non perturbasse gli altri, alcuni pigliauano di peso i corpi morti, i quali erano per le strade, & li gittauano in Teuere, onde molti erano commossi al piagnere uedendo i corpi
morti essere gittati & sommersi nel Teuere. Ma finalmente
questa nouità fu accettata non senza odio & timore di
Marc' Antonio & d'Ottauiano. La fame ogni giorno piu
cresceua, & il popolo staua di pessima uoglia. Antonio persuadeua a' parenti di Libone, che lo facessero partire di Sicilia
& uenire a Roma, come se hauesse a trattare gran cose, pro-
met-

mettendo di dargli ogni ficurtà; la qual cofa fu fatta con
mirabile preftezza, & Pompeo uolentieri confentì a Libone
l'andata a Roma. Effendo Libone arriuato all'Ifola Enaria fi fermò infu le ancbore. La qual cofa intendendo il popolo, di nuouo fi raunò infieme, e con molte querele prego Ottauiano cbe mandaffe a Libone un faluocondotto, accioche poteffe uenir ficuro; per il cbe Ottauiano bencbe mal uolentieri fu
contento. Dopo quefto il popolo minacciò Mutia madre di Pompeo di arderla in cafa, fe non riconciliaua il figliuolo con Ottauiano. Libone hauendo riceuuto il faluocondotto, fece confortar il popolo cbe coftrigneffe Ottauiano & Antonio a far-
fegli incontro, promettendo far tutto quello cbe effi uoleffero.
Antonio adunque & Ottauiano coftretti dal popolo per forza andarono infino a Baia. Pompeo in quel mezzo era confortato da tutti gli amici alla pace. Menodoro folamente li
mandò a dire, o cbe feguiffe la guerra, o differiffe la pace
effendo uittoriofo, percbe la fame combatteua per lui, & col
tempo haurebbe la pace con quelle conditioni cbe li piaceffero.
Alla qual cofa contraponendofi Murco, Pompeo lo facea guardare nafcofamente, come fe egli afpiraffe all'Imperio, & già
baueua Pompeo incominciato per la riputatione cbe uedea in
effo, & percbe dubitaua della grandezza fua, a difprezzar-
lo & a non conferir feco piu alcuna cofa. & Murco prefo
da fdegno s'era ritirato in Siracufa, doue accorgendofi cbe
haueua dietro cbi lo feguiua & guardaua, fi dolfe apertamente della perfidia & ingratitudine di Pompeo. Per il cbe
parendo a Pompeo effer fcoperto, prima fe morire il capo
della fquadra fua & il fuo Tribuno: dapoi mandò a Siracufa cbi ammazzaffe Murco; & alcuni fcriuono cbe fu morto da certi ferui fuoi, i quali Pompeo per coprire il delitto fuo
fe crocifigere; non perdonò ancora a Bitinico Capitano incli-
to & egregio nelle guerre, il quale per la beneuolenza paterna feguitò da principio la parte di Pompeo, & in Spagna era
ftato fuo benefattore. & andò fpontaneamente a ritrouarlo in
Sicilia. Effendo Pompeo adunque da tutti gli altri, eccetto
Menodoro, confortato alla concordia, e riprendendo ciafcuno
Menodoro cbe ue lo diffuadeffe, molti l'accufauano, come buomo cupido di dominare, dicendo cbe non per amore cbe por-

taffe

tasse al padrone, ma per poter gouernare l'esercito e le prouincie, daua disturbo alla pace. Pompeo finalmente, come quello che inchinaua all'accordo, con molte galee & naui ornatissime nauigò all'Isola di Enaria, d'onde poi dirizzò il corso a Dicearchia con egregia pompa & apparato hauendo già uista di lui gli auuersarj. Venuto il giorno, Ottauiano & Antonio presero la uolta uerso lui, & accostati l'uno all'altro tanto appresso, che poteano sentir le parole & uederti insieme, dopo li saluti & accoglienze grandi, uenendo à particolari dell'accordo, Pompeo chiedea esser da loro ammesso nel principato in luogo di M. Lepido, Ottauiano & Antonio diceuano esser contenti solamente concederli il ritorno alla patria. Onde si dipartirono senza far alcuna conclusione. Volauano gli ambusciadori de gli amici dell'una parte, & dell'altra, & ciascun chiedeua uarie conditioni di pace. Pompeo domandaua che alli condannati & alli percussori di Cesare, i quali erano sotto il patrocinio suo, fosse lecito ritirarsi à saluamento doue piacesse loro, e à tutti gli altri che erano seco fosse concessa la riuocatione dall'esilio & potessero ritornar a Roma, & fossero restituite loro le sostanze ch'haueano perdute. Ottauiano adunque & Marc'Antonio affrettando lo accordo, parte per timore, & parte per fame, & parte ancora costretti dal popolo, fecero intendere a Pompeo che erano contenti consentire alla domanda sua. Ma chiedendo Pompeo piu oltre, & condicioni piu honoreuoli, la pratica uenne ad intepidire. La qual cosa sopportando molestamente quelli di Pompeo, li dimostrarono, che quando l'accordo restasse per colpa sua, lo lasciarebbono in abbandono. Per questo rispetto si dice che Pompeo stracciò la ueste, per dimostrar che fosse tradito da' suoi. Finalmente per intercessione & conforti di Mutia madre di Pompeo, & di Giulia madre d'Antonio, di nuouo questi tre Magnati uennero à parlamento insieme in su un certo argine uecchio, ciascun' accompagnato dalle naui della guardia, & dopo molti dibattimenti al fine conchiusero la pace con le infrascritte conditioni. Che l'uno & l'altro ponesse giu l'armi; & disoluesse la guerra per mar & per terra. Che i mercatanti potessero liberamente & senz'alcun' impedimento trafficare, & nauigare in ogni luogo.

80. *Che Pompeo riuocasse & annullasse tutte le guardie ch'*
hauea ne' luoghi d'Italia, ne potesse ritenere, ne dar ricetto
alli serui che fuggissero a lui, ne discorrere piu oltre con l'ar-
mata per li mari & liti Italiani. Che 'l principato suo fosse
la Sicilia, la Corsica, & la Sardegna, & gli altri paesi pos-
seduti da lui fuori d'Italia. Che tutto il resto dell' Impe-
rio Romano fosse di Ottauiano & d'Antonio. Che a Pompeo
si appartenesse la cura di prouedere al popolo Romano il bi-
sogno del grano, & per rimuneratione hauesse la signoria del
Peloponneso, & potesse amministrare il Consolato in assenza
per procuratore quale esso eleggesse, & fosse nominato Ponte-
fice de' Sacerdoti. Furono oltra ciò richiamati dall' esilio li
cittadini piu nobili & piu illustri eccetto quelli che fossero
stati per decreto condannati per essere interuenuti nella mor-
te di Cesare, & ch'a quelli fossero fuggiti per sospetto, fossero
restituiti li beni & possessioni tolte & confiscate loro, ma a
chi fosse stato condannato & soldato poi di Pompeo fosse re-
stituita solamente la quarta parte delle sostanze. Che li ser-
ui fuggiti insino a quel giorno si intendessero esser liberi, & a'
liberi che si partissero dalla militia fossero dati li medesimi
premj ch'haueano riceuuti li soldati d'Ottauiano & Marc'
Antonio. Tali furon le conuentioni della pace fatta tra Ot-
tauiano & Antonio da una parte, & tra Sesto Pompeo dall'
altra, & l'istrumento fu sottoscritto di loro propria mano,
& suggellato con i loro suggelli, & mandato a Roma sotto la
custodia delle uergini della dea Vesta. Dopo questo, misero per
sorte chi di loro douesse prima riceuere l'un l'altro a conuito,&
a Pompeo toccò essere il primo, il qual conuitò Antonio & Ot-
tauiano in una bellissima naue, ch'hauea sei ordini di remi.
Antonio dapoi insieme con Ottauiano, fatto distendere il pa-
diglione in su lo argine, celebrarono in su'l lito del mare
uno magnifico, & splendido conuito, doue interuenne tutta
la moltitudine. Dicesi che Menodoro disse a Pompeo, che
uoltasse il pensiero a questi due baroni, & deliberasse uendi-
car l'ingiuria del padre & del fratello, & non si lasciasse
uscire di mano una così grande, & facile occasione, potendo
senza alcuna difficoltà in un punto & uendicar il sangue suo, &
ricuperare il paterno imperio, affermando esser ordinato in mo-
do

ponnesi, o uero lasciasse quella prouincia ad ogni requisitione di Antonio : & Pompeo diceua non hauer presa quella prouincia col detto obbligo, o, uero conditione; onde per tal cagione turbato Pompeo, perche non si fidaua molto dell'osseruanza della pace, o uero perche haueua gelosia di Ottauiano, & di Antonio, uedendo ch'haueuano maggiori eserciti di lui, o uero irritato da Menodoro, il quale diceua che esso Pompeo haueua fatta piu tosto debole triegua, che ferma pace, cominciò di nuouo a raunare, & fabbricare naui, & congregare nocchieri, & marinari, ultimamente fece allo esercito una oratione, per la quale mostrò esser necessario prepararsi alla guerra. Perilche cominciarono di nuouo molti ladroni, & corsali ad infestare i mari, & picciola differenza era dalla prima fame in modo, che i Romani palesemente si doleuano che la pace non era stata per liberare Italia, ma per crescere il numero de' tiranni, & per aggiugnere il quarto con Ottauiano, Antonio, & Lepido. Ottauiano prese alcune delle naui, che andauano predando, & fece impiccare i nocchieri, i quali confessarono esser stati mandati da Pompeo, la qual cosa Ottauiano fece nota al popolo per concitarlo contra Pompeo. In questo tempo Filadelfo libero d'Ottauiano, andando per condurre grani a Roma, arriuò doue era Menodoro, al quale era amicissimo, & conoscendo potersi fidare di lui, il confortò, che lasciando Pompeo si accostasse ad Ottauiano, promettendoli in nome di esso Ottauiano la Corsica, & la Sardegna con tre legioni. La qual cosa Menodoro al tutto ricusò, dubitando della fede di Ottauiano. Stando le cose in questi termini, Ottauiano mandò in Atene a Marc'Antonio, confortandolo a uenire a Brindisi in un giorno determinato, per trattare, & deliberare seco della impresa contra Pompeo, & da Rauenna fece uenire molte naui lunghe, & da' Celti richiamò lo esercito, & a Brindisi, & Dicearchia mandò i soldati, la prouisione, & ogn' altra cosa necessaria per la guardia di detti luoghi, & per assaltare la Sicilia da ogni parte, piacendo così a Marc'Antonio. Esso adunque benche con pochi uenne il giorno ordinato per abboccarsi con Ottauiano; ma trouandolo già partito, ritornò indietro, o perche non gli pareua cosa honoreuole rompere

uere la pace con Pompeo, o uero perche temeua del grande
apparecchio di Ottauiano, & gli apparuero alcuni trifti augurj. Perciocbe fu trouato lacerato dalle' fiere uno di quelli che ftauano alla guardia del fuo padiglione, & baueua
manco la faccia, & gli Brindifini differo bauer ueduto fuggire un lupo del fuo padiglione. Scriffe nondimeno ad Ottauiano confortandolo alla offeruanza della pace con Pompeo;
& a Menodoro minacciò che abbandonando Pompeo, lo tratta-
rebbe come feruo fuggitiuo, conciofiache Menodoro foffe già
ftato feruo di Pompeo Magno. Ma Ottauiano, hauendo al
tutto deliberato leuarfi Pompeo dinanzi, mandò alcuni in
Corfica, & in Sardegna a riceuere quelle cofe, le quali Menodoro daffe loro, & già baueua pofte le guardie a tutti i
luoghi maritimi d'Italia, acciocbe Pompeo non gli occupaffe
un'altra uolta. In quefto mezzo Menodoro fuggì da Pompeo,
& fu riceuuto da Ottauiano gratiffimamente & fatto libero,
& fecelo Capitano di tutte le naui ch' baueua condotte feco,
& Caluifio fu fatto Pretore della fua armata, & benche già
foffe in ordine beniffimo, nondimeno differiua la guerra, ac-
crefcendo la gente, le forze, & le prouifioni; & doleuafi che
Antonio non baueffe uoluto afpettarlo. Finalmente non li parendo differire piu oltre la impresa, fece partire Cornificio
da Rauenna, & comandò che con l'armata fi conduceffe
con ogni preftezza a Taranto. Effendo in uiaggio, fu affaltato da fubita tempefta, la quale benche sbaragliaffe tutta
l'armata, però & fu fommerfa quella naue folamente, che
era deputata per la perfona di Ottauiano. Il qual pronofti-
co parue che fignificaffe la futura calamità d'Ottauiano.
Effendo già fcoperto l'animo di Ottauiano uolto alla guerra
contra Pompeo, la maggior parte delle genti biafimauano quella impresa, non parendo che Ottauiano baueffe alcuna giufta o colorata cagione di rompere l'accordo fatto con Pompeo. Laonde Ottauiano per purgarfi dalla infamia, mandò a Roma fcufando fe, & accufando Pompeo che gli bauea rotta, & uiolata la pace, hauendo di nuouo muniti i
mari di corfali, & di ladroni, & difpoftofi al tutto innouare la
guerra, & allegaua per teftimonio Menodoro che fapeua il
fecreto della mente di Pompeo. Continuando adunque Otta-

Bbb   uia-

riano nel suo proposito, mosse l'esercito che era con lui da
Taranto, & Caluisio si partì da Sabina, & Menodoro da
Tirennia, & tutti gli altri prouedimenti apparecchiaua con
somma diligenza, & sollecitudine. Pompeo inteso che Menodoro era fuggito ad Ottauiano, non gli parendo da in-
dugiare piu oltre i prouedimenti per difenderfi dalla forza, & insidie di Ottauiano, subito mise in ordine l'armata,
& deliberò aspettare Ottauiano al passo di Messina, & conoscendo che Menecrate era inimicissimo a Menodoro, & a
Caluisio, lo fece Capitano generale di tutta l'armata.
Menecrate essendo sul tramontar del Sole, diè uista di se
in alto mare a gli auuersarj, i quali per paura di non esser presi, fuggirono nel golfo sopra Cuma, doue si posarono
quella notte, & Menecrate prese la uolta uerso Enaria.
Caluisio & Menodoro la mattina seguente sul far del giorno
usciti del golfo di Cuma lungo il lito, cominciarono a nauigare, benche timidamente, per ritrarsi in luogo sicuro, quando Menecrate subitamente apparue di nuouo al cospetto loro,
& con incredibile prestezza, & impeto si accostò loro d'appresso. Considerando adunque d'offendere i nemici, mentre
stauano con l'armata in alto mare, & diuisi in piu parti, a
poco a poco diede loro la caccia, tanto che li fece uenire insieme & gli sospinse in un gomito stretto. Perilche uedendosi quasi che rinchiusi, cominciarono a combattere uirilmente. Poteua Menecrate ferire gli auuersarj, & retirare indietro
a sua posta, & scambiare, & rifrescare le naui, come
gli pareua. Ma quelli di Menodoro non poteuano maneg-
giare le naui, ne riuoltarle come sarebbe stato necessario,
anzi bisognaua che stassero fermi alle botte, & erano costretti combattere quasi come da terra, non bauendo facoltà ne di torsi dinanzi a i nemici, ne di farsi loro allo incontro, ne di seguitarli. Mentre che la zuffa era attaccata,
Menodoro, e Menecrate guardarono in faccia l'uno l'altro, e fu
tanto grande lo sdegno, & l'odio che si accese in loro, che pos-
posta ogni altra cura & diligenza con ira, & con furore mi-
nacciandosi insieme andarono a ferire l'un l'altro, conoscendo molto bene la uittoria douer esser di colui che in quella fosse
superiore. Non altrimenti adunque che due franchi caualieri

sogliono

sogliono su i campi con i feroci cauaili correre ad affrontar
l'un l'altro, così fecero questi due capitani con le naui gouernate da loro. Perciocbe con uelocissimo impeto & corso s'inue-
stirono insieme in modo che la naue di Menodoro aperse la
poppa, & quella di Menecrate ruppe il timone. Dopo questo con certe manette di ferro legarono l'una l'altra in forma, che pareano ambedue d'un pezzo. I marinari che ui
erano dentro, combattendo come se fossero in terra, non lasciauano indietro alcuna opera de' soldati strenui, lancian-
dosi spessi dardi, saette, & sassi, & ciascun faceua forza di
saltar su la naue nemica. Era la naue di Menodoro piu eminente in modo, che le sue artiglierie offendeuano piu gagliardamente uenendo piu da alto con piu uantaggio. Già molti dall'una parte & dall'altra erano stati morti, & la maggior parte feriti, & a Menodoro era stato passato un braccio da un passatojo, & già pareua inutile al combatere,
quando Menecrate fu ferito nella pansia con un dardo, il quale baueua la punta sua con parecchi uncini in forma di ami.
Per il che uedendo la ferita esser mortale, & non bauer
piu speranza di saluar la naue, si buttò in mare, & allora
Menodoro prese la naue. In questo modo fu combattuto dalla sinistra parte. Dal lato destro Caluisio mise in fondo
alcune naui di Menecrate, & alle altre che fuggiuano
diede la caccia insino in Peloponneso, adoperando solamente una parte de i legni suoi. Le altre furono assaltate da
Democare compagno di Menecrate, parte delle quali riuoltò
in fuga, & parte fece dare in scoglio, & cacciatine fuora
li marinari, ui mise fuoco dentro. In questo mezzo Caluisio
ritornando indietro ritenne quelle che fuggiuano, & in quelle
che ardeuano, spense il fuoco. Tale fu il fine della guerra
maritima, nella quale apparue molto superiore l'armata di
Sesto Pompeo. Democare dolendosi della morte di Menecrate, non altrimenti che se tutto l'esercito di Pompeo fosse
stato rotto, lasciata ogni cura di guerra, nauigò in Sicilia, parendoli che ogni cosa fosse posta in pericolo & in rouina,
& per la morte di Menecrate, & per la fuga di Menedoro,
perche nelle cose di mare questi due erano li piu utili buomini,
ch' bauesse Pompeo. Caluisio aspettando che Democare ritor-

nasse

nasse per assaltarlo, temeua di uenire seco alle mani, bauendo perdute in battaglia le miglior naui, & essendo quelle che gli erano restate al tutto inutili. Ma intendendo poi
che Democare bauea presa la uolta di Sicilia, riprese animo, & restaurati i legni assai commodamente andaua discorrendo & uolteggiando quel mare. Ottauiano in questo tempo si partì da Taranto con grande esercito con proposto di assaltar Pompeo, il quale era a Messina con circa quaranta
belle naui, seguitando il parere degli amici, da' quali era
consigliato che improuisamente assaltasse Pompeo prima ch'
egli unisse insieme le forze & tutto il suo apparecchio essendo
allora accompagnato da picciola armata. Ma Ottauiano
mutò poi consiglio, & deliberò aspettare prima Caluisio, dicendo non gli parere utile deliberatione quella, che si piglia-
ua con manifesto pericolo; & così aspettaua con desiderio gli
aiuti de' suoi. Democare arriuato a Messina, Pompeo elesse Prefetto dell' armata Apollofane insieme con Democare
in luogo di Menodoro & Menecrate. Ottauiano cominciò
a nauigar per farsi incontro a Caluisio, pigliando la uolta di Sicilia. Pompeo scorrendo da Messina assaltò la
estrema parte dell' armata nemica, & affrettando il cammino, in breue spatio fu uicino a gli auuersarj & cominciò
ad incitargli alla battaglia; i quali benche fossero stimola-
ti da Pompeo, non però uennero alle mani ritenuti da Ottauiano, temendo combattere in luogo stretto, & uolendo aspettar Caluisio, senza il qual non li parea sicuro il combat
tere. Et finalmente si ritrasse uerso il lito del mare, fer-
mando i nauili su l' anchore, ributtando da prima i nemici.
Democare a ciascuna delle naui d'Ottauiano oppose due delle
sue, & in questo modo ne sospinse alquante & fecele dare in
terra. Ottauiano uedendo l' altre sottoposte al medesimo pericolo, si accostò con le naui tanto a terra, che ne saltò fuora, & con tutti quelli che si saluarono dal naufragio prese
la uia de' monti. Cornificio con le naui & legni che restauano interi, preso quasi che da una certa disperatione, confortandolo la brigata a portarsi uirilmente, con grandissimo impeto si gitto addosso ai nimici, giudicando cosa piu generosa difendersi & morire, che lasciarsi uincere timidamente, & uiuere.

uere. Adunque con ſigolare & marauiglioſo ardire Cornificio aſſaltò primamente la naue di Democare, & miſela in
fondo. Perilche Democare con difficoltà grandiſſima & nuotando ſaltò ſu un' altra, moltiplicando la uccoſione & la
fatica da ogni banda. Caluiſio & Menodoro furono ueduti
apparir da lontano in alto mare: ma non poteano dar uera
e giuſta notitia di ſe à ſoldati di Ottauiano, perche erano
piu lontani. Ma ben furono conoſciuti dalle naui di Pompeo, perche baueano la uiſta libera, onde cominciarono a ritrarſi indietro, maſſimamente ancora perche la notte già
ſopraſtaua. Molti in quella notte de'ſoldati di Ottauiano
uſcendo delle naui, rifuggiuano a'monti & faceuano ſegno a
gli altri che reſtauano in mare con fuochi acceſi ſu per la
montagna, i quali Ottauiano riceuea bumaniſſimamente con-
ſolandogli & confortandogli, che uoleſſero inſieme con lui
ſopportar la fatica & il diſagio. Ritrouandoſi Ottauiano
in tale anguſtia, ne bauendo ancora alcun' auuiſo della uenuta di Caluiſio, ne ſperando poterſi ualer piu oltre o trarre alcuna utilità dell' armata, interuenne per una certa benignità di fortuna, che la legione tredecima ſi auuicinò a' monti: la qual intendendo la rotta & diſordine ſeguito dell' armata di Ottauiano, ſalſe alla montagna, inuitata dal cenno
de'fuochi, doue trouando fuori d'ogni ſperanza Ottauiano
ſuo Capitano, & gli altri fuggiti con lui, furono i ſoldati di
detta legione preſi da incredibile allegrezza, & con la uettouaglia, la quale baueano ſeco, ſi ricrearono inſieme. Oltra
di ciò il capo della legione conduſſe Ottauiano nel padiglione
ſuo, doue ſi conſolarono & del corpo & della mente. Perilche
mandò ſubito molti de'ſuoi in diuerſi luoghi a ſignificare a
gli amici come era ſaluo, & ecco uenir la nouella come Caluiſio era uicino con molte naui. Per la qual coſa Ottauiano fu ricreato dal doppio & inaſpetato caſo di fortuna. La
mattina ſeguente uoltandoſi uerſo la marina, uidde una parte
delle naui ſue già arſe, & una parte già ardere continuamente, & alcune arſe mezze & certe altre abbandonate, & il
mar pieno di uele e di remi. Et eſſendo Caluiſio già comparſ-
ſo & riceuuto da Ottauiano con grandiſſima feſta & letitia,
fu prepoſto da lui al gouerno di tutta l'armata. Eſſo adunque

que ſi poſe innanzi con tutti i legni piu eſpediti & piu leggieri & ueloci, & oppoſegli a' nemici per trauerſo, i quali per la uenuta di Caluiſio già erano ordinati alla battaglia. Stando l'una parte, & l'altra prouiſta, & ſu l'armi, ſi leuò ſcirocco in un momento con tanta furia & tempeſta, che facea gonfiar l'onde maritime inſino al cielo. L'armata di Pompeo era dentro al porto di Meſſina; quella d'Ottauiano era diſteſa per i liti, & in luoghi importuoſi, & per la uiolenza del uento le naui ſi percuoteano inſieme, & andauano per dar in ſcoglio. Menodoro uedendo ſi graue periglioſa tempeſta, giudicò eſſer piu ſicuro partito tirarſi nel largo & ne' luoghi piu a dentro del mare, doue fermò l'ancore, ſtimando ch'il uento doueſſe toſto calare, come ſuole il piu delle uolte interuenir nella ſtagione di primauera. Ma per l'oppoſto creſcendo piu del continuo l'impeto & forza de' uenti, tutta l'armata fu confuſa, & le naui per la maggior parte perderono l'ancore, & ſenza alcun ſoſtegno o riparo furono ſoſpinte alla terra. Udiuanſi molte uoci & ſtrida di quelli che s'annegauano, & l'un chiamaua in ajuto l'altro. Niuna differenza di gouerno era tra' nocchieri & la ciurma, o dal pratico al non pratico, ma in ciaſcuno era una uguale imperitia & confuſione, coſi in quelli che reſtauano ancora ſu i legni, come quelli che combatteuano con la innondatione del mare, il quale tempeſtaua impetuoſiſſimamente, & era coperto di legni, di uele, di remi, & di huomini che nuotauano, & boccheggiauano, di corpi già morti & ſommerſi, & ſe pure alcuno nuotando ſi conducea al lito, era in un tratto poi ricoperto dall'onde maritime, & percoſſo in qualche ſcoglio. Oltra di ciò quando il mar ſi apriua, come ſuol interuenire intorno al lito, ricopria in un tratto i nauilj, & poi metteuagli in fondo. Sentiuanſi adunque in ogni lato pianti & penoſi lamenti, & s'alcuni erano ſcampati in terra, piangeano & ſi doleano della loro fortuna per la morte de gli amici & parienti ſuoi, & quello che facea il caſo piu miſerabile & piu doloroſo era, perche non ſi uedea ne cielo ne terra: concioſia che la notte era oſcuriſſima, & ogni coſa era piena di tenebre. Ma quello che apparue piu merauiglioſo, fu che in un momento cominciò il cielo a riſchia-

ebiarare, & a cessare il uento, & spegnersi con l'apparir
del Sole, & similmente il mare subito fu fatto tranquillo. Fu detto da gli habitatori circostanti che non si ricordauano hauer mai piu ueduta in quelle parti una maggior tempesta & procella, la qual tolse ad Ottauiano la
maggior parte de gli huomini, & de'nauilj, hauendo etiandio
perduti nella battaglia del giorno precedente molti de'soldati suoi. Sbattuto adunque Ottauiano da questi due for-
tuiti casi, la notte seguente si ridusse con grandissimo incommodo ad Hipponio, & andaua con somma prestezza per
la uia de'monti, non gli bastando l'animo di ueder tanta
ruina, alla qual non potea usare alcun rimedio. Scrisse oltre
di questo & mandò a gli amici & a tutti i suoi Pretori,
confortandogli a stare apparecchiati in modo, che potessero resistere, se qualche altro infortunio accadesse, come suol interuenire ne i casi auuersi, che l'un seguita dopo l'altro.
Mandò ancora molti fanti a pie a tutti i liti d'Italia
per ouuiare che Pompeo non pigliasse l'impresa di terra.
Ma egli non pensò piu oltre, ne fece alcuna stima di
perseguitar le reliquie dell'armata d'Ottauiano che fug-
gìa, o perche stimasse che la uittoria ch'hauea acquistata fosse a sufficienza, o ueramente, perche non fu prudente ne pratico in sapere usar la uittoria, o pur perche
nel proseguir l'impresa era timido & molle, & staua contento di ributar solamente quelli che ueniano per offenderlo. Perciocche ad Ottauiano certamente non restò pur la
metà de'nauilj, & quelli che restarono, erano tutti con-
quassati. Lasciati adunque alcuni alla cura delle naui,
accioche attendessero a restaurarle, con animo turbato &
confuso prese la uolta di Campagna, non hauendo altri legni che gli sopradetti, benche hauesse bisogno di molti, ne
hauendo spatio a fabbricarne de'nuoui, soprastando la fame,
& instando assai il popolo Romano per la pace, il qual biasimaua Ottauiano, ch'hauesse presa la guerra contra la forma dell'accordo fatto con Sesto Pompeo. Hauea oltra ciò
grandissima carestia & bisogno di denajo, & da Roma
non potea hauerne alcuna parte, benche hauesse poste alcune grauezze. Mosso adunque da necessità, mandò Menecrate

cenate per ambasciadore a Marc' Antonio per giustificarsi
con lui delle cose delle quali poco innanzi si erano doluti l'un
dell'altro, & per inuitarlo in sua compagnia; il che quando da Antonio fosse ricusato, deliberaua mandare in Sicilia i
soldati per la uia di mare su le naui, & lasciando la guerra di
mare, pigliar quella di terra. Mentre che Ottauiano era
molestato da queste cure & pensieri, hebbe lettere da Mecenate, per le quali fu auuisato, come Antonio era stato contento conuenir con lui alla guerra contra Sesto Pompeo: in
questo medesimo tempo hebbe la nuoua, che Marco Agrippa
era stato uittorioso gloriosissimamente contra gli Aquitani popoli Francesi. Per la qual cosa ritornò in tanta riputatione,
che molte città & molti priuati amici si scopersero in suo fauore, & gli fu somministrato buon numero di naui. Posta adunque da parte ogni sollecitudine, & cura d'animo,
in breuissimo tempo fece un' apparecchio da guerra molto piu
splendido & maggior, che non haueua fatto prima. Essendo
uenuta già la primauera, Marc'Antonio partì da Atene con
trecento naui in ajuto di Ottauiano come haueua promesso a Mecenate, & uenne a Taranto. Ma Ottauiano mutò proposito, perche hauendo già fabbricate alcune naui,
u'imbarcò dentro i soldati suoi in modo, che essendogli fatto
sapere da Antonio che non si dasse briga in adoperare altre naui, essendo a sufficienza quelle che esso hauea condotte
seco, Ottauiano mostrò farne poca stima. Onde già parea
manifesto di nuouo Antonio & Ottauiano hauessero a contendere insieme. Antonio benche restasse offeso, nondimeno simulò, dimostrando uoler star fermo in compagnia & in amicitia
con Ottauiano, & perche era già stanco nel nauigare, & haueua maggior bisogno dell'esercito per terra, massimamente
de' soldati Italiani, per usarli nell' espeditione contra Parti,
fece preposto di mutar le naui con Ottauiano, conciosiacosache per la lega ch' haueano insieme fosse statuito, che l'uno &
l'altro potesse fare esercito di gente Italiana : il che parendo ad Ottauiano difficile consentire, toccando a lui
l'Italia per sorte, Ottauia donna di Marc' Antonio si in-
terpose mediatrice appresso ad Ottauiano, il quale si dolse che da Marc' Antonio fosse stato mandato Callia Liberto

berto a M. Lepido, per concitarlo contra se. Ottauia diceua essere certa, che Callia era stato mandato solamente
per trattare & concludere un matrimonio con Lepido, perche Antonio desideraua prima che dasse principio alla guerra de' Parti dar la figliuola per donna al figliuolo di Lepido. Ma la uerità fu che Antonio mandò Callia a Lepido per commouerlo a nimicitia contra Ottauiano. Laonde uedendo Ottauia, che Ottauiano non prestaua fede
alle sue parole, impetrò da lui che fosse contento uenire
a parlamento con Antonio, & fu deputato il luogo tra
Metaponto & Taranto, doue l'un & l'altro uenne a parlamento su la ripa del fiume. Antonio adunque montò
solo in una scafa, & prese la uolta uerso Ottauiano mostrando fidarsi di lui, come di uero amico, la qual cosa
uedendo Ottauiano fece il medesimo in modo che si incon-
trarono nel mezzo del fiume, & l'uno e l'altro si sforzaua essere il primo a dismontare alla ripa. Ma uinse finalmente Ottauiano, & fermossi a' lato a Marc' Antonio
su la ripa, & similmente poi andato con lui a Taranto
insino al suo alloggiamento senza alcuna compagnia, la
notte dormì seco in un medesimo letto senza alcuna guardia o sospetto, & così da loro fu fatta una subita mutatione di animo, & indotti per necessità da grandissima
gelosia & sospitione, ch'haueuano l'un dell'altro per ambitione del dominio & principato, uennero insieme ad una
somma & incredibile fede & sicurezza di beneuolenza. In
questa unione tra l'altre cose fu da loro conchiuso, che Ottauiano differisse al tempo nuouo l'impresa contra Sesto
Pompeo, & Antonio senza piu indugio mouesse la guerra
contra i Parti. Oltra di ciò Antonio consegnò ad Ottauiano
naui cento uenti, & Ottauiano diede a Marc' Antonio
duemila Italiani armati di tutte l'armi. Per la qual riconciliatione Ottauia fece molti ricchi, & splendidi doni
ad Ottauiano, tra quali furono dieci naui da mercatura
delle piu ornate & piu forti che hauesse Marc' Antonio
insieme con ottanta galee sottili, & altri tanti bergan-
tini, tutte armate. Ottauiano per dimostrarsi amoreuole, & grato alla sorella, gli diede mille fidati & esperti pro-

uigio-

gionati per guardia della persona sua, quelli che paruero
a Marc'Antonio, & essendo in questo mezzo già uenuto il
fine del principato, & della Monarchia de'Triumiri, di
nuouò la prolungarono da loro medesimi, & senza altro decreto del popolo Romano per anni cinque: & poi che hebbero ordinate & conchiuse tutte queste cose partirono l'uno dall'
altro. Antonio prese la uolta di Soria, lasciando con Ottauiano Ottauia con una figliuola che haueua hauuta di lei.
In questo tempo Menodoro per esser traditore naturalmente,
o per timore delle minaccie di Marc'Antonio, il quale dice-
ceua palesem...te ch'haueua deliberato hauerlo ad ogni modo
nelle mani come fuggitiuo, o ueramente perche gli pareua essere tenuto in minor prezzo, & honore che non gli
pareua meritare, o perche assiduamente era uilipeso, & ingiuriato da gli altri liberti di Sesto Pompeo, i quali il mor-
deuano che non era fedele al padrone, & dopo la morte di Menecrate il confortauano che ritornasse, preso saluocondotto fuggì, & tornò a Pompeo con sette naui, il che fece in modo
che Caluisio Capitano dell'armata non se ne accorse, pe'l quale errore Ottauiano priuò Caluisio della amministratione del-
l'armata, & in suo luogo elesse Marco Agrippa. Essendo
già uenuto il tempo nuouo, & hauendo Ottauiano ordinate
tutte le prouisioni per la impresa contra Sesto Pompeo,
purgò l'esercito per mare in questo modo. Prima fece lauar
con l'acqua del mare tutti gli altari ch'erano posti in su'l lito. La moltitudine staua in su le naui con gran silentio.
I sacerdoti sedendo in sul mare in certe barchette faceua-
uano il sacrificio, & andando tre uolte intorno all'esercito
che era in sul'armata, portauano certe purgationi sacre, &
alzando & solleuando in uerso il cielo le purgationi supplicauano li Dei del mare, & del cielo che rimouessero, & pur-
gassero dall'esercito tutte le cose infelici & nociue. Dapoi diuidendo le purgationi, una parte gittauano in mare, & l'altra
parte poneuano in su gli altari, & ardeuanla, & allora la
moltitudine de'circostanti benediceua tal sacrificio, & pur-
gatione; & in questo modo li Romani purgauano l'armata.
Ottauiano poi che il sacrificio fu celebrato, haueua ordinato
partire il medesimo dì da Dicearchia, & che al medesimo termine

mine Lepido partisse di Barberìa, & Tauro da Taranto,
& venissero alla volta di Sicilia. Pompeo in questo tempo era
in Lilibeo, uno de' promontori di Sicilia, il quale hauendo
notitia che Ottauiano veniua per trouarlo, mandò Plinio
con una legione, & con una moltitudine di caualli leggieri all'opposto di Lepido, & dalla parte di Leuante, & di
Ponente pose le guardie, & il presidio per tutte quelle marine, & spetialmente nell'Isola di Lipari, & di Cossira,
accioche non fossero questi due luoghi due bastìe a Lepido
& Ottauiano accommodate ad occupare la Sicilia, & il fondamento di tutta l'armata collocò in Messina, come in luogo pronto a potere mandar fuori l'armata douunque il bisogno ricercasse, & essendo già venuta la Luna nuoua, &
hauendo il Sole con li raggi suoi coperta la terra, Lepido fece vela di Barberìa con mille naui da mercato, & con ottanta lunghe, accompagnato da dodici legioni, & da cinquemila caualieri di Numidia con un apparecchio molto grande. Tauro partì da Taranto con centotrenta naui di
Marc'Antonio, e con centodue che erano al suo gouerno.
Ottauiano partendo da Dicearchia, prima che entrasse in
mare se sacrificio, & votò a Nettuno, & alli uenti che
uolessero concedere il mare tranquillo & placabile & esserli propitj, & benigni, andando contra i nemici di Cesare suo padre, & dapoi montò in su la naue Pretoria, & incominciò a
solcare l'onde maritime. Dopo lui seguiua Appio stipato da
una moltitudine grande di diuersi nauilj. Il terzo giorno che
M. Lepido era entrato in mare, il uento meridionale sommerse buona parte delle sue naui; & nondimeno continuando il
uiaggio in Sicilia assediò Plinio in Libeo, & tirò alla sua diuotione alcune di quelle città, & alcune ne prese per forza.
Tauro hauendo da principio il uento contrario, fu costretto
ritirarsi indietro. Appio conducendo l'armata intorno alle
ripe Ateniesi, perdè alcune naui che diedero in scoglio. Ottauiano percosso da tempesta fu sospinto nel seno Eleate importuoso, ben che non perdesse altro che una galea di sei ordini di
remi. Leuandosi poi il uento di Barberìa uerso la sera, il
seno Eleate incominciò a tempestare in modo, che era
impossibile ad Ottauiano potere uscire, essendo le naui

comba-

combattute dal uento, ne potendoſi ajutar da remi, in forma tale che alcune erano forzate dare in ſcoglio, & era il pericolo & la confuſione tanto maggiore, quanto ch'era notte oſcuriſſima. Et creſcendo il male, Ottauiano facea ſepelire li corpi morti, & curare li feriti, & faceua ripeſcare & ajutare quelli che erano per annegare, & attendeua a ricreare con diligenza gli altri ſoldati, & nauiganti ſtanchi dalla lunga fatica. Furon ſommerſe in quella tempeſta ſei naui delle maggiori & piu ponderoſe, & uenticinque piu leggieri, & de' nauili minori affondarono molto maggior numero. Poiche la marea fu ceſſata, Ottauiano uedendo eſſerli neceſſario piu che due meſi a reſtaurar l'armata, giudicò eſſer miglior deliberatione differir quella guerra alla ſtate futura. Il carico delle naui conquaſſate, che erano ſu pe'l lito, poſe in ſu le naui di Tauro, & dando opera di raſſettar tutti i nauilj percoſſi dalla tempeſta, giudicò mentre occupaua queſto tempo, eſſere ſommamente neceſſario mandare Mecenate a Roma per conſeruar gli amici nella fede, & per torre animo alla parte, & a' fautori di Pompeo, i quali penſaua che doueſſero hauer preſo ardire, & ſperanza intendendo il naufragio interuenuto ad Ottauiano. Pompeo laſciandoſi fuggir di mano una ſimile occaſione, non uſò l'ufficio di prudente Capitano, perche doueua fare ogni coſa per aſſaltare il nimico ſubito che inteſe il diſordine grandiſſimo, nel qual ſi ritrouaua, potendo ſperare certa uittoria. Ma certamente la fortuna diſpone & gouerna tutte le coſe grandi, & uincere non ſi può il fato de gli huomini. Solamente gli parue a ſufficienza eſſer reſtato ſuperior del mare, & ſacrificò a Nettuno, del quale conſentì eſſer chiamato figliuolo, perſuadendoſi che non ſenza uolontà & diſpoſitione del Dio Nettuno in una ſtate medeſima gli auuerſarj due uolte haueſſero rotti in mare, & diceſi che glorioſo mutò lo ammanto che ſogliono portar gli Imperadori de gli eſerciti, perche depoſta la porpora portaua una ueſte del color del mare, col quale habito è dipinta la immagine di Nettuno. & ſperando che Ottauiano finalmente foſſe coſtretto diſſoluer l'armata, ſubito che inteſe dapoi che eſſo rifaceua gli nauili, & reſtauraua l'armata, & faceua grandiſſimi appa-

recchi

recchi per tornare quella medesima state un'altra uolta alla
impresa, mancò assai di animo, & di speranza, parendogli bauer a fare con Capitano inuitto & bellicoso; il perche
mandò subitamente Menodoro con le sette naui ch'haueua menate seco, imponendogli, ch'andasse osseruando li modi di Ottauiano, & come fosse in ordine con l'armata, & che potendo far qualche frutto, lo facesse. Menodoro non hauendo
buona dispositione uerso Pompeo, & tenendosi da lui offeso,
perche non gli haueua restituita la cura, & gouerno della
armata come credeua, & perche Pompeo dimostraua non
si fidar di lui hauendolo mandato solamente con le sue sette
naui, pensò fuggire da lui un'altra uolta. Ma esaminando
prima seco medesimo in qual modo potesse farsi beneuoli,
& fedeli quelli che erano in sua compagnia, diuise loro tutto il denajo & oro che haueua, & in tre giorni nauigò millecinquecento stadj, & come uno folgore uenuto dal cielo
assaltò li primi che erano alla guardia dell'armata di Ottauiano, & in un momento prese tre naui della guardia. Dapoi facendosegli all'incontro alcune naui di mercato cariche
di frumento, egli ne affondò alcune, parte ne prese, & parte ne abbruciò, in modo che tutta quella marina andò sottosopra, tanto fu grande il terrore che partorì questo improuiso & subito assalto di Menodoro, essendo allora assenti
Ottauiano & M. Agrippa. Parendogli adunque hauere la fortuna nel pugno, accostò la naue sua alla rena del lito in luogo paludoso, & fingendo hauere dato in terra & essere fitto
nella mota staua immobile, tanto che essendo ueduto da' nimici, i quali erano in su'l monte uicino, corsero a lui come ad una
preda apparecchiata loro dalla fortuna, ma come Menodoro
li uidde auuicinare subito riuoltò la naue, e partissi ridendo,
parendoli hauer beffati gli auuersarj secondo il desiderio suo.
La qual derisione uedendo li soldati d'Ottauiano, furono
presi da dolore & da marauiglia. Hauendo Menodoro fatta la
sopradetta esperienza, non manifestando ancora se era amico,
o nimico, prese Rebillo cittadino Romano & consolare, &
fecelo libero, hauendo proposto seco medesimo quello che
far uoleua. Tenea buona amicitia con Mindio Marcello parente di Ottauiano. Onde affermò a quelli ch'era-

no

20 con lui, che Mindio uolea fuggire & uenire a trouarlo.
Dapoi fattosi piu presso a i nemici, fece pregar Mindio che
fosse contento uenire ad una isoletta quiui uicina, perche uolea
conferir seco alcune cose. Essendo uenuto Mindio al luogo deputato, Menodoro gli parlò secretamente, scusandosi ch'era
ritornato al seruigio di Pompeo, per l'ingiurie che hauea riceuute da Caluisio quando era Prefetto dell'armata. Ma
che essendo stato eletto in luogo suo M. Agrippa era disposto
ritornar a seruire Ottauiano, dal qual non haueua riceuuta
offesa alcuna, quando li fosse dato saluocondotto di poter uenir sicuro. Mindio riferì la cosa a Messalla, perche Agrippa era assente. Messalla benche dubitasse della fede di costui, nondimeno fu contento assicurarlo & darli ricetto; parendogli che cosi ricchiedesse la necessità della guerra, & giudicando che Ottauiano restasse contento, & in questo modo
Menodoro fuggì di nuouo, & andò al cospetto di Messalla.
Venendo poi Ottauiano, Menodoro se gli gittò a' piedi, & senza esprimere altrimenti la cagione della fuga sua, chiese humilmente perdono. Ottauiano rispose che per osseruargli la
fede datali da Messalla gli perdonaua & togliendoli i capi
delle sue naui gli diede licenza ch'andasse doue gli piaceua,
non uolendo piu hauere a fidarsi di lui, perche l'hauea
conosciuto instabile, & fallace. Menodoro adunque uinto da confusione, & ripieno di uergogna, parendogli hauer perduto l'honore, & la fede, per disperatione priuò se stesso della uita. Poiche Ottauiano hebbe fatte tutte le prouisioni necessarie per l'esercito partì con l'armata
bene ad ordine, & fece uela uerso Hipponio, & mandò Messalla con due legioni di fanti alla uolta di Sicilia, doue era
Lepido con un altro esercito, imponendogli che si accam-
passe al golfo che ua a Tauromenio. Tre altre legioni mandò a Stilida, & al mare di sopra, acciò ch' osseruassero
quello che si facea da gli auuersarj. Tauro fece nauigar al
promontorio Silaceo, che è di là dal Tauromenio, col quale
andò tutto il resto della fanteria. Dapoi partendo da Hipponio s'auuicinò a Silaceo, doue poi ch'hebbe ordinata la battaglia, tornò di nuouo ad Hipponio. Pompeo, come habbiamo detto di sopra, faceua guardare tutte le marine, onde

dè gli auuersarj poteſſero entrar nell' Iſola di Sicilia, & le
naui, & tutta l'altra ſua armata baueua raunata in Meſſina. In queſto mezzo ueniuano a Lepido di Barberìa quattro legioni imbarcate iu ſu naui da mercato. Alle quali uenne incontro Papia un de' condottieri di Pompeo, il qual ſa-
lutandole come amici, poi che l' hebbe condotte nell' aguato,
miſe tutti gli ſoldati a filo di ſpada, perche credeuan le naui
ch' eran con Papia, foſſero ſtate loro mandate incontro da
Mar. Lepido; & con queſta notitia Papia ritornò a Pòm-
peo. Ottauiano da Hipponio ſi riduſſe a Strongila, una delle cinque Iſole di Eolo; e uedendo nell' oppoſta parte di Sicilia grande eſercito, cioè in Peloride, in Mele, & in Tirin-
daride, credendo che Pompeo foſſe in queſti luoghi, impoſe a Marco Agrippa, che rompeſſe la guerra da quella banda, & egli ritornò un' altra uolta ad Hipponio, & uni
ſeco tutto lo eſercito di Tauro, con tre legioni in compagnìa
di Meſſala, con propoſto di aſſaltare Tauromenio in aſſenza
di Pompeo. Agrippa nauigò da Strongila ad Hiera, la qual
fu preſa da lui, non potendo le guardie di Pompeo difenderla. Il giorno ſeguente fece dimoſtranza di uoler aſſaltar l' Iſola di Mila, doue era al preſidio Democare Pretore di
Pompeo con quaranta naui. Pompeo uedendo lo impeto di
Agrippa, mandò al ſoccorſo di Mila altre quarantacinque
naui a Democare ſotto il gouerno di Apollofane liberto, &
egli ſeguitaua preſſo con ottanta altre naui. Agrippa a
mezza notte laſciando in Hiera la metà dell' armata, col reſto preſe la uolta uerſo Papia con propoſto di appiccar la
zuffa con lui. Ma uedendo poi le naui di Apollofane, &
le ottanta di Pompeo, ſubito ſcriſſe ad Ottauiano, dandogli notitia come Pompeo era già in alto mare, & ueniua a trouarlo con grande armata, & con gran preſteza fece uenire a ſe le naui ch' baueua laſciate in Hiera. Era lo
apparecchio dell' una parte, & dell' altra molto ſplendido &
magnifico, & tutte le naui erano ordinate alla battaglia.
Subito da capitani furono fatti gli conſueti conforti, & promeſſe, come ſi coſtuma quando ſono per combattere, & dà-
to il cenno della zuffa, in un momento aſſaltano l' uno l' altro, & il tumulto & ſtrepito diuenta grande, & terribile; le
naui

naui di Pompeo erano piu breui, & piu agili allo affaltar, & al nauigare; quelle di Ottauiano erano maggiori, & piu graui, & per confequenza molto piu tarde, & nondimeno piu gagliarde ad inueftire; i foldati, & i marinaj di Pompeo erano piu efercitati alla marina; quelli di Ottauiano piu robufti, & forti al combattere. Li Pompejani non per affaltare, ma circondar gli auuerfarj, erano fuperiori, fpezzando l'antene delle naui maggiori, & tagliando gli remi, li quali faceano ritornare le naui indietro, & nel feguitarle faceano loro danni non piccioli. Li Cefariani dall' altro lato percoteano in nauili de' nimici come piu breui, & piu facili ad effer offefi, lacerandone hora uno & hora un' altro, & quando fi raunauano infieme erano affaltati come piu baffi dalle naui nimiche, come piu alte & piu eminenti, & quando fi uedeano opprimere, fi metteano doue il mare è piu largo & profondo, tanto ch' erano poi folleuati & ajutati dall' altre naui maggiori di Pompeo. Agrippa inueftì la naue di Papia con tanto impeto, che la aperfe infino nel fondo, & fece cadere da baffo quelli ch' erano in fu le torri di legname, & la naue incominciò ad empirfi di acqua; di quelli ch' erano nella naue parte s' annegarono, & parte fcamparono nuotando. Papia fu riceuuto in fu un' altra naue, che fe gli fece incontro, & con effa di nuouo fi uoltò a' nimici. Pompeo uedendo una parte de' nauili fuoi effer fatti quafi inutili & effer reftato con pochi huomini, & dall' altro canto uedendo Marco Agrippa che uenìa di uerfo l' Ifola Hiera con la maggior parte dell' armata, dato il cenno comanda, che i fuoi ritornino indietro. Ma effendo affaltati da Agrippa, fubito fi uoltano in fuga, & per afficurarfi entrano nella foce di certi fiumi che mettono in mare. Perilche Agrippa diffuafo da' gouernatori delle naui che non uoleffe metterfi con li legni piu groffi in tanto ftretto pelago, gittò l' anchore dentro al mare, deliberando affaltare quella notte gli auuerfarj. Nondimeno poi ammonito da gli amici che non uoleffe metterfi a pericolo, ne ftancar gli foldati piu oltre, effendo ftanchi per la troppa fatica & uigilia, fi tirò indietro uerfo la fera con tutta l' armata. Li Pompejani fimilmente hauendo già perdute trenta naui & prefe di quelle

de

de i nimici folamente cinque, prefero porto; doue furono da
Pompeo riceuuti allegramente & commendati ch' baueſſero
combattuto egregiamente contra naui ſi grandi, & con battaglia piu toſto terreſtre che maritima. Tal fu il fine della
battaglia maritima preſſo a Mila tra M. Agrippa & Papia.
Pompeo intendendo Ottauiano eſſere ito a ritrouar l'eſercito
di Tauro, & uolere aſſaltar Tauromenio, nauigò ſubito a
Meſſina. Agrippa hauendo riſtorati gli ſuoi ſoldati andò alla
città di Tindarida, chiamato da quel popolo che ſe gli uolea
dare, & eſſendo entrato dentro fu ributtato da' ſoldati, i
quali erano alla guardia della terra. Et già Ottauiano era
arriuato al porto di Scilaceo. Ma inteſo dapoi che Pompeo
da Meſſina era uenuto a Mila per appiccarſi con Agrippa,
deliberò andare a quella uolta, menando ſeco tutto l' eſercito, il qual ſi potè imbarcare in ſu le naui, laſciando Meſſalla alla cura del reſiduo de' ſoldati ch' erano reſtati in terra,
tanto che rimandaſſe le naui indietro per imbarcare ancora
loro. Eſſendo condotto a Tauromenio, mandò innanzi una
parte delle genti d' armi con dimoſtratione di uolere entrar
dentro. Ma non eſſendo riceuuto dalle guardie, ſpinſe l' armata di là dal fiume Onobala, doue era il tempio di Venere, dirizzando il corſo ad Archigete con propoſto d' eſpugnar
Tauromeno da quella banda. In queſto luogo ſmontando della naue Ottauiano, caddè in terra, perilche parendogli infelice augurio tornò indietro, & mentre ordinaua l' eſercito, Pompeo ſoprauenne con grande apparato, la qual coſa parue ad Ottauiano incredibile, & non aſpettata. Hauea ſeco Pompeo la fanteria tratta dall' armata, & ancora gli ſoprauennero molti altri prouigionati condotti di
Sicilia, in modo che li ſoldati tutti d' Ottauiano temeano aſſai uedendoſi poſti nel mezzo di tre eſerciti nimici.
Temea ſimilmente Ottauiano in tal forma che mandò ſubito per Meſſalla. Li caualieri Pompejani furono i primi che
diedero ſpauento ad Ottauiano, il qual non hauea ancora
preſi gli alloggiamenti. Haurebbe certamente Pompeo fatta qualche gran coſa contra gli auuerſarj, ſe quel giorno
foſſe uenuto alle mani; ma come Capitano non eſercitato nelle guerre, non ſi accorgendo del timore, & diſor-

dine

dine de' nimici, fi aftenne dalla battaglia, & una parte de' fuoi falfe in fu'l monte Coccineo. La fanterìa temendo non accamparfi troppo prefo a gli auuerfarj, fi ritraffero alla città Fenice, doue fi ripofarono quella notte. Gli foldati adunque d'Ottauiano hauendo fpatio di fortificarfi dentro a gli alloggiamenti, fecero lo fteccato intorno, nella qual opera fi affaticarono in modo, che per qualche giorno erano inutili al combattere. Hauea Ottauiano tre legioni, & cinquecento caualieri, ma tutti a piè, & hauea mille caualli leggieri, & duemila altri erano uenuti in fuo ajuto dalle città amiche, oltre all'armata, eccettuandone gli foldati fcritti, & condotti al foldo, & dando la cura di tutta la fanterìa a Cornificio, comandò che appiccaffe fatto d'armi contra quelli ch'erano fmontati in terra, & auanti giorno temendo non effer meffo in mezzo da' nimici, montò fu l'armata, & il corno deftro confegnò a Titinio, e'l finiftro a Curfino, & effendo in fu una fufta, andaua intorno a tutti gli nauili animando & confortando ciafcuno alla battaglia. Pompeo dall'altra parte fi fece innanzi gagliarmente, & due uolte in un giorno fi appiccarono infieme, & ceffò la battaglia foprauenendo la notte. Le naui di Ottauiano furono prefe & arfe, alcune piu leggiere, & corte che fcamparono difprezzando li comandamenti & conforti di Ottauiano, fecero uela, & prefero la uolta d'Itlia: ma hauendo la caccia da Pompeo, parte furono coftrette a renderfi, & parte furono abbruggiate. & s'alcuni foldati fi conduffero a terra a cuol notare, furono o prefi o morti. Alcuni altri rifuggendo a gli alloggiamenti di Cornificio, nel cammino furono fimilmente affaltati & morti. Solamente fu perdonato a' foldati de' caualli leggieri. Ottauiano ftando in mezzo de' miniftri dell'armata fua & del fuo efercito, ricercaua il parere di ciafcuno di quello foffe da fare per faluarfi, la qual confulta darò piu oltre che a mezza notte. Alcuni configliauano che foffe da ridurfi nel campo di Cornificio, altri diceuano ch'era piu ficuro partito andare a ritrouar Meffalla, per fuggire tanto manifefto pericolo. Ottauiano adunque come difperato d'ogni falute, montò fu una picciola nauetta, &

la

la fortuna lo conduſſe a porto in Alba accompagnato ſolamente da un' huomo d'armi, eſſendo laſciato da tutti gli a-
mici ſcuderi e miniſtri ; eſſendo conoſciuto da certi marinai,
i quali erano lungo quel lito, andarono uerſo lui, & racco-
mandandoſi a loro fu ajutato ſcampare, conciofiacoſache di
barca in barca naſcoſamente & di notte fu portato al coſpetto di Meſſalla, il qual era con l'eſercito non molto lontano: & benche egli foſſe ſenza alcun miniſtro, nondimeno
ſeruendoſi di quelli di Meſſalla mandò a ſignificare a Cornificio & alli monti finitimi come era ſaluo, chiedendo ajuto &
ſoccorſo: e dapoi curato il corpo, il qual era indiſpoſto per la
molta fatica e per la paſſione dell'animo, & pe'l dolore della
ſorte nella qual ſi uedea condotto, & ripoſatoſi alquanto ſi fece portar di notte a Stilida, e dapoi a Carinna, il qual hauea
al gouerno tre legioni di quelli di Meſſalla, confortandolo al
uenire a Lipari, doue ancora egli hauea deliberato trasferirſi. Scriſſe oltre a ciò a M. Agrippa che faceſſe caualcare Laronio con ogni poſſibile preſtezza al ſoccorſo di Cornificio poſto
in eſtremo pericolo, e Mecenate confortò per lettere che uoleſſe ire a Roma per tener fermi gli amici & reprimere gli
animi de gli auuerſarj, de' quali Mecenate fece morir alcuni
piu ſoſpetti & inquieti per natura. Oltre a ciò mandò Meſſalla
innanzi alla città Dicearchia pregandolo che uoleſſe condurre ſeco ad Hipponio la legione chiamata la prima. Queſto è quello Meſſalla il quale fu a Roma condannato a morte da' Triunuiri, e fu promeſſo premio & libertà a chi gli
daua la morte. Ma egli fuggendo a Bruto & a Caſſio, fu
con loro nella guerra contra a' Triumuiri, e dopo la morte loro fatta ch' hebbe la pace, lo eſercito ch' era al gouerno ſuo
conceſſe a M. Antonio, & la fortuna permiſe poi, ch' Ottauiano un di quelli che lo condannò alla morte, abbandonato
da tutti gli amici ueniſſe nelle ſue mani, e da lui foſſe non ſolamente ſaluato & libero dal pericolo, ma rimeſſo a cauallo &
col fauore ſuo fatto uittorioſo. Cornificio come non eſercitato &
pratico nella guerra di mare, deſideraua piu toſto combattere
per terra. Perilche fece armar gli ſuoi prouocando Pompeo alla battaglia ; ma contenendoſi Pompeo, & uedendoſi cacciar
dalla fame, preſo la uia per mezzo di quelli ch' erano

fug-

fuggiti di su l' armata per passare piu auanti, ma assaltato da' caualieri, la maggior parte de' quali era di Numidi
& di Libici, fu ributtato. Il quarto giorno dapoi si condusse con difficoltà non mediocre in luogo senza acqua chiamato
il Rio del fuoco, perche è paese molto caldo, & non ui si
può camminare se non di notte per l'abbondanza della poluere, la quale è simile alla cenere, & è tanto grande il calore, che dissecca tutte le uene dell' acqua insino alla marina. Per la qual cosa i soldati di Cornificio temeano camminar
per questi luoghi, massimamente di notte, per la difficoltà
della uia & per paura delle insidie, & camminare di giorno era
molto faticoso per la grandezza del calore, il quale era
tanto feruente che abbruciaua li piedi agli huomini & alle bestie, & ancora la sete li molestaua oltra modo, onde interueniua che essendo assaltati non poteuano difendersi; pure
essendo condotti quasi che al fine di questo difficile & arido
uiaggio, benche con grandissima fatica & strachezza non stimando pericolo, uennero loro incontro alcuni huomini nudi,
de' quali da principio fecero poca stima, & conto; ma essendo approssimati porgeuano le mani simulando uoler fare carezze loro, & così in un momento gittauano le braccia al
collo a' Romani con tanto ardire, che mai, mentre duraua loro la forza, non poteuano essere spiccati, sforzandosi
soffogar i Romani, non curando la propria salute, & gli
Romani erano in modo consumati, & indeboliti per la sete
& pe'l calore che a pena si poteano ajutare & difendere. Pure al fine confortati da Cornificio, il quale mostrò loro una
fontana d' acqua uiua quiui uicina, ripresero alquanto il uigore dell' animo, & ributtando da se tale specie di nimici,
ne ammazzarono alquanti in modo, che se gli leuarono dalle
spalle. Ma uolendosi poi accostare alla fonte, la trouarono
occupata da altri nimici. Laonde Cornificio fu oppresso da
estremo dolore, & stando in questa ansietà, apparue Laronio da lontano mandato da Agrippa con tre legioni. Et poiche i nimici abbandonarono la fonte per timore di non esser
messi in mezzo, leuarono per la letitia il grido, & rispondendo a quella uoce Laronio, corsero uerso la fonte. Li Capi
dell' esercito allora subito comandarono che non fosse alcun
che

che attignefse di quell' acqua, perche furono ammaeftrati, che qualunque ne beuea con troppa auuidità moriua. Onde ciafcuno ne beuè temperatamente. In quefto modo Cornificio bauendo perduta una buona parte del fuo efercito fi conduffe fuora d'ogni fperanza faluo a Marco Agrippa a Mila, & poco auanti Agrippa baueua prefa la città di Tindarida, luogo copiofo & abbondante di uettouaglia, & molto accommodato & opportuno all'imprefa di mare, doue Ottauiano conduffe gli foldati a piè & a cauallo, perche baueua in Sicilia tutto il fuo efercito di uenti legioni o piu, & di mille caualieri, & piu che cinquemila caualli leggieri. I luoghi maritimi di Mila erano guardati dal prefidio di Pompeo, & pe'l timore ch'baueuano di M. Agrippa faceano fuochi del continuo. Teneua Pompeo tutti i paffi ftretti & angufti, i quali fono tra Mila & Tauromenio, & le uffite de' monti baueua chiufe con muro, & di uerfo Tindarida infeftàua Ottauiano, acciocbe egli non paffafse piu auanti. Ma intendendo poi che Agrippa ueniua innanzi con l'armata, prefa la uolta a Florida, abbandonò i paffi angufti di Mila, i quali furono fubitamente occupati da Ottauiano infieme con alcune picciole caftella di Mila, & di Artemifio. Tornando poi uana la fama della uenuta di M. Agrippa, Pompeo intefo che quelli paffi angufti erano ftati prefi, fece uenire a fe Tifieno con l'efercito, al quale Ottauiano baueua deliberato farfi all'incontro. Ma bauendo fallato il cammino, fi fermò quella notte a piè del monte Miconio, effendo fenza padiglione, & la fortuna permife che quella notte piouefse un'acqua abbondantiffima, come fuole interuenire nell'autunno, in modo che i foldati li fecero fopra una coperta de'fcudi, & di pauefi per coprirlo dalla pioggia. Sentiuanfi oltra ciò terribili fetori del monte Etna, & grandiffimi mugiti con tuoni & faette che dauano terrore a tutto'l campo. La natione de Tedefchi che erano prefenti & uidero ongni cofa, preftaron fede alli miracoli, che fi trouano fcritti del monte Etna. Il giorno feguente Ottauiano diede il guafto alle uille de' Paleftini, & Lepido fe li fece incontra, & ambidue prefero gli alloggiamenti prefso a

so a Messina. Furono tra Ottauiano & Pompeo fatte in Sicilia alcune battaglie leggiere & non degne di memoria. Ottauiano mandò Tauro, perche assaltasse la uettouaglia di
Pompeo & mouesse guerra alle città che dauano aiuto &
fauore a Pompeo. Della qual cosa Pompeo fu grandemente
turbato da ira, & deliberò uenire alle mani con tutte le forze, & conoscendo esser per armata superiore molto ad Ottauiano, ch'era piu forte per soldati a piè, mandò ad inuitarlo che fosse contento combattere seco con guerra maritima & nauale. Ottauiano benche temesse la battaglia di
mare, nella quale pe'l passato la fortuna gli era stata auuersa, nondimeno uedendosi incitar dal nimico, & essendo già
assuefatto nel mare, accettò il partito, parendogli cosa ignominiosa & da perdere assai di riputatione quando l'hauesse
ricusato, & fu statuito il giorno della zuffa, & fatto patto
che ciascuna delle parti combattesse con trecento naui appunto cariche di tutte le ragioni d'artiglierie. Agrippa trouò
una certa sorte di macchine chiamate Arpage; la forma loro fu in questo modo. Era un corrente lungo cinque cubiti
coperto di piastre di ferro, & da ogni testa hauea una fibbia;
nell'una hauea attacata una falce uncinata, & nell'altra
piu funi commesse insieme, le quali tirauano le falci con le
macchine. Essendo uenuto il giorno destinato alla guerra,
la contesa incominciò da' uogatori & da' nocchieri, e subito fu leuato il romore. Dapoi cominciò a piouere una moltitudine di dardi & di uerrette, & spinti dalle macchine, &
gittati con mano. Seguirono appresso certe macchine piu
leggieri, le quali gettauano sassi & fuoco, & da ultimo le
naui andarono a ferirsi insieme con marauiglioso impeto. Alcune inuestiuano per lato, alcune dalla prora, & alcune dalla poppa, & uedeuansi insulti & percosse grandissime, in
modo che molte naui si guastauano, & apriuano dal costato,
& tutto il mar risuonaua con strepito, & romore de' combattenti. Vedeuasi usar la forza delle naui, la gagliardezza
de' nocchieri, & marinari, la peritia, & arte de' gouernatori, & si udiuano li conforti, & persuasioni de' Capitani.
Ma innanzi ogni altra cosa apparue utilissimo lo strumen-
to della falce pensato da Marco Agrippa, che essendo

de facile, & commodo, facilmente si attacaua alle naui con
la falce; & con le funi, le quali erano dall'altra testa, ti-
raua le naui commodamente doue uoleua, & essendo fascia-
to dal ferro non poteua esser tagliato ne abbruciato, & la
sua lunghezza non lasciaua facilmente tagliar le funi. I nimici, come di cosa nuoua & inusitata, stauano ammirati e
stupefatti. Et quando una delle naui loro era uncinata & tirata dal sopradetto Arpago, quelli che ui erano dentro erano forzati combattere d'appresso con gli auuersarj, come se
fossero per terra, & allora si conoscea la uirtu & forza di
ciascuno, perche le naui bisognaua che si accozzassero insieme,
& la battaglia ueniua ad esser piu dura, & piu crudele.
Et era tanto grande il numero de'soldati che combatteuano
alla mescolata, che scambiauano l'un l'altro, ne si conosce-
uo insieme, essendo gli eserciti del pari & uestiti di medesime armature, & parlando tutti in lingua Romana, onde
nasceua incredibil confusione, & molte insidie & tradimen-
ti, & l'uno non si fidaua dell'altro, temendo non essere ingannato, tanto era preso ciascun da diffidenza, & ignoranza,
se chi li ueniua appresso o li parlaua, era amico o nimico, & finalmente tutto'l mare era pieno d'armi, di accisione, & di
naufragi. La fanteria di ciascuna delle parti rimasa in terra staua con paura, & pensiero de'suoi guardando da terra
in mare, & dubitando della salute propria quando la parte
sua rimanesse uinta, & nondimeno non poteuano discernere
l'una armata dall'altra, essendo pure lontani dalla zuffa,
& gli nauili mescolati. Solamente erano udite uoci, cla-
mori, & strida. Agrippa accorgendosi finalmente che piu
naue di quelle di Pompeo erano già cominciate a mancare,
confortò quelli, i quali erano con lui che durassero gagliardamente alla zuffa, perche la uittoria inchinaua apertamente
dal canto loro, & esso portandosi strenuamente, ne ammettendo alcuna fatica, mai non cessò animando, & confortando li suoi, insino a tanto che le naui de'nimici fuorono forzate uoltarsi in fuga. Delle quali diècisette entrando in-
anzi alle altre afferrarono il porto, l'altre rinchiuse da Marco Agrippa parte furon prese, parte affondate, & parte
abbrucciate. Alcune, le quali sosteneuano ancora la battaglia,

uden-

udendo quello che era succeduto delle altre, si diedero a' nimici. Allora lo esercito di Ottauiano con alta uoce cantò in
mare l'hinno della uittoria. La fanterìa di terra similmente
riprese la uoce & il canto medesimo. Li Pompejani per l'opposto piangeuano per dolore. Pompeo uedutosi rotto saltò dalla
naue sua, & in una picciola scafa rifuggi a Messina, lasciando
in abbandono la fanterìa & la cura d'ogni altra cosa. Onde
tutti li fanti allora insieme con Tisieno loro Capitano seguirono Ottauiano. Il medesimo fecero le genti d'armi & li caualieri, i quali furono riceuuti da lui benignamente. Tre
solamente delle naui d'Ottauiano furono sommerse, & uentiotto
di Pompeo, & il resto furono o arse, o prese, o date in scoglio, solamente diecisette scamparono con la fuga. Pompeo intesa pe'l
cammino la ribellione de' fanti suoi, mutò la uesta imperatoria,
& uestissi come priuato. Mandò innanzi a Messina a far intendere alli suoi che erano quiui, che con prestezza mettessero
in su le naui, le quali erano in detto luogo, tutto quello che potessero. Chiamò a se Plinio, il quale era in Lilibeo con otto legioni, imponendogli che uenisse a Messina senza alcun' indugio
con proposto di leuarsi con questo esercito dinanzi al pericolo,
& certamente Plinio era mosso per ubbidire, ma Pompeo uedendo che gli altri suoi amici lo abbandonauano, & andauano nel campo di Ottauiano, non aspettò Plinio, benche fosse
in città egregia & forte, ma uscì di Messina accompagnato da dieciotto naui, & prese la uia uerso M. Antonio, sperando esser ajutato da lui, hauendo riceuta la madre & con-
seruatala salua, & trattatala con honore & carità come
figliuolo. Plinio non trouando Pompeo a Messina, prese il gouerno di quella città. In quel mezzo Ottauiano essendo ancora con l'esercito in su l'armata, comandò a M. Agrippa che
mouesse la gente d'armi ch'era seco alla uolta di Messina.
Perilche esso & M. Lepido insieme posero il campo intorno a Messina. Plinio mandò loro ambasciadori per chieder
la triegua. Lepido consentiua, & Agrippa ricordaua che si
douesse prima aspettare la uolontà di Ottauiano. Ma Lepido senza hauer altro rispetto conchiuse la triegua con gli
ambasciadori di Plinio, insieme col quale fu d'accordo mettere a sacco la città di Messina, immaginando il guadagno

gran-

grandissimo, come riuscì in effetto, perche la notte seguente saccheggiarono tutta la città, & la preda fu inestimabile. Lepido in questo modo fatto Capitano di uentidue legioni, & insignoritosi di Messina, pensò potere facilmente acquistar tutta l'Isola di Sicilia, massimamente perche di già baueua ridotte alla sua diuotione molte città dell'Isola, nelle quali subitamente pose le guardie & il presidio, per serrare il passo a quelli che andauano per trouare Ottauiano, facendo guardare opportunamente tutti i passi d'importanza. Ottauiano ueduti li modi di Lepido, palesemente si dolse di lui, incaricandolo che sotto specie, & ombra d'amicitia, & di confederatione, & di esser uenuto in suo fauore contra Pompeo, in fatto tentasse d'occupar la Sicilia. Lepido faceua querela ch'Ottauiano l'hauesse cacciato dal Triunuirato, & che solo imperasse a tutti gli altri, & nondimeno, se Ottauiano uoleua consertirgli il dominio di Sicilia, era contento lasciare la Barberìa in questo scambio. Ottauiano preso da sdegno, & ira andò al cospetto di Lepido, & ripreselo acerbamente, accusandolo d'ingratitudine, & di perfidia; & poi che l'uno hebbe morso & minacciato l'altro, si partirono, & subito le guardie furono diuise, & le naui uscirono di porto per andare al uiaggio loro, & già era nata una fama, che Lepido uoleua mettere fuoco nell'armata di Ottauiano. Gli eserciti di amendue uedendo la discordia nata tra li loro Capitani, furono grandemente contristati, dubitando non hauere ad entrare in nuoue dissensioni & guerre ciuili, & che mai non se n'hauesse a uedere il fine. Non era Lepido hauuto da' soldati in quello honore, & riputatione che era Ottauiano, la uirtù del quale era in non picciola ammiratione, & stima appresso di tutte le genti d'armi, & Lepido era tenuto negligente, & dato piu tosto all'auaritia, & rapina, che allo studio della gloria. Della quale opinione hauendo Ottauiano notitia, nascosamente fece corrompere con promesse & con danari li soldati di Lepido, in modo che la maggior parte fece intendere ad Ottauiano esser presti unirsi con lui ad ogni sua uolontà, & lasciare Lepido. La qual cosa non essendo ancora nota ad esso Lepido, Ottauiano in compagnìa di molti caualieri si accostò all'esercito di Lepido, & lasciandone buona parte fuora dello steccato, entrò con pochi nelli al-

loggiamenti di Lepido , & scusossi con molte efficaci parole
che contra alla uoglia sua era forzato da Lepido mouergli
guerra per li modi suoi iniqui & sinistri . I soldati di Lepido salutarono Ottauiano come imperadore , dapoi li primi a
correre nel campo suo furono li Pompeiani , che erano accostati con Lepido , chiedendo perdono ad Ottauiano , il quale rispose merauigliarsi che chi non hauea errato chiedesse
perdono . Dapoi molti altri fecero il medesimo , & abbandonando Lepido ne portarono seco li stendardi , & cominciarono a guastare , & stendere li padiglioni. Lepido uedendo nato il tumulto uscì del padiglione , & corse alle armi . Il romore allora si leuò da ogni parte , & nella prima zuffa un
delli scudieri d' Ottauiano fu morto , & a lui fu dato d'
una punta nella corazza , benche non lo accarnasse ; laonde
subito corse dou' erano li caualieri, e per la uia prese uno de'
castelli di Lepido , ne prima cessò dall' ira , che lo disfese ;
il medemo fece d' un' altro . De' Capi , & primi condottieri di Lepido alcuni l' abbandonarono subito , alcuni altri si
partirono di notte ; certi ancora simulando essere stati ingiuriati da' suoi caualieri , similmente andarono ad Ottauiano.
Il restante dell' esercito piu beneuolo , & piu fedele , uedendo
l' esempio degli altri soldati , mutarono ancora essi proposito,
& fuggirono nel campo di Ottauiano . Lepido uedendosi abbandonare in questo modo , minacciaua , & parte temea ,
& tenendo in mano uno stendardo, con alta uoce dicea non
uolerlo lasciare , in modo ch' un soldato lo minacciò , che se non
glielo daua spontaneamente , li torrebbe la uita ; perilche
Lepido impaurito abbadonò lo stendardo. Gli ultimi, i quali
si partirono da Lepido , mandarono a far intendere ad Ottauiano che s' egli uolea , ammazzarebbono Lepido. La qual
cosa Ottauiano al tutto ricusò . In questo modo Lepido contra l' opinione di ciascuno & accompagnato da tanto grande
esercito, da tanto alta , & sublime fortuna , caddè con tanta prestezza in infimo luogo & basso , & mutato habito uenne al cospetto d' Ottauiano stando infinita moltitudine a ueder tal spettacolo. Ottauiano gli andò incontro , & uolendo
Lepido inginocchiarsegli a' piedi non consentì . E' uero che
dimostrando stimarlo poco , lo mandò subito a Roma con
quel

quel medesimo habito, col quale era uenuto a lui, & comandò che uiuesse come priuato, doue prima era Imperadore di
eserciti, imponendo che non potesse usar habito se non priuato, eccetto che di sacerdote, essendo per l'addietro stato Pontefice Massimo. In tal modo M. Lepido un de'Triunuiri huomo di sì grande imperio, & autorità, interuenuto a condannar alla morte sì gran numero di cittadini nobili & illustri,
& de' primi della città, fu sbattuto in modo dalla uolubile,
& fallace fortuna, che con habito humile, & priuato alla
presenza di alcuni di quelli, che da lui furono condannati, fu ridotto a uiuer senza alcuna riputatione, & morire ignominiosamente. Et ritornando all' historia di Sesto
Pompeo; Ottauiano dopo la riceuuta uitttoria non sicurò
perseguitarlo, ne consentì ch' altri gli andasse dietro, o per
non uoler metter mano nel principato di M. Antonio, doue
Sesto era fuggito, o per aspettar il fine della cosa, &
stare a ueder quello che facesse Antonio, o piu tosto per cercar occasione di contesa, & dissensione contra di lui, quando
non facesse dì Pompeo quella dimostratione, & quelli effetti,
che pareano conuenienti & ragioneuoli alla amicitia, & confederatione, che haueano insieme, percioche non erano senza
sospitione, & gelosia l'un dell'altro, come emuli dell'imperio, & massimamente perche hauendo superati gli altri loro
auuersarj parea che non restasse altro a finir le ciuili discordie, e dissensioni, che uoltar l'armi l'un contra l'altro;
o ueramente non cercò Ottauiano la morte di Pompeo, perche non era stato de' percussori di Cesare, come piu uolte esso Ottauiano usò affermare. Raunò adunque tutti li suoi e-
serciti in un luogo medesimo, & li unì insieme, & nel far la
rassegna furono trouate intere quarantacinque legioni,
uinticinquemila Caualieri, & altri soldati tra caualli leggieri & fanti a pie sei uolte piu: Seicento naui lunghe,
& altri nauilj & galee sottili, & naui da mercato un
numero grandissimo. L'esercito ornò col premio della uittoria, honorando ciascun soldato secondo la conuenienza
de' meriti. Perdonò a tutti li Capitani, & condottieri
di Sesto Pompeo. Pare che in tanta sua gloria, & felicità la fortuna si mouesse ad inuidia. Percioche li sol-

dati

dati suoi, & li piu domeſtici & familiari deſtarono peri-
coloſa & graue ſeditione, chiedendo eſser licentiati & liberi
dalla militia, & ricercando con grandiſsima iſtanza che foſsero dati loro li medeſimi premj, i quali furono dati a'ſoldati nella uittoria acquiſtata ne' campi Filippici, Ottauiano
riſpondea, queſta ultima guerra non eſser ſtata ſimile a quella, e promettea rimunerarli del pari con li ſoldati di M.
Antonio quando foſsero inſieme. Fece da ultimo mentione
della diſciplina militare, e dell'obbligo del giuramento ſecondo la forma delle Romane leggi, & minacciò punire chiunque
foſse ſtato traſgreſsor degli ordini militari. Ma dimoſtrando i
ſoldati non temer le ſue minaccie, fermò le parole, acciò che
non ſi leuaſse qualche ſiniſtro tumulto, & affermò loro, che
quando foſse con Antonio diſsoluerebbe l'eſercito, perche non
era piu neceſsario fare guerra eſsendo placata, & acchetata
ogni coſa con ſomma felicità, & non ſenza grandiſsima loro utilità, & però diſse che parendogli hauer ſodisfatto
all'honore di ciaſcuno, non uolea far mentione di honorarli
piu oltre, hauendo maſsimamente date alle legioni le corone
conuenienti a' loro meriti, a'capi di ſquadra & a'Tribuni
la ueſte di porpora, & la ſenatoria dignità a quelli ch'erano
piu graui & antichi. Mentre che dicea queſte & altre ſimili coſe, Offilio uno del numero de'Tribuni riſpoſe che le corone & le ueſti purpuree erano doni da fanciulli, percioche a
gli eſerciti ſi conuenìa donar poſseſsioni & danari, & non
fraſche. Ripigliando animo la moltitudine & confermando
il detto di Offilio, Ottauiano ſmontò dal tribunale con animo turbatiſsimo, & partendoſi non fu alcuno che li faceſ-
se riuerenza. Et il giorno ſeguente non ſi laſciò uedere, ne
ſi potè intendere o ſapere in qual luogo foſse ridotto. Li
ſoldati adunque poſto da parte ogni timore non già ſepara-
tamente, ma tutti inſieme con animo audaciſsimo chiedeuano eſser licentiati dal ſoldo. Onde Ottauiano ſi sforzò con
uarj modi addolcire & mittigar gli animi de' principali condottieri. Ma non giouando alcuna promeſsa o conforto, al fine fu
neceſsario ch'egli daſse licentia a tutti quelli ch'erano ſtati
nella guerra di Modena, & di Filippi, come a piu antichi, i
quali furo circa uinticinquemila, pregandoli che non uoleſsero

concitar gli altri a diffenfione, & a quelli di Modena diffe folamente questo: che benche hauessero hauuta licenza, era in
propofto offeruar loro quanto hauea promesso. Voltandosi dapoi ad un'altra moltitudine che fe ne partiua fenza licenza,
gli riprefe acerbamente che fi partiffero contra la uolontà del
fuo capitano. Quelli che reftarono, commendò con ampliffime
laudi prometendo loro che tofto li confolerebbe, & li rimande-
rebbe ricchi a cafa loro con dare a ciafcuno dramme cinquecento. Dopo questo fece una dimoftratione & impofitione di
milefcifento talenti all'Ifola di Sicilia. Creò li Pretori di
Sicilia & di Barberìa & diuife l'efercito alle ftanze nell'una
Ifola & nell'altra. Le naui, le quali gli furono fomminiftra-
te da Marc'Antonio, mandò a Taranto, & una parte dell'
efercito mandò alle ftanze in Italia per la uia di mare, & una
parte menò feco per terra. All'entrare fuo in Roma tutto il
Senato fe gli fece incontra fuori della città; il fimile fu fatto
da tutto il popolo. Et gli furono attribuiti tutti gli honori
fenza modo, regola, o mifura, rimettendo all'arbitrio fuo fe
gli uolea pigliar tutti o parte. Tutta la moltitudine l'accom-
pagnò al facrificio & dal facrificio a cafa con la corona di fiori
in tefta. Il giorno feguente entrò nel Senato, doue con una
lunga & ornata oratione recitò dal principio fin'al fine tutte
le cofe & opere fatte da lui circa l'amminiftratione della
Repub. Della quale oratione fece un libbretto annunciando per
effa la pace & concordia uniuerfale a tutti. Affoluè tutte le città dal debito del tributo. Et degli honori, che gli furono attribuiti, prefe folamente il Pontificato Maffimo, portando l'habito di facerdote folo in quelli giorni, ne'quali era ftato uittoriofo. Fu contento che in piazza li foffe ritto in fu una
colonna marmorea un trofeo d'oro con lo infrafcritto epita-
fio. Il Senato & popolo Romano ha coftituito questo Trofeo
a Cefare Ottauiano, perche ha introdotta & ftabilita la
pace uniuerfale per mare & per terra, effendo prima sban-
deggiata da tutto il mondo. Non confentì al popolo, che gli
offerfe fpontaneamente torre la uita a Marco Lepido, come
a fuo nimico, priuandolo della dignità del Pontificato. Scriffe a tutti gli efserciti fuoi, che poneffero le mani addoffo a tutti li ferui, i quali foffero ftati fuggitiui, & poi diuentati foldati

&

& fatti liberi da Sesto Pompeo, & così fu adempiuto. Et
questi tali serui fece uenire a Roma, & li restituì a'proprj padroni così Romani come Italiani, o a loro heredi & successori.
A'Siciliani similmente rendè li serui fuggiti da loro. Ma li
serui, de'quali non furono trouati chi fossero li padroni, comandò che fossero morti lungo le mura di quella città, onde
erano fuggiti. Et in questo modo parue che fosse imposto fine
alle seditioni ciuili, essendo Ottauiano allora d'età di uentiotto anni, il qual tutte le città canonizarono, & scrissero
nel catalogo & numero di i loro Dei. Et perche Roma era
guasta per l'assidue contentioni, & guerre de'suoi cittadini,
& tutta la Sicilia palesemente depredata, fu da Ottauiano eletto Sabino a dirizzare, & riformare quelle cose, il
qual preso gran numero di ladroni, & di assassini, tutti
li fece impiccar per la gola, in modo che purgati li paesi, assicurò, & confirmò la pace. Ordinò correggere, &
emendar molte cose circa il gouerno della Rep. ne'magistrati, & nelle leggi & costumi della città. Arse alcune
lettere, le quali conteneuano certi segni di futura discordia, affermando hauer al tutto deliberato subito che Marc'
Antonio fosse ritornato dall'impresa de'Parthi restituir
la Repub. Romana alla sua prima libertà, perche haueâ
speranza che Antonio uolontieri deporrebbe il principato ancora egli, essendo composte & finite le guerre ciuili. Per
la qual cosa commendato & esaltato con immense laudi da
tutti li cittadini, fu creato Tribuno della plebe in perpetuo. Mandò oltra ciò messi a Marc'Antonio dandogli notitia di tutte queste cose. Antonio gli fece intendere il parer suo pe'l mezzo di Bibulo, il qual andaua à trouare esso
Ottauiano. Sesto Pompeo in questo mezo partito di Sicilia
andò alle fortezze Lacinie, doue messe a sacco il tempio di
Giunone pieno di doni & di tesoro, con proposito di gittarsi nelle braccia di Marc'Antonio. Dapoi si ridusse a Metellino, doue fu già lasciato con la madre essendo di tenera età
da Pompeo Magno padre suo, quando hebbe a far guerra
con Gajo Cesare, & uinto poi, lo leuò di detto luogo.
Marc'Antonio in questo tempo facea guerra à'Medi, &
a'Parthi, al qual Sesto haueâ deliberato nel ritornar suo

in

in Italia darſi in poteſtà & arbitrio, & a ſua diſcretione.
Ma intendendo come Antonio era ſtato rotto & uinto da i
nimici, di che era diuulgata uniuerſal fama, di nuouo
entrò in ſperanza di ſuccedere a Marc'Antonio eſſendo morto, o ſoprauiuendo poter con lui diuidere il principato. Ma
non molto dapoi uenne la nuoua che Antonio era ritornato
in Aleſſandria. Perilche Pompeo li mandò alcuni ambaſciadori in dimoſtratione per fargli intender come era diſpoſto
uenir a trouarlo come amico & compagno della guerra, ma
in fatto per certificarſi quali foſſero le forze ſue. Mandò
etiandio in Tracia & in Ponto naſcoſamente per far lega
con li Re di quelli paeſi, acciò che non li ſuccedendo con
Antonio quello che hauea diſegnato, poteſſe per la uia di
Ponto penetrare in Armenia. Mandò finalmente a'Parthi,
penſando che lo doueſſero facilmente pigliar per loro capitano al rimente della guerra contra Marc'Antonio come
Romano, & come figliuolo del Magno Pompeo. In quel
mezzo facea con mirabil preſtezza preparar nuoua armata &
ſtare in continuo eſercitio gli ſoldati, i quali hauea diſſegna-
to imbarcare in ſu le naui, ſimulando temer delle forze di
Ottauiano, & far tutte queſte prouiſioni in beneficio di Antonio, il qual hauendo notitia de' preparamenti che facea
Pompeo, eleſſe Titio per Capitano contra eſſo Pompeo, im-
ponendoli che con le naui & con l'eſſercito che egli conducea
di Soria, pigliaſſe l'armi contra di lui quando eſſo uoleſſe
uſcire alla guerra, ma quando ueniſſe come amico l'ac-
compagnaſſe honoreuolmente. L'ambaſciata de gli Oratori
mandati da Pompeo a Marc'Antonio fu nello infraſcritto
tenore. Seſto Pompeo ci manda a te, o Imperadore, non come
debole o impotente, deliberando far guerra & penetrar con
l'armata in Spagna prouincia a lui beneuola & amica per la
memoria del padre, & la qual ſe li diede liberamente eſſendo giouanetto, & al preſente lo richiama, & inuita a ripigliare la poſſeſione, ma per eſſer teco & contrarre teco pace & confederatione indiſſolubile, & pigliar l'armi biſognando ſotto
gli tuoi auſpicj contra gli emuli, & auuerſarj tuoi; la
qual coſa non ſolamente deſidera al preſente, ma ne
fu cupidiſſimo inſino al tempo che Sicilia era in ſuo potere,
& quan-

& quando hauea Italia in preda , & quando rimandò fal-
ua a Roma la madre tua. Ha uoluto che noi ueniamo a
te fubitamente per farti intender quefta fua uolontà , perche fe tu uorrai accettarlo in tua compagnìa , non li parrà
punto effer ftato cacciato di Sicilia . Ne fi perfuade che tu
habbi impreftate le naui ad Ottauiano contra la falute
fua per propria uolontà, ma per neceffità , perche non pote-
ui hauer la uittoria contra i Parti , fe egli non ti daua quello
efercito , che per conuentione era obbligato concederti. Ma effendo a te molto facile acquiftar l'Italia con quelli foldati che
haueui teco , & non hauendo ufata quefta occafione , però
ti conforta & ricorda amoreuolmente , che tu confideri prudentemente lo ftato tuo , & non ti lafci condurre in qualche
pericolo , & ingannare dall'infidie & fraudi di Ottauiano &
inefcar fotto fpecie di parentado , perche effo fa ogni cofa
per ingannarti & per leuartifi dinanzi , come quello che defi-
dera al tutto reftar folo & fignoreggiare a tutti gli altri.
Affai ti deue ammaeftrare l'efempio di Pompeo Magno , il
qual effendo genero di Cefare & fuo collegato , fu da lui fenza alcuna legitima cagione oppugnato & morto. Lepido fimilmente è ftato da quefto nuouo Cefare iniquiffimamente
fpogliato & priuato dell'efercito & della dignità. Ma per
non raccontar molti efempi , Pompeo noftro ti ricorda che folo tu fei reftato impedimento & oftacolo alla fua Monarchìa & tirannide , in modo che non è punto da dubitare ,
che fpacciato che farà Pompeo , Ottauiano piglierà l'armi
contra Marc'Antonio. Quefte cofe tutte conuiene che tu confideri non per rifpetto di Pompeo , ma per lo intereffe tuo &
per preuedere alla ficurezza tua. Pompeo ti fi offre per a-
more che ti porta , anteponendo te come ottimo & magna-
nimo cittadino ad huomo perfido & pieno di fraudi & inganni ; ne fi duole Pompeo che tu habbi per neceffità fommini-
ftrate le naui a coftui , hauendo tu bifogno di foldati alla
imprefa contra i Parti. Ma a Pompeo è parfo douerti ridurre
a memoria , che l'efercito che Ottauiano era obbligato fommi-
niftrati , ragioneuolmente debba effer alla tua obbedienza . Ma fe pure hai deliberato ftabilire con Ottauiano
la pace , ricordati non ti farà picciola gloria & com-
mænda-

mendatione conferuar faluo un figliuolo di Pompeo Magno.
Marc' Antonio in luogo di rifpofta fece legger a gli Oratori
di Pompeo la commiffione ch' hauea data a Titio, acciò che
egli poteffe meglio deliberare de' fatti fuoi, & eleggere quello
partito gli pareffe piu al fuo propofito, fenza hauer dubbio di
poter uenire faluo con Titio al fuo cofpetto. Mentre che
tra Pompeo & Marc' Antonio fi pratticaua lo accordo, quelli, che erano mandati da Pompeo al paefe de' Parti, furono
prefi da' foldati Antoniani & menati in Aleffandria a
Marc' Antonio, da' quali Antonio informato particolarmente
dell' animo di Pompeo, fece uenire dinanzi a fe gli ambafciadori Pompejani, & moftrò loro li prigioni che gli erano
ftati menati. Gli ambafciadori fcufando Pompeo confortauano
& fupplicauano Antonio che non uoleffe efcludere dall'
amicitia fua il giouane oppreffo da eftrema calamità. A'
quali Antonio, per la fua fincerità & magnanimità confentì facilmente. In quefto mezzo Furnio Prefetto di A-
fia fotto Antonio riceuè Pompeo, che uenne a lui fenza
fofpetto alcuno, benche non foffe ancora certo dell' animo
di Antonio. Ma uedendo Furnio che Pompeo efercitaua li
foldati fuoi & attendea a raffettare lo efercito, dubitando della fede fua, raunò alcuni fottopofti alla prouincia
fua, & mandò con fomma preftezza per Aenobarbo Capitano dell' efercito che era a quelli confini & per Aminta,
i quali effendo comparfi con preftezza, Pompeo alla prefenza loro fi dolfe che non credeua effer riputato loro nimico,
hauendo mandati ambafciadori a Marc' Antonio con libera
commiffione di dare & lui & ogni fua facoltà in potere di
Marc' Antonio, & dicendo cofi penfaua porre le mani addoffo ad Aenobarbo pe'l mezzo di Curione fuo auuerfario,
fperando ch' hauendo Aenobarbo nelle mani, egli per effer
libero poteffe effer caufa della reftitutione fua alla patria.
Ma effendo fcoperto il trattato, Curione fu il primo ad effer prefo & morto. Pompeo ueduta la cofa manifefta, fece fubito morire Teodoro, perche era confapeuole del tradimento, & ftimando, che quelli erano con Furnio non haueffero a cercar piu oltre, prefe Lanfaco città per trattato,
nel qual luogo erano molti Italiani lafciatiui da Gajo Cefare.

i qua-

i quali inuitati da Pompeo sotto gran promissioni si conduss-
sero al soldo suo , & già hauea raunati insieme ducento
Caualieri & tre legioni di fanti , & cominciato a combattere Ciziceno per mare & per terra, i quali però da ogni banda lo ributtauano . Percioche dentro alla città era uno esercito di Marc' Antonio , benche picciolo , con alcuni gladiatori che erano nutriti in detto luogo , & per condurre grani
erano iti nel porto de gli Achei, hauendo Furnio esercito non
inferiore, il quale del continuo andaua seguitando & osseruando
Pompeo d' appresso, & gli impediua la uettouaglia & il passo
alle altre città. Pompeo senza alcun presidio di soldati a
cauallo assaltò l' esercito di Furnio dalla fronte. Furnio riuoltato contra Pompeo fu sbattuto & rotto , & seguitandolo Pompeo uccise molti che fuggiuano per un luogo chiamato il campo Scamandrio , il quale per la pioggia era
sdrucciolo in modo , che li caualli non ui si poteano attac-
care. Quelli che scamparono per fuggire non ardirono affrontarsi con Pompeo , essendo inferiori . Diuulgandosi la fama
di questa uittoria in Misia, in Propontide, & negli altri luoghi
uicini, quelli, che erano mal contenti per le assidue grauezze
& tributi , tutti correano nel campo di Pompeo , il quale
conoscendo non hauer tanti caualli , che fossero abbastanza , &
per questo rispetto essendo impedito da' nimici al sacco, fece
proua di leuare dalla diuotione di Marc' Antonio una squadra
d' Italiani, la qual li mandaua Ottauia sua donna da Atene , & subito mandò alcuni con danari per corrompere la
detta squadra. Ma li mandati da Pompeo furono presi da
un Prefetto di Antonio in Macedonia , e i danari furon tolti loro & distribuiti a quelli che erano col Prefetto. Pompeo dopo questo prese la città di Nicea & di Nicomedia,
onde trasse molto danaro, & così fuora d' opinione in pochi
giorni li successe ogni cosa prosperamente . Ma durò poco
questo giuoco di fortuna , perche essendo nel principio della
primauera, uennero a Furnio , il quale hauea gli allogiamenti propinqui a Pompeo , ottanta naui di quelle che Antonio haueua somministrate ad Ottauiano , & erano restate salue nella battaglia ch' habbiamo detta di sopra. Venne etiandio Titio di Soria con centouenti naui , & con potente

tente efercito. Pompeo adunque inuilito & fatto timido per
la uenuta maffimamente di Titio, abbruciò tutte le naui
fue, & armò tutta la ciurma, parendogli effer piu gagliardo per terra. M. Caffio Parmigiano, Nafidio, & Saturnino Termio, & Antiftio, & tutti gli altri piu degni & reputati amici di Pompeo, & Fannio di maggiore riputatione che quegli altri, & finalmente Libone Suocero di Pompeo
fubito alla prefenza di Titio hauendo perduta ogni fperanza
della falute di Pompeo, tutti col faluocondotto andarono a
ritrouar Marc' Antonio, lafciando Pompeo a difcretione
della fortuna. Pompeo abbandonato in quefto modo dagli
amici fuoi, fi uoltò a' luoghi fra terra di Bitinia con animo di ridurfi in Armenia. Ma la notte feguente fu nafcofamente feguitato da Furnio, da Titio, & da Aminta, che
lo fopragiunfero uerfo la fera, & l'un feparato dall'altro
li pofero il campo intorno in un certo colle fenza fargli intorno foffi o fteccati, come quelli che erano ftanchi pe'l troppo affrettato cammino. Pompeo con tremila fanti con le im-
bracciature affaltò i nimici di notte & molti ne tagliò a
pezzi, & molti altri che erano nel letto fuggirono ignudi
con grandiffima uergogna. Et non è dubbio, che fe quella
notte Pompeo haueffe feguitati i nimici, haurebbe acquiftata
honoreuole, & gloriofa uittoria. Ma non feppe ufare la occafione; forfe qualch'uno delli Dei gli era auuerfario, &
non facendo altra proua, mutò luogo, & prefe altro cammino. Furnio, Titio, & Aminta riprefe le forze, di nuouo
gli andarono dietro, togliendo del continuo la commodità
del facco, & della uettouaglia infino a tanto che uinto dalla neceffità chiefe di uenire a parlamento con Furnio, perche fu già amico & beneuolo del padre, & giudicaualo effere piu egregio de gli altri, & piu coftante & di migliori coftumi, & effendo il fiume in mezzo, diffe hauer mandato a
Marc' Antonio per far la uolontà fua, ma che ueduto effere
difprezzato era ftato coftretto aiutarfi con l'armi, & con la
forza per non morir di fame, & uergognofamente; & foggiun-
fe fe uoi mi fate guerra per comandamento di Antonio, effo
non ha buon configlio, perche non uede la guerra, che e apparecchiata a lui. Ma fe uoi mi perfeguitate uolontaria-

mente, io ui prego che senza andare piu auanti, fiate contenti afpettar la tornata de' miei ambafciadori, acciocbe uoi
fiate meglio informati della mente d'Antonio. Et fe non uolete confentir quefto, almen uogliate condurmi faluo al cofpetto fuo, & da bora o Furnio io mi arrendo a te folo, ricercando da te la fede, che tu mi conduca faluo a Marc' Antonio. Cofi parlò Pompeo fperando nella buona, & facile natura
di Antonio, & per ufcir dalle mani di Furnio, & de' compagni. Furnio rifpofe in quefto modo: Se tu da principio bauef-
fi uoluto uenire nelle mani di Marc' Antonio, farefti andato a lui fpontaneamente, o ueramente baurefti afpet-
tata quietamente la rifpofta fua a Metellino, & non baurefti prefe l'armi contra gli fuoi amici, & foldati, &
bora che tu uedi efferti mancata ogni fperanza, dimoftri
effere contento darti a mia difcretione. Ma fappi che quello
che ricerchi da me, ti bifogna impetrare da Titio, il quale
ba da Marc' Antonio commiffione o di torti la uita facendo
guerra, o menarti al cofpetto fuo con bonore uolendo uenire liberamente. Pompeo intefa la rifpofta di Furnio, come attonito, perche non fi fidaua di Titio, & era crucciato contra
di lui, bauendo prefa la cura di fargli guerra; concioſiacofa-
che effendo Titio altra uolta fuo prigione lo bauea conferuato, & ripoftolo in fua libertà. Onde efaminando che Titio era buomo ignobile, & che in luogo del beneficio riceuuto da lui, come ingrato, procuraua la rouina fua, di
nuouo diffe non uolerfi arrendere fe non a Furnio, pregandolo cariffimamente che lo riceuefle. Ma non lo accettando
Furnio, diffe che fi arrendeua ad Aminta. Furnio rifpofe che ne ancora Aminta lo riceuerebbe per la ingiuria che
bauea fatta ad Antonio. Pompeo ueduto doue il cafo, &
la necefità lo menaua, comandò alli fuoi che la notte che
feguì appreffo, faceffero gli confueti fuochi, & che li trombetti fecondo la confuetudine fonaffero la trombetta all'bora confueta della notte, & egli occultamente con alcuni
fedeli ufcì del padiglione con intentione di pigliare la uia
del porto, & di mettere foco nella armata di Titio.
Il che forfe baurebbe mandato ad effetto, fe non che Scauro
fuggito da lui fcoperfe la cofa a' nimici. All' bora Aminta

in

in compagnia di mille cinquecento Caualieri andò alla uolta di Pompeo; quelli che erano con lui, uedendo uenire Aminta, subito lo abbandonarono, & accozzaronsi con Aminta. Pompeo rimase solo, & non si fidando piu de' suoi, liberamente si diede a discretione di Aminta, il quale lo consegnò a Titio, & in questo modo fu preso Sesto Pompeo ultimo figliuolo del Magno Pompeo, il quale dopo la morte del padre rimase sotto alla cura di Pompeo suo maggiore fratello, & dapoi isconosciuto andò in corso in Spagna, insino che fatto capo grosso essendo riconosciuto figliuolo di Pompeo, palesemente rubbaua tutti li mari intorno, & combattè dopo Gajo Cesare uirtuosamente, & con animo generoso. Raunò oltra ciò grande, e potente esercito, & acquistò danari, & prouincie, & alla fine diuentò signore di tutti li mari di occidente, affamò Italia, indusse i nimici a quella pace che egli addimandò. Et quello, che è piu merauiglioso, nello esilio, & condannagione de' cittadini confinati, & condannati da' tre cittadini souuenne grandemente alla rouina della patria, & saluò molti egregj, & illustri cittadini, li quali fuggendo il furore, e crudeltà de' tre cittadini andarono in Sicilia, & furorono riceuuti, & conseruati, tanto che poi ritornarono salui alla patria, come habbiamo detto di sopra. Nondimeno perseguitato da qualch'uno delli Dei hebbe miserabil fine, & capitò nelle mani de' suoi auuersarj. Titio unì lo esercito di Pompeo con Antonio, & a Mileto per comandamento di Marc' Antonio lo priuò della uita, essendo in età di quaranta anni. Sono alcuni che affermano Pompeo essere stato morto non per ordine di Antonio ma di Planco, essendo Pretore di Soria, il quale haueua il sigillo d' Antonio, e scriueua le lettere sotto nome di Antonio, & peròin nome di Antonio si dice lui bauere scritto a Titio che ammazzasse Pompeo. Alcuni dicono tal cosa essere stata fatta da Planco di uolontà di Antonio, perche si uergognasse essere tenuto autore della morte di Pompeo, per la riuerenza del nome paterno, & per non dispiacere alla sua Cleopatra, la quale haueua in honore grandissimo la memoria & nome di Pompeo Magno. Sono altri che scriuono Planco hauere comandata la morte di Sesto Pompeo per torre uia l'occasione di discordia

dia tra Ottauiano, & Marc' Antonio, & dubitando che
Antonio non si accordasse con Pompeo a' conforti di Cleopatra. Poi che Pompeo fu morto, Antonio di nuouo se ne
andò con l'esercito contra gli Armeni, & Cesare mosse
guerra a gli Schiauoni, i quali saccheggiando infestauano la
Italia, perche una parte di loro non obbediua a' Romani, e
l'altra era impacciata nelle guerre ciuili. Emmi parso, non
hauendo perfetta notitia delle cose delli Schiauoni, ne essendo
tante che ne potessimo far una historia intera, ne potendo
esser trattate in altro luogo rispetto al tempo in che furen
fatte, emmi parso, dico, congiugnerle con le cose di Macedonia, come Prouincia agli Schiauoni uicina.

IL FINE DEL QUINTO LIBRO DELLE GUERRE CIVILI DE' ROMANI.

ERRORI CON LE SUE CORREZIONI.

Pag. 17. lin. 1. e altroue *Metelo* leggi *Metello* p. 21. l. 36. e altroue *reggioni* *regioni*
p. 22 l. 4. *li rispose* : *li riprese* l. 12. *Iapig* : *Iapigi* : p. 25. l. 16. *crudeltà* . *credulità* : p.
30. l. 10. *hauuto* : *hauer hauuto* p. 33. l. 17. *leggione* e altroue . *legione* p. 35. l. 12. *suto giù.*
fato già l. 26. *essendue* : *essendosene.* p. 38. l. 16 *annesari* : *annersari* p. 40. l. 15. *Arimino* .
Arimino p. 41. l. 36. *perrettesse* . *promessesse* p. 47. l. ult. *subito* : *stato* p. 53. l. 14. *Cenola*.
Scenola p. 78. l. 7. *uolse la* : *uolle lasciare la* . p. 8. l. 13. *figiuolo* : *figliuolo* . p. 82. l. 30. *mi-*
seramente : *ueramente* . p. 105. l. 20. *conciato* : *concitato* p. 109. l. 9. *Pretesso* e altroue *Pre-*
tesso. l. 28. *partisi*. *partisi* . p. 114. l. 34. *Cicilia* : *Cilicia* . p. 157. l. 9. *gibillini* *Sibillini* .
p. 190. l. 31. *Cruto*. *Eruto* . p. 269. l. 27. *se esser* . *se esser mal* p. 305. l. ult. *suo chia-*
suo chiamati i urmi .

RE-

REGISTRO

* ** *** **** A B C D E F G H I K L M N O P Q R
S T V X Y Z Aa Bb Cc Dd Ee Ff Gg Hh Ii Kk Ll
Mm Nn Oo Pp Qq Rr Ss Tt Vv Xx Yy Zz Aaa Bbb
Ccc Ddd Eee Fff.

IN VERONA

M D C C X X X.

Lightning Source UK Ltd.
Milton Keynes UK
UKHW030809071021
391819UK00008B/494